Schmidt
Gestaltung und Durchführung des BEM

W0286231

Gestaltung und Durchführung des BEM

Von

Bettina Schmidt
Rechtsanwältin
Fachanwältin für Arbeitsrecht,
Fachanwältin für Sozialrecht, Bonn

unter Mitarbeit von

Ref. iur. Maximilian Plote
Köln

3. Auflage 2023

C.H.BECK

Zitiervorschlag: Schmidt BEM Rn.

LEHRBUCH-MAGAZIN
ULB MÜNSTER

AUSGESCHIEDEN
LEHRBUCH-MAGAZIN
ULB MÜNSTER
13. OKT. 2025

www.beck.de

ISBN 978 3 406 75343 5

© 2023 Verlag C.H. Beck oHG
Wilhelmstraße 9, 80801 München

Druck: Beltz Graphische Betriebe GmbH
Am Fliegerhorst 8, 99947 Bad Langensalza

Satz: Textservice Zink, 74869 Schwarzach

Umschlaggestaltung: Maria Seidel, atelier-seidel.de

CO_2 neutral

chbeck.de/nachhaltig

Gedruckt auf säurefreiem, alterungsbeständigem Papier
(hergestellt aus chlorfrei gebleichtem Zellstoff)

Vorwort

Bereits im Jahre 2015 war jeder dritte Beschäftigte in Deutschland älter als 50 Jahre und wird in der Regel erst mit 67 Jahren die Altersrente beziehen können. Vor diesem Hintergrund kommt der Erhaltung der Arbeitsfähigkeit der Beschäftigten ein immer höherer Stellenwert zu. Insbesondere in Zeiten von Fachkräftemangel und angesichts des demografischen Wandels liegt es im Interesse von Arbeitgebern und Arbeitnehmern, mehr bewährte Mitarbeiter mit Erfahrungswissen im Betrieb zu halten und ein krankheitsbedingtes Ausscheiden nach Möglichkeit zu vermeiden. Das betriebliche Eingliederungsmanagement (§ 167 Abs. 2 SGB IX) ist insoweit als Teil eines umfassenden betrieblichen Gesundheitsmanagements zu sehen.

Nach meinen Erfahrungen bestehen sowohl auf Arbeitgeber- als auch auf Arbeitnehmerseite noch immer Unsicherheiten, ob und wie ein strukturiertes BEM-Verfahren gestaltet und durchgeführt werden kann. In diesem Spannungsfeld will mein Buch „Gestaltung und Durchführung des BEM“ auch in der dritten Auflage Hilfestellung leisten. Ziel dieses Buches ist es, einen umfassenden Überblick über die rechtlichen Rahmenbedingungen eines BEM zu geben. Darüber hinaus enthält das Buch einen ausführlichen strukturierten Ablaufplan eines BEM. Im Anhang finden sich umfangreiche Mustertexte einschließlich des Musters einer Betriebsvereinbarung, Einladungsschreiben, Mitarbeiterinformationen, Muster zum Datenschutz und zur Dokumentation im BEM, insbesondere für das Erst- und Abschlussgespräch. Diese Mustertexte basieren auf meinen Erfahrungen aus zahlreichen BEM-Verfahren im Sinne einer „Best Practice“.

Die Erfahrung zeigt auch, dass in kleineren Betrieben ein BEM nicht so umfangreich strukturiert sein muss wie in größeren Betrieben. Jeder Betrieb sollte Wert darauf legen, für sich ein optimales Konzept zum BEM zu finden. Hierfür ist auch ein intensiver Prozess zur Erarbeitung einer Verfahrensordnung erforderlich, da BEM im Betrieb auch nur gelebt werden kann, wenn es von allen Betriebsparteien mitentwickelt und mitgestaltet worden ist. Für diesen Prozess der Gestaltung und Durchführung des BEM sollen die Mustertexte eine Anregung für die jeweils auf den einzelnen Betrieb bezogene Verfahrensordnung sein.

Für die dritte Auflage wurden die seit Erscheinen der zweiten Auflage im Jahre 2017 ergangene Rechtsprechung und Literatur eingearbeitet. Neu aufgenommen wurde die im Jahre 2021 in Kraft getretenen Regelung in § 167 Abs. 2 S. 2 SGB IX, nach der Beschäftigte zusätzlich eine Vertrauensperson eigener Wahl zum betrieblichen Eingliederungsmanagement hinzuziehen können.

Meiner Tochter Frau ass. iur. Friederike Schmidt danke ich für die Erstellung des Sachverzeichnisses. Herrn ref. iur. Maximilian Plote danke ich für die Mitarbeit bei allen Themenbereichen im BEM-Prozess, bei denen der Datenschutz eine Rolle spielt. Schlussendlich danke ich auch meinem Mann Christoph für die gute Begleitung bei der Neuauflage dieses Werkes.

Bonn, im November 2022 *Rechtsanwältin Bettina Schmidt*

Inhaltsverzeichnis

Vorwort V
Abkürzungsverzeichnis XI
Literaturverzeichnis XV

A. Rechtliche Rahmenbedingungen eines betrieblichen Eingliederungsmanagements (BEM) nach § 167 Abs. 1 SGB IX 1

I. Ziele und Nutzen des betrieblichen Eingliederungsmanagements (BEM) 2

II. Anwendungsbereich der Regelung in § 167 Abs. 2 SGB IX 9
1. Persönlicher Anwendungsbereich 9
2. Sachlicher Anwendungsbereich 11
3. Wiederholte Durchführung eines BEM 15

III. Umsetzung des betrieblichen Eingliederungsmanagements durch den Arbeitgeber 19
1. Einleitung und Ende des BEM-Prozesses 19
2. Anforderungen an ein ordnungsgemäßes betriebliches Eingliederungsmanagement 25
3. Zustimmung des Arbeitnehmers 34
4. Hinzuziehung einer Vertrauensperson nach eigener Wahl 47
5. Datenschutz 49
6. Schweigepflicht und Geheimhaltung 56

IV. Beteiligung der betrieblichen Interessenvertretungen 63
1. Einbindung in das BEM-Verfahren 63
2. Überwachungsrecht der betrieblichen Interessenvertretungen 64
3. Mitbestimmung des Betriebsrates und Initiativrecht 67

V. Einbindung externen und internen Sachverstandes in das BEM-Verfahren 75
1. Rehabilitationsträger 75
2. Integrationsamt 76
3. Werks- oder Betriebsarzt 76
4. Integrations- oder BEM-Team/Fallmanager/BEM-Koordinator 79
5. Integrationsfachdienst (IFD) 81
6. Weitere Stellen 83

VI. Auswirkungen auf den Kündigungsschutz 85
1. BEM als Ausprägung des Verhältnismäßigkeitsgrundsatzes 85
2. Darlegungs- und Beweislast 90

VII. Bedeutung für das Zustimmungsverfahren nach den §§ 168 ff. SGB IX 101

VIII. Präventionsmaßnahmen, Rechtsansprüche der betroffenen Arbeitnehmer, Hilfen im BEM-Verfahren 104
1. Situationsanalyse und Gefährdungsbeurteilung des Arbeitsplatzes 104
2. BEM und behinderungsgerechte Beschäftigung 107
a) Ausstattung und Gestaltung behinderungsgerechter Arbeitsplätze (§ 164 Abs. 4 S. 1 Nr. 4 und 5 SGB IX) 108
b) Beschäftigungsanspruch nach § 164 Abs. 4 S. 1 Nr. 1 SGB IX 113

3. Versetzung auf einen anderen Arbeitsplatz 129
4. Stufenweise Wiedereingliederung 133
5. Finanzielle und sonstige Hilfen für Arbeitgeber durch Rehabilitationsträger und Integrationsämter (§§ 50, 185 Abs. 3 SGB IX) 140
6. Schadensersatzanspruch des Arbeitnehmers bei nicht behinderungs-/leidensgerechter Beschäftigung 145
7. Gleichwohlgewährung von Arbeitslosengeld bei längerer Erkrankung des Arbeitnehmers 154

B. Ablaufplan des BEM-Verfahrens 161

I. Gliederung eines BEM 161

II. Strukturierter Ablaufplan eines BEM 162
1. Feststellung der Arbeitsunfähigkeit von sechs Wochen 162
2. Kontaktaufnahme mit dem betroffenen Mitarbeiter 163
3. Erstgespräch mit dem betroffenen Mitarbeiter 164
4. Situations-/Gefährdungsanalyse und Planung der weiteren Maßnahmen 168
5. Vereinbarung konkreter Maßnahmen im BEM 171
6. Umsetzung der konkreten Maßnahmen im BEM, Überprüfung der Maßnahmen und Abschluss des BEM 177

Anhang: Mustertexte zum BEM 179

I. Anhang 1: Muster einer Betriebs-/Dienstvereinbarung 179

II. Anhang 2: Anlagen zur Betriebs-/Dienstvereinbarung 197
1. Anhang 2, Anlage 1: Einladung zur Teilnahme am betrieblichen Eingliederungsmanagement durch BEM-Team 197
2. Anhang 2, Anlage 2: BEM-Mitarbeiterinformation entsprechend der Betriebs-/Dienstvereinbarung 200
3. Anhang 2, Anlage 3: Datenschutzerklärung und Vereinbarung über den Schutz persönlicher Daten bei Vorliegen einer Betriebsvereinbarung 211
4. Anhang 2, Anlage 4: Rückantwort auf BEM-Einladung bei Vorliegen einer Betriebs-/Dienstvereinbarung mit BEM-Team 216
5. Anhang 2, Anlage 5: Erinnerungsschreiben entsprechend § 5 Abs. 8 der Betriebs-/Dienstvereinbarung 218
6. Anhang 2, Anlage 6: BEM-Formblatt bei Schweigen des Mitarbeiters 219
7. Anhang 2, Anlage 7: Nichtweiterführung BEM-Verfahren, Formblatt zur Bestätigung 220
8. Anhang 2, Anlage 8: Dokumentation Erstgespräch 221
9. Anhang 2, Anlage 9: Maßnahmen-Blatt und Verlaufsdokumentation 226
10. Anhang 2, Anlage 10: Abschlussdokumentation BEM-Verfahren 228
11. Anhang 2, Anlage 11: Zustimmungserklärung zur Hinzuziehung von weiteren Personen/Institutionen zum BEM sowie zur Weitergabe von Informationen 230
12. Anhang 2, Anlage 12: Erklärung über die Entbindung von der Schweigepflicht 231

a) Entbindung des behandelnden Arztes von seiner ärztlichen Schweigepflicht gegenüber dem Betriebsarzt bzw. dem BEM-Team 231
b) Entbindung des Betriebsarztes von der ärztlichen Schweigepflicht 232
13. Anhang 2, Anlage 13: Protokoll Arbeitsversuch 233

III. Anhang 3: Mustertexte ohne Betriebs-/Dienstvereinbarung 234
1. Einladungsschreiben 234
a) Einladungsschreiben durch BEM-Team/Fallmanager mit Betriebsrat 234
b) Einladungsschreiben durch BEM-Team/Fallmanager ohne Betriebsrat und Schwerbehindertenvertretung 237
c) Einladungsschreiben durch Arbeitgeber ohne Betriebsrat und Schwerbehindertenvertretung 239
d) Erinnerungsschreiben 241
2. BEM-Mitarbeiterinformation ohne Betriebsrat 243
3. Datenschutzerklärung/Einwilligung 255
4. Rückantwort ohne Betriebsvereinbarung 259
5. Zustimmung/Ablehnung eines BEM 260
6. Zustimmung/Ablehnung nach Erstgespräch 262

Sachverzeichnis 263

Abkürzungsverzeichnis

aA	anderer Ansicht
Abs.	Absatz
AE	Arbeitsrechtliche Entscheidungen
AiB	Arbeitsrecht im Betrieb, Zeitschrift
ArbG	Arbeitsgericht
ArbRB	Arbeits-Rechts-Berater, Zeitschrift
ArbuR	Arbeit und Recht, Zeitschrift
Art.	Artikel
ASiG	Gesetz über Betriebsärzte, Sicherheitsingenieure und andere Fachkräfte für Arbeitssicherheit
Aufl.	Auflage
AuR	Arbeit und Recht, Zeitschrift
AU-RL	Arbeitsunfähigkeits-Richtlinie
BAG	Bundesarbeitsgericht
BAGE	Entscheidungen des Bundesarbeitsgerichts
BayVGH	Bayerischer Verwaltungsgerichtshof
BB	Betriebs-Berater, Zeitschrift
Bbg	Brandenburg
BDSG	Bundesdatenschutzgesetz
Beil.	Beilage
BEM	Betriebliches Eingliederungsmanagement
BetrVG	Betriebsverfassungsgesetz
BG	Berufsgenossenschaft
BGB	Bürgerliches Gesetzbuch
BGBl.	Bundesgesetzblatt
BGH	Bundesgerichtshof
Bln	Berlin
Bln-Bbg	Berlin-Brandenburg
BPersVG	Bundespersonalvertretungsgesetz
BPtK	Bundespsychotherapeutenkammer
br	Behindertenrecht, Zeitschrift
BSG	Bundessozialgericht
BT-Drs.	Bundestags-Drucksache
BTHG	Gesetz zur Stärkung der Teilhabe und Selbstbestimmung von Menschen mit Behinderungen (Bundesteilhabegesetz)
BVerwG	Bundesverwaltungsgericht
BVerwGE	Entscheidungen des Bundesverwaltungsgerichts
BW	Baden-Württemberg
bzw.	beziehungsweise
DAK	Deutsche Angestellten Krankenkasse
DB	Der Betrieb, Zeitschrift
dh	das heißt
DSGVO	Datenschutz-Grundverordnung

EFZG	Gesetz über die Zahlung des Arbeitsentgelts an Feiertagen und im Krankheitsfall (Entgeltfortzahlungsgesetz)
EuGH	Europäischer Gerichtshof
FS	Festschrift
GdB	Grad der Behinderung
GewO	Gewerbeordnung
ggf.	gegebenenfalls
HessLAG	Hessisches Landesarbeitsgericht
Hmb	Hamburg
idS	in diesem Sinne
IFD	Integrationsfachdienst
iSd	im Sinne der/s
iSv	im Sinne von
iVm	in Verbindung mit
jurisPR-ArbR	juris PraxisReport Arbeitsrecht, Zeitschrift
KAGH	Kirchlicher Arbeitsgerichtshof (für die deutschen Diözesen)
Kap.	Kapitel
LAG	Landesarbeitsgericht
Ls.	Leitsatz
LSG	Landessozialgericht
LVR	Landschaftsverband Rheinland
LWL	Landschaftsverband Westfalen-Lippe
mAnm	mit Anmerkung (von)
MBR	Mitbestimmungsrecht
MDK	Medizinischer Dienst der Krankenkassen
MV	Mecklenburg-Vorpommern
mwN	mit weiteren Nachweisen
Nds	Niedersachsen
NJW	Neue Juristische Wochenschrift
Nr.	Nummer
NVwZ	Neue Zeitschrift für Verwaltungsrecht
NZA	Neue Zeitschrift für Arbeitsrecht
NZA-RR	NZA-Rechtsprechungs-Report
NZS	Neue Zeitschrift für Sozialrecht
OVG	Oberverwaltungsgericht
PersR	Der Personalrat, Zeitschrift
PersV	Die Personalvertretung, Zeitschrift
PVV	Profilvergleichsverfahren
RdA	Recht der Arbeit, Zeitschrift

RDV	Recht der Datenverarbeitung
RhPf	Rheinland-Pfalz
Rn.	Randnummer
Rspr.	Rechtsprechung
S.	Satz, Seite
SchlH	Schleswig-Holstein
SchlHOVG	Schleswig-Holsteinisches Oberverwaltungsgericht
SchwbAV	Schwerbehinderten-Ausgleichsabgabeverordnung
SGB	Sozialgesetzbuch (I–XII)
sog.	sogenannt
SozSich	Soziale Sicherheit, Zeitschrift
StGB	Strafgesetzbuch
str.	streitig, strittig
stRspr	ständige Rechtsprechung
TK	Techniker Krankenkasse
u.a.	unter anderem
uU	unter Umständen
VG	Verwaltungsgericht
vgl.	vergleiche
VSSR	Vierteljahresschrift für Sozialrecht
WM	Wertpapier-Mitteilungen, Zeitschrift für Wirtschafts- und Bankrecht
zB	zum Beispiel
ZfA	Zeitschrift für Arbeitsrecht
zit.	zitiert
ZPO	Zivilprozessordnung

Literaturverzeichnis

Anton-Dyck, Stufenweise Wiedereingliederung nach § 28 SGB IX, § 74 SGB V, 2011

Anton-Dyck/Böhm, Verfahrensherrschaft im BEM-Verfahren, ArbRB 2015, 185

Anton-Dyck/Böhm, Aufbewahrungsfristen für BEM-Unterlagen in der Personalakte, ArbRB 2020, 280

Balders/Lepping, Das betriebliche Eingliederungsmanagement nach SGB IX, NZA 2005, 854

Balikcioglu, Psychische Erkrankungen am Arbeitsplatz – Die zunehmende Bedeutung der Psyche im Gesundheitsschutz, NZA 2015, 1424

Beck, Betriebliches Eingliederungsmanagement – Eine Zwischenbilanz nach zehn Jahren Rechtsprechung des BAG, NZA 2017, 81

Beyer/Jansen, Rechtsprobleme des betrieblichen Eingliederungsmanagements (Teil I), br 2010, 89

Beyer/Wocken, Arbeitgeberpflichten gegenüber Arbeitnehmern mit einer Behinderung im Licht der aktuellen Rechtsprechung des EuGH, DB 2013, 2270

Boecken/Gebert, Zur Zustimmung des Beschäftigten nach § 84 Abs. 2 SGB IX, VSSR 2013, 77, 103 ff.

Brand (Hrsg.), Sozialgesetzbuch Arbeitsförderung – SGB III – Kommentar, 9. Aufl. 2021 (zit. Brand/Bearbeiter)

Braun, Einladung zum BEM-Verfahren – Auslieferungsbeleg als notwendige Beweiskomponente des Zugangs eines Einwurfeinschreibens, ArbRB 2021, 301

Britschgi, Betriebliches Eingliederungsmanagement, AiB 2005, 284

Britschgi, Wiedereingliedern lohnt sich, AiB 2019, 10

Britschgi, Eingliedern – jetzt?, AiB 2021, 10

Brose, Das betriebliche Eingliederungsmanagement nach § 84 Abs. 2 SGB IX als eine neue Wirksamkeitsvoraussetzung für die krankheitsbedingte Kündigung?, DB 2005, 719

Brose, Psychische Beeinträchtigungen und Suchterkrankungen: Besondere Anforderungen an das BEM?, DB 2013, 1727

Busch, Eingliedern leicht gemacht, AiB 2021, 34

Daniels, Neues zum betrieblichen Eingliederungsmanagement, NZA 2010, 969

Daniels, Informationen beim BEM-Verfahren, PersR 2019, 19

Dau/Düwell/Joussen/Luik, Sozialgesetzbuch IX, Rehabilitation und Teilhabe behinderter Menschen, Lehr- und Praxiskommentar, 6. Aufl. 2022 (zit. LPK-SGB IX/Bearbeiter)

Deinert, Kündigungsprävention und betriebliches Eingliederungsmanagement, NZA 2010, 969

Düwell, Schwerbehindertenkündigung und Beteiligungsrechte, BB 2011, 2485

Düwell, Prävention und betriebliches Eingliederungsmanagement – Neue Aufgaben für Arbeitgeber- und Arbeitnehmervertretungen, FS Wolf-Dieter Küttner, 2006, S. 139 ff. (zit. Düwell FS Küttner)

Düwell, Neues zur stufenweisen Wiedereingliederung, NZA 2020, 767

Düwell, Neues vom Gesetzgeber zum betrieblichen Eingliederungsmanagement, NZA 2021, 1614

Düwell/Beyer, Das neue Recht für behinderte Beschäftigte, 2017

Edenfeld, Offene arbeitsrechtliche Fragen im SGB IX, NZA 2012, 713

Edenfeld, Betriebliches Eingliederungsmanagement rechtssicher gestalten – Betriebsvereinbarung und Mustervorlagen, DB 2019, 1267
Edenfeld, Krankheitsbedingte Kündigung – Wirksamkeit trotz unterbliebenen BEM, DB 2019, 1741
Erfurter Kommentar zum Arbeitsrecht, 22. Aufl. 2022 (zit. ErfK/Bearbeiter)
Ettlinger, Die Durchführung eines BEM-Verfahrens kann nicht eingeklagt werden, BB 2021, 384
Ettlinger, Betriebliches Eingliederungsmanagement (BEM): Grundlegendes im Überblick und Neuerungen, BB 2021, 820
Evermann, Die Anwendbarkeit von Erkenntnissen aus einem BEM-Verfahren bei Kündigungen, NZA 2019, 1465
Feldes, Rehabilitation vor Entlassung, SozSich 2004, 270
Feldes, Ordnungsgemäßes Betriebliches Eingliederungsmanagement, AiB 2011, 501
Feldes/Niehaus/Faber, Werkbuch BEM – Betriebliches Eingliederungsmanagement – Strategien und Empfehlungen für Interessenvertretungen, 2016 (zit. Feldes/Niehaus/Faber/Bearbeiter, Werkbuch)
Fritsche/Fähnle, Betriebliches Eingliederungsmanagement – Tipps für die Praxis, BB 2013, 3001
Gagel, Betriebliches Eingliederungsmanagement – Rechtspflicht und Chance, NZA 2004, 1359
Grimm/Kühne, Löschkonzept nach der DGSVO, ArbRB 2018, 144 (148)
Gundermann/Oberberg, Datenschutzkonforme Gestaltung des betrieblichen Eingliederungsmanagements und Beteiligung des Betriebsrates, AuR 2007, 19
Gundermann/Oberberg, Datenschutzkonforme Gestaltung des betrieblichen Eingliederungsmanagements und Beteiligung des Betriebsrates, RDV 2007, 103
Häcker, Nicht ohne meinen Anwalt – Wann dürfen Rechtsanwälte an Personalgesprächen teilnehmen?, ArbRB 2015, 89
Handlungsempfehlungen zum Betrieblichen Eingliederungsmanagement (Hrsg. LVR/LWL), 4. Aufl. 2013 (zit. Handlungsempfehlungen zum BEM)
Hinze, Das betriebliche Eingliederungsmanagement nach § 84 Abs. 2 SGB IX (BEM), 2018 (zit. Hinze BEM)
Hoffmann-Remy, „Betriebliches Eingliederungsmanagement" als Ende der krankheitsbedingten Kündigung?, NZA 2016, 267
Hoffmann-Remy, Weniger ist oft mehr – Neues vom BAG zu BEM und Präventionsverfahren, NZA 2016, 1261
Hoffmann-Remy, Kein BEM-Gespräch während der Arbeitsunfähigkeit?, NZA 2017, 159
Joussen, Verhältnis von Betrieblichem Eingliederungsmanagement und krankheitsbedingter Kündigung, DB 2009, 286
Jüngst, Mitarbeitergespräche als Maßnahmen des Gesundheitsmanagements, Betrieb und Personal 2004, 595
Kaindl/Sorber, Betriebliches Eingliederungsmanagement und Datenschutz: Beweisverwertungsverbot im Kündigungsschutzprozess?, DB 2021, 2150
Kasseler Kommentar Sozialversicherungsrecht, Band I und II, Stand: 118. Ergänzungslieferung Mai 2022 (zit. KassKomm/Bearbeiter)
Kempter/Steinat, Betriebliches Eingliederungsmanagement nach § 84 II SGB IX – Entlassungs- oder Entlassungsverhinderungs-Management?, NZA 2015, 840
Kleinebrink, Beteiligungsrechte der Schwerbehindertenvertretung, ArbRB 2012, 161
König, Beschäftigtendatenschutz in der Beratungspraxis, 2020
Kohte, Betriebliches Eingliederungsmanagement und Bestandsschutz, DB 2008, 582

Kort, Schweigepflicht eines beim BEM-Gespräch hinzugezogenen Betriebsratsmitglieds, NZA 2019, 502

Kraushaar, Krankenrückkehrgespräche und Betriebsrat, NZA 2005, 913

Litzig, Betriebliches Eingliederungsmanagement – so kann der Betriebsrat vorgehen, AiB 2012, 397

Löw, Betriebliches Eingliederungsmanagement – Die Auswirkungen auf krankheitsbedingte Kündigungen, MDR 2005, 608

Lunk, Grundlagen des betrieblichen Eingliederungsmanagements, NJW 2019, 2349

Michels, Teilhabestärkungsgesetz, Teilnahme von Rechtsanwälten am betrieblichen Eingliederungsmanagement, Infobrief ArbeitsR 2021, 7

Mückl/Hiebert, Anspruch auf einen leidensgerechten Arbeitsplatz – Was ist noch „zumutbar"?, NZA 2010, 1259

Müller, Betriebliches Eingliederungsmanagement (§ 84 Abs. 2 SGB IX) und Mitbestimmungsrechte des Betriebsrates aus § 87 Abs. 1 BetrVG, ArbuR 2009, 29

Müller, Neuregelung im BEM-Verfahren – Die Hinzuziehung einer Vertrauensperson nach § 167 Abs. 2 Satz 2 SGB IX n.F., FA 2021, 194

Namendorf/Natzel, Betriebliches Eingliederungsmanagement nach § 84 Abs. 2 SGB IX und seine arbeitsrechtlichen Implikationen, DB 2005, 1794

Nassibi, Die Durchsetzung der Ansprüche auf Schaffung behinderungsgerechter Arbeitsbedingungen, NZA 2012, 720

Neumann/Pahlen/Greiner/Winkler/Jabben, SGB IX, Kommentar, 14. Aufl. 2020 (zit. Neumann/Pahlen/Greiner/Winkler/Jabben/Bearbeiter)

Reich, Die Beteiligung des Personalrates bei Nutzung eines betrieblichen Eingliederungsmanagement für Beamte, PersV 2011, 182

Reuter/Giesert/Liebrich, Datenschutz im Betrieblichen Eingliederungsmanagement, AiB 2011, 676

Richter (Hrsg.), Rehabilitationsrecht, 2008 (zit. Richter/Bearbeiter, Rehabilitationsrecht)

Rolfs/Paschke, Die Pflichten des Arbeitgebers und die Rechte schwerbehinderter Menschen nach § 81 SGB IX, BB 2002, 1260

Rupp, Das betriebliche Eingliederungsmanagement im Kündigungsschutzprozess, NZA 2017, 361

Schiefer/Borchard, Betriebliches Eingliederungsmanagement (BEM) – „Erste Eckpunkte", DB 2010, 1884

Schiefer, Das betriebliche Eingliederungsmanagement, RdA 2016, 198

Schiefer, Betriebliches Eingliederungsmanagement (BEM) – Folgen eines unterlassenen oder nicht ordnungsgemäßen BEM – Mindeststandards eines BEM, P & R 2020, 211

Schiefer, Betriebliches Eingliederungsmanagement, Notwendige Änderung im Einladungsschreiben, P & R 2021, 147

Schmidt, Bettina, Schwerbehindertenarbeitsrecht, 3. Aufl. 2019 (zit. Schmidt Schwerbehindertenarbeitsrecht)

Schmidt, Bettina, Sozialversicherungsrecht in der arbeitsrechtlichen Praxis, 4. Aufl. 2018 (zit. Schmidt SozVersR)

Schmidt, Bettina, Zur Kündigung bei häufigen Kurzerkrankungen sowie zum betrieblichen Eingliederungsmanagement (BEM) – Anmerkung zu BAG vom 20.11.2014 – 2 AZR 755/13, RdA 2016, 166

Schmidt/Plote, Die Zulässigkeit der Datenvereinbarung im betrieblichen Eingliederungsmanagement, NZA 2022, 1297

Schmidt, Ingrid, Verschiebung von Konflikten und Lösungen zwischen dem Arbeitsrecht und dem Sozialrecht, AuR 1998, 461

Schunder, Kündigung wegen Krankheit, NZA-Beil. 3/2015, 90
Schunder, Das betriebliche Eingliederungsmanagement und der Betriebsübergang, Festschrift für Heinz Josef Willemsen zum 65. Geburtstag, Arbeitsrecht bei Änderung der Unternehmensstruktur 2018, 475 (zit. Schunder FS Willemsen)
Schunder, Betriebliches Eingliederungsmanagement – Darlegungslast, NZA-RR 2019, 586
Schwede, Änderungen beim Betrieblichen Eingliederungsmanagement (BEM) durch das Teilhabestärkungsgesetz, ArbRAktuell 2021, 312
Simitis/Hornung/Spiecker gen. Döhmann, Datenschutzrecht, 2019
Steiner, Das betriebliche Eingliederungsmanagement nach § 84 II SGB IX in der öffentlichen Verwaltung – Verpflichtung des Dienstherrn zum Tätigwerden?, PersV 2006, 417
Stück, Betriebliches Eingliederungsmanagement (BEM), MDR 2010, 1235
Stück, BEM-Verfahren – Voraussetzungen, Beteiligte, Rollen und Aufgaben, ArbRAktuell 2021, 339
Tschöpe, Krankheitsbedingte Kündigung und betriebliches Eingliederungsmanagement, NZA 2008, 398
vom Stein/Rothe/Schlegel, Gesundheitsmanagement und Krankheit im Arbeitsverhältnis, Handbuch, 2. Aufl. 2021 (zit. SRS Gesundheitsmanagement/Bearbeiter)
vom Stein, Das betriebliche Eingliederungsmanagement in § 84 Abs. 2 SGB IX – Eine (kritische) Bestandsaufnahme, ZfA 2016, 549
vom Stein, Die krankheitsbedingte Kündigung im Licht des betrieblichen Eingliederungsmanagements, NZA 2020, 753
Vossen, Die Bedeutung der Rehabilitationsträger beim betrieblichen Eingliederungsmanagement, DB 2018, 3058
Vossen, Betriebliches Eingliederungsmanagement auch bei Wegfall einer Fluglizenz, DB 2019, 674
Vossen, Hinweis, Information, Belehrung – ordnungsgemäße Aufklärung im Rahmen des betrieblichen Eingliederungsmanagements, DB 2019, 2304
Vossen, Kein „Mindesthaltbarkeitsdatum" eines betrieblichen Eingliederungsmanagement, DB 2021, 1203
Wehrtebach, Die Beteiligungsrechte des Betriebsrates beim betrieblichen Eingliederungsmanagement (BEM), AnwZert ArbR 25/2019 Anm. 2
Welti, Das betriebliche Eingliederungsmanagement nach § 84 Abs. 2 SGB IX – sozial- und arbeitsrechtliche Aspekte, NZS 2006, 623
Wullenkord, Arbeitsrechtliche Kernfragen des BEM in der betrieblichen Praxis, 2014
Zipprich, Prävention arbeitsbedingter Erkrankungen durch manuelles Handhaben von Lasten, 2006

A. Rechtliche Rahmenbedingungen eines betrieblichen Eingliederungsmanagements (BEM) nach § 167 Abs. 1 SGB IX

Bei längerer Arbeitsunfähigkeit eines Arbeitnehmers[1] stellt sich für den Arbeitgeber regelmäßig die Frage, ob das Arbeitsverhältnis gekündigt werden soll oder nicht. In diesem Zusammenhang ergeben sich aus der sozialversicherungsrechtlichen Regelung der Prävention in § 167 Abs. 2 SGB IX wichtige arbeitsrechtliche Konsequenzen, die von der gesetzgeberischen Zielsetzung her auf die Vermeidung der Kündigung und vor allem das Ermöglichen einer aktiven Beschäftigung gerichtet sind.[2] 1

§ 167 Abs. 2 S. 1 SGB IX enthält als Grundvorschrift für das **betriebliche Eingliederungsmanagement (BEM)** die folgende Regelung:[3] 2

Sind Beschäftigte innerhalb eines Jahres länger als sechs Wochen ununterbrochen oder wiederholt arbeitsunfähig, klärt der Arbeitgeber mit der zuständigen Interessenvertretung im Sinne des § 176, bei schwerbehinderten Menschen außerdem mit der Schwerbehindertenvertretung, mit Zustimmung und Beteiligung der betroffenen Person die Möglichkeiten, wie die Arbeitsunfähigkeit möglichst überwunden werden und mit welchen Leistungen oder Hilfen erneuter Arbeitsunfähigkeit vorgebeugt und der Arbeitsplatz erhalten werden kann ***(betriebliches Eingliederungsmanagement).***

---

[1] Ein kurzes Wort vorweg zur Sprache: In diesem Buch wird aus Platzgründen und aus Gründen der Lesbarkeit auf Doppelungen (männliche/weibliche/diverse Form) verzichtet; selbstverständlich sind auch alle weiblichen und diversen Beschäftigten und Betroffenen mitgemeint.

[2] Vgl. dazu LPK-SGB IX/Düwell § 167 Rn. 32.

[3] Die Regelung in § 84 Abs. 2 SGB IX 2001 wurde ab dem 1.1.2018 durch die Neufassung im Bundesteilhabegesetz (BTHG) vom 23.12.2016 (BGBl. I S. 3234, 3286) ersetzt. Die Neuregelung findet sich dann in § 167 Abs. 2 SGB IX. Bis auf den Wegfall der „gemeinsamen örtlichen Servicestelle" blieb die Regelung im Wesentlichen unverändert. Durch das Teilhabestärkungsgesetz vom 9.6.2021 (BGBl. I S. 1387, 1395) wurde § 167 Abs. 2 SGB IX mit Wirkung ab dem 10.6.2021 um den neuen Satz 2 ergänzt: „Beschäftigte können zusätzlich eine Vertrauensperson eigener Wahl hinzuziehen".

I. Ziele und Nutzen des betrieblichen Eingliederungsmanagements (BEM)

3 Mit der Vorschrift des § 167 Abs. 2 SGB IX hat der Gesetzgeber seit dem 1.5.2004[4] das **betriebliche Eingliederungsmanagement** eingeführt. **Zweck** des betrieblichen Eingliederungsmanagements (BEM) ist es, durch die gemeinsame Anstrengung aller in § 167 Abs. 2 SGB IX genannten Beteiligten mit dem BEM ein Verfahren zu schaffen, das durch geeignete Gesundheitsprävention das Arbeitsverhältnis möglichst dauerhaft sichert, weil viele Abgänge in die Arbeitslosigkeit aus Krankheitsgründen erfolgen und arbeitsplatzsichernde Hilfen der Integrationsämter vor der Beantragung einer Zustimmung zur Kündigung noch zu wenig in Anspruch genommen werden.[5] Die Regelung verschafft der **Gesundheitsprävention am Arbeitsplatz** dadurch einen stärkeren Stellenwert, dass die Akteure unter Mitwirkung des Betroffenen zur Klärung der zu treffenden Maßnahmen verpflichtet werden.[6]

4 Die dem Arbeitgeber gemäß § 167 Abs. 2 SGB IX auferlegten Verhaltenspflichten dienen dem **Ziel** festzustellen, aufgrund welcher gesundheitlichen Einschränkungen es zu den bisherigen Ausfallzeiten gekommen ist und ob Möglichkeiten bestehen, sie durch bestimmte Veränderungen künftig zu verringern, um so eine Kündigung zu vermeiden und damit möglichst frühzeitig einer Gefährdung des Arbeitsverhältnisses eines kranken Menschen zu begegnen und die dauerhafte Fortsetzung der Beschäftigung zu erreichen.[7] Im Rahmen eines BEM-Verfahrens sollen die **Indikatoren** erkannt werden, die für **langandauernde Arbeitsunfähigkeitszeiten verantwortlich** sind und die wiederum häufig ein Indiz für Krankheitsver-

---

[4] Gesetz zur Förderung der Ausbildung und Beschäftigung schwerbehinderter Menschen vom 23.4.2004 (BGBl. I S. 606).

[5] BT-Drs. 15/1783, 16; BAG 13.3.2012 – 1 ABR 78/10, NZA 2012, 748 Rn. 14.

[6] BT-Drs. 15/1783, 16; so ist das BEM Teil des Betrieblichen Gesundheits- und Arbeitsschutzmanagements; vgl. dazu SRS Gesundheitsmanagement/vom Stein § 21 Rn. 14 ff.; vgl. zu den Gründen für die Einführung des BEM auch Beck NZA 2017, 81 (82) und SRS Gesundheitsmanagement/vom Stein § 21 Rn. 1, 13.

[7] Vgl. zu den Zielen des § 167 Abs. 2 SGB IX: LPK-SGB IX/Düwell § 167 Rn. 35 ff.; ErfK/Rolfs SGB IX § 167 Rn. 4; Gagel NZA 2004, 1359; Nassibi NZA 2012, 720 (721); Deinert NZA 2010, 969 (971) jeweils mwN; BAG 28.6.2007 – 6 AZR 750/06, NZA 2007, 1049 (1053); 30.9.2010 – 2 AZR 88/09, NZA 2011, 39 Rn. 32; 10.12.2009 – 2 AZR 400/08, DB 2010, 621 = NZA 2010, 398 Rn. 20; 7.2.2012 – 1 ABR 46/10, NZA 2012, 744 Rn. 21; 13.3.2012 – 1 ABR 78/10, NZA 2012, 748 Rn. 14 mwN; vgl. auch HessLAG 3.6.2013 – 21 Sa 1456/12, RDV 2014, 46 Rn. 54, bestätigt durch BAG 20.11.2014 – 2 AZR 755/13, NZA 2015, 612; LAG Hamm 26.4.2013 – 10 Sa 24/13 Rn. 53.

läufe bilden, die schließlich zu bleibenden Gesundheitsschäden und vor allem zu chronischen Erkrankungen und Behinderungen führen.[8] **Zeiten der Arbeitsunfähigkeit** sind also seit Einführung des betrieblichen Eingliederungsmanagements nach § 167 Abs. 2 SGB IX **keine Phasen der Passivität,** sondern dienen der Suche nach den Möglichkeiten zur Beseitigung der gesundheitsbedingten Störungen im Arbeitsverhältnis.[9]

Durch ein betriebliches Eingliederungsmanagement soll das Arbeits- 5
oder sonstige Beschäftigungsverhältnis erhalten[10] und mit den vom Gesetzgeber in § 167 Abs. 2 SGB X genannten Maßnahmen letztlich eine Arbeitslosigkeit erkrankter oder kranker Menschen verhindert werden.[11] Nicht immer kann dies – trotz leidensgerechter Arbeitsplatzausstattung – auf dem innegehabten Arbeitsplatz gelingen, vor allem dann nicht, wenn dieser aufgrund der gesundheitlichen Belastungen nicht mehr geeignet ist. Notwendige Maßnahme zur Erhaltung des Arbeitsverhältnisses ist dann die **Umsetzung** oder **Versetzung** auf einen **anderen Arbeitsplatz.**[12]

Das betriebliche Eingliederungsmanagement nach § 167 Abs. 2 SGB IX 6
ist vom Gesetzgeber als ein Instrument der betrieblichen Rehabilitation zur Ergänzung der im SGB IX geregelten beruflichen und medizinischen Rehabilitation[13] gedacht und soll durch die der Rehabilitation vorrangige Prävention (§ 3 SGB IX) sowohl vermeiden, dass sich gesundheitliche Probleme zu einer Behinderung verfestigen,[14] als auch den betrieblichen Arbeits- und Gesundheitsschutz verbessern.[15] Daneben kann die Klärung von möglichen Maßnahmen nicht nur zur Verringerung der Arbeitsunfähigkeitszeiten und den mit dem krankheitsbedingten Ausfall verbundenen betrieblichen und finanziellen Belastungen des Arbeitgebers führen, sondern auch die Mehrbelastungen reduzieren, die der Belegschaft durch die vorübergehende Abwesenheit des arbeitsunfähigen Arbeitnehmers entstehen.[16]

---

[8] Vgl. dazu auch LAG Düsseldorf 4.2.2013 – 9 TaBV 129/12 Rn. 62 unter Hinweis auf LAG Düsseldorf 29.9.2009 – 17 Ta BV 107/09; LAG SchlH 19.12.2006 – 6 TaBV 14/06, BB 2007, 124; vgl. dazu auch LPK-SGB IX/Düwell § 167 Rn. 36.

[9] Vgl. zu diesem Gesichtspunkt auch Deinert NZA 2010, 969 (971) mwN.

[10] Vgl. dazu LPK-SGB IX/Düwell § 167 Rn. 36.

[11] Vgl. dazu BAG 18.10.2017 – 10 AZR 47/17 Rn. 24 mwN; vgl. zu den Zielen des BEM auch Evermann NZA 2019, 1465 mwN.

[12] Vgl. dazu LPK-SGB IX/Düwell § 167 Rn. 36 und ausführlich in → Rn. 191 ff.

[13] Vgl. zu den Leistungen der medizinischen Rehabilitation aus der gesetzlichen Krankenversicherung: Richter/Brandts, Rehabilitationsrecht, § 1 Rn. 21 ff., vgl. zu den Leistungen der medizinischen Rehabilitation aus der gesetzlichen Rentenversicherung: Richter/Ritter, Rehabilitationsrecht, § 2 Rn. 46 ff. und zu den Leistungen der beruflichen Rehabilitation § 2 Rn. 106 ff.

[14] Vgl. dazu LPK-SGB IX/Düwell § 167 Rn. 36.

[15] Vgl. zu diesem Aspekt auch LAG Nürnberg 16.1.2013 – 2 Ta BV 6/12 Rn. 58 mwN.

[16] BAG 7.2.2012 – 1 ABR 46/10, NZA 2012, 744 Rn. 21.

7 Ein gut gestaltetes BEM kann im Sinne einer **„win-win-Strategie“** dazu beitragen, die Gesundheit der Belegschaft zu schützen, zu erhalten und bei Erkrankungen schnellstmöglich wieder herzustellen und ihren Arbeitsplatz zu sichern.[17] Auch wenn der Arbeitgeber bei Vorliegen einer Erkrankung den Arbeitnehmer noch gar nicht kündigen möchte, sollen geeignete Maßnahmen ergriffen werden, die zu einer Verbesserung der gesundheitlichen Situation der Beschäftigten beitragen können und weiterer Arbeitsunfähigkeit vorbeugen.[18]

8 Auch wenn immer noch erhebliche Umsetzungslücken in Klein- und kleinen mittelständischen Betrieben festzustellen sind,[19] hat ein erfolgreiches betriebliches Eingliederungsmanagement nach § 167 Abs. 2 SGB IX **für den Arbeitgeber** zahlreiche, auch ökonomische **Vorteile** und liegt daher in seinem Interesse.[20] Auch wenn die Durchführung eines BEM-Verfahrens zusätzlichen Personal- und Kostenaufwand erfordert, so können auch kleinere und mittlere Unternehmen von einem BEM profitieren.[21]

– Wenn Indikatoren für Krankheitsverläufe früh erkannt werden, kann diesen durch ein diszipliniertes Gesundheitsmanagement sowohl im Betrieb als auch im privaten Bereich[22] begegnet werden, um so längere und wie-

---

17 Vgl. dazu SRS Gesundheitsmanagement/vom Stein § 21 Rn. 9; vom Stein NZA 2021, 753 unter Hinweis auf eine Praxisstudie (Abschlussbericht 2018 der vom BMAS geförderten Studie „RE-BEM“, veröffentlicht unter www.re-bem.de); vgl. ausführlich zu den monetären und nichtmonetären Effekten des BEM für Arbeitnehmer und Arbeitgeber: Feldes/Niehaus/Faber/Seider/Ramm, Werkbuch, S. 99 ff., 102.

18 SRS Gesundheitsmanagement/vom Stein § 21 Rn. 12.

19 vom Stein NZA 2021, 753 unter Hinweis auf eine Praxisstudie (Abschlussbericht 2018 der vom BMAS geförderten Studie „RE-BEM“, veröffentlicht unter www.re-bem.de).

20 Vgl. zu den Vorteilen für Arbeitgeber und Arbeitnehmern auch: Britschgi AiB 2019, 10.

21 Je nach Maßnahme und Unternehmen ist der Einspareffekt unterschiedlich hoch. Der „Return on Invest“ kann durchaus 1 zu 10 erreichen, im Durchschnitt beträgt er 1 zu 2,7 – vgl. dazu SRS Gesundheitsmanagement/vom Stein § 21 Rn. 16 und SRS Gesundheitsmanagement/Winterstein § 22 Rn. 20 mwN; mehrere empirische Untersuchungen haben zu dem Ergebnis geführt, dass BEM zu Kosteneinsparungen führt, dh die Aufwendungen des BEM werden durch Einsparungen kompensiert und davon profitieren sowohl große als auch kleine Betriebe – Feldes/Niehaus/Faber/Seider/Ramm, Werkbuch, S. 99 ff., 103, 104 mwN.

22 Vgl. dazu HessLAG 3.6.2013 – 21 Sa 1456/12 Rn. 58, bestätigt durch BAG 20.11.2014 – 2 AZR 755/13, NZA 2015, 612. Allerdings geht das BAG im Rahmen seiner Revisionsentscheidung in der Rn. 50 davon aus, dass der Arbeitgeber im Rahmen der Darlegungs- und Beweislast nicht für jede nur erdenkliche Maßnahme der Gesundheitsprävention – etwa bis zu möglichen Änderungen in der privaten Lebensführung des Arbeitnehmers – von sich aus darzulegen hätte, dass und weshalb sie zur nachhaltigen Verminderung von Fehlzeiten nicht geeignet gewesen sei. Es reicht aus, wenn der Arbeitgeber dartut, dass jedenfalls durch gesetzlich vorgesehene Hilfen oder Leistungen der Rehabilitationsträger künftige Fehlzeiten nicht in relevantem Umfang hätten vermieden werden können. Der Grundsatz der Verhältnismäßigkeit verlangt lediglich die

derholte Arbeitsunfähigkeitszeiten zu vermeiden und Entgeltfortzahlungskosten zu senken, was zu einer **höheren Produktivität** und damit zu einem **höheren Betriebsergebnis** sowie einer **verbesserten Wettbewerbsfähigkeit** des Unternehmens führt.[23] Ein erfolgreich eingesetztes BEM kann wirksam auch bei Langzeiterkrankungen[24] dazu beitragen, die Mehrbelastungen zu reduzieren, die der Belegschaft durch die vorübergehende Abwesenheit des arbeitsunfähigen Arbeitnehmers entstehen, und höhere Kosten für Vertretungskräfte zu senken.[25]

– Bereits im Jahr 2017 war jeder dritte Beschäftigte in Deutschland älter als 50 Jahre alt sein und in der Regel erst mit 67 Jahren die Regelaltersrente beziehen können. Vor diesem Hintergrund wird die Erhaltung der Arbeitsfähigkeit der Beschäftigten einen immer höheren Stellenwert bekommen und nur gelingen, wenn auf die Gesundheitsprävention in den Betrieben und Dienststellen besser geachtet wird als bisher. Der Arbeitgeber kann durch ein erfolgreiches BEM mehr bewährte Mitarbeiter mit Erfahrungswissen im Betrieb halten, die ansonsten aufgrund von Krankheit ausscheiden würden, was den Aufwand für die Suche und Einarbeitung neuer Mitarbeiter reduziert. Dieser Umstand ist – insbesondere in Zeiten von Fachkräftemangel und des **demografischen Wandels**[26] – ein wichtiger Vorteil für den Arbeitgeber.[27] Darüber hinaus zeigt sich ein Arbeitgeber mit der Einführung eines BEM sozial kompetent und weitblickend in der Personalarbeit, was ein nicht zu unterschätzender Imagefaktor sowohl bei Kunden als auch bei der immer schwieriger werdenden Rekrutierung neuer – vor allem auch jüngerer – Mitarbeiter ist.[28]

Berücksichtigung solcher Präventions- und Rehabilitationsmaßnahmen, deren Beachtung dem Arbeitnehmer zumutbar ist. Für eine Maßnahme außerhalb des Leistungskataloges der Rehabilitationsträger – und sei es ein fachkundig entwickeltes Konzept zur privaten Gesundheitsprävention – gilt dies in aller Regel nicht; deren objektive Nutzlosigkeit braucht der Arbeitgeber nicht von sich aus darzutun.

[23] Vgl. zu diesem Gesichtspunkt auch SRS Gesundheitsmanagement/vom Stein § 21 Rn. 12.

[24] So entfallen auf etwa 1% der Arbeitnehmerinnen und Arbeitnehmer 20% der Arbeitsunfähigkeitstage und auf 6% sogar 50%: Beck NZA 2017, 81 (82) mwN; zu beachten ist jedoch, dass ein BEM nicht nur bei Langzeiterkrankungen, sondern auch bei häufigen Kurzerkrankungen in Betracht zu ziehen ist: BAG 20.11.2014 – 2 AZR 755/13, NZA 2015, 612 Rn. 42 mwN.

[25] BAG 7.2.2012 – 1 ABR 46/10, NZA 2012, 744 Rn. 21.

[26] Vgl. dazu ausführlich SRS Gesundheitsmanagement/Burr/Formazin § 19 Rn. 2 ff.

[27] Vgl. dazu auch den Beitrag zu den Aufgaben, Herausforderungen und Chancen des BEM für das Personalmanagement: Feldes/Niehaus/Faber/Beutler, Werkbuch, S. 158 ff., 159, 164.

[28] „Handlungsempfehlungen zum Betrieblichen Eingliederungsmanagement" des Landschaftsverbandes Rheinland, kostenlos als Publikation zu bestellen über die Homepage www.lvr.de.

- Ein betriebliches Eingliederungsmanagement dient auch der Vorklärung von Beschäftigungsmöglichkeiten für einen erkrankten Mitarbeiter als **milderes Mittel vor einer Krankheitskündigung.** Das BEM hat zwar das Ziel, das Beschäftigungsverhältnis zu sichern. Jedes einzelne BEM ist aber ergebnisoffen und nicht immer lässt sich das Ziel der Erhaltung des Beschäftigungsverhältnisses, auch bei bestem Willen aller Beteiligten, erreichen. Kommen die Betriebsparteien unter Heranziehung von internem wie externem Sachverstand in einem ordnungsgemäß durchgeführten betrieblichen Eingliederungsmanagement zu dem Schluss, dass keine Weiterbeschäftigungsmöglichkeit besteht, auch nicht auf einem leidensgerecht ausgestatteten, ggf. anderen Arbeitsplatz, so wird ein Arbeitsgericht kaum zu einer anderen Beurteilung kommen können.[29]
- Im Rahmen eines betrieblichen Eingliederungsmanagements können auch die **Förderungsmöglichkeiten der Sozialversicherungs- und Rehabilitationsträger** sowie der **Arbeitsagentur** (§§ 187, 50 SGB IX) sowie des Integrationsamtes nach § 185 Abs. 3 SGB IX **aufgezeigt**[30] und **beantragt** werden, die vielen Arbeitgebern gar nicht bekannt sind. Gerade durch die Geldleistungen, die an Arbeitgeber gezahlt werden können, kann die Weiterbeschäftigung eines gesundheitlich eingeschränkten Mitarbeiters für den Arbeitgeber wirtschaftlich tragbar werden.[31] Ergänzend sieht § 167 Abs. 3 SGB IX vor, dass die Rehabilitationsträger und die Integrationsämter Arbeitgeber, die ein betriebliches Eingliederungsmanagement einführen, durch Prämien oder einen Bonus gefördert werden können.[32]

9 Auch für den **Arbeitnehmer** kann ein betriebliches Eingliederungsmanagement von Vorteil sein.[33]

---

[29] So auch LPK-SGB IX/Düwell § 167 Rn. 36.

[30] Ein guter Überblick über die Förderleistungen für behinderte Menschen und Arbeitgeber sowie auch ein Überblick „wer hilft bei welchen Fragen?“ findet sich in dem Kapitel „Leistungen für behinderte Menschen im Beruf“ im Handbuch für die betriebliche Praxis „ABC Behinderung & Beruf“, herausgegeben von der Bundesarbeitsgemeinschaft der Integrationsämter und Hauptfürsorgestellen, 6. Aufl. 2018, kostenlose Bestellung oder Download über www.lvr.de.

[31] Vgl. zu den verschiedenen Förderungsmöglichkeiten und Leistungen an Arbeitgeber → Rn. 215 ff.

[32] Vgl. zu dieser Förderung durch die Rehabilitationsträger und die Integrationsämter SRS Gesundheitsmanagement/vom Stein § 21 Rn. 20 ff.; zur Förderung durch die Träger der gesetzlichen Krankenversicherung Rn. 26 ff. und zur Förderung durch die Unfallversicherungsträger Rn. 30 ff.

[33] LPK-SGB IX/Düwell § 167 Rn. 34 spricht sogar von einer klassischen „Win-Win-Situation“; in diesem Sinne auch SRS Gesundheitsmanagement/vom Stein § 21 Rn. 9.

- Im Rahmen eines betrieblichen Eingliederungsmanagements können Beschäftigungsmöglichkeiten oder Leistungen zur Teilhabe am Arbeitsleben bzw. Leistungen des Integrationsamtes gefunden werden, die eine Wiederaufnahme der tatsächlichen Beschäftigung eher ermöglichen, als dies ohne ein BEM der Fall wäre, da ein Arbeitnehmer dann der Aussage des Arbeitgebers „keine geeignete Beschäftigung“ wenig entgegensetzen könnte.[34]
- Durch die **aktive Teilnahme des Arbeitnehmers** an einem BEM kann er selbst dazu beitragen längere Krankheitszeiten oder sogar ein Ausscheiden aus dem Arbeitsverhältnis mit einer Erwerbsminderungsrente zu vermeiden, was für Arbeitnehmer in der Regel mit erheblichen finanziellen Einbußen verbunden ist. Ein Arbeitnehmer ist nur für die Dauer des Krankengeldes bis zu 78 Wochen (§ 48 SGB V) annähernd in seinem Lebensstandard abgesichert und muss beim Bezug von Arbeitslosengeld nach der Aussteuerung beim Krankengeld und/oder dem Bezug einer Erwerbsminderungsrente finanzielle Nachteile in Kauf nehmen.[35] Auch kann bei einem erfolgreichen BEM **Arbeitslosigkeit** aufgrund gesundheitlicher Einschränkungen **vermieden** werden. Die **aktive Mitwirkung des Arbeitnehmers** am BEM-Verfahren ist daher nicht nur rechtlich zulässig, sondern auch – wenn der BEM-Prozess erfolgreich sein soll – im Sinne der gesetzlichen Zielsetzung entscheidende Voraussetzung.[36] Auch kann bei einem erfolgreichen BEM **Arbeitslosigkeit** aufgrund gesundheitlicher Einschränkungen **vermieden** werden.[37]
- Da die **„stufenweise Wiedereingliederung“** (§ 44 SGB IX, § 74 SGB V)[38] bei einer längeren Erkrankung des Arbeitnehmers eine bewährte Maßnahme im BEM ist, kann so die Wiederaufnahme der Arbeit nach einer längeren Erkrankung schonend erfolgen und der Mitarbeiter auch für sich die Leistungsfähigkeit besser beurteilen.
- In Kombination mit dem Rechtsanspruch auf behinderungsgerechte Beschäftigung nach § 164 Abs. 4 SGB IX sowie dem inzwischen auch von der arbeitsgerichtlichen Rechtsprechung anerkannten **Schadensersatz-**

---

[34] Darauf weist LPK-SGB IX/Düwell § 167 Rn. 37 zu Recht hin.

[35] Das Krankengeld ist höher als das Arbeitslosengeld; es richtet sich der Höhe nach dem letzten Arbeitsentgelt und beträgt 70% des Arbeitsentgeltes, soweit es der Beitragsberechnung unterliegt (Regelentgelt), begrenzt auf 90% des Nettoentgeltes (§ 47 Abs. 1 S. 1 und 2, Abs. 2 SGB V). Dagegen beträgt die Höhe des Arbeitslosengeldes 60% bzw. 67% des pauschalierten Nettoentgeltes (§ 149 Nr. 1 und 2 SGB III); die Höhe des Arbeitslosengeldes lässt sich über die Homepage www.pub.arbeitsagentur.de/selbst.php leicht errechnen. Vgl. zum Verhältnis von Kranken- und Arbeitslosengeld: Schmidt SozVersR Rn. 79 ff.

[36] BVerwG 23.6.2010 – 6 P 8/09, NZA-RR 2010, 554 Rn. 40.

[37] BAG 20.11.2014 – 2 AZR 755/13, NZA 2015, 612 Rn. 50.

[38] Dazu ausführlich → Rn. 199 ff.; vgl. zur stufenweisen Wiedereingliederung als Standardmaßnahme im BEM: Schmidt Schwerbehindertenarbeitsrecht § 1 Rn. 308 ff.

anspruch bei nicht leidensgerechter Beschäftigung[39] erleichtert es das BEM dem Arbeitnehmer, wieder zurück in den Betrieb zu kommen und seine Arbeitsleistung erbringen zu können, uU auf einem gesundheitlich angepassten und/oder anderen Arbeitsplatz im Betrieb.

10 Es ist jedoch auch zu berücksichtigen, dass das BEM sich **auch zu Lasten des Arbeitnehmers** auswirken kann, wenn es zu dem Ergebnis kommt, dass weder ein Ende der Arbeitsunfähigkeit absehbar ist noch andere dem Arbeitgeber zumutbare Beschäftigungsmöglichkeiten in Betracht kommen.[40] Umso wichtiger ist es, bei der Umsetzung des BEM ein System mit strukturierten Abläufen zu entwickeln, das Strategien für den Erhalt der Arbeits- und Beschäftigungsfähigkeit beinhaltet, und alle externen Hilfen in Anspruch zu nehmen.

---

[39] Dazu ausführlich → Rn. 222 ff.; vgl. dazu auch SRS Gesundheitsmanagement/vom Stein § 21 Rn. 129 ff.

[40] Vgl. dazu auch LPK-SGB IX/Düwell § 167 Rn. 34.

II. Anwendungsbereich der Regelung in § 167 Abs. 2 SGB IX

1. Persönlicher Anwendungsbereich

In Bezug auf den **persönlichen Anwendungsbereich** des § 167 Abs. 2 SGB IX stellt sich die Frage, ob die Regelung über das betriebliche Eingliederungsmanagement in § 167 Abs. 2 SGB IX **nur für schwerbehinderte Arbeitnehmer** gilt[41] oder **auf alle Arbeitnehmer anzuwenden** ist.[42] Nach zutreffender Auffassung setzt die Durchführung eines BEM nach § 167 Abs. 2 SGB IX – anders als die Prävention nach § 167 Abs. 1 SGB IX – nicht voraus, dass bei dem betroffenen Arbeitnehmer eine Behinderung vorliegt; die Vorschrift des § 167 Abs. 2 SGB IX setzt also nicht voraus, dass bei dem Betroffenen eine Behinderung oder Schwerbehinderung vorliegt.[43] Darüber hinaus werden auch **Beamte und Richter** von der Regelung in § 167 Abs. 2 SGB IX erfasst.[44] Ebenso wenig kommt es auf die Wochenstundenzahl des Arbeitnehmers an, so dass auch **Teilzeitbeschäftigte** unter § 167 Abs. 2 11

[41] So Balders/Lepping NZA 2005, 854; Brose DB 2005, 390 (390 f.); Namendorf/Natzel DB 2005, 390 (391); ErfK/Rolfs SGB IX § 167 Rn. 4.

[42] LAG Nds 25.10.2006 – 6 Sa 974/05, BB 2007, 719; LAG Bln 27.10.2005 – 10 Sa 783/05, NZA-RR 2006, 184; Löw MDR 2005, 608 (609); Britschgi AiB 2005, 284; Gagel NZA 2004, 1359; Welti NZS 2006, 623 (624); Feldes/Niehaus/Faber/Kohte, Werkbuch, S. 29.

[43] BAG 12.7.2007 – 2 AZR 716/06, NZA 2008, 173 (175); 30.9.2010 – 2 AZR 88/09 Rn. 27, NZA 2011, 39 (41); 28.4.2011 – 8 AZR 515/10, NJW 2011, 2458 Rn. 37; 7.2.2012 – 1 ABR 46/10, NZA 2012, 744 Rn. 9; 20.11.2014 – 2 AZR 755/13, NZA 2015, 612 Rn. 28 mwN; 13.5.2015 – 2 AZR 565/14, NZA 2015, 1249 Rn. 25 mwN; 13.5.2015 – 2 AZR 565/14, NZA 2015, 1249 Rn. 25 mwN; 20.5.2020 – 7 AZR 100/10 Rn. 30; so auch HessLAG 19.3.2012 – 17 Sa 518/11 Rn. 58; LAG Hamm 26.4.2013 – 10 Sa 24/13 Rn. 50; 7.2.2014 – 10 Sa 576/13 Rn. 54 und 22.3.2018 – 15 Sa 1787/17 Rn. 56; LAG Nürnberg 28.1.2015 – 2 Sa 519/14 Rn. 26; LAG RhPf 24.3.2015 – 7 Sa 512/14 Rn. 68 und 10.12. 2015 – 5 Sa 168/15 Rn. 29; LAG Düsseldorf 20.10.2016 – 13 Sa 356/16 Rn. 35; Neumann/Pahlen/Greiner/Winkler/Jabben/Neumann SGB IX § 167 Rn. 13; Deinert NZA 2010, 969 (971); Nassibi NZA 2012, 720 (721) mwN; Beck NZA 2017, 81 (82); Balikcioglu NZA 2015, 1424 (1427); aA ErfK/Rolfs SGB IX § 167 Rn. 4; Brose DB 2005, 390 f.; kritisch zur systematischen Stellung des § 84 Abs. 2 SGB IX 2001: Edenfeld NZA 2012, 713 (718); vgl. ausführlich zum Meinungsstand auch LPK-SGB IX/Düwell § 167 Rn. 65.

[44] OVG MV 9.10.2003 – 2 M 105/03, br 2005, 143; BVerwG 5.6.2014 – 2 C 22/13, NVwZ 2014, 1319; 4.9.2012 – 6 P 5/11, br 2013, 23 Rn. 12 mwN; SRS Gesundheitsmanagement/vom Stein § 21 Rn. 40 mwN; vom Stein ZfA 2016, 549 (552) mwN; Feldes/Niehaus/Faber/Kohte, Werkbuch, S. 29; LPK-SGB IX/Düwell § 167 Rn. 62; aA VG Berlin 26.2.2008 – 28 A 134.05; Steiner PersV 2006, 417; vgl. ausführlich zur Prävention und zum BEM bei Beamten: LPK-SGB IX/Düwell § 167 Rn. 131 ff. und Feldes/Niehaus/Faber/Grunow/Kerschbaumer/Pielenz, Werkbuch, S. 180 ff.

SGB IX fallen.[45] Darüber hinaus geht bei **Vorliegen einer Schwerbehinderung** das BEM einer Prävention nach § 167 Abs. 1 SGB IX nicht vor. Das Präventionsverfahren nach § 167 Abs. 1 SGB IX ist von einer Zustimmung des betroffenen schwerbehinderten Arbeitnehmers unabhängig und hat darüber hinaus eine andere Zielsetzung.[46]

12 Die Verpflichtung des Arbeitgebers zur Durchführung des BEM als Ausprägung des Verhältnismäßigkeitsgrundsatzes gilt grundsätzlich nur im Rahmen der **Anwendbarkeit des Kündigungsschutzgesetzes,** also **nicht** für **Kleinbetriebe**[47] oder wenn das gekündigte Arbeitsverhältnis nicht dem deutschen Vertragsstatut unterliegt.[48] Auch während der **sechsmonatigen Wartezeit** nach § 1 Abs. 1 KSchG ist **kein BEM** durchzuführen, zumal in diesem Fall auch die Voraussetzung des § 167 Abs. 2 SGB IX „innerhalb eines Jahres sechs Wochen Arbeitsunfähigkeit nicht erfüllt sein kann.[49] Nach Auffassung des BAG liegt kein Verstoß gegen Grundrechte des Arbeitnehmers oder Europarecht vor, wenn außerhalb des Geltungsbereiches des Kündigungsschutzgesetzes kein BEM durchzuführen ist, allerdings ist nach Auffassung des EuGH Art. 5 der Richtlinie 2000/78 dahin auszulegen, dass der Begriff „angemessene Vorkehrungen für Menschen mit Behinderung“ im Sinne dieses Artikels impliziert, dass ein Arbeitnehmer – und zwar auch derjenige, der nach seiner Einstellung eine Probezeit absolviert –, der aufgrund seiner Behinderung für ungeeignet erklärt wurde, die wesentlichen Funktionen seiner bisherigen Stelle zu erfüllen, auf einer anderen Stelle einzusetzen ist, für die er die notwendige Kompetenz, Fähigkeit und Verfügbarkeit aufweist, sofern der Arbeitgeber durch diese Maßnahme nicht unverhältnismäßig belastet wird.[50]

---

[45] So auch Kempter/Steinat NZA 2015, 840.

[46] So auch Kempter/Steinat NZA 2015, 840 (841) mwN; aA LPK-SGB IX/Düwell § 167 Rn. 88 mwN „BEM verdrängt das Verfahren nach § 167 Abs. 1 SGB IX“; Fritsche/Fähnle BB 2013, 3001 (3005); Wullenkord, S. 48 ff.

[47] BAG 24.1.2008 – 6 AZR 97/07, NZA-RR 2008, 405 Rn. 33; *Beyer/Jansen* br 2010, 89 (94); Schunder FS Willemsen, 2018, 475 (476); aA LAG Nds 29.3.2005 – 1 Sa 1429/04, AuA 2005, 433; LAG SchlH 17.11.2005 – 4 Sa 328/05, br 2006, 170; LPK-SGB IX/Düwell § 167 Rn. 58; Deinert NZA 2010, 969 (971); Kempter/Steinat NZA 2015, 840 mwN; vom Stein NZA 2020, 753 (759).

[48] BAG 22.10.2015 – 2 AZR 720/14, NZA 2016, 473 Rn. 76.

[49] BAG 28.6.2007 – 6 AZR 750/06, NZA 2007, 1049 (1053); 24.1.2008 – 6 AZR 96/07, NZA-RR 2008, 405; Kempter/Steinat NZA 2015, 840 mwN; Beck NZA 2017, 81 (86); Lunk NJW 2019, 2349; aA für Notwendigkeit des BEM auch in der Wartezeit Deinert NZA 2010, 969 (971); SRS Gesundheitsmanagement/vom Stein § 21 Rn. 37, 38.

[50] BAG 24.1.2008 – 6 AZR 96/07, NZA-RR 2008, 405 Rn. 35 ff.; EuGH 10.2.2022 – C-485/20 Rn. 49 – HR Rail.

Praxistipp:
Ein BEM ist auch bei der Beendigung des Arbeitsverhältnisses im Wege einer **auflösenden Bedingung**, etwa wegen Fluguntauglichkeit, vom Arbeitgeber durchzuführen. Übertragen auf die Situation der dauerhaften Flugdienstuntauglichkeit besteht das Ziel eines BEM in diesem Fall darin, herauszufinden, ob es Möglichkeiten gibt, den Arbeitnehmer auf einem Bodenarbeitsplatz weiter zu beschäftigen, um so die Beendigung des Arbeitsverhältnisses aufgrund des Eintritts der auflösenden Bedingung zu vermeiden.[51]

2. Sachlicher Anwendungsbereich

Die Vorschrift ist **sachlich** immer dann anzuwenden, wenn Beschäftigte innerhalb eines Jahres länger als sechs Wochen ununterbrochen oder wiederholt arbeitsunfähig sind. Es ist nicht erforderlich, dass es eine einzelne Krankheitsperiode von durchgängig mehr als sechs Wochen gab; es reichen auch **mehrere Zeitabschnitte von Arbeitsunfähigkeit,** die insgesamt mehr als sechs Wochen umfassen.[52] Streitig ist, ob nur die jeweiligen Arbeitstage pro Woche (zB bei Teilzeitbeschäftigten)[53] oder alle Kalendertage mit Arbeitsunfähigkeit[54] zu berücksichtigen sind. Da die Verpflichtung des Arbeitgebers zur Durchführung von BEM einsetzt, wenn das Risiko fortgesetzter Arbeitsunfähigkeit nicht mehr von ihm allein zu tragen ist, sondern sozialisiert wird,[55] ist der letztgenannten Auffassung zu folgen. Wie bei § 3 EFZG entspricht der Zeitraum von sechs Wochen 42 Kalendertagen. Wenn die Fehlzeiten insgesamt einen Zeitraum von mehr als sechs Wochen (43 Tagen) erreicht haben, ist ein BEM einzuleiten.[56] 13

Mit der Verwendung des Begriffs „arbeitsunfähig" in § 167 Abs. 2 S. 1 SGB IX hat der Gesetzgeber auf die zu § 3 Abs. 1 EFZG ergangene Begriffsbestimmung[57] Bezug genommen, die sich nicht von der Definition in der Arbeitsunfähigkeits-Richtlinie[58] unterscheidet, und keinen vom Ent- 14

[51] BAG 17.4.2019 – 7 AZR 292/17, NZA 2019, 1355 Rn. 32; 20.5.2020 – 7 AZR 100/19, NZA 2020, 119 Rn. 27 ff., 32 mwN.
[52] BAG 24.3.2011 – 2 AZR 170/10, NZA 2011, 993 Rn. 19; LAG Hamm 26.4.2013 – 10 Sa 24/13 Rn. 50; SRS Gesundheitsmanagement/vom Stein § 21 Rn. 47.
[53] Stück MDR 2010, 1235 (1236).
[54] Lunk NJW 2019, 2349; LPK-SGB IX/Düwell § 167 Rn. 61 mwN.
[55] Welti NZS 2006, 623 (625).
[56] So auch SRS Gesundheitsmanagement/vom Stein § 21 Rn. 48 mwN; LPK-SGB IX/Düwell § 167 Rn. 56, 61.
[57] Vgl. dazu ErfK/Reinhard EFZG § 3 Rn. 9 ff.
[58] Richtlinie des Gemeinsamen Bundesausschusses über die Beurteilung der Arbeitsunfähigkeit und die Maßnahmen zur stufenweisen Wiedereingliederung nach § 92 Abs. 1 S. 2 Nr. 7 SGB V (Arbeitsunfähigkeits-Richtlinie) idF vom 14.11.2013, zuletzt geändert am 4.8.2022 – abrufbar unter www.g-ba.de.

geltfortzahlungsgesetz abweichenden Begriff mit anderen Merkmalen schaffen wollen.[59] **Arbeitsunfähigkeit** liegt gemäß § 2 Abs. 1 S. 1 AU-RL (Arbeitsunfähigkeits-Richtlinie) vor, wenn der Arbeitnehmer aufgrund von Krankheit seine zuletzt vor der Arbeitsunfähigkeit ausgeübte Tätigkeit nicht mehr oder nur unter der Gefahr der Verschlimmerung der Erkrankung ausführen kann.[60] Für die Einleitung eines BEM gibt § 167 Abs. 2 S. 1 SGB IX den Begriff der Arbeitsunfähigkeit zwingend vor; dieser ist einer Ausgestaltung durch die Betriebsparteien nach § 87 Abs. 1 Nr. 7 BetrVG nicht zugänglich.[61]

15 Bei der **Beurteilung der Arbeitsunfähigkeit** ist darauf abzustellen, welche Bedingungen die bisherige Tätigkeit geprägt haben (§ 2 Abs. 1 S. 2 AU-RL).[62] Mit der Regelung des BEM in § 167 Abs. 2 SGB IX knüpft der Gesetzgeber an das Ende der Entgeltfortzahlung (§ 3 Abs. 1 S. 1 EFZG) und den Beginn des Krankengeldanspruchs gegen die Krankenkasse (§§ 44 Abs. 1, 49 Abs. 1 Nr. 1 SGB V) an.

16 Für die **Bemessung des Sechswochenzeitraums** des § 167 Abs. 2 SGB IX sind die dem Arbeitgeber vom Arbeitnehmer nach § 5 Abs. 1 EFZG **angezeigten Arbeitsunfähigkeitszeiten maßgeblich,** wobei nicht alle Arbeitsunfähigkeitszeiten, insbesondere in den ersten drei Tagen (§ 5 Abs. 1 S. 2 EFZG) mit einem ärztlichen Attest belegt sein müssen.[63] Zeiten, in denen der Arbeitnehmer eine **medizinische Rehamaßnahme** durchgeführt hat, zählen nicht zum Sechswochenzeitraum, wenn nicht gleichzeitig eine Arbeitsunfähigkeit besteht.[64] Dem Gesetzestext des § 167 Abs. 2 SGB IX ist nicht zu entnehmen, wie der Zeitraum **„innerhalb eines Jahres"** zu verstehen ist. Dem Zweck der Vorschrift nach, Arbeitsunfähigkeit vorzubeugen und den Arbeitsplatz zu erhalten, entspricht es am ehesten, auf das jeweils **zurückliegende Jahr** und nicht auf das Kalenderjahr abzustellen[65]. Würde auf das Kalenderjahr abgestellt, würde ohne vernünftigen Grund eine sich über den Jahreswechsel hinziehende Krankheit ausgeschlossen.

---

[59] BAG 13.3.2012 – 1 ABR 78/10, NZA 2012, 748 Rn. 14, 15 mwN; 21.11.2018 – 7 AZR 394/17, NZA 2019, 309 Rn. 41; in diesem Sinne auch SRS Gesundheitsmanagement/vom Stein § 21 Rn. 46.

[60] Vgl. zur allgemeinen Begriffsbestimmung der Arbeitsunfähigkeit auch ErfK/Reinhard EFZG § 3 Rn. 9; SRS Gesundheitsmanagement/vom Stein § 21 Rn. 46.

[61] BAG 13.3.2012 – 1 ABR 78/10, NZA 2012, 748 Rn. 13.

[62] Vgl. dazu auch BAG 7.8.1991 – 5 AZR 410/90, NZA 1992, 69; Balders/Lepping NZA 2005, 854 (855).

[63] LAG Bln-Bbg 26.9.2019 – 10 Sa 864/19 Rn. 43; BAG 13.3.2012 – 1 ABR 78/10, NZA 2012, 748 Rn. 14.

[64] SRS Gesundheitsmanagement/vom Stein § 21 Rn. 46 – nur wenn gleichzeitig Arbeitsunfähigkeit besteht.

[65] Balders/Lepping NZA 2005, 854 (855); LPK-SGB IX/Düwell § 167 Rn. 61; Welti NZS 2006, 623 (625); ErfK/Rolfs SGB IX § 167 Rn. 5; SRS Gesundheitsmanagement/vom Stein § 21 Rn. 20; Kempter/Steinat NZA 2015, 840 mwN.

Praxistipp:
Der Zeitraum von **sechs Wochen** Arbeitsunfähigkeit umfasst also **42 Kalendertage,** so dass bei andauernder Arbeitsunfähigkeit die Verpflichtung des Arbeitgebers zur Durchführung eines BEM mit dem 43. Kalendertag beginnt; bei **wiederholter Arbeitsunfähigkeit** werden die Kalendertage mit Arbeitsunfähigkeit der jeweils letzten zwölf Monate zusammengerechnet; maßgebend ist also **nicht das Kalenderjahr.**[66] Bei der Bestimmung des Sechswochenzeitraums sind bei **Teilzeitbeschäftigten** auch arbeitsfreie Tage oder Sonn- und Feiertage mitzuzählen.[67]

Die **Ursache der Arbeitsunfähigkeit** bzw. die **Art der Erkrankung** sind dabei unerheblich.[68] Eine Beschränkung des BEM auf solche Arbeitsunfähigkeitszeiträume, die auf **dieselbe oder verwandte Ursachen** zurückzuführen sind, ist zum einen mit dem Wortlaut von § 167 Abs. 2 SGB IX nicht zu vereinbaren und wäre zum anderen auch nicht praktikabel. Die **Arbeitsunfähigkeitsbescheinigung,** die der Arbeitnehmer gemäß § 5 Abs. 1 EFZG dem Arbeitgeber vorzulegen hat, enthält in der Ausfertigung für den Arbeitgeber keine Diagnosen, sondern nur die Dauer der voraussichtlichen Arbeitsunfähigkeit. Nur in die Ausfertigung für die gesetzliche Krankenkasse sind durch den behandelnden Arzt die Diagnosen einzutragen, welche die Arbeitsunfähigkeit begründen, und entsprechend den Bestimmungen des § 295 SGB V zu bezeichnen. Der Arbeitgeber kann nur gemäß § 275 Abs. 1a S. 3 SGB V verlangen, dass die Krankenkasse eine gutachtliche Stellungnahme des Medizinischen Dienstes zur Überprüfung der Arbeitsunfähigkeit einholt; er hat aber keinen Anspruch auf Mitteilung der der Arbeitsunfähigkeit zugrundeliegenden Diagnosen oder Ursachen. Daher kann die Anwendbarkeit des betrieblichen Eingliederungsmanagements nicht von einer nicht überprüfbaren Voraussetzung abhängig sein, nämlich dass die Arbeitsunfähigkeit auf dieselbe Ursache oder auf verwandte Ursachen zurückzuführen ist.[69] **17**

---

[66] BAG 23.3.2011 – 2 AZR 170/10, NZA 2011, 993 Rn. 19; LPK-SGB IX/Düwell § 167 Rn. 61 mwN; SRS Gesundheitsmanagement/vom Stein § 21 Rn. 50.

[67] Kempter/Steinat NZA 2015, 840; SRS Gesundheitsmanagement/vom Stein § 21 Rn. 49 mwN.

[68] BAG 20.11.2014 – 2 AZR 755/13, NZA 2015, 612 Rn. 42 mwN; so auch ErfK/Rolfs SGB IX § 167 Rn. 5; Deinert NZA 2010, 969 (971) mwN; Schunder NZA-Beil. 3/2015, 90 (95); vgl. dazu auch SRS Gesundheitsmanagement/vom Stein § 21 Rn. 47 mwN; aA Balders/Lepping NZA 2005, 854 (855).

[69] So aber Balders/Lepping NZA 2005, 854 (855).

Praxistipp:

Ein BEM ist also zum einen bei einer **lang andauernden Erkrankung** geboten, wobei Ausnahmen bei schwerer Erkrankung bestehen können, die zu einer dauerhaften und endgültigen Arbeitsunfähigkeit führt.[70] Aber auch bei **häufigen Kurzerkrankungen** des Arbeitnehmers ist ein BEM nicht ausgeschlossen oder von vornherein überflüssig. Auch aus Krankheiten, die auf unterschiedlichen Grundleiden beruhen, kann sich – zumal wenn sie auf eine generelle Krankheitsanfälligkeit des Arbeitnehmers hindeuten – eine Gefährdung des Arbeitsverhältnisses ergeben, der das BEM entgegenwirken soll.[71] Gerade bei Beschäftigten, die immer wieder arbeitsunfähig sind, kann es sinnvoll sein, die Krankheitsanfälligkeit in einem BEM-Verfahren zu thematisieren und nach stabilisierenden Faktoren, etwa einer medizinischen Rehabilitation, zu suchen.[72] Daher ist ein BEM-Verfahren auch dann einzuleiten und durchzuführen, wenn die **Krankheitsursache im privaten Bereich** liegt.[73] Zum einen sieht die gesetzliche Regelung in § 167 Abs. 2 SGB IX eine entsprechende Einschränkung nicht vor und zum anderen ist eine trennscharfe Abgrenzung zwischen betrieblichen und privaten Ursachen häufig nicht möglich.[74] Die Durchführung eines BEM ist also **nicht deswegen entbehrlich,** weil die **Arbeitsunfähigkeit keine ausschließliche betriebliche Ursache** hat. Der Arbeitgeber ist jedoch nicht verpflichtet, seinen Arbeitnehmer zu mehr Sport, einer gesünderen Ernährung oder sonstigen Maßnahmen anzuhalten, die seine private Lebensweise betreffen. Zumutbar ist nur eine Beachtung solcher Maßnahmen im BEM, deren Zweck-

---

[70] Dabei ist ein BEM-Verfahren nicht deshalb entbehrlich, weil dem Arbeitnehmer eine volle Erwerbsminderungsrente bewilligt worden ist; dies allein belegt nicht die Nutzlosigkeit eines BEM – BAG 13.5.2015 – 2 AZR 565/14, NZA 2015, 1249 ff.; wenn es jedoch aufgrund einer schweren Erkrankung des betroffenen Arbeitnehmers keinen sinnvollen Anknüpfungspunkt für ein BEM-Verfahren gibt, kann ein BEM-Verfahren zu keinem positiven Ergebnis führen; in diesem Fall führt die Unterlassung eines BEM-Verfahrens durch den Arbeitgeber nicht zu beweisrechtlichen Nachteilen im nachfolgenden Kündigungsschutzprozess (dazu → Rn. 118 f., 127 ff.); ebenso LAG RhPf 7.3.2008 – 6 Sa 665/07; vom Stein ZfA 2016, 549 (552 f.); Anton-Dyck/Böhm ArbRB 2015, 185 f.; aA LAG Hamm 7.12.2014 – 10 Sa 576/13 Rn. 61; LAG Köln 23.8.2012 – 6 Sa 191/12 Rn. 23.

[71] Vgl. dazu BAG 20.11.2014 – 2 AZR 755/13, NZA 2015, 612 Rn. 42 mwN; so auch LAG Hamm 22.3.2018 – 15 Sa 1787/17 Rn. 61.

[72] BAG 20.11.2014 – 2 AZR 755/13, NZA 2015, 612 Rn. 42 ff. mwN; LAG SchlH 3.6.2015 – 6 Sa 396/14, BeckRS 2015, 72174 Rn. 102; Beck NZA 2017, 81 (82); Kempter/Steinat NZA 2015, 840.

[73] HessLAG 3.6.2013 – 21 Sa 1456/12, BeckRS 2013, 73108; Schiefer RdA 2016, 198; Beck NZA 2017, 81 (83) mwN; aA Hoffmann-Remy NZA 2016, 267 (270).

[74] Beck NZA 2017, 81 (83).

Zweckmäßigkeit hinreichend gesichert ist und deren tatsächliche Durchführung objektiv gesichert ist, was auf gesetzlich vorgesehene Leistungen und Hilfen der Rehabilitationsträger, die der Prävention und/oder Rehabilitation dienen, typischerweise zutrifft.[75]

3. Wiederholte Durchführung eines BEM

Ein **BEM** ist im Zeitablauf **wiederholt durchzuführen** oder jedenfalls **18**
anzubieten, sofern die gesetzlichen Voraussetzungen erneut erfüllt werden. Mit der Beendigung des Berechnungszeitraums, dh dem Zeitpunkt, in dem eine sechswöchige Arbeitsunfähigkeit eingetreten ist, setzt ein neuer Jahreszeitraum ein.[76] Es kommt daher für die Beantwortung der Frage, ob vor einer Kündigung ein (weiteres) BEM anzubieten und durchzuführen ist, immer auf das zurückliegende Jahr vor Ausspruch der Kündigung an. Liegen **innerhalb des der Kündigung vorangegangenen Jahres erneut Zeiten einer Arbeitsunfähigkeit** des Arbeitnehmers von **mehr als sechs Wochen,** ist durch den Arbeitgeber **erneut ein BEM anzubieten,** und zwar auch dann, wenn nach einem zuvor durchgeführten BEM noch nicht wieder ein Jahr vergangen ist.[77] Auf die **Ursache der Erkrankungen** kommt es insoweit nicht an.[78]

Praxistipp:

Arbeitgeber sollten unbedingt beachten, dass die **Durchführung bzw. das Angebot eines BEM** in der Vergangenheit nur so lange fortwirken, bis sich in einem Zeitraum von maximal 365 Kalendertagen

---

[75] BAG 20.11.2014 – 2 AZR 755/13, NZA 2015, 612 Rn. 50 in Ablehnung der Rechtsprechung der Vorinstanz HessLAG 3.6.2013 – 21 Sa 1456/12.

[76] LAG Düsseldorf 20.10.2016 – 13 Sa 356/16 Rn. 36; 9.12.2020 – 12 Sa 554/20 Rn. 67 ff.; BAG 18.11.2021 – 2 AZR 138/21, NZA 2022, 253; SRS Gesundheitsmanagement/vom Stein § 21 Rn. 52; aA wohl Beck NZA 2017, 81 (82); Kempter/Steinat NZA 2015, 840 (842); kritisch Hoffmann-Remy NZA 2016, 267.

[77] BAG 18.11.2021 – 2 AZR 138/21, NZA 2022, 253 Rn. 18 = AP KSchG 1969 § 1 Krankheit Nr. 56 mAnm Schmidt; LAG Düsseldorf 20.10.2016 – 13 Sa 356/16 Rn. 36; LAG SchlH 3.6.2015 – 6 Sa 396/14, BeckRS 2015, 72174 Rn. 113; LAG Hamm 29.5.2018 – 7 Sa 48/18 Rn. 59; LAG Hmb 20.11.2019 – 2 Sa 30/18 Rn. 104; LAG RhPf 13.4.2021 – 8 Sa 240/20 Rn. 45; LAG BW 10.2.2022 – 17 Sa 57/21 Rn. 50; LAG Köln 12.3.2021 – 10 Sa 804/20 Rn. 45 für den Fall von häufigen Kurzerkrankungen, wenn ein vom Arbeitgeber angebotenes BEM bis zum Ausspruch der Kündigung weder zu Ende geführt noch vom Arbeitnehmer abgelehnt worden war; SRS Gesundheitsmanagement/vom Stein § 21 Rn. 52 mwN; vom Stein ZfA 2016, 549 (554) mwN; vgl. dazu auch Vossen DB 2021, 1203 mwN; aA wohl Kempter/Steinat NZA 2015, 840 (842).

[78] LAG Düsseldorf 9.12.2020 – 12 Sa 554/20, NZA-RR 2021, 221 Rn. 69 unter Hinweis auf BAG 20.11.2014 – 2 AZR 755/13, NZA 2015, 612 Rn. 42.

abermals Arbeitsunfähigkeitszeiten von mehr als 42 Kalendertagen (sechs Wochen) angesammelt haben. Es **reicht nicht aus, dass der Arbeitgeber ein- oder mehrmals erfolglos ein BEM angeboten** hat, wenn im Zeitraum bis zum Kündigungsausspruch erneut Arbeitsunfähigkeitszeiten von mehr als sechs Wochen liegen; in solchen Fallgestaltungen muss vor Ausspruch einer personenbedingten Kündigung erneut ein BEM angeboten werden.[79]

Denn die neuen Arbeitsunfähigkeitszeiten können die Haltung des Arbeitnehmers zum BEM ändern. Die Ablehnungsgründe können überholt oder entfallen sein.[80] Auch wenn ein BEM schon stattgefunden hat, können veränderte Umstände auch Ansatz für weitere Maßnahmen und Hilfestellungen geben.[81] Im vorangegangenen BEM können nur Erkrankungen berücksichtigt worden sein, die für die bis zu seinem Abschluss aufgetretenen Arbeitsunfähigkeitszeiten ursächlich waren, ebenso wie nur die bis dahin maßgeblichen betrieblichen Abläufe und Verhältnisse eine Rolle spielen. Sowohl die Krankheitsursa-

---

[79] LAG Hamm 27.1.2012 – 13 Sa 1493/11 Rn. 50 ff.: die Beklagte hatte sich auf ein erstes Schreiben vom 25.11.2008 gestützt und auf ein erst wesentlich später stattgefundenes Gespräch am 29.9.2009; die Kündigung erfolgte dann am 3.11.2010: Dieser Zeitablauf wurde vom LAG Hamm als nicht mehr den Anforderungen für ein regelkonformes Ersuchen des Arbeitgebers um Zustimmung des Arbeitnehmers zur Durchführung des BEM nach § 167 Abs. 2 S. 4 SGB IX angesehen. Es wurde ein erneutes BEM vor Ausspruch der Kündigung für erforderlich gehalten und die Kündigung als nicht verhältnismäßig angesehen. Auch das LAG Düsseldorf hat in seinem Urteil vom 20.10.2016 – 13 Sa 356/16 Rn. 36 für einen ähnlichen Sachverhalt entschieden, dass die Durchführung eines BEM nicht deshalb vor Kündigungsausspruch entbehrlich war, weil die Arbeitgeberin im Oktober 2013 und März 2014 ein solches erfolglos angeboten hatte, da seitdem erneut Arbeitsunfähigkeitszeiten von mehr als sechs Wochen eingetreten waren. Dieser Rechtsprechung stimmt auch das LAG Düsseldorf in seinem Urteil vom 20.10.2016 – 13 Sa 356/16 Rn. 42 ausdrücklich zu. Ebenso hat das LAG SchlH in seiner Entscheidung vom 3.6.2015 – 6 Sa 396/14, BeckRS 2015, 72174 Rn. 113 eine Verpflichtung des Arbeitgebers bejaht, erneut ein BEM anzubieten, wenn sich in einem Zeitraum von maximal 365 Tagen bis zum Kündigungsausspruch abermals Fehlzeiten von mindestens sechs Wochen angesammelt haben; so auch bestätigend LAG Hamm 22.3.2018 – 15 Sa 1787/17 Rn. 56 unter Bezugnahme auf LAG SchlH 3.6.2015 – 6 Sa 396/14. So auch LAG Düsseldorf 9.12.2020 – 12 Sa 554/20 Rn. 71, bestätigt durch BAG 18.11.2021 – 2 AZR 138/21, NZA 2022, 253 und LAG RhPf 13.4.2021 – 8 Sa 240/20 Rn. 45 mwN.

[80] BAG 18.11.2021 – 2 AZR 138/21, NZA 2022, 253 Rn. 32 mwN; LAG Hamm 22.3.2018 – 15 Sa 1787/17 Rn. 56 mwN; SRS Gesundheitsmanagement/vom Stein § 21 Rn. 52.

[81] LAG SchlH 3.6.2015 – 6 Sa 396/14, BeckRS 2015, 72174 Rn. 113; LAG RhPf 13.4.2021 – 8 Sa 240/20 Rn. 45 unter Hinweis darauf, dass der Gesetzgeber in der Gesetzesbegründung (BT-Drs. 15/1783, 12, 15) ausdrücklich ausgeführt habe, dass „kurzfristig" Beschäftigungshindernisse überwunden und der Arbeitsplatz durch Leistungen und Hilfen erhalten werden soll; so auch SRS Gesundheitsmanagement/vom Stein § 21 Rn. 52.

sachen als auch die betrieblichen Umstände können sich danach geändert haben. Dies gilt gleichermaßen für etwaige einschlägige Heilverfahren. Ob das der Fall ist und ob sich daraus ein neuer Ansatz für Maßnahmen zur Vorbeugung vor weiteren Zeiten der Arbeitsunfähigkeit ergibt, kann grundsätzlich nur in einem neuerlichen BEM geklärt werden. In diesem ist zunächst festzustellen, ob maßgebliche Änderungen in den Krankheitsursachen, dem möglichen Heilverfahren oder in den betrieblichen Umständen gegenüber dem zuvor durchgeführten BEM eingetreten sind, die einen neuen Präventionsansatz möglich erscheinen lassen.[82]

Eine Begrenzung der rechtlichen Verpflichtung auf eine nur einmalige Durchführung des BEM im Jahreszeitraum des § 167 Abs. 2 S. 1 SGB IX lässt sich daher dem Gesetz nicht entnehmen.[83]

Hat der Arbeitgeber seiner Initiativlast zur Durchführung eines BEM genügt,[84] der **Arbeitnehmer** einem solchen jedoch **zunächst seine Zustimmung nicht erteilt,** ist der **Arbeitgeber** dennoch grundsätzlich gehalten, den **weiteren Versuch eines BEM zu unternehmen,** wenn der Arbeitnehmer innerhalb eines Jahres, nachdem er die Durchführung eines BEM abgelehnt hat, erneut mehr als sechs Wochen durchgängig oder wiederholt arbeitsunfähig gewesen ist, selbst wenn seit der nicht erteilten Zustimmung nicht bereits wieder ein Jahr vergangen ist.[85] Das Angebot eines BEM durch den Arbeitgeber hat daher **kein „Mindesthaltbarkeitsdatum".**[86] Eine **Nachfrage des Arbeitgebers**, ob sich etwas an der Bereitschaft des Arbeitnehmers zur Durchführung eines BEM geändert hat, stellt weder einen unzumutbaren bürokratischen Aufwand dar, noch droht dadurch eine kontraproduktive Verunsicherung des Arbeitnehmers. Im Gegenteil wird diesem durch das erneute Nachfragen vor Augen geführt, dass das Ziel einer Überwindung seiner Arbeitsunfähigkeit noch nicht erreicht ist.[87]

---

[82] BAG 18.11.2021 – 2 AZR 138/21, NZA 2022, 253 Rn. 25; Hinze BEM, S. 177.

[83] LAG RhPf 10.1.2017 – 8 Sa 359/16 Rn. 34 ff.; LAG Hamm 29.5.2018 – 7 Sa 48/18 Rn. 59; ausführlich LAG Düsseldorf 9.12.2020 – 12 Sa 554/20 Rn. 67 ff., 71 mwN – bestätigt durch BAG 18.11.2021 – 2 AZR 138/21, NZA 2022, 253; aA wohl HessLAG 17.2.2017 – 14 Sa 690/16 Rn. 27.

[84] Vgl. dazu ausführlich → Rn. 19 ff.

[85] BAG 18.11.2021 – 2 AZR 138/21, NZA 2022, 253 Rn. 32; LAG Hamm 22.3.2018 – 15 Sa 1787/17 Rn. 56 unter Hinweis auf BAG 7.12.2012 – 1 ABR 46/10, NZA 2021, 744; LAG BW 10.2.2022 – 17 Sa 57/21 Rn. 50 mwN.

[86] LAG Düsseldorf 9.12.2020 – 12 Sa 554/20, NZA-RR 2021, 221 Rn. 71 ff. – bestätigt durch BAG 18.11.2021 – 2 AZR 138/21, NZA 2022, 253; vgl. die auch Entscheidungsbesprechung von Vossen DB 2021, 1203.

[87] BAG 18.11.2021 – 2 AZR 138/21, NZA 2022, 253 Rn. 32.

Kommen allerdings während eines noch laufenden BEM **weitere Zeiten von Arbeitsunfähigkeit** von mehr als sechs Wochen **hinzu**, verlangen Sinn und Zweck von § 167 Abs. 2 S. 1 SGB IX **nicht die Durchführung eines parallelen zusätzlichen BEM.** Dem Ziel, dem Arbeitnehmer durch eine geeignete Gesundheitsprävention möglichst sein Arbeitsverhältnis zu erhalten, ist ausreichend dadurch gedient, dass während eines noch laufenden BEM auftretende Zeiten von Arbeitsunfähigkeit sowie mögliche Veränderungen in den Krankheitsursachen oder betrieblichen Verhältnisses in dieses einbezogen werden. Ein weiteres BEM kann nur dann erforderlich werden, wenn ein vorheriges bereits abgeschlossen war.[88] War der Suchprozess bei einer **Dauererkrankung** zunächst abgeschlossen, dauert die Arbeitsunfähigkeit des Arbeitnehmers aber weiter an, entsteht eine erneute Verpflichtung des Arbeitgebers, ein BEM zu initiieren. Selbst bei einer ununterbrochen andauernden Arbeitsunfähigkeit können sich, nachdem sie weitere mehr als sechs Wochen angedauert hat, neue Erkenntnismöglichkeiten für zielführende Präventionsmöglichkeiten ergeben. In dem neuerlichen BEM ist zunächst zu klären, ob gegenüber dem zuvor durchgeführten BEM Änderungen in den Krankheitsursachen, den Heilverfahren oder in den betrieblichen Umständen eingetreten sind, die überhaupt einen neuen Präventionsansatz möglich erscheinen lassen. Eine solche **Klärung** ist allerdings **entbehrlich,** wenn der **Arbeitnehmer hierfür seine Zustimmung nicht erteilt.**[89]

---

[88] BAG 18.11.2021 – 2 AZR 138/21, NZA 2022, 253 Rn. 26.

[89] BAG 18.11.2021 – 2 AZR 138/21, NZA 2022, 253 Rn. 31; LAG RhPf 13.4.2021 – 8 Sa 240/20 Rn. 45; aA SRS Gesundheitsmanagement/vom Stein § 21 Rn. 52; Kempter/Steinat NZA 2015, 840 (842).

III. Umsetzung des betrieblichen Eingliederungsmanagements durch den Arbeitgeber

1. Einleitung und Ende des BEM-Prozesses

Der **Arbeitgeber soll** gemäß § 167 Abs. 2 S. 1 SGB IX mit der zuständigen **betrieblichen Interessenvertretung klären,** wie die Arbeitsunfähigkeit möglichst überwunden und mit welchen Leistungen und Hilfen erneuter Arbeitsunfähigkeit vorgebeugt und der Arbeitsplatz erhalten werden kann. 19

Auch bei **Beendigung des Arbeitsverhältnisses** im Wege einer **auflösenden Bedingung** (etwa bei Flugdienstuntauglichkeit) ist ein BEM vom Arbeitgeber anzubieten und durchzuführen. Übertragen auf die Situation der dauerhaften Flugdienstuntauglichkeit besteht das Ziel des BEM in diesem Fall darin, herauszufinden, ob es Möglichkeiten gibt, den Arbeitnehmer auf einem Bodenarbeitsplatz weiter zu beschäftigen, um so die Beendigung des Arbeitsverhältnisses aufgrund des Eintritts der auflösenden Bedingung zu vermeiden.[90] 20

Auch bei einem Beschäftigten, der eine (befristete) **Rente wegen voller Erwerbsminderung** bezieht, ist ein BEM nach § 167 Abs. 2 SGB IX grundsätzlich vom Arbeitgeber vor einer Beendigung des Arbeitsverhältnisses anzubieten.[91] 21

Auch wenn im Betrieb **keine betriebliche Interessenvertretung** iSv § 176 SGB IX gebildet worden ist, ist trotzdem ein betriebliches Eingliederungsmanagement nach § 167 Abs. 2 SGB IX **ohne diese Beteiligten durchzuführen.**[92] Besteht dagegen eine betriebliche Interessenvertretung 22

---

[90] BAG 17.4.2019 – 7 AZR 292/17, NZA 2019, 1355 Rn. 32; 20.5.2020 – 7 AZR 100/19, NZA 2020, 119 Rn. 27 ff., 32 mwN; vgl. dazu auch Schiefer P & R 2020, 211; bereits in der Entscheidung des BAG vom 21.11.2018 hatte der 7. Senat des BAG bei einer Flugdienstuntauglichkeit eines Piloten der Condor, nachdem die Voraussetzungen für den Eintritt der auflösenden Bedingung nicht vorlagen, die vorsorglich ausgesprochene personenbedingte Kündigung als nicht verhältnismäßig angesehen, weil der Arbeitgeber kein BEM angeboten hatte, obwohl er nach Auffassung des 7. Senates des BAG hierzu verpflichtet war: BAG 21.11.2018 – 7 AZR 394/17, NZA 2019, 309 Rn. 36 ff.; vgl. hierzu auch die Entscheidungsbesprechung von Vossen DB 2019, 674.

[91] BAG 13.5.2015 – 2 AZR 565/14 Rn. 32, NZA 2015, 1249; vgl. dazu auch Beck NZA 2017, 81 (85) mwN; SRS Gesundheitsmanagement/vom Stein § 21 Rn. 60, 61.

[92] BAG 30.9.2010 – 2 AZR 88/09, NZA 2011, 39 = DB 2011, 535 Rn. 28, 31; 27.7.2011 – 7 AZR 402/10, AP TzBfG § 21 Nr. 9 Rn. 62; 21.11.2018 – 7 AZR 394/17, NZA 2019, 309 Rn. 38; HessLAG 19.3.2012 – 17 Sa 518/11 Rn. 59; Beck NZA 2017, 81 (82); vom Stein ZfA 2016, 549 (557); SRS Gesundheitsmanagement/vom Stein § 21 Rn. 58; vgl. dazu auch Kempter/Steinat NZA 2015, 840 (841) mwN.

iSv § 176 SGB IX, muss der Arbeitgeber – das Einverständnis des Arbeitnehmers vorausgesetzt – diese zum BEM-Verfahren hinzuziehen.[93]

Praxistipp:
Ein ohne die Hinzuziehung der betrieblichen Interessenvertretung durchgeführtes BEM ist nur dann ordnungsgemäß, wenn der Arbeitgeber den betroffenen Arbeitnehmer regelkonform um Zustimmung zur Durchführung eines BEM ersucht und der Arbeitnehmer seine Zustimmung unter der Maßgabe erteilt hat, der Beteiligung werde nicht zugestimmt.[94]

23 Die **Initiativlast** und **organisatorische Umsetzung** obliegen dem **Arbeitgeber;** es ist seine Sache, die Initiative zur Durchführung eines BEM zu ergreifen,[95] wobei das Gesetz in § 167 Abs. 2 SGB IX weder konkrete inhaltliche Anforderungen noch bestimmte Verfahrensschritte für das BEM vorsieht.[96]

24 Die **Durchführung eines BEM** kann auch **vom Arbeitnehmer nicht eingefordert** werden.[97] Insofern begründet § 167 Abs. 2 S. 1 SGB IX als öffentlich-rechtliche Norm **keinen einklagbaren Individualanspruch des Arbeitnehmers** auf Durchführung eines betrieblichen Eingliede-

---

93 BAG 20.11.2014 – 2 AZR 755/13, NZA 2015, 612 Rn. 31; 13.5.2015 – 2 AZR 565/14, NZA 2015, 1249 Rn. 25 mwN; 22.3.2016 – 1 ABR 14/14, NZA 2016, 1283 Rn. 11; 17.4.2019 – 7 AZR 292/17, NZA 2019, 1355 Rn. 41 mwN; für den öffentlichen Dienst BVerwG 23.10.2010 – 6 P 8/09, NZA-RR 2010, 554 Rn. 52; vgl. dazu auch Ettlinger BB 2021, 820.

94 BAG 17.4.2019 – 7 AZR 292/17, NZA 2019, 1355 Rn. 41 mwN.

95 BAG 10.12.2009 – 2 AZR 198/09, DB 2010, 1015 = NZA 2010, 639 Rn. 18; 24.3.2011 – 2 AZR 170/10, NZA 2011, 254; 7.2.2012 – 1 ABR 46/10, NZA 2012, 744 Rn. 9; 20.11.2014 – 2 AZR 755/13, NZA 2015, 612 Rn. 31; 20.11.2014 – 2 AZR 664/13, NZA 2015, 931 Rn. 38; 6.7.2015 – 2 AZR 15/15, NZA 2016, 99 Rn. 32; 30.8.2018 – 7 AZR 204/16 Rn. 44; 17.4.2019 – 7 AZR 292/17, NZA 2019, 1355 Rn. 38 mwN; LAG Nürnberg 28.1.2015 – 2 Sa 519/14 Rn. 28; HessLAG 13.8.2018 – 16 Sa 1466/17 Rn. 29; LAG Hmb 20.11.2019 – 2 Sa 30/18 Rn. 106; LAG RhPf 26.1.2021 – 6 Sa 124/20 Rn. 50 jeweils mwN; LAG BW 28.7.2021 – 4 Sa 68/20 Rn. 28; LAG BW 20.10.2021 – 4 Sa 70/20 Rn. 54; ErfK/Rolfs SGB IX § 167 Rn. 5; SRS Gesundheitsmanagement/vom Stein § 21 Rn. 72 mwN; Beck NZA 2017, 81 (82); Balikcioglu NZA 2015, 1424 (1429); vgl. zur Beteiligung der betrieblichen Interessenvertretungen am BEM und den Mitbestimmungsrechten des Betriebsrates → Rn. 80 ff.

96 BAG 10.12.2009 – 2 AZR 198/09, DB 2010, 1015 = NZA 2010, 639 Rn. 18; 10.12.2009 – 2 AZR 400/08, NZA 2010, 398 Rn. 20; so auch ErfK/Rolfs SGB IX § 167 Rn. 6; Balders/Lepping NZA 2005, 854 (855); Gagel NZA 2004, 1359; Deinert NZA 2010, 969 (972); Nassibi NZA 2012, 720 (721); Busch AiB 2021, 34.

97 LAG Nürnberg 8.10.2020 – 5 Sa 117/20 Rn. 24; BAG 7.9.2021 – 9 AZR 571/20, NZA 2022, 257 Rn. 14 mwN; aA Welti NZS 2006, 623 (626); Deinert NZA 2010, 969.

rungsmanagements.[98] Ein Anspruch des Arbeitnehmers auf Einleitung und Durchführung eines BEM ergibt sich auch nicht aus dem Gebot der Rücksichtnahme oder einer Konkretisierung der Schutzpflichten des Arbeitgebers aus § 618 BGB.[99] Allein die betrieblichen Interessenvertretungen, wie der **Betriebsrat** oder der Personalrat, aber auch die **Schwerbehindertenvertretung** können gemäß § 167 Abs. 2 S. 7 SGB IX die **gebotene Klärung in einem BEM verlangen.** Sie wachen nach § 167 Abs. 2 S. 8 SGB IX darüber, dass der Arbeitgeber die ihm nach dieser Vorschrift obliegenden Voraussetzungen erfüllt.[100] Dem **Betriebsrat** steht allerdings **kein Mitbestimmungsrecht** nach § 87 Abs. 1 Nr. 7 BetrVG des Inhalts zu, bei einem **Erstgespräch** mit dem betroffenen Arbeitnehmer durch einen von ihm benannten Vertreter **anwesend** zu sein.[101]

Kommt es darauf an, ob der Arbeitgeber eine solche Initiative zur organisatorischen Umsetzung eines BEM ergriffen hat, kann davon nur ausgegangen werden, wenn er die betroffene Person oder deren gesetzlichen Vertreter[102] zuvor nach § 167 Abs. 2 S. 4 SGB IX auf die **Ziele** des betrieblichen Eingliederungsmanagements sowie auf **Art und Umfang** der hierfür erhobenen und verwendeten **Daten** hingewiesen hat.[103] **Diese Information** des Arbeitnehmers, die dem Arbeitnehmer die Entscheidung ermöglichen soll, ob er dem BEM zustimmt oder nicht, **gehört** zu einem **regelkonformen Ersuchen des Arbeitgebers** um Zustimmung des Arbeitnehmers zur Durchführung eines BEM[104] und muss im Schreiben des Arbeitgebers, mit dem er um Zustimmung zur Durchführung eines BEM- **25**

---

[98] LAG Nürnberg 8.10.2020 – 5 Sa 117/20 Rn. 24; BAG 7.9.2021 – 9 AZR 571/20, NZA 2022, 257 Rn. 12 ff.

[99] BAG 7.9.2021 – 9 AZR 571/20, NZA 2022, 257 Rn. 26.

[100] BAG 7.2.2012 – 1 ABR 46/10, NZA 2012, 744; 22.3.2016 – 1 ABR 14/14, NZA 2016, 1283 Rn. 12 mwN; 7.9.2021 – 9 AZR 571/20, NZA 2022, 257 Rn. 15; vgl. auch Deinert NZA 2010, 969 (972); LPK-SGB IX/Düwell § 167 Rn. 75; Kempter/Steinat NZA 2015, 840 (841) mwN.

[101] BAG 22.3.2016 – 1 ABR 14/14, NZA 2016, 1283 Rn. 29; Beck NZA 2017, 81 (84); Hoffmann-Remy NZA 2016, 1261 (1263); Kort NZA 2019, 502 und → Rn. 49.

[102] Dies kann etwa ein gesetzlicher Betreuer sein.

[103] BAG 20.11.2014 – 2 AZR 755/13, NZA 2015, 612 Rn. 32 mwN; 17.4.2019 – 7 AZR 292/17, NZA 2019, 1355 Rn. 38; HessLAG 3.6.2013 – 2 Sa 1456/12 Rn. 54; 13.8.2018 – 16 Sa 1466/17 Rn. 29; LAG Hmb 20.11.2019 – 2 Sa 30/18 Rn. 107 mwN; LAG Nürnberg 18.2.2020 – 7 Sa 124/19 Rn. 95; LAG RhPf 8.10.2020 – 2 Sa 340/19 Rn. 38; 26.1.2021 – 6 Sa 124/20 Rn. 55; LAG BW 28.7.2021 – 4 Sa 68/20 Rn. 28; vgl. ausführlich zu den Anforderungen an die Information gemäß § 167 Abs. 2 S. 4 SGB IX → Rn. 53 ff.

[104] BAG 24.3.2011 – 2 AZR 170/10, NZA 2011, 254; 20.11.2014 – 2 AZR 755/13, NZA 2015, 612 Rn. 32 mwN; 17.4.2019 – 7 AZR 292/17, NZA 2019, 1355 Rn. 38; HessLAG 3.6.2013 – 2 Sa 1456/12 Rn. 54; 13.8.2018 – 16 Sa 1466/17 Rn. 29; LAG Hmb 20.11.2019 – 2 Sa 30/18 Rn. 107 mwN; LAG Nürnberg 18.2.2020 – 7 Sa 124/19 Rn. 95; LAG RhPf 8.10.2020 – 2 Sa 340/19 Rn. 38; 26.1.2021 – 6 Sa 124/20 Rn. 55; vgl. dazu auch Vossen DB 2019, 2304; vgl. dazu auch → Rn. 45 ff.

Verfahrens ersucht, enthalten sein.[105] Hinweise in einer Dienstvereinbarung reichen nicht aus.[106]

Praxistipp:

Die Bedeutung des **Einstiegs in einen BEM-Prozess** wird häufig unterschätzt.[107] Gerade bei der Frage, ob ein Arbeitnehmer der Durchführung eines BEM zustimmt oder nicht, spielen die Ängste der Arbeitnehmer, ihren Gesundheitszustand offenbaren zu müssen, eine große Rolle. Viele Arbeitnehmer sind durch die in der Vergangenheit häufig geübte Praxis sog. „Kranken- oder Rückkehrgespräche" verunsichert, fürchten den Verlust ihres Arbeitsplatzes wegen der Erkrankung und befinden sich typischerweise in einer für schwierigen gesundheitlichen und aufgrund der Fehlzeiten auch beruflich belastenden Situation. Hier ist es für den Erfolg des BEM entscheidend, in dieser Situation nicht zusätzlichen Druck aufzubauen, sondern ein konstruktives Hilfesystem anzubieten.[108] Ob ein BEM mit Erfolg durchgeführt werden kann, hängt maßgeblich von der Zustimmung und Kooperationsbereitschaft des Mitarbeiters ab, so dass es besonders wichtig ist, die erste Kontaktaufnahme und den weiteren Verlauf des BEM vertrauensvoll, mit der erforderlichen Wertschätzung und Transparenz des Verfahrens zu gestalten. Je höher das **Vertrauen**[109] in das Instrument BEM und je größer die Akzeptanz des BEM-Verfahrens und der am Verfahren beteiligten Personen und Institutionen ist, desto eher werden angebotene Maßnahmen vom be-

---

[105] SRS Gesundheitsmanagement/vom Stein § 21 Rn. 78 mwN; vgl. zu den Anforderungen an die Information des Arbeitgebers nach § 167 Abs. 2 S. 4 SGB IX → Rn. 53 ff.; vgl. dazu auch den strukturierten Ablaufplan eines BEM im Teil B. → Rn. 252 ff. und die Muster zum Einladungsschreiben → Rn. 272, 286 ff. sowie die BEM-Mitarbeiterinformationen → Rn. 273, 290.

[106] SRS Gesundheitsmanagement/vom Stein § 21 Rn. 78 mwN; LAG Hmb 8.6.2017 – 7 Sa 20/17 Rn. 44; LAG Köln 17.6.2020 – 3 Sa 153/10 Rn. 23, 24 mwN.

[107] Vgl. ausführliche Muster zur Einleitung des BEM und zum Erstanschreiben → Rn. 272, 286 ff.

[108] Feldes/Niehaus/Faber/Faber/Kiesche, Werkbuch, S. 247; für die Einleitung eines Erstkontaktes sowie für das weitere Verfahren finden sich auch sinnvolle Hinweise und Materialien zur Prozesskette in den „Handlungsempfehlungen zum Betrieblichen Eingliederungsmanagement", herausgegeben vom Landschaftsverband Rheinland in Köln, kostenlos zu bestellen als Publikation über die Homepage www.lvr.de.

[109] Vertrauen ist wesentlich für den Erfolg eines BEM und lässt sich nur in einer vertrauensvollen Betriebs- bzw. Unternehmenskultur erfolgreich umsetzen – vgl. dazu BT-Drs. 19/28834, 57 und die guten Ausführungen und die Tabelle zu Anknüpfungspunkten einer vertrauensfördernden Umsetzung eines BEM bei Feldes/Niehaus/Faber/Vater, Werkbuch, S. 107 ff., 116, 117 und Feldes/Niehaus/Faber/Beutler, Werkbuch, S. 159 ff., 162; SRS Gesundheitsmanagement/Keck § 21 Rn. 141 ff.

troffenen Arbeitnehmer angenommen und das durchgeführte BEM-Verfahren zum Erfolg führen.[110] Letzteres ist aber nicht zwingend, da es durchaus Fälle gibt, in denen alle Beteiligten offen zusammenarbeiten und mit allen erdenklichen Möglichkeiten nach tragbaren, sinnvollen Maßnahmen suchen, die aber nicht existieren.

Auch sollten **im BEM nur die Gesundheitsdaten zur Sprache kommen,** die zur Aufklärung von Krankheitsursachen und unter dem Gesichtspunkt von in Frage kommenden Hilfsangeboten im BEM-Verfahren **erforderlich sind.** Für ein gutes und erfolgreiches BEM-Verfahren ist es nicht erforderlich, dass der Arbeitnehmer verpflichtet wird, die **Diagnosen seiner Erkrankung zu nennen;** es reicht aus, wenn der Arbeitgeber weiß, auf welche Einschränkungen er bei einer etwa gebotenen Umgestaltung von Arbeitsplätzen zu achten hat.[111] Dies ist vor allem bei psychischen Erkrankungen wichtig, da psychische Störungen gegenüber rein körperlichen Erkrankungen noch immer durch eine tatsächliche oder von den Betroffenen empfundene Stigmatisierung oder Tabuisierung gekennzeichnet sind.[112] Für die Planung von BEM-Maßnahmen sind nur die gesundheitlichen Daten und Angaben erforderlich, die zur Beurteilung der Ursachen der Arbeitsunfähigkeit und der gesundheitsbedingten Einschränkung der Einsatzmöglichkeiten des Mitarbeiters notwendig sind und sich auf den konkreten Arbeitsplatz auswirken. Arbeitnehmer müssen darauf vertrauen können, dass die von ihnen preisgegebenen Gesundheitsangaben von allen Beteiligten streng vertraulich behandelt werden und dass jede Phase des Klärungsprozesses von ihrer weiteren Zustimmung abhängig ist. Die Zahl derjenigen, die von diesen sensiblen Ge-

[110] Nach einer bundesweiten Befragung von Unternehmen zum BEM von Niehaus/Vater konnte in etwa der Hälfte der durchgeführten BEM-Fälle ein leistungsgerechter Einsatz der Beschäftigten erreicht werden; vgl. dazu Feldes/Niehaus/Faber/Kocher/Zimmer, Werkbuch, S. 26; vgl. auch mehrere Fallbeispiele eines erfolgreichen BEM: Feldes/Niehaus/Faber/Kusch, Werkbuch, S. 144–158 und Feldes/Niehaus/Faber/Glomm, Werkbuch, S. 174–180; vgl. auch Fallbeispiel BEM bei psychischen Erkrankungen: Balikcioglu NZA 2015, 1424 (1430).

[111] LAG BW 28.7.2021 – 4 Sa 68/20 Rn. 38; vgl. dazu auch im Anhang → Rn. 261.

[112] Vgl. besonders zu psychischen Erkrankungen Balikcioglu NZA 2015, 1424 (1429); gerade zu den Problemen bei psychischen Erkrankungen empfiehlt sich auch die Praxishilfe „Psychisch krank im Job – Verstehen.Vorbeugen.Erkennen.Bewältigen" als Download auf der Homepage www.bkk-dachverband.de; vgl. auch die guten Beiträge zum BEM bei psychischen Erkrankungen: Feldes/Niehaus/Faber/Szymanski/Lange/Kolbe, Werkbuch, S. 216 f.; Feldes/Niehaus/Faber/Nebe, Werkbuch, S. 201 und Feldes/Niehaus/Faber/Vosswinkel, Werkbuch, BEM bei psychischen Erkrankungen – Probleme und Verbesserungsbedarf, S. 220 ff.

sundheitsdaten des Mitarbeiters Kenntnis erlangen, sollte darüber hinaus so klein wie möglich gehalten werden.[113]

Es wird ein **Anforderungs- und Fähigkeitsprofil** benötigt,[114] das die Auswirkungen der Erkrankung des Arbeitnehmers auf die arbeitsvertraglich geschuldete Tätigkeit bzw. die möglicherweise neue oder angepasste Tätigkeit beschreibt. In der Praxis finden sich noch häufig **ärztliche Bescheinigungen,** wonach Arbeitnehmer eine bestimmte Arbeit nicht mehr verrichten, eine bestimmte Last nicht mehr heben, eine bestimmte Strecke nicht mehr gehen können. Solche Bescheinigungen gehen davon aus, dass ein Arbeitsplatz unveränderlich ist, was nicht zutrifft. Es geht im BEM vorrangig darum, welche Ressource die Beschäftigten haben und welche Anpassungsmöglichkeiten denkbar sind.[115]

26 Zu der Frage, wann ein **BEM abgeschlossen** ist, hat die neuere Rechtsprechung des BAG Hinweise gegeben, die allerdings keine Vollständigkeit beanspruchen.[116] Ein BEM ist jedenfalls dann abgeschlossen, wenn sich **Arbeitgeber und Arbeitnehmer einig** sind, dass der Suchprozess durchgeführt ist oder nicht weiter durchgeführt werden soll. Dies gilt entsprechend, wenn der Arbeitnehmer seine Zustimmung für die weitere Durchführung nicht erteilt; deren Vorliegen ist nach § 167 Abs. 2 S. 1 SGB IX Voraussetzung für den Klärungsprozess.[117]

27 Dagegen kann der **Arbeitgeber** den Suchprozess **nicht einseitig beenden.** Gibt es aus seiner Sicht keine Ansätze mehr für zielführende Präventionsmaßnahmen, ist der Klärungsprozess erst dann als abgeschlossen zu betrachten, wenn auch vom Arbeitnehmer und den übrigen Stellen keine ernsthaft weiterzuverfolgenden Ansätze für zielführende Präventionsmaß-

---

[113] So auch Handlungsempfehlungen zum BEM, S. 10, 11; Feldes/Niehaus/Faber/Faber/Kiesche, Werkbuch, S. 250; LAG BW 28.7.2021 – 4 Sa 68/20 Rn. 38.

[114] Dieses Anforderungs- und Fähigkeitsprofil ist zentrales Instrument in der Situationsanalyse im BEM; so ist zB die Diagnose „mittelgradige depressive Episode“ nicht notwendig, um die Einsatzfähigkeit einer Bankkauffrau im Schalterbereich der Bank zu beurteilen, sondern nur, ob Sie aufgrund von damit einhergehenden gesundheitlichen Problemen oder Einschränkungen ihrer Leistungsfähigkeit noch in der Lage ist, Tätigkeiten mit erhöhtem Publikumsverkehr auszuüben; vgl. dazu auch Balikcioglu NZA 2015, 1424 (1429) und das medizinische Anforderungs- und Leistungsprofil im Teil B. → Rn. 262; vgl. dazu auch Feldes/Niehaus/Faber/Glomm, Werkbuch, S. 173 und die guten methodischen Hinweise zur Analyse von Gefährdungen und Beurteilung des Gestaltungsbedarfes in BEM-Prozessen – Feldes/Niehaus/Faber/Szymanski/Lange/Kolbe, Werkbuch, S. 205 ff.; SRS Gesundheitsmanagement/Tilling § 21 Rn. 183 ff. (Profilvergleichsverfahren).

[115] Feldes/Niehaus/Faber/Kohte, Werkbuch, S. 33.

[116] BAG 18.11.2021 – 2 AZR 138/21, NZA 2022, 253 Rn. 27 ff.

[117] BAG 18.11.2021 – 2 AZR 138/21, NZA 2022, 253 Rn. 29; LAG Düsseldorf 17.5.2022 – 14 Sa 825/21 Rn. 78.

nahmen aufgezeigt wurden, ggf. ist ihnen hierzu Gelegenheit binnen bestimmter Fristen zu geben.[118]

Entsprechend ist der **Abschluss eines BEM bei andauernder Arbeitsunfähigkeit des Arbeitnehmers** zu beurteilen. Auch diese Beurteilung hängt davon ab, ob die Beteiligten noch ernsthafte Ansätze zur Identifikation zielführender Präventionsmaßnahmen sehen oder nicht. War der Suchprozess in einem vorherigen BEM aber zunächst abgeschlossen, entsteht eine neue Verpflichtung des Arbeitgebers, ein BEM zu initiieren, grundsätzlich dann, wenn die Arbeitsunfähigkeit über den Abschluss eines vorherigen BEM hinaus weitere mehr als sechs Wochen angedauert hat. Eine solche Klärung ist nur dann entbehrlich, wenn der Arbeitnehmer hierfür seine Zustimmung nicht erteilt.[119] 28

Hatte der Arbeitgeber seiner Initiativlast zur Durchführung eines BEM bereits in der Vergangenheit genügt, der Arbeitnehmer einem solchen jedoch zunächst seine Zustimmung nicht erteilt, ist der Arbeitgeber dennoch grundsätzlich gehalten, den weiteren Versuch eines BEM zu unternehmen, wenn der Arbeitnehmer innerhalb eines Jahres mehr als sechs Wochen durchgängig oder wiederholt arbeitsunfähig gewesen ist, selbst wenn seit der nicht erteilten Zustimmung nicht wieder ein Jahr vergangen ist.[120] 29

2. Anforderungen an ein ordnungsgemäßes betriebliches Eingliederungsmanagement

Welche Anforderungen an ein ordnungsgemäßes BEM zu stellen sind, hat die Rechtsprechung des BAG zunächst in zwei grundlegenden Urteilen vom 10.12.2009 konkretisiert.[121] 30

Danach beschreibt § 167 Abs. 2 SGB IX den Klärungsprozess **nicht als formalisiertes Verfahren,** sondern als **rechtlich regulierten, verlaufs- und ergebnisoffenen „Suchprozess“,** der individuell angepasste Lösungen zur Vermeidung zukünftiger Arbeitsunfähigkeit ermitteln soll.[122] Nach 31

[118] BAG 18.11.2021 – 2 AZR 138/21, NZA 2022, 253 Rn. 30.

[119] BAG 18.11.2021 – 2 AZR 138/21, NZA 2022, 253 Rn. 31.

[120] BAG 18.11.2021 – 2 AZR 138/21, NZA 2022, 253 Rn. 32; vgl. dazu auch → Rn. 18 ff. zur wiederholten Durchführung eines BEM.

[121] BAG 10.12.2009 – 2 AZR 198/09, DB 2010, 1015 = NZA 2010, 639; 10.12.2009 – 2 AZR 400/08, NZA 2010, 398.

[122] BAG 10.12.2009 – 2 AZR 198/09, NZA 2010, 639 Rn. 18; 10.12.2009 – 2 AZR 400/08, NZA 2010, 398 Rn. 20; 20.11.2014 – 2 AZR 755/13, NZA 2015, 612 Rn. 30; 22.3.2016 – 1 ABR 14/14, NZA 2016, 1283 Rn. 11; 20.5.2020 – 7 AZR 100/19, NZA 2020, 119 Rn. 32; 7.9.2021 – 9 AZR 571/20, NZA 2022, 257 Rn. 9 mwN; LAG Köln 13.4.2012 – 5 Sa 551/11 Rn. 43; HessLAG 3.6.2013 – 2 Sa 1456/12 Rn. 54; LAG SchlH 3.6.2015 – 6 Sa 396/14, BeckRS 2015, 72174 Rn. 103; LAG BW 28.7.2021 – 4 Sa 68/20 Rn. 28; 20.10.2021 – 4 Sa 70/20 Rn. 54; Kothe DB 2008, 582 (583); Busch AiB 2021, 34.

Auffassung der arbeitsgerichtlichen Rechtsprechung soll so erreicht werden, dass **keine der vernünftigerweise in Betracht kommenden zielführenden Möglichkeiten ausgeschlossen wird.**[123]

32 Das Gesetz vertraut darauf, dass die Einbeziehung von Arbeitgeber, Arbeitnehmer, Betriebsrat und externen Stellen sowie die abstrakte Beschreibung des Ziels ausreichen, um die Vorstellungen der Betroffenen sowie internen und externen Sachverstand in ein faires und sachorientiertes Gespräch einzubringen, dessen Verlauf im Einzelnen und dessen Ergebnis sich nach den – einer allgemeinen Beschreibung nicht zugänglichen – Erfordernissen des jeweiligen Einzelfalls zu richten haben. Das Gesetz benennt auch keine Personen oder Stellen, denen die Leitung des BEM anvertraut wäre.[124]

33 Das Gesetz schreibt auch weder bestimmte Mittel vor, die auf jeden – oder auf gar keinen – Fall in Erwägung zu ziehen sind, noch beschreibt es bestimmte Ergebnisse, die das betriebliche Eingliederungsmanagement haben muss oder nicht haben darf und sieht auch nicht die Erörterung bestimmter Mittel zur Vermeidung künftiger Arbeitsunfähigkeit vor. Erst recht verlangt es vom Arbeitgeber nicht, bestimmte Vorschläge zu unterbreiten. Vielmehr hat es jeder am BEM Beteiligte – auch der Arbeitnehmer – selbst in der Hand, alle ihm sinnvoll erscheinenden Gesichtspunkte und Lösungsmöglichkeiten in das Gespräch einzubringen. Dies darf allerdings auch dem Arbeitnehmer nicht verwehrt werden.[125]

Praxistipp:

Daher ist es sinnvoll, dass **jeder Beteiligte,** insbesondere auch der Arbeitnehmer, **seine Vorstellungen** in das Verfahren des BEM **einbringt** und darauf hinwirkt, dass auch die Ergebnisse des BEM schriftlich festgehalten werden. Der Arbeitgeber ist grundsätzlich verpflichtet, einen Vorschlag, auf den sich die Teilnehmer eines BEM verständigt haben, zunächst umzusetzen, ehe er eine Kündigung ausspricht. Es ist kündigungsrechtlich gerade der Sinn des BEM, Möglichkeiten zur Erhaltung der Beschäftigung im Betrieb zu erkunden.[126]

34 Kommt es darauf an, **ob bestimmte vom Arbeitgeber tatsächlich ergriffene Maßnahmen den Anforderungen eines ordnungsgemäßen BEM genügen,** ist nach der arbeitsgerichtlichen Rechtsprechung zu prü-

[123] Vgl. dazu ausführlich BAG 20.11.2014 – 2 AZR 755/13, NZA 2015, 612 Rn. 48.

[124] BAG 10.12.2009 – 2 AZR 198/09, NZA 2010, 639 Rn. 18 mwN; LAG Köln 13.4.2012 – 5 Sa 551/11 Rn. 43.

[125] BAG 10.12.2009 – 2 AZR 198/09, NZA 2010, 639 Rn. 19; vgl. auch ErfK/Rolfs SGB IX § 167 Rn. 6; Schiefer/Borchard DB 2010, 1884 (1886 f.).

[126] BAG 10.12.2009 – 2 AZR 198/09, NZA 2010, 63 Rn. 21.

fen, ob sie sich als der vom Gesetz vorgesehene, offene und an den Zielen des BEM ausgerichtete Suchprozess erweisen.

Dabei geht das BAG davon aus, dass in **betriebsärztlichen Untersuchungen eines Arbeitnehmers** und in den mit ihnen verbundenen Begutachtungen **allein kein ordnungsgemäßes BEM** erblickt werden kann.[127] Auch wenn der **Betriebs- oder Werksarzt** in § 167 Abs. 2 S. 3 SGB IX als ein Akteur erwähnt wird, der „bei Bedarf" zum BEM hinzugezogen wird und die Nutzung seines Sachverstandes der Klärung dienen kann, ob vom Arbeitsplatz Gefahren für die Gesundheit des Arbeitnehmers ausgehen und künftig durch geeignete Maßnahmen vermieden werden können (§ 3 Abs. 1 S. 2 ASiG),[128] stellt die neuere Rechtsprechung des BAG eindeutig klar, dass **die Inanspruchnahme des betriebsärztlichen Sachverstandes einem BEM als Ganzem nicht gleichsteht.**[129] Zwar verpflichtet § 3 Abs. 1 S. 2 Nr. 3c ASiG die Betriebsärzte, Ursachen von arbeitsbedingten Erkrankungen zu untersuchen, die Untersuchungsergebnisse zu erfassen und auszuwerten und dem Arbeitgeber Maßnahmen zur Verhütung dieser Erkrankungen vorzuschlagen, dies schließt aber nach Auffassung des BAG die Gewinnung anderer Erkenntnisse im Rahmen eines in alle Richtungen offenen BEM nicht aus. Beim BEM geht das Gesetz davon aus, dass sich neben dem Arbeitnehmer auch die anderen beteiligten Stellen, insbesondere die Rehabilitationsträger, aktiv in die Suche nach Möglichkeiten zur Vermeidung der Arbeitsunfähigkeit einbringen.[130] Das BAG lässt in diesem Zusammenhang dahinstehen, ob der Arbeitgeber überhaupt dem Betriebsarzt bei Bedarf die Durchführung und Leitung des BEM übertragen kann.[131] **35**

Praxistipp:

In der betrieblichen Praxis kommt es nicht selten vor, dass ein **BEM-Verfahren mit einer Untersuchung durch den Betriebsarzt eröffnet** wird. In diesem Fall sollten Arbeitgeber die neuere Rechtsprechung des BAG beachten, wonach die Inanspruchnahme des betriebsärztlichen Sachverstandes einem BEM als Ganzem nicht gleichsteht. Zum anderen müssen die für die Umsetzung des BEM Verantwortlichen

---

[127] BAG 20.11.2014 – 2 AZR 755/13, NZA 2015, 612 Rn. 35.

[128] Vgl. ausführlich zu den Aufgaben der Betriebsärzte: SRS Gesundheitsmanagement/vom Stein § 21 Rn. 119, 120 ff. und SRS Gesundheitsmanagement/Tilling § 21 Rn. 183 ff. (das BEM aus Sicht eines Betriebsarztes).

[129] BAG 20.11.2014 – 2 AZR 755/13, NZA 2015, 612 Rn. 35; so schon HessLAG 3.6.2013 – 21 Sa 1456/12 Rn. 55; SRS Gesundheitsmanagement/vom Stein § 21 Rn. 120.

[130] BAG 20.11.2014 – 2 AZR 755/13, NZA 2015, 612 Rn. 45; vgl. dazu auch Schmidt RdA 2016, 166 (169).

[131] Befürwortend Wullenkord, S. 152.

sicherstellen, dass die gesetzlichen Mindestanforderungen einschließlich eines ausreichenden Hinweises auf die Ziele des BEM und auf Art und Umfang der hierfür erhobenen und verwendeten Daten erfüllt werden.[132] Andernfalls kann sich der Mitarbeiter auf die arbeitsmedizinischen Untersuchungen nicht so vorbereiten, dass der Zweck eines BEM erfüllt wird.[133]

36 Zu den **gesetzlichen Mindeststandards** gehört es, die gesetzlich dafür vorgesehenen Stellen, Ämter und Personen zu beteiligen und zusammen mit ihnen eine an den gesetzlichen Zielen des BEM orientierte Klärung ernsthaft zu versuchen.[134]

Praxistipp:

Danach entspricht jedes Verfahren eines BEM den gesetzlichen Anforderungen, das die

- zu **beteiligenden Stellen** = zuständige Interessenvertretung nach § 176 SGB IX (zB Betriebs- oder Personalrat) und bei schwerbehinderten Mitarbeitern die Schwerbehindertenvertretung (§ 167 Abs. 2 S. 1 SGB IX) bei Einverständnis des Arbeitnehmers,
- **Ämter** = soweit Leistungen zur Teilhabe oder begleitende Hilfen im Arbeitsleben in Betracht kommen, die Sozialversicherungsträger und die Integrationsämter bei schwerbehinderten Mitarbeitern (§ 167 Abs. 2 S. 5 SGB IX),[135] und
- **Personen** = Arbeitnehmer (§ 167 Abs. 2 S. 1 SGB IV), Vertrauensperson des Beschäftigten nach eigener Wahl (§ 167 Abs. 2 S. 2 SGB IX) soweit erforderlich der Werks- oder Betriebsarzt (§ 167 Abs. 2 S. 3 SGB IX),[136]

---

[132] Vgl. ausführlich zu den Anforderungen dieser Information des Arbeitgebers → Rn. 53 ff.

[133] HessLAG 3.6.2013 – 21 Sa 1456/12 Rn. 55.

[134] BAG 10.12.2009 – 2 AZR 400/08, NZA 2010, 398 Rn. 20; LAG Köln 13.4.2012 – 5 Sa 551/11 Rn. 44; LAG Hamm 26.4.2013 – 10 Sa 24/13 Rn. 53; BAG 20.11.2014 – 2 AZR 755/13, NZA 2015, 612 Rn. 30; 20.5.2020 – 7 AZR 100/19, NZA 2020, 119 Rn. 32 mwN; 7.9.2021 – 9 AZR 571/20, NZA 2022, 257 Rn. 9 mwN; HessLAG 3.6.2013 – 2 Sa 1456/12 Rn. 54; LAG BW 28.7.2021 – 4 Sa 68/20 Rn. 28; 20.10.2021 – 4 Sa 70/20 Rn. 54; vgl. zu den Mindestanforderungen auch Feldes AiB 2011, 501; Beck NZA 2017, 81 (86); vom Stein ZfA 2016, 549 (559); Kempter/Steinat NZA 2015, 840 (841).

[135] Vgl. dazu BAG 20.11.2014 – 2 AZR 755/13, NZA 2015, 612 Rn. 30; HessLAG 13.8.2018 – 16 Sa 1466/17 Rn. 32.

[136] Vgl. dazu LAG Bln-Bbg 17.8.2009 – 10 Sa 592/09 Rn. 27.

einbezieht, keine vernünftigerweise in Betracht zu ziehende Anpassungs- und Änderungsmöglichkeit ausschließt und in dem die von den Teilnehmern eingebrachten Vorschläge sachlich erörtert werden.[137] Eine Ausnahme gilt nur bei einem Widerspruch des betroffenen Arbeitnehmers.[138] Insofern gehört **zu den Mindestanforderungen** an ein BEM-Verfahren auch eine **Aufklärung des Arbeitnehmers** in der Einladung oder einem Informationsschreiben dazu, dass der Arbeitnehmer über den **denkbaren Teilnehmerkreis am BEM-Verfahren** und über seine Möglichkeit über diesen Teilnehmerkreis mitzubestimmen, informiert wird[139]. Wird das **durchgeführte Verfahren nicht** einmal **diesen Mindestanforderungen gerecht,** kann das zur Unbeachtlichkeit des BEM-Verfahrens insgesamt führen.[140] Insbesondere wenn sich im Verlauf des BEM herausstellt oder von vornherein erkennbar ist, dass Leistungen zur Teilhabe oder begleitende Hilfen im Arbeitsleben in Betracht kommen, sind als weitere Teilnehmer im BEM Vertreter der jeweilige Rehabilitationsträger oder bei schwerbehinderten Beschäftigten auch das Integrationsamt einzuladen (§ 164 Abs. 2 S. 4 SGB IX).[141] Ein solcher **Verstoß** führt dazu, dass das **BEM** als **nicht ordnungsgemäß** anzusehen ist, was zur erhöhten Darlegungs- und Beweislast des Arbeitgebers führt.[142] Gleiches gilt, wenn die vom Betroffenen ausgewählte Vertrauensperson nach § 167 Abs. 2 S. 2 SGB IX vom Arbeitgeber nicht hinzugezogen wird.[143] Kommt es darauf an, ob **bestimmte vom Arbeitgeber tatsächlich ergriffene Maßnahmen** den Anforderungen genügen, ist zu prüfen, ob sie sich

---

[137] BAG 19.11.2019 – 1 ABR 36/18, NZA 2020, 389 Rn. 30; 20.5.2020 – 7 AZR 100/19, NZA 2020, 119 Rn. 32; 7.9.2021 – 9 AZR 571/20, NZA 2022, 257 Rn. 9; LAG Köln 13.4.2012 – 5 Sa 551/11 Rn. 44; LAG Hamm 26.4.2013 – 10 Sa 24/13 Rn. 53; HessLAG 3.6.2013 – 2 Sa 1456/12 Rn. 54; 13.8.2018 – 16 Sa 1466/17 Rn. 29 mwN; LAG Nürnberg 18.2.2020 – 7 Sa 124/19, br 2020, 199 Rn. 97, 98; LAG BW 20.10.2021 – 4 Sa 70/20 Rn. 54.

[138] Vgl. dazu vom Stein ZfA 2016, 549 (559).

[139] LAG Nürnberg 18.2.2020 – 7 Sa 124/19, br 2020, 199 Rn. 96: „Zu den Mindestanforderungen an ein BEM-Verfahren zählt eine Aufklärung des Arbeitnehmers in der Einladung oder einem Informationsschreiben dazu, dass der Arbeitnehmer über den denkbaren Teilnehmerkreis am BEM-Verfahren und über seine Möglichkeit über diesen Teilnehmerkreis mitzubestimmen, informiert wird".

[140] BAG 10.12.2009 – 2 AZR 400/08, NZA 2010, 398 Rn. 22; 24.3.2011 – 2 AZR 170/10 Rn. 21; 20.11.2014 – 2 AZR 755/13, NZA 2015, 612 Rn. 37; 20.5.2020 – 7 AZR 100/19, NZA 2020, 119 Rn. 32; LAG Nürnberg 28.1.2015 – 2 Sa 519/14 Rn. 27; HessLAG 13.8.2018 – 16 Sa 1466/17 Rn. 29 mwN; kritisch dazu Hoffmann-Remy NZA 2016, 267 (269); Vossen DB 2018, 3058.

[141] Vgl. ausführlich zur Einbindung der Rehabilitationsträger → Rn. 101 ff.

[142] HessLAG 13.8.2018 – 16 Sa 1466/17 Rn. 29; SRS Gesundheitsmanagement/vom Stein § 21 Rn. 121.

[143] So auch Michels infobrief ArbeitsR 2021, 7 (8).

als vom Gesetz vorgesehene umfassende, offene und an den Zielen des BEM ausgerichtete Suchprozesse erweisen.[144] Ist dies **zu verneinen,** folgt daraus im Regelfall im Rahmen eines anschließenden Kündigungsrechtsstreits[145] – wie beim Unterlassen eines BEM – eine **Verschärfung der Darlegungs- und Beweislast des Arbeitgebers,** was in der Regel zum Unterliegen des Arbeitgebers führt, wenn der Arbeitgeber nicht darlegen und beweisen kann, dass die krankheitsbedingte Kündigung auch nicht durch ein BEM hätte verhindert werden können.[146]

37 Für die **Durchführung** des betrieblichen Eingliederungsmanagements im **Einzelfall** sind verschiedene Möglichkeiten denkbar; § 167 Abs. 2 SGB IX schreibt insoweit keine konkreten Maßnahmen vor. Das BEM-Verfahren ist vielmehr ein **gemeinsamer, interaktiver und kommunikativer Suchprozess,** in den die betrieblichen Interessenvertretungen einzubinden sind und erfordert einen Dialog zwischen Arbeitgeber- und Arbeitnehmerseite, betrieblichen Interessenvertretungen und Sachverständigen, zB dem Werks- oder Betriebsarzt.[147]

38 Nach der Konzeption des Gesetzes lässt das BEM dem Arbeitgeber bei der Prüfung, mit welchen Maßnahmen, Leistungen oder Hilfen eine künftige Arbeitsunfähigkeit des Arbeitnehmers möglichst vermieden und das Arbeitsverhältnis erhalten bleiben kann – abgesehen von den Vorgaben des § 167 Abs. 2 SGB IX – jeden erdenklichen Spielraum.[148] Zu beachten ist aber, dass der Arbeitgeber den Klärungsprozess nicht ohne Wahrung der sich aus der gesetzlichen Regelung in § 167 Abs. 2 SGB IX ergebenden Anforderungen durchführen kann und u.a. die **betrieblichen Interessenvertretungen**, das Einverständnis des Arbeitnehmers vorausgesetzt,[149] und auch die **Vertrauensperson nach eigener Wahl** des Beschäftigten (§ 167 Abs. 2 S. 2 SGB IX)[150] hinzuziehen muss.

---

[144] BAG 20.11.2014 – 2 AZR 755/13, NZA 2015, 612 Rn. 33.

[145] Nach der neueren Rechtsprechung des BAG ist auch bei einer Befristungskontrollklage betr. eine auflösende Bedingung im Arbeitsvertrag („Fluguntauglichkeit") mittels BEM eine Klärung und Entwicklung möglicher Weiterbeschäftigungsmöglichkeiten auf einem anderen, ggf. „freizumachenden" Arbeitsplatz mit dem Ziel erforderlich, das Arbeitsverhältnis zu erhalten – BAG 17.4.2019 – 7 AZR 292/17, NZA 2019, 1355 Rn. 32; 20.5.2020 – 7 AZR 100/19, NZA 2020, 119 Rn. 32.

[146] Vgl. dazu BAG 20.11.2014 – 2 AZR 755/13, NZA 2015, 612 Rn. 37 ff. und Rn. 96 ff.; vgl. zur gesteigerten Darlegungs- und Beweislast des Arbeitgebers → Rn. 127 ff.

[147] Vgl. dazu auch Nassibi NZA 2012, 720 (721); Deinert NZA 2010, 969 (972) jeweils mwN; Edenfeld NZA 2012, 713 (717).

[148] BAG 20.11.2014 – 2 AZR 755/13, NZA 2015, 612 Rn. 48 mwN.

[149] BAG 7.2.2012 – 1 ABR 46/10 Rn. 19; 22.3.2016 – 1 ABR 14/14, NZA 2016, 1283 Rn. 11.

[150] Vgl. dazu ausführlich → Rn. 62 ff.

Praxistipp:

Daher **müssen** bei Vorliegen des Einverständnisses des Arbeitnehmers auch der **Betriebs- bzw. Personalrat** und bei schwerbehinderten Arbeitnehmern auch die **Schwerbehindertenvertretung** iSv § 167 Abs. 2 S. 1 SGB IX oder eine **Vertrauensperson nach eigener Wahl des Beschäftigten** nach § 167 Abs. 2 S. 2 SGB IX **zum BEM-Verfahren hinzugezogen** werden, da andernfalls die Mindeststandards eines BEM nicht erfüllt sind.[151] Dafür reicht es nicht aus, wenn dem Betriebs- oder Personalrat bzw. der Schwerbehindertenvertretung im Nachhinein lediglich das Ergebnis einer arbeitsmedizinischen Untersuchung mitgeteilt wird. Vielmehr müssen die betrieblichen Interessenvertretungen am Verfahren des BEM so beteiligt werden, dass sie in der Lage sind, aktiv im Zusammenwirken mit den übrigen Beteiligten eigene Vorschläge zu unterbreiten.

Übliche **„Fehlzeitengespräche“** sind keine dem gesetzlich geregelten BEM-Verfahren vergleichbare Maßnahme und ersetzen demgemäß auch kein BEM iSv § 167 Abs. 2 SGB IX. Das BEM ist wesentlich umfangreicher und dabei steht vor allem die Zukunft des Arbeitsverhältnisses im Fokus.[152]

Selbst wenn der **Arbeitnehmer** eine **Hinzuziehung der Interessenvertretung** iSv § 176 SGB IX **nicht wünscht,** so hat die Interessenvertretung nach § 167 Abs. 2 S. 8 SGB IX darüber zu wachen, dass der Arbeitgeber die ihm nach dieser Vorschrift obliegenden Verpflichtungen erfüllt. **39**

Dabei verlangt die gesetzliche Regelung des BEM **vom Arbeitgeber** zwar die Durchführung eines **konkreten Verfahrens,** für dessen Ausgestaltung – abgesehen von den Mindestvorgaben in § 167 Abs. 2 SGB IX – große Gestaltungsfreiheit besteht. Jedoch kann nicht von einer **rechtlichen Verpflichtung des Arbeitgebers** ausgegangen werden, eine Integrationsvereinbarung nach § 166 Abs. 3 Nr. 5 SGB IX abzuschließen oder eine **Verfahrensordnung aufzustellen,** auch wenn in der Rechtsprechung der Landesarbeitsgerichte vereinzelt eine aus § 167 Abs. 2 SGB IX resultierende Verpflichtung des Arbeitgebers angenommen wird – unabhängig vom jeweiligen Einzelfall – ein System mit strukturierten Abläufen zu entwickeln, das sowohl ein Frühwarnsystem als auch ein konkretes Maßnahmespektrum enthält, welches sämtliche Strategien für den Erhalt der Arbeits- und Beschäftigungsfähigkeit beinhaltet.[153] **40**

---

[151] LAG BW 20.10.2021 – 4 Sa 70/20 Rn. 54; Michels infobrief ArbeitsR 2021, 7 (8) für die Hinzuziehung der Vertrauensperson nach § 167 Abs. 2 S. 2 SGB IX.

[152] LAG RhPf 13.4.2021 – 8 Sa 240/20 Rn. 52.

[153] LAG SchlH 19.12.2006 – 6 TaBV 14/06; LAG Hmb 15.1.2013 – 2 TaBV 13/11 Rn. 64; LAG Düsseldorf 4.2.2013 – 9 TaBV 129/12 Rn. 62.

41 Nach neuerer Rechtsprechung des BAG steht dem **Betriebsrat** nach § 87 Abs. 1 Nr. 7 BetrVG ein **Initiativrecht für eine Ausgestaltung des Klärungsprozesses** nach § 167 Abs. 2 SGB IX durch eine generelle Verfahrensregelung zu.[154] Vom **Mitbestimmungsrecht** nach § 87 Abs. 1 Nr. 7 BetrVG wird eine sich **anschließende Umsetzung konkreter Maßnahmen** des Klärungsprozesses nach § 167 Abs. 2 S. 1 SGB IX nicht erfasst.[155] Bei der Ausgestaltung des BEM durch einen Spruch der Einigungsstelle ist für jede einzelne Regelung zu prüfen, ob ein Mitbestimmungsrecht besteht. Ein solches kann sich bei allgemeinen Verfahrensfragen aus § 87 Abs. 1 Nr. 1 BetrVG, in Bezug auf die Nutzung und Verarbeitung von Gesundheitsdaten aus § 87 Abs. 1 Nr. 6 BetrVG und hinsichtlich der Ausgestaltung des Gesundheitsschutzes aus § 87 Abs. 1 Nr. 7 BetrVG ergeben, da § 167 Abs. 2 SGB IX eine Rahmenvorschrift iSd Bestimmung ist.[156]

42 Eine **Verfahrensordnung** ist allerdings **empfehlenswert und sinnvoll**[157] und sollte bei Bestehen eines Betriebsrates oder Personalrates, wenn möglich, in Form einer **Betriebs- bzw. Dienstvereinbarung** abgeschlossen werden. Eine **Inklusionsvereinbarung** (§ 166 SGB IX) kann ebenfalls das Verfahren eines BEM regeln, **erfasst** aber **nur die schwerbehinderten Arbeitnehmer** und daher nicht alle Arbeitnehmer des Betriebes.

43 Die Verfahrensordnung sollte als **Prozesshandbuch** gestaltet sein, das einerseits strukturierte Abläufe für den BEM-Prozess vorsieht, andererseits aber auch flexible Möglichkeiten für den jeweiligen Einzelfall.[158] Das beginnt mit

– der Art und Weise der Einleitung des Verfahrens einschließlich der Bestimmung eines BEM-Koordinators oder der Bildung eines BEM-Teams,

und setzt sich fort mit Regelungen hinsichtlich

---

154 BAG 22.3.2016 – 1 ABR 14/14, NZA 2016, 1283 Rn. 12; 7.9.2021 – 9 AZR 571/20, NZA 2022, 257 Rn. 15.

155 BAG 22.3.2016 – 1 ABR 14/14, NZA 2016, 1283 Rn. 11.

156 BAG 13.3.2012 – 1 ABR 78/10, BAGE 141, 42 Rn. 21; 22.3.2016 – 1 ABR 14/14, NZA 2016, 1283 Rn. 9; Busch AiB 2021, 34; vgl. zur Mitbestimmung auch ausführlich → Rn. 80 ff.

157 BAG 10.12.2009 – 2 AZR 198/09, DB 2010, 1015 = NZA 2010, 639 Rn. 18; vgl. dazu auch Gagel NZA 2004, 1359; SRS Gesundheitsmanagement/vom Stein § 21 Rn. 105 und SRS Gesundheitsmanagement/Schubert § 21 Rn. 280 ff.; LPK-SGB IX/Düwell § 167 Rn. 77 mwN zu gelungenen Prozesshandbüchern und Umsetzungen in einzelnen Betrieben; vgl. zur Inklusionsvereinbarung Düwell/Beyer Rn. 227 ff.

158 Im Teil B. findet sich ein solches ausführliches Prozesshandbuch einschließlich Musterschreiben und -texten (→ Rn. 251 ff.), das vollständig alle Verfahrensschritte abbildet.

- der Bestimmung etwaiger besonderer Ansprechpartner für den Arbeitnehmer
- der Hinzuziehung einer Vertrauensperson nach eigener Wahl des Arbeitnehmers,
- der Einschaltung der betrieblichen Vertretungen,
- der Konkretisierung von Verfahrensrechten des Betroffenen und der Betriebsvertretungen,
- der Rolle des Betriebs- oder Werksarztes,
- der Bestimmung von Korrespondenzpartnern für die Einschaltung von Rehabilitationsträgern und des Integrationsamtes, soweit das BEM-Team nicht dafür zuständig ist, und
- der Umsetzung der BEM-Maßnahmen sowie des Abschlusses des BEM-Verfahrens.

Praxistipp:

Arbeitgeber sollten bedenken, dass solange keine Ausgestaltung des BEM in einer Verfahrensordnung vereinbart worden ist, über alle Verfahrensfragen jeweils im Einzelfall ein Einvernehmen aller Beteiligten herbeigeführt werden muss, da das Gesetz keine einseitige, sondern eine gemeinsame Klärung bestimmt. Diese ist nur möglich, soweit Einvernehmen über die der Klärung zugrunde liegenden Verfahrensregeln besteht.[159] Führt der Klärungsprozess zwischen Arbeitgeber und Betriebsrat zu keiner „übereinstimmenden Beurteilung der Möglichkeiten", verbleibt es bei einem Dissens.[160] Insofern bedeutet es einen hohen Aufwand, in jedem Einzelfall zunächst die Verfahrensregeln mit den Beteiligten zu klären. Auch wenn kein Betriebsrat besteht, müssen die Verfahrensregeln mit den weiteren am BEM-Verfahren beteiligten Personen und Stellen geklärt werden. Auch in **kleineren und mittleren Betrieben** und sogar dann, wenn kein Betriebsrat besteht, führt daher eine Verfahrensordnung, die dem BEM-Verfahren klare Strukturen gibt, zu mehr Effizienz im BEM-Prozess.[161]

Ein **transparentes und gut strukturiertes Verfahren** gibt dem Arbeitnehmer die Chance, aber auch die Obliegenheit, sich aktiv am Klärungsprozess zu beteiligen, so dass dieser eher erkennen und einsehen kann, welchen eigenen Beitrag er zur Wiederherstellung seiner Beschäftigungsfähigkeit zu leisten hat.

---

[159] Vgl. dazu LPK-SGB IX/Düwell § 167 Rn. 71.

[160] BAG 22.3.2016 – 1 ABR 14/14, NZA 2016, 1283 Rn. 11.

[161] Vgl. dazu etwa den Mustertext einer Betriebsvereinbarung → Rn. 271, die auch in kleineren und mittleren Betrieben oder Dienststellen ohne Betriebs- oder Personalrat als Verfahrensordnung verwandt werden kann.

Hält der **Arbeitgeber** die in einer strukturierten Verfahrensordnung vorgesehenen Verfahrensschritte bei der Umsetzung des BEM im Einzelfall ein, so kann er besser dokumentieren und evaluieren, welche der in Betracht zu ziehenden Stellen und Personen beteiligt und welche von den Teilnehmern eingebrachten Vorschläge sachlich erörtert wurden. Der Arbeitnehmer wird bei einem transparenten und in gegenseitigem Vertrauen durchgeführten BEM-Verfahren eher akzeptieren, dass keine Beschäftigungsmöglichkeit mehr im Betrieb besteht, wenn das BEM-Verfahren mit diesem Ergebnis endet.[162]

Für die Einführung einer **strukturierten BEM-Verfahrensordnung** im Betrieb **spricht** auch, dass die arbeitsgerichtliche Rechtsprechung bei einer mehrstufigen Verfahrensabfolge mit Erst- und Fallgespräch sowie formularmäßiger Protokollierung mit einem Hinweis auf den „Vordruck Dokumentation" davon ausgeht, dass die institutionalisierte **Gesundheitsprävention** nach § 167 Abs. 2 SGB IX **in „geordneten Bahnen" verläuft**, was dazu führt, dass der Arbeitnehmer darzulegen hat, dass und inwieweit bei der Informationsabgabe und Datenbehandlung gegenüber dem gesetzlichen Regelmodell Defizite bestanden. Ohne ein solches Vorbringen ist davon auszugehen, dass die gesetzlichen Vorgaben des „informed consent" eingehalten worden sind.[163]

44 **Für die Einführung** eines betrieblichen Eingliederungsmanagements im Betrieb kann der **Arbeitgeber** eine **finanzielle Unterstützung** von den Sozialleistungsträgern und dem Integrationsamt erhalten (§§ 167 Abs. 3, 185 Abs. 3 Nr. 2d SGB IX, § 26c SchwbAV).

3. Zustimmung des Arbeitnehmers

45 Ganz entscheidend ist, dass die Klärung der Möglichkeiten einer Aufrechterhaltung des Arbeitsverhältnisses nur „mit Zustimmung und Beteiligung der betroffenen Person" erfolgen kann (§ 167 Abs. 1 S. 1 SGB IX). Bei der **Zustimmung des Beschäftigten** handelt es sich um eine **zwingende Voraussetzung** des BEM, wobei der betroffene Arbeitnehmer seine Zustimmung zum BEM verweigern, sie erst später erteilen, aber auch ein einmal begonnenes BEM jederzeit durch Widerruf seiner Einwilligung beenden kann.[164] Ausdruck der dem BEM zugrunde liegenden **Freiwillig-**

[162] Vgl. zu diesem Gesichtspunkt LPK-SGB IX/Düwell § 167 Rn. 79.

[163] LAG RhPf 25.2.2013 – 6 Sa 441/12 Rn. 60; vgl. auch Kempter/Steinat NZA 2015, 840 (845).

[164] BAG 12.7.2007 – 2 AZR 716/06, NZA 2008, 173 Rn. 51; 24.3.2011 – 2 AZR 170/10, NZA 2011, 993 Rn. 24 mwN; 7.2.2012 – 1 ABR 46/10, NZA 2012, 7 Rn. 22;

keitsprinzips ist es, dass sich der Arbeitnehmer auch weigern kann, sämtliche Diagnose seiner Erkrankung mitzuteilen.[165] Auf die **Freiwilligkeit der Teilnahme** muss der **Arbeitgeber hinweisen,** insbesondere dann, wenn es um die Weitergabe gesundheitsbezogener Daten (zB Diagnosedaten) geht.[166]

Oberster Grundsatz und Ziel des SGB IX ist nach § 1 S. 1 SGB IX das Selbstbestimmungsrecht des arbeitsunfähigen Menschen, der durch das Zustimmungserfordernis **„Herr des Verfahrens"** ist und beeinflussen kann, welche in § 167 Abs. 2 SGB IX genannten Stellen beteiligt und welche personenbezogenen Daten an sie weitergegeben werden, so dass eine Zustimmung des Betroffenen auch mit Einschränkungen möglich ist.[167] Zwingend ist nur die Beteiligung des Vertreters des Arbeitgebers und des Betroffenen selbst.[168] **46**

Dem **Gesichtspunkt der Freiwilligkeit** trägt maßgeblich das in § 167 Abs. 2 S. 1 SGB IX bestimmte Zustimmungserfordernis Rechnung. Es gewährleistet, dass die Klärung des Gesundheitszustands aus Sicht des Betroffenen ausschließlich freiwillig erfolgt, und er sich dem Suchprozess ohne Angabe von Gründen zu jeder Zeit wieder entziehen kann.[169] Zudem besteht nach § 167 Abs. 2 S. 4 SGB IX die Pflicht des Arbeitgebers, den Arbeitnehmer vorab auf die Ziele des BEM sowie **Art und Umfang der hierfür erhobenen und verwendeten Daten hinzuweisen.** Der Hinweis erfordert die Klarstellung, dass nur solche Daten erhoben und ggf. genutzt werden, deren Kenntnis erforderlich ist, um einen zielführenden, der Gesundung und Gesunderhaltung des Betroffenen dienenden Suchprozess durchführen zu können.[170] Er verhindert zum einen, dass der Arbeitnehmer aus bloßer Unkenntnis über die Ziele des BEM und den Schutz von per- **47**

29.6.2017 – 2 AZR 47/16, NZA 2017, 1605 Rn. 35; vgl. dazu auch Feldes/Niehaus/Faber/Feldes, Werkbuch, S. 59; SRS Gesundheitsmanagement/vom Stein § 21 Rn. 127; Evermann NZA 2019, 1465 (1466).

165 Vgl. dazu Beck NZA 2017, 81 (82); LPK-SGB IX/Düwell § 167 Rn. 70, der bezugnehmend auf LAG Düsseldorf 20.10.2016 13 Sa 356/16 darauf hinweist, dass eine vom Arbeitgeber verlangte Offenlegung sämtlicher ärztlicher Diagnosen weit über das hinausgeht, was an Verarbeitung von Gesundheitsdaten für das BEM erforderlich ist und zur Unwirksamkeit des BEM-Angebotes führt; so auch LAG BW 28.7.2021 – 4 Sa 68/20 Rn. 38.

166 LAG BW 28.7.2021 – 4 Sa 68/20 Rn. 38; LAG BW 20.10.2021 – 4 Sa 70/20 Rn. 64 ff.; vgl. dazu auch Ettlinger BB 2021, 820.

167 ErfK/Rolfs SGB IX § 167 Rn. 5; Balders/Lepping NZA 2005, 854 (855); Gagel NZA 2004, 1359 (1360 f.); SRS Gesundheitsmanagement/vom Stein § 21 Rn. 128 mwN.

168 SRS Gesundheitsmanagement/vom Stein § 21 Rn. 128.

169 BAG 7.2.2012 – 1 ABR 46/10, NZA 2012, 744 Rn. 22; 29.6.2017 – 2 AZR 47/16, NZA 2017, 1605 Rn. 35; vgl. dazu auch LPK-SGB IX/Düwell § 167 Rn. 70 f.

170 BAG 20.11.2014 – 2 AZR 755/13, NZA 2015, 612 Rn. 32; 29.6.2017 – 2 AZR 47/16, NZA 2017, 1605 Rn. 35; BVerwG 4.9.2012 – 6 P 5/11 Rn. 36; LAG BW 28.7.2021 – 4 Sa 68/20 Rn. 28; LAG BW 20.10.2021 – 4 Sa 70/20 Rn. 54.

sönlichen Daten, die seine Gesundheit betreffen, seine Zustimmung zu dem Prozess verweigert. Zum anderen verdeutlicht der Hinweis die Bedeutung eines wirksamen und sorgfältig gehandhabten, außerhalb von § 167 Abs. 2 SGB IX gewährleisteten Schutzes der Gesundheitsdaten des Arbeitnehmers für die Akzeptanz des BEM.[171] Auch ganz allgemein, ist die **Einhaltung datenschutzrechtlicher Anforderungen** für eine vertrauensvolle und effektive Zusammenarbeit im Rahmen des BEM unerlässlich.[172] Insoweit unterscheidet sich ein BEM deutlich von den üblichen **Krankenrückkehrgesprächen.**[173]

48 Der betroffene **Mitarbeiter** ist also in jeder Phase des BEM ein **mitwirkungsberechtigter Partner.** Der Erfolg eines vom Arbeitgeber ernst gemeinten betrieblichen Eingliederungsmanagements hängt maßgeblich vom **Vertrauen des betroffenen Arbeitnehmers** ab. Es geht vor allem darum, das Vertrauen und die Bereitschaft des Betroffenen für Eingliederungsmaßnahmen zu gewinnen. Ohne wechselseitiges Vertrauen kann ein BEM nicht sinnvoll durchgeführt werden, weil der Arbeitnehmer regelmäßig nicht zur Mitteilung der Gründe für seine krankheitsbedingten Fehlzeiten verpflichtet ist. Spüren die Arbeitnehmer ehrliche Zuwendung und haben sie das Gefühl, ihnen soll geholfen werden, können sie sich bereitwilliger auf ein BEM einlassen. Ein BEM, an dem der betroffene Arbeitnehmer nicht aktiv mitwirkt, ist wenig erfolgversprechend.[174] Das BAG geht in seiner Rechtsprechung davon aus, dass zwar die die Klärung

---

[171] BAG 29.6.2017 – 2 AZR 47/16, NZA 2017, 1605 Rn. 35 mwN.

[172] LAG BW 28.7.2021 – 4 Sa 68/20 Rn. 36; 20.10.2021 – 4 Sa 70/20 Rn. 56 jeweils mwN; vgl. zu den Anforderungen des Datenschutzes in Bezug auf die Information nach § 167 Abs. 2 S. 4 SGB IX → Rn. 48.

[173] Feldes/Niehaus/Faber/Kohte, Werkbuch, S. 31; vgl. zu Krankenrückkehrgesprächen und BEM auch Feldes/Niehaus/Faber/Kiesche, Werkbuch, S. 74 ff.; SRS Gesundheitsmanagement/Fröhlich § 29 Rn. 6 ff.; insofern unterscheiden sich BEM und Personalgespräche in Bezug auf die Freiwilligkeit: Krankenrückkehrgespräche beruhen auf dem Weisungsrecht des Arbeitgebers, das nach neuerer Rechtsprechung während einer Arbeitsunfähigkeit eingeschränkt ist; nach dieser Rechtsprechung kann der Arbeitgeber den Arbeitnehmer während der Dauer einer krankheitsbedingten Arbeitsunfähigkeit nur dann anweisen, zu einem Personalgespräch in den Betrieb zu kommen, wenn hierfür ein dringender betrieblicher Anlass besteht, der einen Aufschub der Weisung auf einen Zeitpunkt nach Beendigung der Arbeitsunfähigkeit nicht gestattet, die persönliche Anwesenheit des Arbeitnehmers im Betrieb dringend erforderlich ist und ihm zugemutet werden kann; ansonsten ist ein arbeitsunfähig erkrankter Arbeitnehmer grundsätzlich nicht verpflichtet, an einem vom Arbeitgeber angeordneten Personalgespräch teilzunehmen: LAG Nürnberg 1.9.2015 – 7 Sa 592/14, ArbuR 2016, 426 Rn. 50; BAG 2.11.2016 – 10 AZR 596/15, NZA 2017, 183 ff.; vgl. zu diesen beiden Entscheidungen auch Hoffmann-Remy NZA 2017, 159 ff.

[174] BAG 7.2.2012 – 1 ABR 46/10, NZA 2012, 744 Rn. 22; 29.6.2017 – 2 AZR 47/16, NZA 2017, 1605 Rn. 23; vgl. auch BVerwG 23.6.2010 – 6 P 8/09, NZA-RR 2010, 554 Rn. 40; LAG BW 28.7.2021 – 4 Sa 68/20 Rn. 36; vgl. dazu auch Feldes/Niehaus/Faber/Vater, Werkbuch, S. 113 ff. zu vertrauensbildenden Maßnahmen und Faktoren und den Folgen eines möglichen Fehlens.

des Gesundheitszustands aus Sicht des Betroffenen ausschließlich freiwillig erfolgt, und er sich dem Suchprozess ohne Angabe von Gründen zu jeder Zeit wieder entziehen kann, jedoch die Zuerkennung eines generell gesteigerten kündigungsrechtlichen Bestandsschutzinteresses – insbesondere hinsichtlich eines möglichen vertragswidrigen Verhaltens des Arbeitnehmers – zur Verwirklichung der Zwecke des BEM nicht geboten ist.[175] Es liegt im Wesen des BEM, dass die Suche nach Möglichkeiten der Vermeidung zukünftiger Arbeitsunfähigkeitszeiten im Rahmen eines fairen und sachorientierten Gesprächs erfolgt.[176]

Praxistipp:
Die **Zustimmung** des betroffenen Mitarbeiters ist vor der Durchführung des BEM, dh vor Ingangsetzen des Klärungsprozesses, einzuholen.[177] Sie ist eine höchstpersönliche Erklärung, die nur der Betroffene selbst und im Fall der Geschäftsunfähigkeit sein Vertreter abgeben kann.[178]

Auch wenn die betrieblichen Interessenvertretungen nach § 176 SGB IX (Betriebs- oder Personalrat) oder die Schwerbehindertenvertretung nach § 167 Abs. 2 S. 7 SGB IX die Klärung möglicher Maßnahmen im Rahmen eines BEM-Verfahrens verlangen kann, ist die Zustimmung des Betroffenen erforderlich.[179] Die nach § 167 Abs. 2 S. 1 SGB IX erforderliche **Zustimmung** der betroffenen Person bezieht sich jedoch nur auf den **Klärungsprozess, nicht** aber auf die **vorhergehende Phase,** die mit dem Zugang des Angebots über die Durchführung des BEM beim Arbeitnehmer endet.[180] Für diesen Teil des BEM hat der Gesetzgeber kein Zustimmungserfordernis normiert, so dass der Arbeitgeber dem Betriebsrat die **Namen** der Arbeitnehmer **mit Arbeitsunfähigkeitszeiten** von mehr als sechs Wochen im Jahreszeitraum auch dann **mitteilen muss,** wenn diese Arbeitnehmer der **Weitergabe nicht zugestimmt** haben.[181] Eine **Ausnahme** besteht allerdings für das kirchliche Arbeitsrecht der **katholischen Kirche;** erst nach Erteilung der Zustimmung der Beschäftigten in das BEM sei die Kenntnis der Person für die Mitarbeitervertretung not- **49**

[175] BAG 29.6.2017 – 2 AZR 47/16, NZA 2017, 1605 Rn. 35, 36 mwN; vgl. dazu auch Evermann NZA 2019, 1465 (1466).

[176] BAG 29.6.2017 – 2 AZR 47/16, NZA 2017, 1605 Rn. 36 mwN; vgl. dazu auch Evermann NZA 2019, 1465 (1466).

[177] So auch LPK-SGB IX/Düwell § 167 Rn. 71.

[178] Vgl. zur Rechtsnatur der Zustimmung LPK-SGB IX/Düwell § 167 Rn. 71 f.

[179] Balders/Lepping NZA 2005, 854 (855); so ausdrücklich BT-Drs. 15/1783, 16.

[180] BAG 7.2.2012 – 1 ABR 46/10, NZA 2012, 744 Rn. 19; BVerwG 23.6.2010 – 6 P 8/09, NZA-RR 2010, 554 Rn. 38 f.

[181] BAG 7.2.2012 – 1 ABR 46/10, NZA 2012, 744 Rn. 16 ff.

wendig, damit die Ziele des BEM Erfolg haben könnten. Daher könne die Mitarbeitervertretung auch nicht verlangen, dass ihr eine Liste mit Namen und Dauer der Erkrankung der Mitarbeiter und Mitarbeiterinnen vorgelegt wird, die der Weitergabe ihrer Daten widersprochen haben.[182]

50 Ein betriebliches Eingliederungsmanagement ist **auch** dann **durchzuführen,** wenn der oder die **Beschäftigte eine Beteiligung der Interessenvertretung** iSd § 167 Abs. 2 SGB IX **nicht wünscht.**[183]

Praxistipp:

Nach der neueren Rechtsprechung des BAG gehört zu dem Ersuchen des Arbeitgebers um Zustimmung des betroffenen Arbeitnehmers zur Durchführung des BEM – neben dem Hinweis auf die Ziele des BEM sowie auf Art und Umfang der hierfür erhobenen und verwendeten Daten – die Information, dass die Zustimmung des Arbeitnehmers zu einem BEM auch mit der Maßgabe erteilt werden kann, ein **Einverständnis zur Beteiligung des Betriebsrates werde nicht erteilt.**[184] Arbeitgeber, in deren Betrieb ein Betriebsrat besteht, sollten also **diesen Hinweis** in das Einladungsschreiben bzw. in das Ersuchen um die Zustimmung zur Einleitung des BEM aufnehmen.[185] Im Lichte der Datenschutzgrundverordnung (EUV 2016/679) darf sich die von der Rechtsprechung des BAG geforderte „Aufklärung" und Belehrung des Arbeitnehmers über die Beteiligungsrecht der Arbeitnehmervertretung nicht in oberflächlichen Hinweisen erschöpfen.[186]

Empfohlen wird, dem Arbeitnehmer **drei Antwortalternativen** im **Einladungsschreiben** vorzuschlagen: 1. Ablehnung eines BEM, 2. Durchführung eines BEM unter Beteiligung der betrieblichen Interessenvertretung und 3. Durchführung eines BEM ohne Beteiligung der betrieblichen Interessenvertretung.[187]

---

[182] KAGH 28.11.2014 – M 06/2014, BeckRS 2015, 65263; vgl. generell zum BEM in kirchlichen Einrichtungen Feldes/Niehaus/Faber/Gathmann, Werkbuch, S. 66 ff. und SRS Gesundheitsmanagement/Schubert § 21 Rn. 279.

[183] LAG Hmb 20.2.2014 – 1 TaBV 4/13, NZA-RR 2014,295, Rn. 53 mwN; LAG Bln-Bbg 13.11.2015 – 9 Sa 1297/15 Rn. 64; vgl. dazu auch vom Stein ZfA 2016, 549 (557); SRS Gesundheitsmanagement/vom Stein § 21 Rn. 94 mwN.

[184] BAG 22.3.2016 – 1 ABR 14/14, NZA 2016, 1283 Rn. 30; 20.11.2014 – 2 AZR 755/13, NZA 2015, 612 Rn. 31; 22.3.2016 – 1 ABR 14/14, NZA 2016, 1283 Rn. 11; 17.4.2019 – 7 AZR 292/17, NZA 2019, 1355 Rn. 38; zustimmend Hoffmann-Remy NZA 2016, 1261 (1263); Beck NZA 2017, 81 (82); vom Stein ZfA 2016, 549 (557) mwN; SRS Gesundheitsmanagement/vom Stein § 21 Rn. 94 mwN.

[185] Kritisch zur Rechtsprechung des BAG: vom Stein ZfA 2016, 549 (557) mwN.

[186] Vossen DB 2019, 2304.

[187] So auch vom Stein ZfA 2016, 549 (558) unter Hinweis auf BVerwG 23.6.2010 – 6 P 8/09, NZA-RR 2010, 554; vgl. dazu auch die Muster zu verschiedenen Einladungsschreiben → Rn. 272, 286 ff.

Wenn der **Arbeitnehmer** von einem betrieblichen Eingliederungsmanagement keinen Gebrauch machen möchte oder die **Zustimmung verweigert, darf** der **Arbeitgeber nicht tätig** werden. **Zwingende Voraussetzung** für die Durchführung eines BEM-Verfahrens ist immer die **Zustimmung des Betroffenen.**[188] Der Arbeitgeber darf auch ohne die ausdrückliche Zustimmung des Betroffenen keine andere Stelle unterrichten oder einschalten.[189] Wenn der Arbeitgeber die ihm obliegende Hinweispflicht iSv § 167 Abs. 2 S. 4 SGB IX ordnungsgemäß erfüllt hat, der Arbeitnehmer von einem BEM jedoch keinen Gebrauch machen möchte, entfällt die Verpflichtung des **Arbeitgebers, weitere Maßnahmen** im Rahmen des § 167 Abs. 2 SGB IX **zu prüfen.**[190] **Stimmt der Arbeitnehmer** also einem BEM-Verfahren trotz ordnungsgemäßer Aufklärung iSv § 167 Abs. 2 S. 4 SGB IX **nicht zu,** ist das **Unterlassen eines BEM „kündigungsneutral“;** nach der arbeitsgerichtlichen Rechtsprechung kann dann von der Aussichtslosigkeit eines BEM-Verfahrens ausgegangen und von seiner Durchführung abgesehen werden.[191] 51

Hat der **Arbeitgeber** den **Arbeitnehmer** allerdings **nicht regelkonform um Zustimmung** zur Durchführung eines BEM-Verfahrens **ersucht** und zuvor **auf die Ziele des BEM** sowie **auf Art und Umfang der hierfür erhobenen und verwendeten Daten hingewiesen,** kann nicht vom Versuch der ordnungsgemäßen Durchführung eines BEM die Rede sein.[192] 52

---

[188] BAG 12.7.2007 – 2 AZR 716/06, NZA 2008, 173 Rn. 51; 24.3.2011 – 2 AZR 170/10, NZA 2011, 992 Rn. 24; LAG Bln-Bbg 13.11.2015 – 9 Sa 1297/15 Rn. 64; LAG Düsseldorf 20.10.2016 – 13 Sa 356/16 Rn. 32; Muster zur Zustimmung finden sich in → Rn. 275, 282, 293 f.

[189] BAG 12.7.2007 – 2 AZR 716/06, NZA 2008, 173 Rn. 51; 24.3.2011 – 2 AZR 170/10, NZA 2011, 992 Rn. 24.

[190] Vgl. dazu BAG 12.7.2007 – 2 AZR 716/06, NZA 2008, 173; 7.2.2012 – 1 ABR 46/10, NZA 2012, 744 (745); LAG SchlH 18.9.2013 – 3 Sa 133/13 Rn. 41; LAG Bln-Bbg 27.2.2019 – 17 Sa 1605/18 Rn. 19; idS auch Schiefer/Borchard DB 2011, 2435; LPK-SGB IX/Düwell § 167 Rn. 69 f.

[191] BAG 24.3.2011 – 2 AZR 170/10, NZA 2011, 992 Rn. 24; 13.5.2015 – 2 AZR 565/14, NZA 2015, 1249 Rn. 26 mwN; 25.4.2018 – 2 AZR 6/18 Rn. 51; 17.4.2019 – 7 AZR 292/17, NZA 2019, 1355 Rn. 38 mwN; LAG SchlH 3.6.2015 – 6 Sa 396/14, BeckRS 2015, 72174 Rn. 105; LAG Düsseldorf 20.10.2016 – 13 Sa 356/16 Rn. 32; LAG Hamm 19.7.2016 – 7 Sa 1707/15 Rn. 58; LAG RhPf 24.3.2015 – 7 Sa 512/14 Rn. 70; LAG Hmb 20.11.2019 – 2 Sa 30/18 Rn. 107 ff. mwN; LAG RhPf 8.10.2020 – 2 Sa 340/19 Rn. 38 mwN; LPK-SGB IX/Düwell § 167 Rn. 69; vgl. dazu auch → Rn. 127 ff.; Anton-Dyck/Böhm ArbRB 2015, 185 (188); vom Stein ZfA 2016, 549 (554) mwN; aA LAG Bln-Bbg 27.2.2019 – 17 Sa 1605/18 Rn. 19, vgl. dazu auch die Entscheidungsbesprechung von Edenfeld DB 2019, 1741, der sich ebenfalls dafür ausspricht, als Arbeitgeber immer ein BEM anzubieten.

[192] BAG 20.11.2014 – 2 AZR 755/13, NZA 2015, 612 Rn. 30–32; 13.5.2015 – 2 AZR 565/14, NZA 2015, 1249 Rn. 26 mwN; 16.7.2015 – 2 AZR 15/15, NZA 2016, 99 Rn. 33; 17.4.2019 – 7 AZR 292/17, NZA 2019, 1355 Rn. 38; HessLAG 3.6.2013 – 21 Sa 1456/12 Rn. 54; LAG Nürnberg 28.1.2015 – 2 Sa 519/14 Rn. 28; LAG SchlH 3.6.2015 – 6 Sa 396/14, BeckRS 2015, 72174 Rn. 106; 22.9.2015 – 1 Sa 48 a/15, NZA-

Dies führt im Rahmen eines Kündigungsrechtsstreits zu einer **Verschärfung der Darlegungs- und Beweislast des Arbeitgebers** und im Regelfall zum Unterliegen des Arbeitgebers, wenn er nicht darlegen und beweisen kann, dass die krankheitsbedingte Kündigung auch nicht durch ein BEM hätte verhindert werden können.[193]

Praxistipp:

Daher sollte der Arbeitgeber vor Einleitung des BEM unbedingt auf eine **ausreichende Information des Arbeitnehmers** über die Ziele des BEM sowie auch über Art und Umfang der erhobenen und verwendeten Daten iSv § 167 Abs. 2 S. 4 SGB IX achten.[194] Diese Vorschrift dient der bestmöglichen Vorbereitung des BEM-Verfahrens durch den Arbeitnehmer. Nur wenn ihm Gelegenheit gegeben wird, den Untersuchungs- oder Gesprächstermin vorzubereiten, kann der dargestellte Zweck erreicht werden.[195] Die Klärung von Möglichkeiten zur Beendigung gegenwärtiger und Vermeidung neuer Arbeitsunfähigkeiten sowie zum Erhalt des Arbeitsplatzes ist nur möglich, wenn die beteiligten Akteure im möglichen Umfang Informationen über die Ausgangssituation haben. Daher ist das Erfassen dieser Ausgangssituation denknotwendiger Bestandteil eines BEM, wobei zu beachten ist, dass berechtigte Interessen des Beschäftigten gegen eine umfassende Informationssammlung sprechen können. Nicht zuletzt, weil es in der Regel um besondere Kategorien personenbezogener Daten iSd Art. 9 DGSVO, insbesondere Gesundheitsdaten nach Art. 4 Nr. 15 DGSVO geht, gehört zu den **Pflichten des Arbeitgebers auch die Beachtung des Datenschutzes.**[196]

In der Praxis kommt es regelmäßig vor, dass Arbeitgeber ein BEM-Verfahren dadurch „eröffnen", dass sie den Arbeitnehmer ohne eine solche ausreichende Aufklärung zu einer Untersuchung durch den Be-

---

RR 2016, 250 Rn. 61; LAG RhPf 24.3.2015 – 7 Sa 512/14 Rn. 70; 10.12.2015 – 5 Sa 168/15 Rn. 35; LAG Düsseldorf 20.10.2016 – 13 Sa 356/16 Rn. 32; LAG Hmb 20.11.2019 – 2 Sa 30/18 Rn. 107 mwN; LAG Nürnberg 18.2.2020 – 7 Sa 124/19 Rn. 95; LAG RhPf 8.10.2020 – 2 Sa 340/19 Rn. 38; 26.1.2021 – 6 Sa 124/20 Rn. 55; LAG BW 28.7.2021 – 4 Ca 68/20 Rn. 28; LPK-SGB IX/Düwell § 167 Rn. 69; vgl. dazu auch Beyer/Jansen br 2010, 89 (92 f.); Schmidt RdA 2016, 166 (168); Beck NZA 2017, 81 (85); vom Stein ZfA 2016, 549 (555) mwN; Vossen DB 2019, 2304 mwN.

193 LAG Hamm 26.4.2013 – 10 Sa 24/13 Rn. 54; dazu ausführlich → Rn. 127 ff.

194 Vgl. zu den Anforderungen an die Information des Arbeitnehmers auch Muster → Rn. 273, 290.

195 LAG Nds 23.6.2008 – 14 Sa 1713/07 Rn. 74; HessLAG 3.6.2013 – 21 Sa 1456/12 Rn. 55.

196 LAG BW 28.7.2021 – 4 Sa 68/20 Rn. 36 mwN; LAG BW 20.10.2021 – 4 Sa 70/20 Rn. 56; vgl. zu Anforderungen der Aufklärung durch den Arbeitgeber auch LAG Hamm 26.4.2013 – 10 Sa 24/13 Rn. 56, 57 und Vossen DB 2019, 2304.

triebsarzt oder arbeitsmedizinischen Dienst auffordern, der zunächst die gesundheitlichen Einschränkungen des Arbeitnehmers klären soll. Davon abgesehen, dass dies die vorrangig die Aufgabe der behandelnden Ärzte des Arbeitnehmers ist, sind in einem solchen Fall die Mindeststandards eines BEM-Verfahrens gem. § 167 Abs. 2 SGB IX nicht erfüllt.

War die Einladung zum BEM-Verfahren nicht ordnungsgemäß und verweigert der Arbeitnehmer seine Zustimmung, kommt es nicht darauf an, ob der Arbeitnehmer gar nicht bereit war, an dem BEM-Verfahren mitzuwirken.[197] Die in der Vergangenheit ablehnende Haltung des Arbeitnehmers kann sich allein durch die zusätzlich aufgetretenen Arbeitsunfähigkeitszeiten geändert haben,[198] so dass Arbeitgebern zu raten ist, in jedem Fall vor Ausspruch einer krankheitsbedingten Kündigung dem Arbeitnehmer nochmals ordnungsgemäß ein BEM anzubieten.

Der **Hinweis des Arbeitgebers** an den Arbeitnehmer gem. § 167 Abs. 2 **53**
S. 4 SGB IX **erfordert** zum einen die **Darstellung der Ziele des BEM,** was inhaltlich über eine bloße Bezugnahme auf die Vorschrift des § 167 Abs. 2 S. 1 SGB IX hinausgeht. Zu diesen Zielen zählt die Klärung, wie die Arbeitsunfähigkeit möglichst überwunden, erneuter Arbeitsunfähigkeit vorgebeugt und das Arbeitsverhältnis erhalten werden kann. Dem Arbeitnehmer muss verdeutlicht werden, dass es um die Grundlagen seiner Weiterbeschäftigung geht und dazu ein ergebnisoffenes Verfahren durchgeführt werden soll, in das er selbst auch Vorschläge einbringen kann. Der Arbeitnehmer muss zumindest auf das Ziel der Prävention – und nicht bloß der „Bestandsaufnahme“ – hingewiesen werden.[199] Zum anderen muss dem Arbeitnehmer verdeutlicht werden, dass es um die Grundlagen der Weiterbeschäftigung und den Erhalt seines Arbeitsplatzes geht sowie, dass ein ergebnisoffenes Verfahren durchgeführt werden soll, in welches auch er seine Vorschläge einbringen kann – und muss.[200]

---

[197] BAG 17.4.2019 – 7 AZR 292/17, NZA 2019, 1355 Rn. 38; Schunder NZA-RR 2019, 586; aA LAG Bln-Bbg 27.2.2019 – 17 Sa 1605/18 Rn. 19, vgl. dazu auch die Entscheidungsbesprechung von Edenfeld DB 2019, 1741.

[198] BAG 18.11.2021 – 2 AZR 138/21, NZA 2022, 253 Rn. 32; LAG BW 10.2.2022 – 17 Sa 57/21, NZA-RR 2022, 405 Rn. 55.

[199] BAG 20.11.2014 – 2 AZR 755/13, NZA 2015, 612 Rn. 32 unter Hinweis auf BVerwG 23.6.2010 – 6 P 8/09, NZA-RR 2010, 554 Rn. 52; LAG Hamm 26.4.2013 – 10 Sa 24/13 Rn. 56 unter Hinweis auf BAG 10.12.2009 – 2 AZR 198/09, NZA 2010, 639 Rn. 19; LAG SchlH 22.9.2015 – 1 Sa 48 a/15, NZA-RR 2016, 250 Rn. 61; LAG RhPf 8.10.2020 – 2 Sa 340/19 Rn. 38; LAG BW 28.7.2021 – 4 Sa 68/20 Rn. 28; LAG BW 20.10.2021 – 4 Sa 70/20 Rn. 54; Schmidt RdA 2016, 166 (168); vom Stein ZfA 2016, 549 (555); vgl. dazu auch Vossen DB 2019, 2304.

[200] BAG 20.11.2014 – 2 AZR 755/13, NZA 2015, 612 Rn. 32 mwN; vgl. dazu auch vom Stein ZfA 2016, 549 (555).

54 Ein **regelkonformes Ersuchen** des Arbeitgebers zur Zustimmung des Arbeitnehmers zum BEM muss auch den **Hinweis auf Art und Umfang der im BEM erhobenen und verwendeten Daten** umfassen. Diesbezüglich ist ein Hinweis zur Datenerhebung und Datenverwendung erforderlich, der klarstellt, dass nur solche Daten erhoben werden, deren Kenntnis erforderlich ist, um ein zielführendes, der Gesundung und Gesunderhaltung des Betroffenen dienendes BEM durchführen zu können. Dem Arbeitnehmer muss mitgeteilt werden, welche Krankheitsdaten – als sensible Daten iSv Art. 9 Abs. 1, 4 Nr. 15 DGSVO – erhoben und gespeichert und inwieweit und für welche Zwecke sie dem Arbeitgeber zugänglich gemacht werden. Nur bei entsprechender Unterrichtung kann vom Versuch einer ordnungsgemäßen Durchführung eines BEM die Rede sein und von einer ordnungsgemäßen Einleitung des BEM-Verfahrens ausgegangen werden.[201]

55 Die bloße **Existenz einer Betriebs- oder Dienstvereinbarung** zum BEM, in der auch der Datenschutz geregelt ist, **genügt den gesetzlichen Anforderungen** des § 167 Abs. 2 S. 4 SGB IX, der ausdrücklich einen konkreten Hinweis an den Arbeitnehmer verlangt, **nicht.** Dem kann der Arbeitgeber **im Einladungsschreiben** nur mit einem inhaltlichen Hinweis oder mit dem **Hinweis auf eine beigefügte Betriebsvereinbarung** Rechnung tragen, die wiederum selbst den gesetzlichen Anforderungen des § 167 Abs. 2 S. 4 SGB IX genügt.[202]

56 Zu dem Ersuchen des Arbeitgebers um Zustimmung des betroffenen Arbeitnehmers zur Durchführung des BEM gehört – neben dem Hinweis auf die Ziele des BEM sowie auf Art und Umfang der hierfür erhobenen und verwendeten Daten – auch die Information, dass die Zustimmung zu einem BEM auch unter der Maßgabe erteilt werden kann, dass ein Einverständnis zur Beteiligung des Betriebsrates nicht erteilt wird.[203]

57 Die **Ablehnung eines Personalgespräches** aus gesundheitlichen Gründen reicht allerdings nicht aus, um darauf schließen zu können, es fehle am

---

[201] BAG 20.11.2014 – 2 AZR 755/13, NZA 2015, 612 Rn. 32; 22.3.2016 – 1 ABR 14/14, NZA 2016, 1283 Rn. 11; LAG SchlH 22.9.2015 – 1 Sa 48 a/15, NZA-RR 2016, 250 Rn. 61; LAG RhPf 10.12.2015 – 5 Sa 168/15 Rn. 33; LAG Hmb 8.6.2017 – 7 Sa 20/17 Rn. 49 und 20.11.2019 – 2 Sa 30/18 Rn. 107 mwN; SächsLAG 25.11.2020 – 2 Sa 37/20 Rn. 33; LAG BW 28.7.2021 – 4 Sa 68/20 Rn. 28, 36; 20.10.2021 – 4 Sa 70/20 Rn. 54, 58; so auch LPK-SGB IX/Düwell § 167 Rn. 61; vgl. dazu auch Kempter/Steinat NZA 2015, 840 (844); Schmidt RdA 2016, 166 (168); vom Stein ZfA 2016, 549 (555); vgl. dazu das Muster der Datenschutzerklärung/Einwilligung im Anhang → Rn. 274.

[202] LAG Hmb 8.6.2017 – 7 Sa 20/17 Rn. 50; LAG Köln 17.6.2020 – 3 Sa 153/19 Rn. 23, 24 mwN.

[203] BAG 22.3.2016 – 1 ABR 14/14, NZA 2016, 1283 Rn. 30; LAG Hmb 20.11.2019 – 2 Sa 30/18 Rn. 107; SächsLAG 25.11.2020 – 2 Sa 37/20 Rn. 33; LAG RhPf 26.1.2021 – 6 Sa 124/20 Rn. 55 mwN.

erforderlichen Einverständnis zur Durchführung des BEM.[204] Gleiches gilt, wenn der Mitarbeiter ein BEM nicht dauerhaft abgelehnt hat, sondern es nur „zur Zeit nicht für erforderlich" hielt.[205] Der Arbeitgeber bleibt auch dann zum Angebot eines BEM-Verfahrens verpflichtet, wenn sich der betroffene Arbeitnehmer – etwa in einem Vorgespräch weigert, Angaben zu seinem Krankheitsbild zu machen oder erklärt er könne nach Auskunft seines Arztes nicht mehr arbeiten und wolle dies auch nicht mehr.[206] Der Arbeitgeber kann auch aus der ggf. **wiederholten Absage eines Termins** zum BEM-Gespräch wegen Erkrankung durch den Arbeitnehmer nicht ohne weiteres auf dessen fehlende Bereitschaft zur Durchführung eines BEM schließen. Die arbeitsgerichtliche Rechtsprechung geht davon aus, dass ein Arbeitnehmer auch nur rechtsirrig der Auffassung sein kann, er könne vereinbarte Termine zum BEM-Gespräch nur deshalb absagen, weil er arbeitsunfähig erkrankt ist.[207]

Auch das **bloße Schweigen des Betroffenen** gilt noch **nicht als Ableh- 58
nung** der Durchführung des BEM-Verfahrens, wenn der Arbeitgeber keine Frist gesetzt hat, nach deren Ablauf er von einer Ablehnung ausgeht. Da es der Einwilligung des Arbeitnehmers bedarf, muss der Arbeitgeber um die Einwilligung des Arbeitnehmers nachsuchen und den Arbeitnehmer auffordern, seine Zustimmung zur Einleitung des BEM-Verfahrens zu erteilen. Dazu sollte er dem Arbeitnehmer eine angemessene **Rückäußerungsfrist** setzen. Eine Frist von **zwei bis maximal vier Wochen** ist von der Rechtsprechung als **angemessen** angesehen worden.[208] Eine **ein- bis zweitägige Frist** ist in jedem Fall als zu kurz anzusehen, insbesondere dann, wenn der Arbeitnehmer bei einer länger andauernden Arbeitsunfähigkeit auch nicht mit einer kurzfristigen Einladung rechnen muss.[209] Wenn das **Einladungsschreiben eine zu kurze Erklärungsfrist** enthält, darf der Arbeitgeber nicht davon ausgehen, dass vom Arbeitnehmer kein BEM gewünscht bzw. dass ein (erneuter) Versuch der Durchführung eines BEM vor Ausspruch der Kündigung nicht mehr habe erfolgen müssen.[210] Der

---

[204] Beyer/Jansen br 2010, 89 (93) unter Hinweis auf LAG Hamm 26.9.2008 – 10 Sa 1876/07.

[205] LAG Hamm 27.1.2012 – 13 Sa 1493/11 Rn. 53.

[206] Vgl. dazu LAG RhPf 24.3.2015 – 7 Sa 512/14 Rn. 70.

[207] Beispielhaft: LAG Nürnberg 18.2.2020 – 7 Sa 124/19 Rn. 102.

[208] LAG SchlH 3.6.2015 – 6 Sa 396/14, BeckRS 2015, 72174 Rn. 112; offengelassen in der Entscheidung des LAG RhPf 8.10.2020 – 2 Sa 340/19 Rn. 41; vgl. dazu auch Beck NZA 2017, 81 (85); Kempter/Steinat NZA 2015, 840 (842); vgl. dazu auch die Einladungsschreiben in → Rn. 272, 286 ff.

[209] Vgl. dazu die Fallgestaltung, die der Entscheidung des LAG RhPf 8.10.2020 – 2 Sa 340/19 Rn. 41 zugrunde lag: Zustellung eines Einladungsschreibens am 21.1.2019 per Boten in den Hausbriefkasten des Arbeitnehmers und Anberaumung des BEM-Gespräches auf den 23.1.2019, 10.30 Uhr. Das LAG Rheinland-Pfalz hat diese Frist als zu kurz angesehen.

[210] LAG RhPf 8.10.2020 – 2 Sa 349/19 Rn. 39.

Arbeitgeber muss den **Arbeitnehmer** daher zum einen **deutlich darauf hinweisen,** dass er bei einem Schweigen des Arbeitnehmers **nach Ablauf der Frist von einer Ablehnung des BEM** durch den Arbeitnehmer ausgehen werde[211] und der Arbeitnehmer in diesem Fall mit **einer Kündigung rechnen** müsse. Lehnt der Arbeitnehmer die Durchführung des BEM-Verfahrens bzw. die BEM-Maßnahme dennoch ab oder bleibt er trotz Aufforderung durch den Arbeitgeber untätig, braucht der Arbeitgeber die Maßnahme vor Ausspruch der Kündigung nicht mehr als milderes Mittel berücksichtigen.[212]

Praxistipp:

Daher sollte der **Arbeitgeber** immer ein BEM ordnungsgemäß nach § 167 Abs. 2 S. 4 SGB IX anbieten und aus Beweisgründen in jedem Einzelfall dokumentieren, dass er den betreffenden Mitarbeiter eindeutig unter Einhaltung der Informationsverpflichtung nach § 167 Abs. 2 S. 4 SGB IX zur Durchführung des BEM aufgefordert und eine **angemessene Frist von zwei bis vier Wochen** zur **Erklärung der** zur Durchführung des BEM erforderlichen **Zustimmung** gesetzt hat.[213] Da die neuere arbeitsgerichtliche Rechtsprechung großen Wert auf die Information des Arbeitnehmers nach § 167 Abs. 2 S. 4 SGB IX über die Ziele des BEM sowie über Art und Umfang der hierfür erhobenen Daten legt, sollte sowohl für die Information nach § 167 Abs. 2 S. 4 SGB IX als auch für die Zustimmung bzw. die Verweigerung der Zustimmung des Beschäftigten die **schriftliche Form** bzw. die Textform gewählt werden.[214] Auch sollte der Betroffene **vor jeder Einzelmaßnahme im BEM** auf die **Freiwilligkeit** seiner Mitwirkung

[211] LAG SchlH 3.6.2015 – 6 Sa 396/14, BeckRS 2015, 72174 Rn. 108.

[212] BAG 10.12.2009 – 2 AZR 400/08, NZA 2010, 398 Rn. 29; Kempter/Steinat NZA 2015, 804 (842); kritisch zur Rechtsprechung des BAG Hoffmann-Remy NZA 2016, 267 (269).

[213] Dabei reicht allein der Einwurf eines Benachrichtigungszettels, wonach die Sendung am angegebenen Ort abgeholt werden könne, nicht aus und vermag den Zugang nicht zu ersetzen. Eine Zugangsfiktion kommt nicht in Betracht, LAG RhPf 8.10.2020 – 2 Sa 340/19 Rn. 40.

[214] BAG 24.3.2011 – 2 AZR 170/10, NZA 2011, 993 Rn. 23 mwN; 20.11.2014 – 2 AZR 755/13, NZA 2015, 612 Rn. 32; 13.5.2015 – 2 AZR 565/14, NZA 2015, 1249 Rn. 26 mwN; 16.7.2015 – 2 AZR 15/15, NZA 2016, 99 Rn. 33; HessLAG 3.6.2013 – 21 Sa 1456/12 Rn. 54; LAG Nürnberg 28.1.2015 – 2 Sa 519/14 Rn. 28; LAG SchlH 3.6.2015 – 6 Sa 396/14, BeckRS 2015, 72174 Rn. 106; 22.9.2015 – 1 Sa 48 a/15, NZA-RR 2016, 250 Rn. 61; LAG RhPf 24.3.2015 – 7 Sa 512/14 Rn. 70; 10.12.2015 – 5 Sa 168/15 Rn. 35; LAG Düsseldorf 20.10.2016 – 13 Sa 356/16 Rn. 32; vgl. zu guten Praxiserfahrungen mit einer schriftlichen Information: Feldes/Niehaus/Faber/Kusch, Werkbuch, S. 145.

im BEM nochmals hingewiesen und seine Zustimmung eingeholt werden; auch dies sollte schriftlich dokumentiert werden.[215]

Erfolgt auf eine solche ordnungsgemäße, den Anforderungen des § 167 Abs. 2 S. 4 SGB IX entsprechende Einladung zur Durchführung eines BEM-Verfahrens **keine Reaktion des Arbeitnehmers** wird dem Arbeitgeber empfohlen, vorsorglich mindestens noch einmal, ggf. auch zweimal,[216] innerhalb einer Frist von vier bis maximal sechs Wochen, den Arbeitnehmer nochmals **in „verschärfter Form" zur Durchführung eines BEM aufzufordern** (Erinnerung) und dabei ausdrücklich unter angemessener Fristsetzung[217] darauf hinzuweisen, dass ein Schweigen als Ablehnung gewertet wird und der Arbeitnehmer im Weigerungsfall mit einer Kündigung rechnen muss.[218]

Das **Einladungsschreiben** muss dem **Arbeitnehmer tatsächlich zugehen,** allein der Einwurf eines Benachrichtigungszettels, wonach die Sendung am angegebenen Ort abgeholt werden könne, vermag den Zugang nicht zu ersetzen.[219] Nur dann, wenn der **Arbeitnehmer** die **Annahme des Einladungsschreibens verweigert** oder arglistig den Zugang des Einladungsschreibens vereitelt, kommt die Annahme einer Zugangsfiktion in Betracht.[220] Da der **Arbeitgeber** für den **Zugang des Einladungsschreibens darlegungs- und beweispflichtig** ist,[221] sollte er bei einer Zustellung 59

---

[215] Vgl. dazu die Muster im Anhang → Rn. 272 ff.

[216] Wie häufig der Arbeitgeber auffordern muss, um am Ende das BEM als abgelehnt ansehen zu dürfen, richtet sich nach den Umständen des Einzelfalles. Regelmäßig wird ein Arbeitgeber aber spätestens nach zwei ergebnislosen Erinnerungen davon ausgehen dürfen, der Arbeitnehmer wünsche kein BEM – so auch Hoffmann-Remy NZA 2017, 159 (162); das LAG SchlH geht in seiner Entscheidung vom 3.6.2015 – 6 Sa 396/14, BeckRS 2015, 72174 Rn. 112, von mindestens einem weiteren Angebot eines BEM aus und räumt dem Arbeitnehmer eine angemessene Überlegungsfrist von zwei bis vier Wochen ein.

[217] Nach der Entscheidung des LAG SchlH 3.6.2015 – 6 Sa 396/14, BeckRS 2015, 72174 Rn. 112, sind zwei bis vier Wochen Überlegungsfrist angemessen; offengelassen in der Entscheidung des LAG RhPf 8.10.2020 – 2 Sa 340/19 Rn. 41.

[218] So auch Kempter/Steinat NZA 2015, 840 (842) mwN.

[219] LAG RhPf 8.10.2020 – 2 Sa 340/19 Rn. 40 unter Hinweis auf BGH 26.11.1997 – VIII ZR 22/97, NJW 1998, 976.

[220] LAG RhPf 8.10.2020 – 2 Sa 340/19 Rn. 40 mwN; vgl. zu den Grundsätzen der Zugangsvereitelung beim Zugang einer Kündigung: ErfK/Müller-Glöge BGB § 620 Rn. 54a mwN.

[221] LAG BW 28.7.2021 – 4 Sa 68/20 Rn. 29; da die Postlaufzeiten auch innerhalb einer Stadt mehrere Tage oder sogar eine Woche dauern können, ist Arbeitgebern zu raten, bei eiliger Zustellung des Einladungsschreibens nicht die Zustellung per Einwurfeinschreiben, sondern per Boten zu wählen, dem genaue Vorgaben über die Zustellung und deren Dokumentation gemacht werden können, vgl. dazu Braun ArbRB 2021, 301 (302).

mit **Einwurfeinschreiben** unbedingt darauf achten, die Reproduktion des Auslieferungsbeleges bei der Post anzufordern, da im Prozess nur dieser Auslieferungsbeleg zusammen mit dem Einlieferungsbeleg als Beweis des ersten Anscheins dafür streitet, dass die Sendung durch Einlegen in den Briefkasten bzw. das Postfach zugegangen ist.[222] Die Vorlage eines „Sendungsstatus" neben dem Einlieferungsbeleg reicht nicht aus.[223]

Praxistipp:
Daher sollten Arbeitgeber den Zugang des Einladungsschreibens nach den gleichen Grundsätzen wie beim Zugang einer Kündigung – am besten per Boten – sicherstellen.[224]

60 Es besteht zwar **keine Pflicht des Beschäftigten** zum betrieblichen Eingliederungsmanagement, eine aktive Mitwirkung des Beschäftigten am BEM ist – wenn ein BEM-Klärungsprozess erfolgreich sein soll – im Sinne der gesetzlichen Zielsetzung jedoch unabdingbare Voraussetzung.[225]

61 Wer sich als Arbeitnehmer dem Angebot des Arbeitgebers verschließt, kann sein Versäumnis später dem Arbeitgeber nicht vorhalten und kann sich nach **Verweigerung der Zustimmung** auch nicht im Kündigungsschutzverfahren auf ein unterlassenes BEM berufen, sofern der **Arbeitgeber** seine **Hinweispflichten** aus § 167 Abs. 2 S. 4 SGB IX **ordnungsgemäß erfüllt** hat.[226] In diesem Fall muss der Arbeitnehmer darlegen, warum

[222] LAG BW 28.7.2021 – 4 Sa 68/20, NZA-RR 2021, 596 Rn. 28: „Beim Einwurfeinschreiben erfolgt die Ablieferung durch Einwurf der Sendung in den Briefkasten oder das Postfach des Empfängers. Unmittelbar vor dem Einwurf zieht der Postangestellte das sog. „Peel-off-Label", das zur Identifizierung der Sendung dient, von dieser ab und klebt es auf den so vorbereiteten, auf die eingeworfene Sendung bezogenen Auslieferungsbeleg. Auf diesem Beleg bestätigt der Postangestellte nach dem Einwurf mit seiner Unterschrift und der Datumsangabe die Zustellung. Auch beim Einwurfeinschreiben erhält der Absender auf Wunsch – neben der telefonischen Auskunft – eine Reproduktion des elektronisch archivierten Auslieferungsbelegs. Bei Einhaltung dieses Verfahrens ist der Schluss gerechtfertigt, dass die eingelieferte Sendung tatsächlich in den Briefkasten des Empfängers gelangt ist. Für den Absender streitet daher beim Einwurfeinschreiben nach Vorlage des Einlieferungsbelegs zusammen mit der Reproduktion des Auslieferungsbelegs der Beweis des ersten Anscheins dafür, dass die Sendung durch Einlegen in den Briefkasten bzw. das Postfach zugegangen ist, wenn das vorbeschriebene Verfahren eingehalten wurde", vgl. dazu auch BGH 27.9.2016 – II ZR 299/15, NJW 2017, 68; LAG Hamm 26.3.2014 – 5 Sa 1556/13 Rn. 37; LAG MV 12.3.2019 – 2 Sa 139/18 Rn. 40; vgl. dazu auch Braun ArbRB 2021, 301.

[223] LAG BW 28.7.2021 – 4 Sa 68/20 Rn. 31–33 unter Hinweis auf LAG BW 17.9.2020 – 3 Sa 38/19.

[224] Vgl. dazu ErfK/Müller-Glöge BGB § 620 Rn. 53 ff.

[225] BAG 29.6.2017 – 2 AZR 47/16, NZA 2017, 1605 Rn. 34; vgl. dazu auch SRS Gesundheitsmanagement/vom Stein § 21 Rn. 125.

[226] Beyer/Jansen br 2010, 89 (92); Deinert NZA 2010, 969 (974) mwN.

seine Weigerung kein Indiz für eine negative Prognose hinsichtlich seiner Arbeitsunfähigkeit ist.[227]

Praxistipp:

Eine **pauschale Zustimmung** des Beschäftigten zum BEM ist allerdings **nicht ausreichend.** Daher muss auch die Zustimmung des Betroffenen zu allen Einzelmaßnahmen im Verlauf des BEM gegeben sein, was ebenfalls unbedingt dokumentiert werden sollte. Insofern sollten **Arbeitgeber** mindestens den Ablauf und die gewechselten Erklärungen sowie die **jeweilige Zustimmung des Arbeitnehmers zu den im BEM-Verfahren gefundenen Maßnahmen dokumentieren.** Bei einer **mehrstufigen Verfahrensabfolge mit Erst- und Fallgespräch sowie formulargemäßer Protokollierung** geht die arbeitsgerichtliche Rechtsprechung davon aus, dass die institutionalisierte Gesundheitsprävention nach § 167 Abs. 2 SGB IX in „geordneten Bahnen" verläuft, was dazu führt, dass der Arbeitnehmer darzulegen hat, dass und inwieweit bei der Informationsabgabe und Datenbehandlung gegenüber dem gesetzlichen Regelmodell Defizite bestanden.[228]

Darüber hinaus dürfen **Diagnosen** und ähnlich sensible Daten dem Arbeitgeber ohne ausdrückliche schriftliche Zustimmung des Betroffenen **nicht zugänglich** sein.[229]

4. Hinzuziehung einer Vertrauensperson nach eigener Wahl

Gemäß § 167 Abs. 2 S. 2 SGB IX können Beschäftigte zusätzlich eine 62
Vertrauensperson eigener Wahl hinzuziehen. Bislang wurde mangels gesetzlicher Grundlage nach hM ein Anspruch des Arbeitnehmers auf Hinzuziehung einer Vertrauensperson, zB eines Rechtsanwaltes, abgelehnt.[230]

[227] So auch Welti NZS 2006, 623 (626).

[228] LAG RhPf 25.2.2013 – 6 Sa 441/12 Rn. 60; vgl. auch LPK-SGB IX/Düwell § 167 Rn. 69.

[229] LAG BW 28.7.2021 – 4 Sa 68/20 Rn. 37; LAG BW 20.10.2021 – 4 Sa 70/20 Rn. 57 jeweils mwN; vgl. ausführlich zum Datenschutz → Rn. 65 ff.

[230] LAG Hamm 13.11.2014 – 15 Sa 979/14 Rn. 40 ff.; LAG Köln 23.1.2020 – 7 Sa 471/19 Rn. 40 ff.; LAG RhPf 18.12.2014 – 5 Sa 518/14, NZA-RR 2015, 262 Rn. 23, das in Rn. 27 offengelassen hat, ob der Arbeitgeber verpflichtet ist, in extremen Ausnahmefällen dem Arbeitnehmer zu gestatten, die BEM-Gespräche im Beisein eines Rechtsbeistandes zu führen; Häcker ArbRB 2015, 89 (90); Kempter/Steinat NZA 2015, 840 (843) mwN; vgl. dazu auch Beck NZA 2017, 81 (87); vom Stein ZfA 2016, 549 (560); Schunder NZA-Beil. 3/2015, 90 (95); SRS Gesundheitsmanagement/vom Stein § 21 Rn. 123, 124; aA für einen Anspruch auf Begleitung durch einen Rechtsanwalt: ArbG Bonn 24.10.2012 – 5 Ca 2319/12 Rn. 16 ff., das diesen Anspruch auf § 241 Abs. 2 BGB gestützt hat.

Die Hinzuziehung externer Rechtsvertreter im BEM wurde sogar nach Sinn und Zweck des BEM als „wenig hilfreich und eher kontraproduktiv“ angesehen.[231]

63 Nunmehr ist durch die Gesetzesänderung mit Wirkung ab dem 10.6.2021 eine Rechtsgrundlage für die Hinzuziehung einer Vertrauensperson nach eigener Wahl für die Beschäftigten geschaffen worden.[232] Den Beschäftigten steht es frei, selbst zu wählen, wer als Vertrauensperson am BEM-Verfahren teilnehmen soll. Dabei kann es sich um ein Mitglied der Interessenvertretung, eine Person aus dem Betrieb oder um eine Person außerhalb des Betriebes handeln. Die Entscheidung, ob und ggf. wer hinzugezogen wird, liegt allein beim BEM-Berechtigten.[233] Somit besteht gemäß § 167 Abs. 2 S. 2 SGB IX ein **Rechtsanspruch auch auf Hinzuziehung einer externen Vertrauensperson,** also auch einer **anwaltlichen Vertretung,** im BEM-Verfahren.

64 Wichtig für ein erfolgreiches betriebliches Eingliederungsmanagement ist vor allem die Schaffung einer Vertrauensbasis zwischen Arbeitgebern und betroffenen Personen. Die Teilnahme einer Vertrauensperson auf Seiten der Betroffenen kann erheblich zum Erfolg des BEM-Verfahrens beitragen. Insbesondere auch in Betrieben ohne Interessenvertretung soll den Beschäftigten mit der gesetzlichen Neuregelung in § 167 Abs. 2 S. 2 SGB IX die Möglichkeit nach weiterer Unterstützung im BEM eingeräumt werden.[234]

Praxistipp:

Der Arbeitgeber muss die Beschäftigten über die Möglichkeit informieren, eine Vertrauensperson nach eigener Wahl hinzuzuziehen.[235] Diese Information muss in das Einladungsschreiben zum BEM mit aufgenommen werden.[236] Bereits im Betrieb verwandte Einladungsschreiben sollten geändert werden. Sofern das Einladungsschreiben nicht zum Ausdruck bringt, dass der Arbeitnehmer auch eine Person seines Vertrauens hinzuziehen kann, entspricht bereits die

---

[231] LAG Köln 23.1.2020 – 7 Sa 471/19 Rn. 42 ff.; vgl. dazu auch Michels infobrief ArbeitsR 2021, 7 (8).

[232] Art. 7 Nr. 21a des Gesetzes zur Stärkung der Teilhabe von Menschen mit Behinderungen sowie zur landesrechtlichen Bestimmung der Träger von Leistungen für Bildung und Teilhabe in der Sozialhilfe (Teilhabestärkungsgesetz) vom 2.6.2021, BGBl. I 1387, 1395 mit Inkrafttreten ab dem 10.6.2021 gemäß Art. 14 Abs. 2; vgl. zur gesetzlichen Neuregelung auch Müller FA 2021, 194; Michels infobrief ArbeitsR 2021, 7; Schwede ArbRAktuell 2021, 312; Schiefer P & R 2021, 147; Düwell NZA 2021, 1614.

[233] BT-Drs. 19/28834, 57 zur neuen Nummer 21a.

[234] BT-Drs. 19/28834, 57 zur neuen Nummer 21a.

[235] BT-Drs. 19/28834, 57 zur neuen Nummer 21a.

[236] Vgl. dazu die Muster im Anhang → Rn. 272, 286, 287.

Einladung zum BEM nicht den gesetzlichen Erfordernissen. Lehnt der Mitarbeiter die Einladung ab, wurde das BEM nicht ordnungsgemäß eingeleitet und damit durchgeführt, so dass den Arbeitgeber dann die verschärfte Darlegungs- und Beweislast trifft.[237]

5. Datenschutz

Das BEM-Verfahren unterfällt dem **Geltungsbereich** des **Bundesdatenschutzgesetzes** (BDSG) und auch der **Datenschutz-Grundverordnung** (DSGVO), weil für die Durchführung eines BEM durch den Arbeitgeber personenbezogene Daten (Art. 4 Nr. 1 DSGVO) unter Einsatz von Datenverarbeitungsanlagen erhoben, gespeichert, genutzt, übermittelt oder auf sonstige Weise verarbeitet werden.[238] Die datenschutzrechtlichen Vorgaben müssen auch dann beachtet werden, wenn die Daten der Beschäftigten „analog" verarbeitet, also nicht in einem Dateisystem gespeichert sind oder gespeichert werden sollen (§ 26 Abs. 7 BDSG). Durch diese Regelung wird der Anwendungsbereich des Datenschutzrechts im Beschäftigungskontext derart erweitert, dass grundsätzlich jede Verarbeitung von Informationen über Beschäftigte den Vorgaben des § 26 BDSG unterfällt. Im Rahmen eines BEM-Verfahrens spielen regelmäßig gesundheitliche Informationen als **Gesundheitsdaten** iSv Art. 4 Nr. 15 DSGVO eine Rolle, die nach Art. 9 Abs. 1 DSGVO besonders geschützt sind.[239] Dabei gilt der datenschutzrechtliche Grundsatz, dass eine Verarbeitung personenbezogener Daten nur zulässig ist, wenn diese auf einen der Erlaubnistatbestände der DSGVO (Art. 6 Abs. 1 bzw. Art. 9 Abs. 2 DSGVO) oder des BDSG (insbesondere § 26 BDSG, welcher über die Regelung des Art. 88 Abs. 1 DSGVO die Bestimmungen der DSGVO für das Beschäftigungsverhältnis spezifiziert) gestützt werden kann (sog. „Verbot mit Erlaubnisvorbehalt"). 65

Welche datenschutzrechtlichen Erlaubnistatbestände für eine Datenverarbeitung im Rahmen des BEM heranzuziehen ist, hängt von der jeweils 66

237 So auch Michels Infobrief ArbeitsR 2021, 7 (8).

238 Eine Verarbeitung im datenschutzrechtlichen Sinne bezeichnet nach der Legaldefinition des Art. 4 Nr. 2 DSGVO jeden mit oder ohne Hilfe automatisierter Verfahren ausgeführten Vorgang oder jede solche Vorgangsreihe im Zusammenhang mit personenbezogenen Daten wie das Erheben, das Erfassen, die Organisation, das Ordnen, die Speicherung, die Anpassung oder Veränderung, das Auslesen, das Abfragen, die Verwendung, die Offenlegung durch Übermittlung, Verbreitung oder eine andere Form der Bereitstellung, den Abgleich oder die Verknüpfung, die Einschränkung, das Löschen oder die Vernichtung.

239 Vgl. ausführlich zu Arbeitsunfähigkeit und Datenschutz: SRS Gesundheitsmanagement/Joussen § 8 Rn. 6 ff.

durchzuführenden Verarbeitung sowie der Art der verarbeiteten Daten selbst ab. Das BAG hat bereits anerkannt, dass der Arbeitgeber jene Daten auch ohne Einwilligung des Beschäftigten verarbeiten darf, die für die Feststellung erforderlich sind, dass nach Maßgabe des § 167 Abs. 2 S. 1 SGB IX ein BEM einzuleiten ist.[240] Auch wenn die **zu erfassenden Fehlzeiten** als Gesundheitsdaten im vorgenannten Sinne einzustufen sind, ist deren Verarbeitung nach Art. 9 Abs. 2 lit. b DSGVO iVm § 26 Abs. 3 S. 1 BDSG **grundsätzlich erforderlich.** Der Arbeitgeber ist im Falle des Vorliegens der Voraussetzungen des § 167 Abs. 2 S. 1 SGB IX verpflichtet, dem Beschäftigten die Einleitung eines BEM anzutragen, sodass auch etwaig entgegenstehende Interessen grundsätzlich nicht überwiegen können.

67 Dieselben Erwägungen gelten, wenn der **Beschäftigte die Durchführung eines BEM ablehnt.** In diesem Falle muss der Arbeitgeber nachweisen können, die Durchführung eines BEM ordnungsgemäß angeboten zu haben. Sofern dafür die Verarbeitung personenbezogener Daten erforderlich wird, ist diese gem. Art. 6 Abs. 1 S. 1 lit. f DSGVO gerechtfertigt. Das überwiegende berechtigte Interesse des Arbeitgebers ist darin zu sehen, den angesprochenen Nachweis führen zu können.[241] Personenbezogene Daten, die unter das Verarbeitungsverbot des Art. 9 Abs. 1 DSGVO fallen, dürften insoweit nicht betroffen sein.

68 Hat der **Beschäftigte** der **Durchführung des BEM hingegen zugestimmt,** muss der Arbeitgeber den Verlauf des Verfahrens dokumentieren, wobei zwangsläufig auch personenbezogene Daten des Beschäftigten – insbesondere die bereits thematisierten Gesundheitsdaten – verarbeitet werden. Auch wenn gewichtige Argumente gegen die Einholung einer datenschutzrechtlichen Einwilligung neben der Zustimmung zum BEM und mithin für das Abstellen auf die gesetzlichen Erlaubnistatbestände sprechen,[242] sollte aus Gründen der Rechtssicherheit stets eine entsprechende Einwilligung des Beschäftigten eingeholt werden. Denn sollten die zuständigen Aufsichtsbehörden und die angerufenen Gerichte entgegen der hier vertretenen Ansicht zu dem Ergebnis gelangen, die Verarbeitung der

[240] BAG 7.2.2012 – 1 ABR 46/10, NZA 2012, 744; kritisch hinsichtlich der Erforderlichkeit der Namensweitergabe sowohl im datenschutzrechtlichen als auch iSd § 80 Abs. 2 S. 2 BetrVG Boecken/Gebert VSSR 2013, 77 (103 ff.).

[241] Art. 6 Abs. 1 S. 1 lit. c DSGVO findet hingegen keine Anwendung, da § 167 Abs. 2 SGB IX den Verantwortlichen nicht dazu verpflichtet, eine Verarbeitung personenbezogener Daten durchzuführen. Fälle, in denen der Verantwortliche zwar einer gesetzlichen Verpflichtung unterliegt, diese aber nicht explizit die Verarbeitung bestimmter Daten (zB die Übermittlung von Beschäftigtendaten an eine Behörde) anordnet, sind unter Art. 6 Abs. 1 S. 1 lit. f DSGVO zu subsumieren, wobei das berechtigte Interesse in der Erfüllung dieser gesetzlichen Pflicht zu sehen ist und entgegenstehende sowie überwiegende Interessen der betroffenen Person nur in absoluten Ausnahmesituationen angenommen werden kann.

[242] Vgl. Schmidt/Plote NZA 2022, 1297 (1299 ff.).

Gesundheitsdaten im Rahmen des BEM sei nur auf der Grundlage einer separaten datenschutzrechtlichen Einwilligung zulässig, läuft die verantwortliche Stelle Gefahr, sich nach Art. 83 DSGVO der Verhängung empfindlicher Bußgelder und gem. Art. 82 DSGVO der Geltendmachung von Schadensersatzansprüchen der betroffenen Person auszusetzen.

Praxistipp:

Daher kann bis zu einer höchstrichterlichen Klärung dieser Frage nur dazu geraten werden, die Datenverarbeitung im Rahmen des BEM auf eine entsprechende datenschutzrechtliche Einwilligung zu stützen.[243] Eine Betriebsvereinbarung sollte hingegen nicht zur Rechtfertigung herangezogen werden, sondern sich auf die Regelung von Verfahrensfragen beschränken.[244]

Ein wirksamer und sorgfältig gehandhabter Datenschutz ist nicht nur eine Grundvoraussetzung für ein BEM, da das Gelingen oder Scheitern der Eingliederungsmaßnahmen wesentlich vom Vertrauen des Mitarbeiters in die Verfahren des BEM abhängt; vielmehr gehört die Beachtung des Datenschutzes zu den sich aus § 167 Abs. 2 SGB IX ergebenden Pflichten des Arbeitgebers im BEM.[245] Dabei gelten die Grundsätze von Art. 5 Abs. 1 DSGVO, insbesondere dass nur so viele Daten erhoben werden sollten (**„Datenminimierung“**), wie unbedingt erforderlich, um ein zielführendes, der Gesundwerdung und der Gesunderhaltung der Beschäftigten dienendes BEM durchführen zu können.[246]

Insoweit ist eine **gesonderte Erklärung zum Datenschutz des Arbeitnehmers als Einwilligung erforderlich;**[247] diese ist nicht konkludent dadurch abgegeben, dass der Arbeitnehmer der Durchführung des BEM zugestimmt hat.[248] Die von der grundsätzlichen Zustimmung zur Durch- 69

[243] So bereits Lunk NJW 2019, 2349 (2352).

[244] Vgl. dazu auch SRS Gesundheitsmanagement/Joussen § 21 Rn. 235.

[245] LAG BW 28.7.2021 – 4 Sa 68/20, NZA-RR 2022, 596 Rn. 36; 20.10.2021 – 4 Sa 70/20, NZA-RR 2022, 70 Rn. 56 mwN (Revision eingelegt beim BAG unter dem Aktenzeichen: 2 AZR 485/21).

[246] Vgl. zum Datenschutz auch SRS Gesundheitsmanagement/Joussen § 21 Rn. 220 ff.

[247] BAG 20.11.2014 – 2 AZR 755/13, NZA 2015, 612 Rn. 32 unter Hinweis darauf, dass es sich bei den im BEM erhobenen Krankheitsdaten um sensible Daten iSv § 3 Abs. 9 BDSG aF handelt; so auch vom Stein ZFA 2016, 549 (556, 563); Feldes/Niehaus/Faber/Feldes, Werkbuch, S. 57 ff., 59.

[248] Vgl. hierzu sowie insgesamt zum Datenschutz beim BEM auch BAG 7.2.2012 – 1 ABR 46/10, NZA 2012, 744 Rn. 24 ff.; SRS Gesundheitsmanagement/Joussen § 21 Rn. 220 ff.; Deinert NZA 2010, 969 (973); vom Stein ZFA 2016, 549 (556); Kempter/Steinat NZA 2015, 840 (843) mwN.

führung des BEM zu trennende gesonderte Einwilligung des Arbeitnehmers[249] muss ausdrücklich bezogen auf die Verarbeitung der genannten personenbezogenen Daten für einen oder mehrere festgelegte Zwecke erfolgen und sich ausdrücklich auch auf die Gesundheitsdaten beziehen (Art. 9 Abs. 2 lit. a DSGVO, § 26 Abs. 2 und 3 BDSG). Dabei muss auch deutlich werden, dass der Betroffene nicht nur der Durchführung des BEM zustimmen, sondern ausdrücklich seine Einwilligung zur Erhebung, Speicherung und anderweitiger Verarbeitung der für das BEM erforderlichen Gesundheitsdaten geben will.[250] Der Arbeitnehmer muss in die Lage versetzt werden, abschätzen zu können, dass die Datenerhebung und -nutzung unvermeidbar ist, um die gesetzlichen Ziele des § 167 Abs. 2 SGB IX zu realisieren.[251] Darüber hinaus bedarf die Einwilligung grundsätzlich nach § 26 Abs. 2 S. 3 BDSG **der schriftlichen oder elektronischen Form.**

Praxistipp:

Die datenschutzrechtliche Einwilligung und die Einwilligung zur Durchführung des BEM nach § 167 Abs. 2 SGB IX dürfen – insbesondere im Einladungsschreiben – nicht miteinander vermischt werden. Eine saubere Trennung zwischen datenschutzrechtlicher Einwilligung in die Datenverarbeitung beim BEM-Gespräch, eine zusätzliche datenschutzrechtliche Einwilligung in die Datenübermittlung an Dritte und der schlichten Zustimmung zur Teilnahme am BEM ist daher nicht nur mit Blick auf Art. 7 Abs. 2 S. 1 DSGVO angebracht, sondern auch, um die Anforderung erfüllen zu können, dass eine getrennte Einwilligungsmöglichkeit in unterschiedliche Verarbeitungen eröffnet wird. In der Erklärung zum Datenschutz müssen die Gesundheitsdaten auch konkret benannt sein; ein schlichter Hinweis auf die Verarbeitung von Gesundheitsdaten ist nicht ausreichend.[252] Zu beachten ist zudem, dass die Erreichung der Ziele des BEM es nicht erfordert, dass im BEM-Verfahren nicht beteiligten Vertretern des Arbeitgebers vom Arbeitnehmer im Verfahren mitgeteilte

[249] Vgl. hierzu das Muster der Datenschutzerklärung → Rn. 274, 291.

[250] SRS Gesundheitsmanagement/Joussen § 21 Rn. 229.

[251] SRS Gesundheitsmanagement/Joussen § 21 Rn. 230.

[252] LAG SchlH 22.9.2015 – 1 Sa 48 a/15 Rn. 61: „Daneben ist ein Hinweis zur Datenverarbeitung und Datenverwendung erforderlich, der klarstellt, dass nur solche Daten erhoben werden, deren Kenntnis erforderlich ist, um ein zielführendes, der Gesundung und Gesunderhaltung des Betroffenen dienendes BEM durchführen zu können. Dem Arbeitnehmer muss mitgeteilt werden, welche Krankheitsdaten als sensible Daten erhoben und gespeichert und inwieweit und für welche Zwecke sie dem Arbeitgeber zugänglich gemacht werden (heute § 26 Abs. 3 BDSG). Nur bei entsprechender Unterrichtung kann vom Versuch der ordnungsgemäßen Durchführung eines BEM die Rede sein."

Diagnosedaten bekanntzumachen wären. Wenn dem Arbeitnehmer iRd § 167 Abs. 2 S. 4 SGB IX dennoch eine solche Einwilligung in eine solche Datenoffenlegung abverlangt wird, ist durch den Arbeitgeber im besonderen Maße auf Freiwilligkeit hinzuweisen.[253]

Aus Gründen der Rechtssicherheit ist zu empfehlen, die Einwilligung bereits mit dem ersten Einladungsschreiben an den Arbeitnehmer zu übersenden. Spätestens vor dem ersten Fallgespräch im BEM-Verfahren, in dem der Fall analysiert wird, muss diese Erklärung vorliegen, da andernfalls kein wirksames BEM-Verfahren möglich ist.

Die im Zusammenhang mit der Durchführung des BEM **erhobenen und verarbeiteten Daten dürfen nicht in der allgemeinen Personalakte** des Beschäftigten aufbewahrt bzw. gespeichert werden. Stattdessen ist eine **gesonderte BEM-Akte** anzulegen, wobei die Zugriffsrechte auf diese Informationen auf jene Personen bzw. Stellen zu beschränken sind, die im Rahmen des BEM zwingend auf diese zugreifen können müssen („need-to-know"-Prinzip).[254] Auf diese Weise sollen Datenschutzverstöße dahingehend, dass unberechtigte Personen auf die sensiblen Beschäftigtendaten zugreifen können, verhindert werden. Aus Sicherheits- und Dokumentationsgründen sind **Zugriffe auf die Akten zu protokollieren.**[255] Zum Schutz vor unberechtigten Zugriffen ist zudem zu empfehlen, **lediglich eine schriftliche BEM-Akte zu führen** und auf eine elektronische Speicherung zu verzichten, jedenfalls bis zum Abschluss des BEM-Verfahrens. 70

Von Bedeutung ist dabei auch der datenschutzrechtliche Zweckbindungsgrundsatz, wonach die Daten grundsätzlich nur zu den Zwecken verarbeitet werden dürfen, für welche sie ursprünglich erhoben wurden, hier die Durchführung des BEM. Insofern erscheint fraglich, ob die Informationen aus einem BEM für die Begründung arbeitsrechtlicher Maßnahmen – insbesondere einer auf Krankheit beruhenden personenbedingten Kündigung – herangezogen werden dürfen. Diese Frage ist höchst umstritten, an expliziten höchstrichterlichen Entscheidungen fehlt es noch. Eine entsprechende Verarbeitung ist aus datenschutzrechtlicher Sicht grundsätzlich als unzulässig einzustufen; zudem besteht im Kündigungsschutzverfahren ein Beweisverwertungsverbot hinsichtlich jener Daten, die unzulässigerweise 71

[253] LAG BW 28.7.2021 – 4 Sa 68/20, NZA-RR 2022, 596 Rn. 38; LAG BW 20.10.2021 – 4 Sa 70/20, NZA-RR 2022, 70 Rn. 57 mwN (Revision eingelegt beim BAG unter dem Aktenzeichen: 2 AZR 485/21).

[254] Anton-Dyck/Böhm ArbRB 2020, 280 (281); Ettlinger BB 2021, 820 (822); Grimm/Kühne ArbRB 2018, 144 (148); König Beschäftigtendatenschutz § 5 Rn. 134 f.; Simitis/Hornung/Spiecker gen. Döhmann/Seifert DSGVO Art. 88 Rn. 121.

[255] König Beschäftigtendatenschutz § 5 Rn. 135.

verarbeitet wurden.[256] In diese Richtung deuten jedenfalls auch Äußerungen des BAG im Hinblick auf die Zweckbindung der im BEM erhobenen Gesundheitsdaten.[257]

Praxistipp:
Im BEM erhobene Gesundheitsdaten dürfen nicht zur Begründung einer personenbedingten Kündigung herangezogen werden;[258] die Daten verbleiben in der separaten BEM-Akte. Spricht der Arbeitgeber eine krankheitsbedingte Kündigung aus und kommt es zum Kündigungsschutzverfahren, wird sich der Arbeitgeber darauf beschränken müssen, das (negative) Ergebnis des BEM in das Verfahren einzubringen, während es dem Beschäftigten obliegen wird, diesen Vortrag ggf. unter Rückgriff auf eigene Gesundheitsdaten zu widerlegen.

72 Die **personenbezogenen Daten** sind schließlich aus der BEM-Akte **zu löschen** bzw. zu entfernen, wenn diese für die Durchführung des Verfahrens nicht mehr erforderlich sind und auch kein anderer Erlaubnistatbestand die fortlaufende Speicherung rechtfertigt. Den Beschäftigten steht in diesem Fall aus Art. 17 Abs. 1 DSGVO ein entsprechendes **„Recht auf Löschung"** zu. Während die in der BEM-Akte befindlichen Gesundheitsdaten nach Beendigung des Verfahrens und die übrigen Daten in der BEM-Akte nach Umsetzung der identifizierten Maßnahmen zu löschen bzw. zu vernichten sind, können die **in der Personalakte gespeicherten „Prozess- oder Verfahrensinformationen"** – wie Einladungsschreiben, Erklärungen des Beschäftigten sowie das Ergebnis des BEM – **längstens drei Jahre lang aufbewahrt** werden, wobei diese Frist mit Schluss des Jahres beginnt, in welchem das BEM durchgeführt wurde.[259] Diese Informationen können mithin in die Personalakte transferiert werden, soweit diese dort nicht ohnehin vorhanden sind. Um der Rechenschaftspflicht nachkommen zu können, dass das BEM ordnungsgemäß angeboten und durchgeführt worden ist, darf der Arbeitgeber parallel die **„Prozess- oder Verfahrensinformationen"** in der Personalakte speichern. Dies betrifft das Einladungsschreiben, die Mitarbeiterinformation zum BEM, die Vereinbarung zum Datenschutz, die Entscheidung über die Einleitung des BEM oder Nichtzustimmung,

---

[256] Vgl. hierzu ausführlich Schmidt/Plote NZA 2022, 1297 (1303 ff.) und → Rn. 78.

[257] BAG 29.6.2017 – 2 AZR 47/16, NZA 2017, 1605 Rn. 35.

[258] Deinert NZA 2010, 969 (974); Gundermann/Oberberg RDV 2007, 103; Namendorf/Natzel DB 2005, 1794 (1795); Kempter/Steinat NZA 2015, 840 (843); vom Stein ZfA 2016, 549 (564) mwN; Beck NZA 2017, 81 (85) mwN; SRS Gesundheitsmanagement/Joussen § 21 Rn. 245 mwN; vgl. dazu auch → Rn. 57; aA Evermann NZA 2019, 1465 (1466 f.); Hoffmann-Remy NZA 2016, 267 (270); Kaindl/Sorber DB 2021, 2150 (2154); Schiefer RdA 2016, 196 (204).

[259] Vgl. hierzu ausführlich Schmidt/Plote NZA 2022, 1297 (1305 f.).

ggf. erstellte Erinnerungsschreiben, Anträge auf Teilnahme am BEM, Maßnahmen, bei denen die Mitwirkung des Arbeitgebers erforderlich ist, sowie das Ergebnis eines Arbeitsversuches, einer stufenweisen Wiedereingliederung und des Abschlussgespräches. Entscheidend ist, dass aus den Informationen in der Personalakte keine Schlüsse auf den Gesundheitszustand der betroffenen Person gezogen werden können.[260] Diagnosen und ähnlich sensible Daten dürfen dem Arbeitgeber – und in Anlehnung an den Rechtsgedanken des § 35 Abs. 1 S. 3 SGB I jeder anderen Person, die Personalentscheidungen treffen kann – ohne ausdrückliche schriftliche Zustimmung des Betroffenen nicht zugänglich sein.[261]

Schon vor Inkrafttreten der DSGVO verlangte die Rechtsprechung des **73** BAG für die Hinweispflicht des Arbeitgebers nach § 167 Abs. 2 S. 4 SGB IX, wonach neben den Zielen des BEM der Arbeitnehmer durch den Arbeitgeber auch auf „Art und Umfang der hierfür erhobenen und verwendeten Daten" hinzuweisen ist, dass dem Arbeitnehmer mitgeteilt werden muss, welche Krankheitsdaten erhoben und gespeichert und inwieweit und für welche Zwecke sie dem Arbeitgeber zugänglich gemacht werden.[262] Dieser **Hinweis des Arbeitgebers erfordert** die Klarstellung, dass **nur solche Daten erhoben** und ggf. genutzt werden, deren **Kenntnis erforderlich** ist, um einen zielführenden, der **Gesundung und Gesunderhaltung des Betroffenen dienenden Suchprozess durchführen** zu können.[263] Die Datenverarbeitungshinweispflicht soll verhindern, dass der Arbeitnehmer aus bloßer Unkenntnis über den Schutz von persönlichen Daten, die seine Gesundheit betreffen, seine Zustimmung zum Prozess des BEM verweigert.[264] Zum anderen verdeutlicht der Hinweis die Bedeutung eines wirksamen und sorgfältig gehandhabten, außerhalb von § 167 Abs. 2 SGB IX gewährleisteten Schutzes der Gesundheitsdaten.[265] Wird in dem Hinweis über die Datenerhebung und Datenverwendung der fälschliche Eindruck erweckt, dass Gesundheitsdaten an Vertreter des Arbeitgebers weitergegeben werden können, die nicht am BEM-Verfahren beteiligt sind, geht dies zu Lasten des Arbeitgebers. Die vom Arbeitgeber verursachte Fehlvorstellung steht in diesem Fall einer ordnungsgemäßen Einleitung des BEM entgegen.[266]

---

[260] Schiefer RdA 2016, 196 (204).

[261] LAG BW 28.7.2021 – 4 Sa 68/20, NZA-RR 2022, 596 Rn. 37; 20.10.2021 – 4 Sa 70/20, NZA-RR 2022, 70 Rn. 57 mwN (Revision eingelegt beim BAG unter dem Aktenzeichen: 2 AZR 485/21).

[262] BAG 20.11.2014 – 2 AZR 755/13, NZA 2015, 612 Rn. 32.

[263] BAG 20.11.2014 – 2 AZR 755/13, NZA 2015, 612 Rn. 32; 29.6.2017 – 2 AZR 47/16, NZA 2017, 1605 Rn. 35 mwN.

[264] BAG 29.6.2017 – 2 AZR 47/16, NZA 2017, 1605 Rn. 35.

[265] BAG 29.6.2017 – 2 AZR 47/16, NZA 2017, 1605 Rn. 35.

[266] LAG BW 20.10.2021 – 4 Sa 70/20, NZA-RR 2022, 70 Rn. 66 (Revision eingelegt beim BAG unter dem Aktenzeichen: 2 AZR 485/21); vgl. zur nicht ordnungsgemäßen Einleitung eines BEM → Rn. 54.

Praxistipp:

Im Zusammenhang mit der Durchführung des BEM sind durch den Arbeitgeber allgemeine datenschutzrechtliche Pflichten zu beachten. So ist aufgrund der Rechenschaftspflicht (Art. 5 Abs. 2 DSGVO) für eine ausreichende Dokumentation des Verfahrens zu sorgen, insbesondere ist auch ein Verfahrensverzeichnis (Art. 30 DSGVO) zu erstellen. Weil bei der Durchführung des BEM die Verarbeitung von Gesundheitsdaten erforderlich ist, ist zudem zu prüfen, ob eine Datenschutz-Folgenabschätzung (Art. 35 DSGVO) durchzuführen ist. Nicht nur in diesem Rahmen, sondern allgemein im Zusammenhang mit dem BEM sollte zudem ein betrieblicher Datenschutzbeauftragter einbezogen werden, sofern ein solcher bestellt ist.[267] Schließlich ist zu prüfen, ob hinreichende technische und organisatorische Maßnahmen (Art. 32 DSGVO) implementiert sind, welche die Sicherheit der verarbeiteten Daten gewährleisten können. Dabei sind außerdem Strukturen zu entwickeln, welche die gesetzmäßige Erfüllung der Betroffenenrechte (Art. 12 ff. DSGVO) auch im Hinblick auf das BEM ermöglichen.

6. Schweigepflicht und Geheimhaltung

74 Im Rahmen eines BEM-Verfahrens muss auch die **Schweigepflicht** der Beteiligten, insbesondere auch die **betriebsärztliche Schweigepflicht,** strikt beachtet werden.[268] Das unbefugte Offenbaren von ärztlichen Geheimnissen und vertraulichen Gesundheitsdaten ist strafbewehrt (§ 203 Abs. 1 Nr. 5, Abs. 2 Nr. 1–3 StGB, § 120 Abs. 2 BetrVG, §§ 237a, 237b SGB IX). Darüber hinaus unterliegen die neben dem Arbeitgeber und dem betroffenen Mitarbeiter am BEM-Verfahren beteiligten Stellen im Hinblick auf die Weitergabe personenbezogener schutzwürdiger Daten wie Behinderungsart und Krankheitsdiagnosen an den Arbeitgeber einem strengen Datenschutz:

- die Interessenvertretungen nach § 79 BetrVG, § 10 BPersVG[269]
- die Schwerbehindertenvertretungen nach §§ 179 Abs. 7, 180 Abs. 7 SGB IX
- die Rehabilitationsträger und das Integrationsamt nach § 35 SGB I iVm §§ 67 ff. SGB X
- der Betriebs- bzw. Werksarzt nach § 8 Abs. 1 S. 3 ASiG.

---

[267] Kiesche ARP 2020, 218 (219).

[268] Vgl. dazu das Muster über die Entbindung von der ärztlichen Schweigepflicht → Rn. 283 f.

[269] Und in Nordrhein-Westfalen nach Landesrecht gemäß § 9 LPVG NRW.

Die im Rahmen des BEM erhobenen medizinischen Daten bedürfen eines **besonderen Geheimnisschutzes,** der etwa dadurch gewährleistet werden kann, dass diese Daten in einer von der Personalakte getrennten, eigenständigen Akte verwahrt werden.[270] Es wird auch empfohlen, die Speicherung sämtlicher sensibler Gesundheitsdaten (Art. 9 Abs. 1 DSGVO) abgeschottet im betriebsärztlichen Bereich vorzunehmen[271] oder im Rahmen einer **gesonderten „BEM-Akte“,** die nur dem Fallmanager oder BEM-Team bzw. dem Betriebsarzt und den betrieblichen Interessenvertretungen zugänglich ist, die einer strafrechtlich bewehrten Schweigepflicht unterliegen.[272] Dabei bedarf auch die Übermittlung der Daten an den Betriebsrat einer ausdrücklichen Einwilligung der betroffenen Person.[273] 75

Praxistipp:

Zu empfehlen ist, für jedes BEM-Verfahren eine **gesonderte „BEM-Akte“** anzulegen, die getrennt von der formellen Personalakte geführt wird und alle weiteren Informationen und Daten des jeweiligen BEM-Verfahrens enthält.[274] Diese Akte sollte in einem verschlossenen Schrank mit eingeschränkten Zugangsrechten aufbewahrt werden und nach Ablauf von spätestens drei Jahren nach Beendigung des BEM-Verfahrens[275] beginnend mit dem Schluss des Jahres, in welchem das BEM durchgeführt wurde, vernichtet oder direkt im Anschluss an den betroffenen Mitarbeiter zurückgegeben werden.[276] Dem steht auch kein schützenswertes Interesse des Arbeitgebers an der Vollständigkeit der Personalakte entgegen, da das BAG bei sensiblen Gesundheitsdaten ein vorrangiges Schutzbedürfnis des Arbeitnehmers anerkannt hat.[277]

---

[270] Vgl. dazu auch SRS Gesundheitsmanagement/Joussen § 21 Rn. 236 mwN.

[271] SRS Gesundheitsmanagement/Joussen § 21 Rn. 236; Gundermann/Oberberg RDV 2007, 103 (107).

[272] Vgl. dazu SRS Gesundheitsmanagement/Joussen § 21 Rn. 237; Feldes/Niehaus/Faber/Feldes, Werkbuch, S. 61.

[273] Vgl. dazu das Muster im Anhang → Rn. 282.

[274] So auch SRS Gesundheitsmanagement/Joussen § 21 Rn. 236 ff.; Kempter/Steinat NZA 2015, 840 (843) mwN.

[275] Vgl. dazu die Abschlussdokumentation als Muster in → Rn. 281; in der Literatur wird überwiegend eine Aufbewahrungsdauer von längstens drei Jahren vorgeschlagen – vgl. dazu Gundermann/Oberberg AuR 2007, 19 (24); Gundermann/Oberberg RDV 2007, 103 (109); Kraushaar NZA 2005, 913 (915); Reuter/Giesert/Liebrich AiB 2011, 676 (678); SRS Gesundheitsmanagement/Joussen § 21 Rn. 243 mwN; vgl. dazu auch Feldes/Niehaus/Faber/Feldes, Werkbuch, S. 61 f. mit einer guten Übersicht zu den Aufbewahrungspflichten und Löschfristen im BEM.

[276] Vgl. dazu auch die Handlungsempfehlungen zum BEM, S. 35 und SRS Gesundheitsmanagement/Joussen § 21 Rn. 242.

[277] BAG 12.9.2006 – 9 AZR 271/06, NZA 2007, 269.

76 Im Übrigen sollte der Bedeutung der Verschwiegenheit im BEM-Verfahren dadurch Rechnung getragen werden, dass alle Akteure im BEM-Verfahren eine entsprechende **Datenschutzvereinbarung** zu unterzeichnen haben.[278] Auch der Betriebsrat unterliegt u.a. Art. 5 DSGVO. Der in Art. 5 Abs. 1 lit. c DGSVO enthaltene Grundsatz der Datenminimierung legt nahe, dass einzelne Betriebsratsmitglieder, die in einer Angelegenheit beteiligt sind, nicht durchgängig alle dabei erlangten Informationen an andere Betriebsratsmitglieder weitergeben dürfen, sondern nur dann, wenn das der Zweck der Beteiligung des Betriebsrates an der betreffenden Maßnahme gebietet.[279]

Praxistipp:

Bei der **Einführung des BEM**[280] im Betrieb sollte in einer Verfahrensordnung festgelegt werden, wer den Arbeitgeber in einem BEM-Team vertritt, zB der Beauftragte des Arbeitgebers für schwerbehinderte Menschen. Dieser Arbeitgebervertreter (BEM-Beauftragter) sollte zur Schweigepflicht, insbesondere gegenüber der Personalabteilung verpflichtet werden.[281] Des Weiteren sollte eine Diskussion im BEM-Team (BEM-Team) immer darauf beschränkt werden, inwieweit sich die festgestellten gesundheitlichen Einschränkungen – ohne Nennung einer Diagnose – auf die Tätigkeit auswirken und ob es hierfür mögliche betriebliche Ursachen gibt.

Die **Art der Erkrankung** und andere Fragen zur Gesundheitsprognose gehören ausschließlich in die eigenständige BEM-Akte, auf die nur das BEM-Team bzw. der BEM-Fallmanager Zugriff haben sollte. Um unbefugten Zugriff auf die in der BEM-Akte enthaltenen Gesundheitsdaten zu verhindern, kann entweder der Personenkreis, der von allen Gesundheitsdaten Kenntnis nehmen kann, begrenzt werden[282] oder es wird sichergestellt, dass alle Akteure im BEM eine entsprechende Datenschutzverpflichtung zu unterzeichnen haben und der Ar-

---

278 Vgl. dazu auch die Muster in → Rn. 274, 291, wobei die Datenschutzerklärung auch von allen Mitgliedern des BEM-Teams unterschrieben wird; vgl. dazu auch SRS Gesundheitsmanagement/Joussen § 21 Rn. 238; Kempter/Steinat NZA 2015, 840 (843) mwN.

279 Kort NZA 2019, 502 (505), der auch ausführlich die Rolle des Betriebsrates beim BEM-Gespräch behandelt sowie die sich dabei ergebenden Konsequenzen in Bezug auf die Schweigepflicht und den Datenschutz.

280 Vgl. bei der Einführung eines BEM in einem Betrieb bzw. Unternehmen zur Gründungs- und Entwicklungsdynamik und dem BEM-Team als entscheidenden Akteur für die Umsetzungspraxis: Feldes/Niehaus/Faber/Breit/Feldes, Werkbuch, S. 134 ff.

281 So auch die Handlungsempfehlungen zum BEM, S. 34.

282 Vgl. dazu ausführlich SRS Gesundheitsmanagement/Joussen § 21 Rn. 237 unter Verweis auf ein vom BMAS gefördertes Modellprojekt.

beitgeber verpflichtet sich, in einer Verfahrensordnung bzw. Betriebsvereinbarung, etwaiges Fehlverhalten konsequent zu sanktionieren.[283] Zu empfehlen ist auch, die Speicherung sämtlicher sensibler Gesundheitsdaten im betriebsärztlichen Bereich vorzunehmen.[284] Das **aktuelle gesundheitliche Fähigkeits- und Leistungsprofil,** also die Beurteilung der Leistungsfähigkeit des Arbeitnehmers, ergibt sich regelmäßig aus einem Reha-Bericht (sog. „sozialmedizinische Epikrise“) oder aus einer Leistungsbeurteilung des behandelnden Arztes. Insoweit ist es für die Planung von Maßnahmen im BEM zwar unabdingbar, Gesundheitsdaten in den BEM-Prozess einzuführen, aus denen sich die gesundheitlichen Einschränkungen und die verbliebene Leistungsfähigkeit in Bezug auf die arbeitsvertraglich vereinbarte Tätigkeit ergeben. Dennoch bedarf es aber **keiner Nennung von Diagnosen**, zumal aus der Kenntnis einer Diagnose nicht zwangsläufig auf einen Zusammenhang mit betrieblichen Krankheitsursachen bzw. auf die Einschränkung der Einsatzmöglichkeiten des Arbeitnehmers geschlossen werden kann. Es reicht aus, dass der Arbeitgeber weiß, auf welche Einschränkungen er bei einer etwa gebotenen Umgestaltung von Arbeitsplätzen zu achten hat.[285]

Die sich aus dem BEM ergebenden BEM-spezifischen Daten, insbesondere Gesundheitsdaten, sind getrennt von der Personalakte aufzubewahren und dürfen nicht Teil der allgemeinen Personalakte werden.[286] In die **Personalakte dürfen** nur die wesentlichen Grundinformationen zum BEM **aufgenommen werden,** und zwar:[287] **77**

- ob und wann der betroffenen Person die Durchführung des BEM angeboten wurde, also das Erstanschreiben mit entsprechender Information über die Ziele des BEM-Verfahrens sowie die Information über Art und Umfang der hierfür erhobenen und verwendeten Daten nach § 167 Abs. 2 S. 4 SGB IX,
- ob die betroffene Person mit der Durchführung des BEM-Verfahrens einverstanden war oder nicht, also die Zustimmung/Ablehnung der betroffenen Person einschließlich datenschutzrelevanter Erklärungen,
- welche konkreten Maßnahmen zur Überwindung bzw. Vorbeugung von Arbeitsunfähigkeit angeboten und umgesetzt wurden

---

[283] Vgl. dazu ausführlich SRS Gesundheitsmanagement/Joussen § 21 Rn. 238 mwN.

[284] So Gundermann/Oberberg RDV 2007, 103 (109); SRS Gesundheitsmanagement/Joussen § 21 Rn. 236.

[285] LAG BW 28.7.2021 – 4 Sa 68/20, NZA-RR 2021, 596 Rn. 38.

[286] SRS Gesundheitsmanagement/Joussen § 21 Rn. 239 mwN.

[287] SRS Gesundheitsmanagement/Joussen § 21 Rn. 240.

– und eine Abschlussdokumentation.[288]

78 Die im Rahmen eines BEM erhobenen **Gesundheitsdaten dürfen** vom Arbeitgeber **nicht für eine nachfolgende personenbedingte Kündigung genutzt** werden, da die zur Durchführung eines BEM-Verfahrens erteilte Einwilligung eine Nutzung zu einem anderen Zweck verwehrt.[289] Für eine Zweckänderung bedarf es einer weiteren, gesonderten schriftlichen Einwilligung des Betroffenen. Insofern ist **jegliche Verarbeitung und Nutzung der im BEM erhobenen Daten für andere Zwecke** als die Durchführung des BEM und insbesondere für den Ausspruch einer krankheitsbedingten Kündigung **ausgeschlossen.**[290] Es ist zu berücksichtigen, dass der Arbeitgeber die im BEM-Verfahren erhobenen Daten zur Erfüllung gesetzlicher Pflichten auch nicht benötigt. Der **Arbeitgeber genügt seiner Darlegungslast** in einem späteren Kündigungsrechtsstreit dadurch, dass er im Prozess unter Hinweis auf ein ordnungsgemäß durchgeführtes BEM vorträgt, dass dieses erfolgslos geblieben ist und etwa alternative Beschäftigungsmöglichkeiten nicht bestehen.[291] Darüber hinaus kann der Arbeitgeber die für eine krankheitsbedingte Kündigung erforderliche negative Gesundheitsprognose allein damit begründen, dass er die Fehlzeiten in der Vergangenheit darstellt und behauptet, in Zukunft seien Krankheitszeiten in entsprechendem Umfang zu erwarten. Es ist dann Sache des Arbeitnehmers gemäß § 138 Abs. 2 ZPO darzulegen, weshalb im Kündigungszeitpunkt mit einer baldigen Genesung zu rechnen war.[292] Somit ist es nicht Sache des Arbeitgebers, sondern **Darlegungsobliegenheit des Arbeitnehmers** zu den Einzelheiten seines Gesundheitszustandes und seiner gesundheitlichen Einschränkungen vorzutragen. In Bezug auf fehlende Weiterbeschäftigungsmöglichkeiten, für die der Arbeitgeber darlegungs- und beweisbelastet ist, genügt der Hinweis des Arbeitgebers auf das in einem ordnungsgemäßen BEM-Verfahren gefundene bzw. vom BEM-Team oder Fallmanager übermittelte negative Ergebnis, dass keine Beschäftigungsmöglichkeiten gegeben

[288] So auch SRS Gesundheitsmanagement/Joussen § 21 Rn. 240 mwN.

[289] Namendorf/Natzel DB 2005, 1794 (1795); Deinert NZA 2010, 969 (973); SRS Gesundheitsmanagement/Joussen § 21 Rn. 245 mwN.

[290] Deinert NZA 2010, 969 (974); Gundermann/Oberberg RDV 2007, 103; Namendorf/Natzel DB 2005, 1794 (1795); Kempter/Steinat NZA 2015, 840 (843); vom Stein ZfA 2016, 549 (564) mwN; Beck NZA 2017, 81 (85) mwN; SRS Gesundheitsmanagement/Joussen § 21 Rn. 245 mwN; vgl. dazu auch → Rn. 69; aA Evermann NZA 2019, 1465 (1466 f.); Hoffmann-Remy NZA 2016, 267 (270); Kaindl/Sorber DB 2021, 2150 (2154); Schiefer RdA 2016, 196 (204).

[291] BAG 10.12.2009 – 2 AZR 400/98, NZA 2010, 398 Rn. 24; LAG SchlH 3.6.2015 – 6 Sa 396/14 Rn. 99; 22.9.2015 – 1 Sa 48 a/15, NZA-RR 2016, 250 Rn. 56; vom Stein ZfA 2016, 549 (564).

[292] BAG 20.11.2014 – 2 AZR 755/13, NZA 2015, 612 Rn. 17; LAG SchlH 3.6.2015 – 6 Sa 396/14 Rn. 99; 22.9.2015 – 1 Sa 48 a/15, NZA-RR 2016, 250 Rn. 56.

sind.[293] Im Kündigungsschutzprozess darf der Arbeitgeber also nur Erkenntnisse verwenden, die sich nicht unmittelbar auf Gesundheitsdaten des Arbeitnehmers beziehen, also keine konkreten ärztlichen Einzeldiagnosen. Verwendbar sind daher grundsätzlich nur solche Erkenntnisse, die die (fort-)bestehenden Einschränkungen des Arbeitnehmers in Bezug auf seine arbeitsvertragliche Hauptleistungspflicht betreffen, weil nur diese Einschränkungen letztlich den Grund für die Kündigung bieten, wenn sie durch das BEM nicht überwunden werden können. Dies sind etwa das Gewicht zu hebender Lasten sowie vereinbarte und/oder erfolglos durchgeführte Maßnahmen zur Überwindung bestehender oder Verhinderung künftiger Arbeitsunfähigkeitszeiten und die erwartete negative Prognose über die Fortdauer der zur Kündigung führenden Einschränkungen.[294]

Auch die Rechtsprechung geht davon aus, dass der Arbeitgeber – und in **79**
Anlehnung an den Rechtsgedanken des § 35 Abs. 1 S. 3 SGB I jede andere Person, die Personalentscheidungen treffen kann – ohne ausdrückliche Zustimmung des Betroffenen Zugang nur zu solchen Daten haben darf, die für den Nachweis der Erfüllung der Pflicht zum BEM erforderlich sind oder ohne die er seine Zustimmung zu geplanten Maßnahmen etc. nicht erteilen kann. Diagnosen und ähnlich sensible Daten dürfen dem Arbeitgeber ohne ausdrückliche Zustimmung des Betroffenen nicht zugänglich sein.[295]

Praxistipp:

In der Literatur wird erörtert, ob es alternativ denkbar ist, den Arbeitnehmer eine **weitergehende Einwilligungserklärung** beim BEM unterschreiben zu lassen, mit der dic Nutzung der zu diesem Zweck erhobenen Daten auch für weitere Zwecke legitimiert werden soll.[296] Da die Einwilligung des Arbeitnehmers im Rahmen des Arbeitsverhältnisses als Abhängigkeitsverhältnis erfolgt, ist äußerst problematisch, ob bei einer solchen erweiterten Einwilligungserklärung noch die nach § 26 Abs. 2 BDSG bzw. Art. 7 DSGVO erforderliche Freiwilligkeit der Einwilligung gegeben wäre; dies ist zu verneinen.[297] Der Arbeitnehmer, der von den Vorteilen eines BEM profitieren und seinen Arbeitsplatz erhalten möchte, wäre gezwungen, in eine anderwei-

---

[293] vom Stein ZfA 2016, 549 (565) unter Hinweis auf BAG 10.12.2009 – 2 AZR 400/08, NZA 2010, 398 Rn. 24.

[294] So auch Evermann NZA 2019, 1465 (1469); aA Kaindl/Sorber DB 2021, 2150.

[295] LAG BW 28.7.2021 – 4 Sa 68/20, NZA-RR 2021, 596 Rn. 37; 20.10.2021 – 4 Sa 70/20, NZA-RR 2022, 70 Rn. 56 mwN.

[296] Gundermann/Oberberg RDV 2007, 103; vgl. dazu auch SRS Gesundheitsmanagement/Joussen § 21 Rn. 246.

[297] SRS Gesundheitsmanagement/Joussen § 21 Rn. 246.

tige Datenvereinbarung einzuwilligen, insbesondere dann, wenn die Einwilligungserklärung vorab vom Arbeitgeber formuliert wird.[298] Darüber hinaus ist zu berücksichtigen, dass in diesem Fall die Beschäftigten jedes Vertrauen in einen BEM-Klärungsprozess verlieren und diesen nur als vorgelagerte Informationsbeschaffung des Arbeitgebers für eine krankheitsbedingte Kündigung werten würden.[299] Ein mit den Zielen des § 167 Abs. 2 SGB IX konformes BEM-Verfahren wäre auf dieser Grundlage nicht mehr möglich, zumal ganz allgemein die Einhaltung datenschutzrechtlicher Anforderungen für eine vertrauensvolle und effektive Zusammenarbeit im BEM unerlässlich ist.[300] Nach der Rechtsprechung ist die Einleitung eines BEM im Übrigen als nicht ordnungsgemäß anzusehen, wenn im Rahmen der Einholung der datenschutzrechtlichen Einwilligung nicht in besonderem Maße durch den Arbeitgeber deutlich gemacht worden ist, dass bestimmte Teile dieser Einwilligung freiwillig sind, weil die fragliche Verarbeitung für die Zwecke der Durchführung des BEM nicht erforderlich ist.[301]

---

[298] SRS Gesundheitsmanagement/Joussen § 21 Rn. 246.

[299] Darauf weist zu Recht vom Stein ZfA 2016, 549 (565) hin.

[300] LAG BW 20.10.2021 – 4 Sa 70/20, NZA-RR 2022, 70 Rn. 56 mwN.

[301] LAG BW 28.7.2021 – 4 Sa 68/20, NZA-RR 2021, 596 Rn. 37 ff.; 20.10.2021 – 4 Sa 70/20, NZA-RR 2022, 70 Rn. 49 ff.

IV. Beteiligung der betrieblichen Interessenvertretungen

Ein betriebliches Eingliederungsmanagement (BEM) ist nach § 167 Abs. 2 SGB IX bei Vorliegen der sonstigen Voraussetzungen **auch** dann durchzuführen, **wenn keine betriebliche Interessenvertretung** iSd § 176 SGB IX gebildet ist.[302] **80**

1. Einbindung in das BEM-Verfahren

Besteht eine Interessenvertretung iSd § 176 SGB IX, also ein Betriebs- oder Personalrat, bei schwerbehinderten Menschen außerdem die Schwerbehindertenvertretung, können diese ebenfalls gemäß § 167 Abs. 2 S. 7 SGB IX die Durchführung eines betrieblichen Eingliederungsmanagements (BEM) verlangen.[303] Bei der Durchführung des BEM muss der Arbeitgeber eine bestehende Interessenvertretung, das Einverständnis des Mitarbeiters vorausgesetzt, hinzuziehen.[304] Die Initiativlast für die Beiziehung der betrieblichen Interessenvertretungen zum Klärungsprozess liegt zwingend beim Arbeitgeber.[305] **81**

Es besteht ein **Initiativrecht** zur Einleitung und Durchführung des BEM des **Betriebs- oder Personalrates** sowie im Fall eines schwerbehinderten oder gleichgestellten Arbeitnehmers auch der **Schwerbehindertenvertretung,** wobei die Durchführung eines BEM-Verfahrens im Einzelfall auch durch diese betrieblichen Interessenvertretungen mit Hilfe eines **arbeitsgerichtlichen Beschlussverfahrens** eingefordert werden kann.[306] Der konkrete Klärungsprozess des § 167 Abs. 2 S. 1 SGB IX findet allerdings nicht ohne Beteiligung des Arbeitnehmers zwischen Betriebsrat und Arbeitgeber statt.[307] **82**

---

[302] BAG 30.9.2010 – 2 AZR 88/09, NZA 2011, 39; HessLAG 19.3.2012 – 17 Sa 518/11 Rn. 59; Nassibi NZA 2012, 720 (722) mwN.

[303] BAG 7.2.2012 – 1 ABR 46/10, NZA 2012, 744; vgl. auch Deinert NZA 2010, 969 (972); vgl. zu den Aufgaben und Rechten der Schwerbehindertenvertretung: SRS Gesundheitsmanagement/Joussen § 21 Rn. 268 ff. und zu den Mitbestimmungs- und Beteiligungsrechten der Interessenvertretungen: Britschgi AiB 2021, 10; Werthebach AnwZert ArbR 25/2019 Anm. 2.

[304] BAG 20.11.2014 – 2 AZR 755/13, NZA 2015, 612 Rn. 31; 22.3.2016 – 1 ABR 14/14, NZA 2016, 1283 Rn. 11; BVerwG 23.10.2010 – 6 P 8/09, NZA-RR 2010, 554 Rn. 55.

[305] BAG 19.11.2019 – 1 ABR 36/18, NZA 2020, 389 Rn. 35.

[306] Balders/Lepping NZA 2005, 854 (856); Gagel NZA 2004, 1359 (1361); Welti NZS 2006, 623 (626); Nassibi NZA 2012, 720 (722) mwN.

[307] BAG 19.11.2019 – 1 ABR 36/18, NZA 2020, 389 Rn. 23.

Praxistipp:
Der Betriebsrat kann der **beabsichtigten Kündigung** nach § 102 Abs. 3 Nr. 4 BetrVG **widersprechen,** wenn der Arbeitgeber Maßnahmen zur Beschäftigungssicherung, die sich im BEM-Verfahren gezeigt haben, insbesondere wenn eine angemessene Beschäftigung nach § 164 Abs. 4 SGB IX in Betracht kommt, unterlässt.[308]

83 Im Rahmen eines betrieblichen Eingliederungsmanagements ist der Betriebsrat ordnungsgemäß nach § 167 Abs. 2 S. 1 SGB IX zu den Maßnahmen im BEM-Verfahren hinzuzuziehen. Gerade die Beteiligung des Betriebsrates am betrieblichen Eingliederungsmanagement soll sicherstellen, dass im Rahmen dieses Verfahrens geklärt werden kann, welche betrieblichen Möglichkeiten zur Minderung weiterer krankheitsbedingter Fehlzeiten bestehen. Dafür reicht es nicht aus, wenn dem Betriebsrat im Nachhinein lediglich die ergriffenen Maßnahmen durch den Arbeitgeber mitgeteilt werden, etwa das Ergebnis einer arbeitsmedizinischen Untersuchung. Vielmehr muss der Betriebsrat an dem betrieblichen Eingliederungsmanagement so beteiligt werden, dass er in die Lage versetzt wird, aktiv im Zusammenwirken mit den übrigen Beteiligten eigene Vorschläge zu unterbreiten.[309] Gleiches gilt für die Schwerbehindertenvertretung, falls die betroffene Person schwerbehindert (§ 2 Abs. 2 SGB IX) oder einem schwerbehinderten Menschen gleichgestellt ist (§ 2 Abs. 3 SGB IX).

84 Das betriebliche Eingliederungsmanagement ist **auch dann durchzuführen, wenn** der **Arbeitnehmer** eine **Beteiligung der Interessenvertretung nicht wünscht;**[310] in diesem Fall ist aber vom Arbeitgeber das **Überwachungsrecht** der betrieblichen Interessenvertretungen nach § 167 Abs. 2 S. 8 SGB IX zu beachten.

2. Überwachungsrecht der betrieblichen Interessenvertretungen

85 Die betrieblichen Interessenvertretungen wachen gemäß § 167 Abs. 2 S. 8 SGB IX darüber, dass der Arbeitgeber die ihm nach dieser Vorschrift obliegenden Verpflichtungen erfüllt.

86 Der **Betriebsrat** kann zur Erfüllung dieser ihm zugewiesenen **Überwachungsaufgabe** zunächst verlangen, dass ihm zu diesem Zweck der Arbeitgeber die Arbeitnehmer benennt, welche nach § 167 Abs. 2 SGB IX

---

[308] Vgl. dazu auch SRS Gesundheitsmanagement/Schubert § 21 Rn. 278.

[309] HessLAG 3.6.2013 – 21 Sa 1456/12 Rn. 55 unter Hinweis auf HessLAG 13.7.2007 – 10 Sa 140/07.

[310] LAG Hmb 20.2.2014 – 1 TaBV 4/13, NZA-RR 2014, 295 Rn. 53; BAG 22.3.2016 – 1 ABR 14/14, NZA 2016, 1283 Rn. 11.

die Voraussetzungen für die Durchführung des BEM erfüllen.[311] Dies ist nicht von einer vorherigen Einwilligung der betroffenen Arbeitnehmer abhängig.[312] Anspruchsvoraussetzung ist auf der Grundlage der nunmehr geltenden Datenschutzrechtslage von Art. 9 Abs. 2 lit. b DSGVO iVm § 26 Abs. 3 und § 22 Abs. 2 BDSG, dass der Betriebsrat zur Wahrung der Interessen der von der Datenverarbeitung betroffenen Arbeitnehmer angemessene und spezifische Schutzmaßnahmen trifft, denn bei den Informationen handelt es sich um sensitive Daten.[313] Bei Erfüllung dieser Voraussetzung stehen **datenschutzrechtliche** oder **unionsrechtliche Gründe** der Übermittlung der Namen der Arbeitnehmer, denen der Arbeitgeber die Durchführung eines BEM anbieten muss, nicht entgegen.[314] Jedoch gelten diese Grundsätze nicht für das kirchliche Arbeitsrecht der katholischen Kirche.[315]

Praxistipp:

Die nach § 167 Abs. 2 S. 1 SGB IX erforderliche **Zustimmung** der betroffenen Person[316] bezieht sich **nur auf den Klärungsprozess** im eigentlichen BEM-Verfahren, nicht aber auf die vorhergehende Phase, die mit dem Zugang des Angebots über die Durchführung des BEM beim Arbeitnehmer endet. Daher hat der Arbeitgeber den gemeinsam mit dem **Betriebsrat** durchzuführenden Klärungsprozess zu beginnen,

---

[311] BAG 7.2.2012 – 1 ABR 46/10, NZA 2012, 744 Rn. 7 ff.; 19.11.2019 – 1 ABR 36/18, NZA 2020, 389 Rn. 28.

[312] BAG 7.2.2012 – 1 ABR 46/10, NZA 2012, 744 Rn. 14 ff.; 9.4.2019 – 1 ABR 51/17, NZA 2019, 1055 Rn. 21; LAG München 24.11.2010 – 11 TaBV 48/10; Nassibi NZA 2012, 720 (722) mwN; Beck NZA 2017, 81 (83).

[313] BAG 9.4.2019 – 1 ABR 51/17, NZA 2019, 1055, Rn. 47 ff.; 19.11.2019 – 1 ABR 36/18, NZA 2020, 389 Rn. 28.

[314] BAG 7.2.2012 – 1 ABR 46/10, NZA 2012, 744 Rn. 24 ff., 33 ff.; die Frage, ob das durch Art. 2 Abs. 1 iVm Art. 1 Abs. 1 GG gewährleistete Recht auf informationelle Selbstbestimmung der Übermittlung der Namen von Arbeitnehmern mit krankheitsbedingten Fehlzeiten von mehr als sechs Wochen im vorangegangenen Jahreszeitraum an den Betriebsrat entgegensteht, hat das BAG in dieser Entscheidung offengelassen, da der Arbeitgeber nicht befugt ist, sich gegenüber dem Überwachungsrecht des Betriebsrates auf Grundrechte von Arbeitnehmern zu berufen: BAG 7.2.2012 – 1 ABR 46/10, Rn. 50 unter Hinweis auf BAG 20.12.1995 – 7 ABR 8/95, NZA 1996, 945; BVerwG 23.6.2010 – 6 P 8/09, NZA-RR 2010, 554 Rn. 38 ff.; so auch LAG München 24.11.2010 – 11 TaBV 48/10 Rn. 76 ff.; vgl. dazu auch Nassibi NZA 2012, 720 (722) mwN.

[315] KAGH 28.11.2014 – M 06/2014, BeckRS 2015, 65263; danach kann die Mitarbeitervertretung nicht verlangen, dass ihr eine Liste mit Namen und Dauer der Erkrankung der Mitarbeiter und Mitarbeiterinnen vorgelegt wird, die der Weitergabe ihrer Daten widersprochen haben; vgl. ausführlich zum BEM in kirchlichen Einrichtungen: Feldes/Niehaus/Faber/Gathmann, Werkbuch, S. 66 ff.; SRS Gesundheitsmanagement/Schubert § 21 Rn. 279.

[316] Vgl. dazu → Rn. 45 ff.

nen, sobald die Schwelle der länger als sechs Wochen bestehenden Arbeitsunfähigkeit[317] überschritten wird. Damit die gemeinsame Klärung erfolgen kann, muss der Arbeitgeber dem Betriebsrat die Namen der Arbeitnehmer mit Arbeitsunfähigkeitszeiten von mehr als sechs Wochen im Jahreszeitraum auch dann mitteilen, wenn diese Arbeitnehmer der Weitergabe nicht zugestimmt haben. Der Arbeitgeber kann sich insoweit nicht auf entgegenstehende datenschutzrechtliche Gründe berufen, da auf Seiten des Betriebsrates ein überwiegendes Interesse besteht.[318] Auch ist der Arbeitgeber nicht befugt, sich gegenüber dem Überwachungsrecht des Betriebsrates auf Grundrechte von Arbeitnehmern zu berufen.[319]

Allerdings ist zu beachten, dass sich der **Auskunftsanspruch des Betriebsrates** zur Wahrnehmung seines Überwachungsrechts nach § 167 Abs. 2 S. 8 SGB IX **auf die Namen** und die **Angabe der Fehlzeiten beschränkt.** Darüber hinausgehende Informationen an den Betriebsrat, etwa in Bezug auf Art und Schwere der Erkrankung, auf das Vorliegen einer Fortsetzungserkrankung oder auch den Inhalt der Antworten der Arbeitnehmer auf ein ihnen angetragenes BEM, sind nicht von der Mitteilungspflicht erfasst.[320] Insofern ist auch die **Kenntnis aller Antwortschreiben** der betroffenen Arbeitnehmer zur Wahrung der Beteiligtenrechte der betrieblichen Interessenvertretungen aus § 167 Abs. 2 S. 8 SGB IX nicht erforderlich; hier überwiegt das Interesse des Arbeitnehmers, wenn dieser eine Beteiligung der betrieblichen Interessenvertretungen am BEM nicht wünscht.[321]

87 Auch im Personalvertretungsrecht hat das Bundesverwaltungsgericht in Bezug auf den **Unterrichtungsanspruch des Personalrates** entschieden, dass der Dienststellenleiter verpflichtet ist, dem Vorsitzenden oder einem vom Personalrat zu bestimmenden anderen Mitglied des Personalrates regelmäßig die Namen derjenigen Beschäftigten mitzuteilen, denen ein betriebliches Eingliederungsmanagement anzubieten ist, und Einsicht in das Hinweisschreiben an die betroffenen Beschäftigten zu gewähren;

---

[317] Vgl. dazu → Rn. 13 ff.

[318] BAG 7.2.2012 – 1 ABR 46/10, NZA 2012, 744 Rn. 16 ff.; LAG München 24.11.2010 – 11 TaBV 48/10 Rn. 82; SRS Gesundheitsmanagement/Joussen § 21 Rn. 253 ff.

[319] BAG 7.2.2012 – 1 ABR 46/10, NZA 2012, 744 Rn. 50 unter Hinweis auf BAG 20.12.1995 – 7 ABR 8/95, NZA 1996, 945.

[320] So auch BVerwG 23.6.2010 – 6 P 8.09, NZA-RR 2010, 554; SRS Gesundheitsmanagement/Joussen § 21 Rn. 258 mwN; Wullenkord, S. 83 f.; ErfK/Rolfs SGB IX § 167 Rn. 7.

[321] SRS Gesundheitsmanagement/Joussen § 21 Rn. 264.

hierfür bedarf es noch nicht der Zustimmung des Betroffenen.[322] Diese Verpflichtung besteht jedoch nur in dem Umfang in welchem die Personalvertretung zur Durchführung ihrer Aufgaben die Kenntnis der Unterlagen benötigt, daher kann der Personalrat nicht verlangen, dass ihm das Antwortschreiben des Beschäftigten ohne dessen Zustimmung zur Kenntnis gebracht wird.[323]

3. Mitbestimmung des Betriebsrates und Initiativrecht

Nach überwiegender Auffassung unterliegt auch die **generelle Einführung** des betrieblichen Eingliederungsmanagements der **zwingenden Mitbestimmung des Betriebsrates** nach § 87 Abs. 1 Nr. 1 bzw. § 87 Abs. 1 Nr. 7 BetrVG.[324] Schließlich wird noch ein Mitbestimmungsrecht nach § 87 Abs. 1 Nr. 6 BetrVG bejaht, wenn die Zeiten der Arbeitsunfähigkeit elektronisch ausgewertet werden können.[325] Auch das BAG geht davon aus, dass bei der Ausgestaltung des BEM für jede einzelne Regelung zu prüfen ist, ob ein Mitbestimmungsrecht besteht. Ein solches könne sich bei allgemeinen Verfahrensfragen aus § 87 Abs. 1 Nr. 1 BetrVG, in Bezug auf die Nutzung und Verarbeitung von Gesundheitsdaten aus § 87 Abs. 1 Nr. 6 BetrVG und hinsichtlich der Ausgestaltung des Gesundheitsschutzes 88

[322] BVerwG 23.6.2010 – 6 P 8/09, NZA-RR 2010, 554; BVerwG 4.9.2012 – 6 P 5/11, br 2013, 23 Rn. 12 mwN; VG Oldenburg 3.5.2011 – 8 A 2967/10 mit Besprechung von Beyer jurisPR-ArbR 34/2011, Anm. 5; aA noch BayVGH 12.6.2012 – 17 P 11.1140; diese abweichende Rechtsprechung hat der Bayerische Verwaltungsgerichtshof jedoch inzwischen ausdrücklich aufgegeben, so dass auch in Bayern der Dienststellenleiter einem vom Personalrat bestimmten Mitglied regelmäßig – hier monatlich – die Namen der Beschäftigten, denen ein betriebliches Eingliederungsmanagement nach § 167 Abs. 2 SGB IX anzubieten ist, unabhängig von deren Zustimmung mitzuteilen hat: BayVGH 15.3.2016 – 17 P 14.2689 Rn. 26, 30, 41.

[323] BVerwG 23.6.2010 – 6 P 8/09, NZA-RR 2010, 554 Rn. 13, 54 ff.

[324] ArbG Dortmund 20.6.2005 – 5 BV 48/05: MBR nach § 87 Abs. 1 Nr. 1 BetrVG; LAG SchlH 19.12.2006 – 6 TaBV 14/06: MBR nach § 87 Abs. 1 Nr. und 7 BetrVG; LAG Bln-Bbg 23.9.2010 – 25 TaBV 1155/10: MBR nach § 87 Abs. 1 Nr. 1 BetrVG; LAG Hmb 15.1.2013 – 2 TaBV 13/11 Rn. 62: MBR nach § 87 Abs. 1 Nr. 1, 6 und 7 BetrVG; LAG Nürnberg 16.1.2013 – 2 TaBV 6/12 Rn. 48 ff.; Gagel NZA 2004, 1359 (1360 f.): MBR nach § 87 Abs. 1 Nr. 1 BetrVG; Deinert NZA 2010, 969 (972): MBR nach § 87 Abs. 1 Nr. 1 und Nr. 7 BetrVG; Nassibi NZA 2012, 720 (722): MBR nach § 87 Abs. 1 Nr. 1 und Nr. 7 BetrVG mwN; Beck NZA 2017, 81: § 87 Abs. 1 Nr. 7 BetrVG; aA Balders/Lepping NZA 2005, 854 (856): kein MBR; nur in sehr eingeschränktem Umfang: ErfK/Rolfs SGB IX § 167 Rn. 7; vgl. auch die ausführliche Darstellung des Meinungsstandes bei LPK-SGB IX/Düwell § 167 Rn. 75 ff.; vgl. zur Mitbestimmung bei formalisierten Krankengesprächen, die der Mitbestimmung nach § 87 Abs. 1 Nr. 1 BetrVG unterliegen sollen, und Fürsorgegesprächen mit einzelnen Arbeitnehmern, bei denen kein Mitbestimmungsrecht des Betriebsrates bestehen soll: LAG Nürnberg 2.3.2021 – 7 TaBV 5/20.

[325] Nassibi NZA 2012, 720 (723) mwN.

aus § 87 Abs. 1 Nr. 7 BetrVG ergeben, denn § 167 Abs. 2 SGB IX sei eine Rahmenvorschrift im Sinne der Bestimmung.[326]

89 Das betriebliche Eingliederungsmanagement entspricht dem Zweck des Mitbestimmungsrechts nach § 87 Abs. 1 Nr. 1 BetrVG, der eine gleichberechtigte Teilhabe an der Gestaltung des betrieblichen Zusammenlebens gewährleisten soll.[327] Durch das betriebliche Eingliederungsmanagement sind Arbeitnehmer in die Aufklärung und Überwindung individueller Defizite so eingebunden, dass das Ordnungsverhalten im Betrieb tangiert ist.[328] § 167 Abs. 2 SGB IX regelt, wann der Arbeitgeber ein betriebliches Eingliederungsmanagement durchführen muss. Das **„Ob“ der Durchführung** eines betrieblichen Eingliederungsmanagements ist **gesetzlich normiert.** Allerdings fehlt eine gesetzliche Regelung zu den Einzelheiten der Durchführung eines betrieblichen Eingliederungsmanagements. Zwar regelt § 167 Abs. 2 SGB IX, wer wann und unter welchen Voraussetzungen zu beteiligen ist. Dabei verbleibt gleichwohl ein Regelungsspielraum für die Betriebsparteien zur näheren Bestimmung des „Wie“ eines betrieblichen Eingliederungsmanagements.[329] Die Regelungen in § 167 Abs. 2 SGB IX stehen der Annahme eines Mitbestimmungsrechts nach § 87 Abs. 1 Nr. 1 BetrVG daher nicht entgegen.

90 § 167 Abs. 2 SGB IX enthält hinsichtlich der **organisatorischen Gestaltung** des betrieblichen Eingliederungsmanagements **keine abschließende Regelung,** weil es bei der Klärung mit dem Betriebsrat um Maßnahmen, Leistungen und Hilfen im Einzelfall geht. Die in § 167 Abs. 2 SGB IX geregelten Klärungs-, Überwachungs- und Beteiligungsrechte des Betriebsrates können daher erst nach Beginn eines betrieblichen Eingliederungsmanagements greifen.[330] Das Gesetz beschreibt das betriebliche Eingliederungsmanagement nicht als formalisiertes Verfahren, sondern lässt den Beteiligten jeden denkbaren Spielraum.[331] Für die Durchführung des betrieblichen Eingliederungsmanagements sind verschiedene Möglichkeiten denkbar.

91 § 167 Abs. 2 SGB IX schreibt keine konkreten Maßnahmen vor, sondern verpflichtet den Arbeitgeber – unabhängig vom jeweiligen Einzelfall

---

326 BAG 13.3.2012 – 1 ABR 78/10, NZA 2012, 748 Rn. 12 mwN; 22.3.2016 – 1 ABR 14/14, NZA 2016, 1283 Rn. 9.

327 BAG 13.2.2007 – 1 ABR 18/06, NZA 2007, 640.

328 LAG Bln-Bbg 23.9.2010 – 25 TaBV 1155/10; LAG Hmb 15.1.2013 – 2 TaBV 13/11 Rn. 64 mwN.

329 LAG Bln-Bbg 23.9.2010 – 25 TaBV 1155/10; LAG Düsseldorf 29.9.2009 – 17 TaBV 107/09; LAG Nürnberg 16.1.2013 – 2 TaBV 2/12 Rn. 48; LAG Hmb 15.1.2013 – 2 TaBV 13/11 Rn. 64 mwN.

330 LAG Bln-Bbg 23.9.2010 – 25 TaBV 1155/10; LAG Nürnberg 16.1.2013 – 2 TaBV 2/12 Rn. 48; LAG Hmb 15.1.2013 – 2 TaBV 13/11 Rn. 64 mwN.

331 BAG 10.12.2009 – 2 AZR 198/09, NZA 2010, 639; LAG Nürnberg 16.1.2013 – 2 TaBV 2/12 Rn. 48; LAG Hmb 15.1.2013 – 2 TaBV 13/11 Rn. 64 mwN.

– ein System mit strukturierten Abläufen zu entwickeln, das sowohl ein Frühwarnsystem als auch ein konkretes Maßnahmenspektrum enthält, welches sämtliche Strategien für den Erhalt der Arbeits- und Beschäftigungsfähigkeit beinhaltet.[332] Insoweit regelt § 167 Abs. 2 SGB IX die Maßnahmen nicht abschließend, sondern ermöglicht eine inhaltliche Ausgestaltung durch die Betriebspartner. Genau an dieser Stelle setzt das Mitbestimmungsrecht des Betriebsrates an.[333] **Abstrakten Vorgaben zur Art und Weise** einer Überwindung von Arbeitsunfähigkeit und deren Vorbeugung in einer Betriebsvereinbarung verschließt sich jedoch der als verlaufs- und ergebnisoffener Suchprozess zu gestaltende Klärungsprozess.[334] Ein (mitbestimmungspflichtiger) Regelungsspielraum verbleibt aber insoweit zB bei dem Ablauf eines betrieblichen Eingliederungsmanagements, der Zielrichtung sowie etwaigen Verschwiegenheitspflichten.[335] Diese prozeduralen Fragen betreffen die Ordnung des Betriebes und sind mit dem Betriebsrat zu regeln.[336]

Für das **Einigungsstellenbesetzungsverfahren** ist durch die Recht- **92**
sprechung inzwischen bereits mehrfach entschieden worden, dass ein Mitbestimmungsrecht bei der Durchführung des BEM nach § 87 Abs. 1 Nr. 1 bzw. § 87 Abs. 1 Nr. 7 BetrVG **nicht offensichtlich ausgeschlossen** ist.[337] Danach kann der Betriebsrat die Einführung eines BEM im Betrieb im Rahmen seiner Mitbestimmungsrechte unter Berufung auf § 87 Abs. 1 Nr. 1 bzw. Nr. 7 BetrVG verlangen und ggf. auch ein **Einigungsstellenverfahren erzwingen.**

Dem Betriebsrat steht nach § 87 Abs. 1 Nr. 7 BetrVG ein **Initiativrecht** **93**
für eine Ausgestaltung des BEM-Klärungsprozesses nach § 167 Abs. 2 S. 1 SGB IX zu.[338] Für den Ablauf eines solchen Verfahrens kann der Be-

---

[332] LAG SchlH 19.12.2006 – 6 TaBV 14/06; LAG Nürnberg 16.1.2013 – 2 TaBV 2/12 Rn. 48; LAG Hmb 15.1.2013 – 2 TaBV 13/11 Rn. 64.

[333] LAG Düsseldorf 4.2.2013 – 9 TaBV 129/12 Rn. 62; vgl. dazu auch BAG 13.3.2012 – 1 ABR 78/10, NZA 2012, 748.

[334] BAG 19.11.2019 – 1 ABR 36/18, NZA 2020, 389 Rn. 26.

[335] LAG Nürnberg 16.1.2013 – 2 TaBV 2/12 Rn. 48; LAG Hmb 15.1.2013 – 2 TaBV 13/11 Rn. 64.

[336] LAG Bln-Bbg 23.9.2010 – 25 TaBV 1155/10; LAG Hmb 15.1.2013 – 2 TaBV 13/11 Rn. 64; BAG 19.11.2019 – 1 ABR 36/18, NZA 2020, 389 Rn. 19.

[337] LAG SchlH 19.12.2006 – 6 TaBV 14/06; LAG Bln-Bbg 18.9.2009 – 14 TaBV 1416/09; LAG Düsseldorf 29.9.2009 – 17 TaBV 107/99; 4.2.2013 – 9 TaBV 129/12, LAGE § 98 ArbGG 1979 Nr. 65 Rn. 61; LAG Hamm 17.12.2013 – 7 TaBV 91/13; ErfK/Rolfs SGB IX § 167 Rn. 7 mwN; Beck NZA 2017, 81 (84); vgl. zur Einsetzung einer Einigungsstelle zum BEM und zur Gefährdungsbeurteilung LAG Düsseldorf 7.4.2020 – 3 TaBV 1/20 und BAG 13.8.2019 – 1 ABR 6/18, NZA 2019, 1717.

[338] In der Regel steht dem örtlichen Betriebsrat das Mitbestimmungsrecht zu. Ob und in welcher Weise ein betriebs- oder unternehmensübergreifender Regelungsbedarf besteht, richtet sich nach den Umständen des Einzelfalles: BAG 11.2.2001 – 1 AZR 193/01, NZA 2002, 688; vgl. dazu auch ausführlich LAG Düsseldorf 4.2.2013 – 9 TaBV 129/12 Rn. 64 ff.

triebsrat über § 87 Abs. 2 BetrVG die **Einigungsstelle** anrufen und damit grundsätzlich generelle Regelungen des BEM-Prozesses erzwingen.[339] Bei § 167 Abs. 2 SGB IX handelt es sich bezogen auf Verfahrensregelungen über die „Klärung von Möglichkeiten" um eine die Mitbestimmung des Betriebsrates nach § 87 Abs. 1 Nr. 7 BetrVG auslösende Rahmenvorschrift.[340] Die durch den Betriebsrat mitzubestimmende Ausgestaltung erstreckt sich allerdings nicht auf die Umsetzung konkreter Maßnahmen des Klärungsprozesses, sondern auf das Aufstellen prozeduraler Vorgaben für die Durchführung des BEM.[341]

94 Daher ist nach der Rechtsprechung des BAG bei der **Ausgestaltung des BEM durch einen Spruch der Einigungsstelle für jede einzelne Regelung** zu prüfen, ob ein **Mitbestimmungsrecht besteht.**[342]

95 Insoweit soll weder bei der Feststellung der Einleitungsvoraussetzungen durch den Arbeitgeber noch bei der **näheren Regelung des Begriffs der „Arbeitsunfähigkeit"** ein Mitbestimmungsrecht bestehen.[343] Nach neuerer Rechtsprechung kann auch mit den Mitbestimmungsrechten des Betriebsrates nach § 87 Abs. 1 Nr. 1 BetrVG, § 87 Abs. 1 Nr. 6 BetrVG und § 87 Abs. 1 Nr. 7 BetrVG nicht die Verpflichtung des Arbeitgebers erzwungen werden, **alle gegenwärtigen und zukünftigen Arbeitnehmer über das BEM-Verfahren zu unterrichten.**[344] Das Mitbestimmungsrecht des Betriebsrates sei bereits nach dem Anwendungsbereich der Rahmenvorschrift des § 167 Abs. 2 S. 1 SGB IX auf diejenigen Beschäftigten begrenzt, die innerhalb eines Jahres länger als sechs Wochen ununterbrochen oder wiederholt arbeitsunfähig seien.[345] Der Betriebsrat soll sich nach der Rechtsprechung des BAG in Bezug auf eine solche Unterrichtung auch nicht auf ein Mitbestimmungsrecht nach § 87 Abs. 1 Nr. 1 BetrVG stützen können, das das betriebliche Zusammenleben und Zusammenwirken der Arbeitnehmer erfasst. Eine Information sämtlicher Beschäftigten über Ablauf und Inhalt des BEM, die sicherlich sinnvoll ist, regele weder das Verhalten der Arbeitnehmer im Betrieb noch soll sie dieses steuern, koordinieren oder beeinflussen.[346]

---

[339] BAG 22.3.2016 – 1 ABR 14/14, NZA 2016, 1283 Rn. 12; LAG Nürnberg 16.1.2013 – 2 TaBV 2/12 Rn. 53, 62, 65; LAG Hmb 15.1.2013 – 2 TaBV 13/11 Rn. 66 mwN.

[340] BAG 22.3.2016 – 1 ABR 14/14, NZA 2016, 1283 Rn. 10; 19.11.2019 – 1 ABR 36/18, NZA 2020, 389 Rn. 19.

[341] BAG 22.3.2016 – 1 ABR 14/14, NZA 2016, 1283 Rn. 11; 19.11.2019 – 1 ABR 36/18, NZA 2020, 389 Rn. 19; vgl. dazu auch Beck NZA 2017, 81 (83 f.).

[342] Vgl. dazu auch Kempter/Steinat NZA 2015, 840 (845) mwN.

[343] BAG 13.3.2012 – 1 ABR 78/10, NZA 2012, 748; Beck NZA 2017, 81 (83).

[344] LAG Hmb 20.2.2014 – 1 TaBV 4/13 Rn. 37 ff.; BAG 22.3.2016 – 1 ABR 14/14, NZA 2016, 1283 Rn. 15; zustimmend Hoffmann-Remy NZA 2016, 1261 (1262).

[345] BAG 22.3.2016 – 1 ABR 14/14, NZA 2016, 1283 Rn. 15; kritisch zur Rechtsprechung des BAG: Beck NZA 2017, 81 (84).

[346] BAG 22.3.2016 – 1 ABR 14/14, NZA 2016, 1283 Rn. 16.

Darüber hinaus soll es nach neuerer Rechtsprechung des BAG kein Mitbestimmungsrecht des Betriebsrates geben, mit dem erzwungen werden kann, dass die Aufgaben des BEM einem festen, auf Dauer gebildeten Gremium, also etwa einem **Integrations- oder BEM-Team** übertragen werden.[347] Nach § 167 Abs. 2 S. 1 SGB IX erfolge die „Klärung von Möglichkeiten" durch den Arbeitgeber u.a. mit dem Betriebsrat. Hierfür sei ein Einvernehmen beider Betriebsparteien erforderlich. Würde die „Durchführung des BEM" durch den Spruch der Einigungsstelle einem Integrationsteam übertragen, das mit anderen Beteiligten die „Klärung von Möglichkeiten" abschließend durchführen solle, werde das BEM-Verfahren abweichend von § 167 Abs. 2 S. 1 SGB IX auf ein anderes Gremium verlagert.[348] Zwar könnten nach § 28 Abs. 2 BetrVG Aufgaben zur selbständigen Entscheidung auf Mitglieder des Betriebsrates übertragen werden, die Mitglieder eines von Arbeitgeber und Betriebsrat gebildeten Ausschusses sind. Die Bildung eines gemeinsamen Ausschusses mit Entscheidungsbefugnis kann aber nicht durch Spruch der Einigungsstelle erfolgen, sondern bedarf einer freiwilligen Übereinkunft zwischen Betriebsrat und Arbeitgeber. Fehlt es daran, kann ein gemeinsamer Ausschuss nicht gebildet werden.[349] **96**

Das Mitbestimmungsrecht des Betriebsrates umfasst nach neuerer Rechtsprechung des BAG nicht die anschließende **Umsetzung konkreter Maßnahmen** der im BEM-Verfahren beschlossenen Maßnahmen,[350] insbesondere auch nicht die Überprüfung ihrer Wirksamkeit und Qualität, die Begleitung von Beschäftigten bei einer stufenweisen Wiedereingliederung und die Erstellung einer jährlichen BEM-Dokumentation.[351] Gleiches soll für eine Regelung gelten, die vorsieht, dass für vom Integrationsteam vorgeschlagene, arbeitsplatzbezogene Maßnahmen die Zustimmung des Betriebsrates und für den Fall, dass eine Einigung nicht zustande kommt, deren Ersetzung durch Spruch der Einigungsstelle bestimmt wird. Der Einigungsstelle fehle, so das BAG, die Kompetenz, für betriebliche Maßnahmen des Arbeitgebers, die nicht bereits nach den Bestimmungen des BetrVG der zwingenden Mitbestimmung unterliegen, weitergehende Mitbestimmungsrechte des Betriebsrates zu begründen.[352] **97**

---

[347] LAG Hmb 20.2.2014 – 1 TaBV 4/13, NZA-RR 2014, 295 Rn. 42 ff.; BAG 22.3.2016 – 1 ABR 14/14, NZA 2016, 1283 Rn. 17 ff.; zustimmend Hoffmann-Remy NZA 2016, 1261 (1262).

[348] BAG 22.3.2016 – 1 ABR 14/14, NZA 2016, 1283 Rn. 18, 19.

[349] BAG 22.3.2016 – 1 ABR 14/14, NZA 2016, 1283 Rn. 20; insofern kann die im Anhang → Rn. 271 vorgeschlagene BV nicht Spruch einer Einigungsstelle sein, jedoch freiwillig zwischen den Betriebsparteien vereinbart werden.

[350] BAG 22.3.2016 – 1 ABR 14/14, NZA 2016, 1283 Rn. 11; 19.11.2019 – 1 ABR 36/18, NZA 2020, 389 Rn. 19.

[351] LAG Hmb 20.2.2014 – 1 TaBV 4/13 Rn. 45 ff.; BAG 22.3.2016 – 1 ABR 14/14, NZA 2016, 1283 Rn. 22; zustimmend Hoffmann-Remy NZA 2016, 1261 (1263).

[352] BAG 22.3.2016 – 1 ABR 14/14, NZA 2016, 1283 Rn. 27.

98 Dem **Betriebsrat** steht nach § 87 Abs. 1 Nr. 1 BetrVG **kein Mitbestimmungsrecht** des Inhalts zu, bei einem Erstgespräch mit dem betroffenen Arbeitnehmer und **bei der Erörterung seiner gesundheitlichen Einschränkungen sowie deren Auswirkungen durch einen von ihm benannten Vertreter anwesend** zu sein. Nach § 167 Abs. 2 S. 2 SGB IX erfordert der Klärungsprozess eine Unterrichtung durch den Arbeitgeber sowie – ggf. unter Hinzuziehung der in § 167 Abs. 2 S. 2 SGB IX genannten Personen und Stellen – eine Beratung der Betriebsparteien mit dem Ziel der Verständigung über die bestehenden „Möglichkeiten" für ein betriebliches Eingliederungsmanagement. Davon ist ein Anwesenheitsrecht des Betriebsrates oder eines von ihm benannten Vertreters bei den Gesprächen des Arbeitgebers mit dem betroffenen Arbeitnehmer nicht umfasst; die Gremienhinzuziehung ist **an die Zustimmung des Arbeitnehmers gebunden**.[353]

99 Grundsätzlich können die Betriebsparteien aber in einer freiwilligen **Betriebsvereinbarung** ihre Vorstellungen über einen BEM-Prozessablauf vereinbaren. In Betrieben, in denen ein Betriebs- oder Personalrat besteht, empfiehlt sich der Abschluss einer **Betriebs- oder Dienstvereinbarung** über die Einführung und die Durchführung eines BEM, da das betriebliche Eingliederungsmanagement einer **Verfahrensregelung** bedarf.[354] In einer **Betriebs- oder Dienstvereinbarung zum BEM** können zB folgende Punkte behandelt werden:[355]

1. Präambel

- gemeinsame Grundlage und gemeinsame Ziele von Arbeitgeber, betrieblicher Interessenvertretung und Schwerbehindertenvertretung für das BEM im Betrieb
- gemeinsame Arbeit mit dieser Vereinbarung zum Wohl der Beschäftigten
- gemeinsame Weiterentwicklung

[353] BAG 22.3.2016 – 1 ABR 14/14, NZA 2016, 1283 Rn. 29; vgl. dazu auch BAG 19.11.2019 – 1 ABR 36/18, NZA 2020, 389 Rn. 25; zustimmend Hoffmann-Remy NZA 2016, 1261 (1263); Wullenkord, S. 120 f.; wohl auch Düwell FS Küttner, 2006, 139 (152).

[354] Kempter/Steinat NZA 2015, 840 (845).

[355] Weiterführende Hinweise zur Gestaltung von Betriebs- oder Dienstvereinbarungen sind zu finden unter: www.iqpr.de, www.teilhabepraxis.de und www.rehadat.de sowie im Teil B als Muster von Betriebsvereinbarungen; vgl. auch den empfehlenswerten Beitrag zur konkreten Ausgestaltung der Eckpunkte von Betriebs- und Dienstvereinbarungen zum BEM mit weiterführenden Links und Hinweisen: Feldes/Niehaus/Faber/Faber/Kische, Werkbuch, S. 248 ff.; SRS Gesundheitsmanagement/Schubert § 21 Rn. 289 und SRS Gesundheitsmanagement/Keck § 21 Rn. 182.

2. Ziele des betrieblichen Eingliederungsmanagements
- die in § 167 Abs. 2 SGB IX genannten Ziele
- Konkretisierung nach den betrieblichen Gegebenheiten

3. Geltungsbereich
- gilt für alle Mitarbeiter/innen

4. Maßnahmen zur Umsetzung
- Beauftragung von BEM-Team, Betriebsarzt oder sonstigen BEM-Beauftragten bzw. BEM-Fallmanagern
- Hinzuziehung einer Vertrauensperson nach eigener Wahl des Beschäftigten
- Verantwortlichkeiten
- Erfassung von AU-Zeiten, Bedarfsfeststellung, Auslösung des BEM-Prozesses
- Maßnahmen, betriebliche Angebote zur Eingliederung, Inanspruchnahme externer Hilfen
- Koordination der Aktivitäten im Einzelfall
- übergreifende Maßnahmen: Sensibilisierung von Führungskräften, Information und Kommunikation des Themas Eingliederung im Betrieb

5. Datenschutz

……

6. Geltungsdauer

……

Für die Einführung und Durchführung des BEM haben die Integrations- 100
ämter **Handlungsempfehlungen** und **Materialien** erarbeitet, die die Durchführung des betrieblichen Eingliederungsmanagements (BEM) in den Betrieben erleichtern sollen.[356] Auch im Teil B. und im Anhang dieses Buches finden sich entsprechende Muster eines Ablaufplans und zur Erarbeitung einer Verfahrensordnung bzw. einer Betriebs- oder Dienstvereinbarung (→ Rn. 251 ff.).

[356] Vgl. etwa „Handlungsempfehlungen zum Betrieblichen Eingliederungsmanagement" des Landschaftsverbandes Rheinland, kostenlos als Publikation zu bestellen über die Homepage: www.lvr.de. oder www.zbfs.bayern.de unter Integrationsamt/Eingliederungsmanagement mit einem Vorschlag zum 5-Phasen-System zur Früherkennung; oder www.integrationsaemter.de; auch über die Homepage www.imu-boeckler.de finden sich Praxisbeispiele und bereits in Betrieben abgeschlossene Betriebsvereinbarungen.

Praxistipp:

Zu berücksichtigen ist aber immer, dass das betriebliche Eingliederungsmanagement ein **individuelles Verfahren** ist, dessen Umsetzung sich immer an den Bedürfnissen des einzelnen Unternehmens und Betriebes zu orientieren hat. Das BEM ist in größeren Betrieben ganz anders umzusetzen als in kleineren Betrieben, beim Bestehen einer betrieblichen Interessenvertretung wiederum anders als in Betrieben ohne Betriebs-/Personalrat oder Schwerbehindertenvertretung.

V. Einbindung externen und internen Sachverstandes in das BEM-Verfahren

1. Rehabilitationsträger

Kommen Leistungen zur Teilhabe oder begleitende Hilfen im Arbeitsleben in Betracht, werden gemäß der Regelung in § 167 Abs. 2 S. 5 SGB IX vom Arbeitgeber die **Rehabilitationsträger** oder bei schwerbehinderten Beschäftigten das **Integrationsamt** zum BEM hinzugezogen.[357] Diese wirken darauf hin, dass die erforderlichen Leistungen oder Hilfen unverzüglich beantragt und innerhalb der Frist des § 14 Abs. 2 S. 2 SGB IX erbracht werden (§ 167 Abs. 2 S. 6 SGB IX).[358] Ein Verstoß des Arbeitgebers gegen diese Verpflichtung nach § 167 Abs. 2 S. 5 SGB IX führt zur Unwirksamkeit des BEM und damit zu einer erhöhten Darlegungs- und Beweislast des Arbeitgebers.[359] **101**

Als **Leistungen zur Teilhabe am Arbeitsleben** kommen die in §§ 49 und 50 SGB IX genannten Leistungen an Arbeitnehmer und Arbeitgeber in Betracht,[360] aber uU auch eine **medizinische Rehabilitation**[361] mit anschließender „stufenweiser Wiedereingliederung" (§ 44 SGB IX).[362] **102**

Praxistipp:

Eine als BEM-Maßnahme empfohlene **Rehabilitationsmaßnahme** ist vor Ausspruch einer personenbedingten Kündigung wegen Krankheit umzusetzen.[363] Bedarf es dazu der Einwilligung oder der Initiative des Arbeitnehmers, muss der Arbeitgeber um diese nachsuchen oder

---

357 Vgl. dazu auch Feldes/Niehaus/Faber/Welti, Werkbuch, S. 46, 47.

358 Diese Frist beträgt gemäß § 14 Abs. 2 S. 2 SGB IX längstens drei Wochen: vgl. zum Verfahren des § 14 SGB IX auch ausführlich Richter/Ritter, Rehabilitationsrecht, § 2 Rn. 25 ff.; Düwell/Beyer Rn. 184 ff.

359 HessLAG 13.8.2018 – 16 Sa 1466/17 Rn. 32, 33; SRS Gesundheitsmanagement/vom Stein § 21 Rn. 121.

360 Vgl. zur Teilhabe am Arbeitsleben ausführlich Richter/Ritter, Rehabilitationsrecht, § 2 Rn. 118 ff.

361 Vgl. zu den Leistungen der medizinischen Rehabilitation in der gesetzlichen Rentenversicherung ausführlich Richter/Ritter, Rehabilitationsrecht, § 2 Rn. 46 ff. und zur medizinischen Rehabilitation in der gesetzlichen Krankenversicherung Richter/Brandts, Rehabilitationsrecht, § 1 Rn. 21 ff.; vgl. auch Deinert NZA 2010, 969 (972) mwN.

362 Dazu ausführlich → Rn. 199 ff.

363 HessLAG 3.6.2013 – 21 Sa 1456/12 Rn. 58 unter Hinweis auf BAG 10.12.2009 – 2 AZR 400/08, NZA 2010, 398.

den Arbeitnehmer hierzu auffordern. Dazu kann er dem Arbeitnehmer eine Frist setzen. Der Arbeitgeber muss den Arbeitnehmer dabei deutlich darauf hinweisen, dass er im Weigerungsfall mit einer Kündigung rechnen müsse. Lehnt der Arbeitnehmer die Maßnahme dennoch ab oder bleibt er trotz Aufforderung untätig, braucht der Arbeitgeber die Maßnahme vor Ausspruch der Kündigung nicht mehr als milderes Mittel berücksichtigen.[364]

2. Integrationsamt

103 Auch das Integrationsamt benennt gemäß § 185 Abs. 2 S. 7 SGB IX Ansprechpartner, die den Arbeitgebern zur Verfügung stehen, um sie über Funktion und Aufgaben der Integrationsfachdienste aufzuklären, über Möglichkeiten der begleitenden Hilfe im Arbeitsleben zu informieren und Kontakt zum Integrationsamt herzustellen. Insofern stehen auch die Integrationsämter und Integrationsfachdienste (IFD – § 192 SGB IX)[365] als **Ansprechpartner für Informationen im Rahmen des BEM** zur Verfügung. Der betroffene Arbeitnehmer hat allerdings keinen Anspruch auf Zuziehung eines bestimmten Mitarbeiters des Integrationsamtes.[366]

3. Werks- oder Betriebsarzt

104 Nach § 167 Abs. 2 S. 3 SGB IX wird, soweit erforderlich, der Werks- oder Betriebsarzt zum BEM-Verfahren hinzugezogen. Der Betriebsarzt wird in dieser gesetzlichen Regelung also als ein Akteur erwähnt, der **„bei Bedarf" zum BEM hinzugezogen** wird. Dies entspricht der Aufgabe des Arztes, den Arbeitgeber beim Arbeitsschutz und bei der Unfallverhütung zu unterstützen und in Fragen des Gesundheitsschutzes zu beraten (§ 1 S. 2, § 3 Abs. 1 S. 1 ASiG). Die Nutzung seines Sachverstandes kann der Klärung dienen, ob vom Arbeitsplatz Gefahren für die Gesundheit des Arbeitnehmers ausgehen und künftig durch geeignete Maßnahmen vermieden werden können (§ 3 Abs. 1 S. 1 ASiG).[367]

---

[364] BAG 20.11.2014 – 2 AZR 755/13, NZA 2015, 612 Rn. 49 unter Hinweis auf BAG 10.12.2009 – 2 AZR 400/08, DB 2010, 621 = NZA 2010, 398 Rn. 29; vgl. dazu auch Schmidt RdA 2016, 166 (169).

[365] Vgl. dazu auch → Rn. 112 ff.

[366] LAG Köln 23.1.2020 – 7 Sa 471/19, BeckRS 2020, 13607 Rn. 38; SRS Gesundheitsmanagement/vom Stein § 21 Rn. 121.

[367] Vgl. ausführlich zu den Aufgaben der Betriebsärzte: Beck NZA 2017, 81 (83); SRS Gesundheitsmanagement/Pieper § 11 Rn. 44 ff. und im BEM: SRS Gesundheitsmanagement/vom Stein § 21 Rn. 119; ein guter Beitrag zum BEM aus betriebsärztlicher Sicht mit Aufgaben, Rollenverständnis und Praxisimpulsen findet sich bei Feldes/Niehaus/Faber/Glomm, Werkbuch, S. 164 ff.

Die Inanspruchnahme des betriebsärztlichen Sachverstandes steht einem BEM als Ganzem aber nicht gleich.[368] Zwar verpflichtet § 3 Abs. 1 S. 2 Nr. 3c ASiG die Betriebsärzte, Ursachen von arbeitsbedingten Erkrankungen zu untersuchen, die Untersuchungsergebnisse zu erfassen und auszuwerten und dem Arbeitgeber Maßnahmen zur Verhütung dieser Erkrankungen vorzuschlagen, dies schließt aber nach Auffassung des BAG die Gewinnung anderer Erkenntnisse im Rahmen eines in alle Richtungen offenen BEM nicht aus. Beim BEM geht das Gesetz davon aus, dass sich neben dem Arbeitnehmer auch die anderen beteiligten Stellen, insbesondere die Rehabilitationsträger, aktiv in die Suche nach Möglichkeiten zur Vermeidung der Arbeitsunfähigkeit einbringen.[369] **105**

Praxistipp:

Nicht selten wird ein BEM-Verfahren **mit einer betriebsärztlichen Untersuchung eröffnet.** In diesem Fall sollten Arbeitgeber, die für die Umsetzung des BEM verantwortlich sind, beachten, dass die **gesetzlichen Mindestanforderungen** des BEM einschließlich eines ausreichenden Hinweises auf die Ziele des BEM und auf Art und Umfang der hierfür erhobenen und verwendeten Daten erfüllt werden. Andernfalls kann sich der Mitarbeiter auf die arbeitsmedizinische Untersuchung nicht so vorbereiten, dass der Zweck des BEM erfüllt wird.[370] Darüber hinaus muss eine **Entbindung von der ärztlichen Schweigepflicht** erfolgen, da der Betriebsarzt nach § 8 Abs. 1 S. 3 ASiG der ärztlichen Schweigepflicht unterliegt und nur seinem ärztlichen Gewissen unterworfen ist.

Es reicht nach der arbeitsgerichtlichen Rechtsprechung für ein ordnungsgemäßes BEM nicht aus, dass der Arbeitnehmer vor Ausspruch einer krankheitsbedingten Kündigung einmalig betriebsärztlich begutachtet wird. Wenn beim betroffenen Arbeitnehmer innerhalb des der Kündigung vorausgegangenen Jahres erneut Fehlzeiten von mehr als sechs Wochen eingetreten sind, muss erneut ein BEM durchgeführt werden.[371]

---

[368] BAG 20.11.2014 – 2 AZR 755/13, NZA 2015, 612 Rn. 35; vgl. dazu auch Schmidt RdA 2016, 166 (168 f.); vom Stein ZfA 2016, 549 (559); vgl. dazu auch SRS Gesundheitsmanagement/vom Stein § 21 Rn. 119.

[369] BAG 20.11.2014 – 2 AZR 755/13, NZA 2015, 612 Rn. 45; vgl. dazu auch Schmidt RdA 2016, 166 (169).

[370] Vgl. dazu BAG 20.11.2014 – 2 AZR 755/13, NZA 2015, 612 Rn. 32 ff. und HessLAG 3.6.2013 – 21 Sa 1456/12 Rn. 55.

[371] Vgl. dazu BAG 20.11.2014 – 2 AZR 755/13, NZA 2015, 612 Rn. 36; 18.11.2021 – 2 AZR 138/21, NZA 2022, 253 Rn. 32 mwN; vgl. dazu auch ausführlich → Rn. 18.

106 Im **BEM-Verfahren** kann der Betriebsarzt vor allem dann hingezogen werden, wenn es um die Klärung möglicher betrieblicher Ursachen für die Arbeitsunfähigkeit geht sowie um deren Überwindung zur Wiederherstellung der Arbeitsfähigkeit. Hier **gehört es** nach § 3 Abs. 1 S. 2 Nr. 3c ASiG **zu den Aufgaben des Betriebsarztes,** Ursachen von arbeitsbedingten Erkrankungen zu untersuchen, die Untersuchungsergebnisse zu erfassen und auszuwerten und dem Arbeitgeber – auch im BEM-Verfahren – Maßnahmen zur Verhütung dieser Erkrankungen vorzuschlagen. Diese Maßnahmen können betreffen

- den Arbeitsrhythmus,[372]
- die Arbeitszeit,[373]
- Gestaltung der Arbeitsplätze,[374] des Arbeitsablaufs und
- der Arbeitsumgebung.[375]

Praxistipp:

Bei der Klärung der Frage, über welches **aktuelle Fähigkeits- und Leistungsprofil** der erkrankte Arbeitnehmer in Bezug auf die arbeitsvertraglich vereinbarte Tätigkeit verfügt, hat sich eine **Zusammenarbeit** der **behandelnden Ärzte,** die den Gesundheitszustand des Arbeitnehmers in der Regel besser und länger kennen als der Betriebsarzt, **mit dem Betriebsarzt bewährt.** Falls bereits eine **medizinische Rehabilitationsmaßnahme** durchgeführt worden ist, kann auch die im Abschlussbericht regelmäßig enthaltene **„sozialmedizinische Epikrise"** bereits Aufschluss über das aktuell bestehende Fähigkeits- und Leistungsprofil, etwaige Leistungseinschränkungen sowie erforderlichen Arbeitsbedingungen geben.[376]

---

[372] So etwa der Wechsel von einem Dreischichtmodus in einen Zweischichtmodus ohne Nachtschicht.

[373] So etwa die Regelung eines späteren Arbeitsbeginns bei Erkrankungen, die mit einem morgendlichen Tief verbunden sind oder der Wechsel von Vollzeit in Teilzeit bei Verkürzung der Arbeitszeit.

[374] So etwa die Ausstattung von Arbeitsplätzen mit technischen Hilfsmitteln, etwa einer Hebehilfe oder sprachgesteuerten Computern.

[375] So etwa der Einbau einer Rampe für Rollstuhlfahrer oder die behindertengerechte Gestaltung der Toilette sowie des Weges zum Arbeitsplatz; auch hierfür werden finanzielle Leistungen durch die Rehabilitationsträger erbracht (→ Rn. 215 ff.).

[376] Eine solche Epikrise enthält beispielsweise eine Beurteilung wie folgt: „Der Patient ist für seine letzte Tätigkeit als Buchhalter sowie auf dem allgemeinen Arbeitsmarkt für leichte Tätigkeiten, ständig im Sitzen, zeitweise im Stehen oder Gehen, in Tagesschicht für 6 Stunden und mehr pro Tag als leistungsfähig einzuschätzen. Einschränkungen beziehen sich auf die o.g. Defizite. Es sollte auf ausreichende Pausen geachtet werden. Tätigkeiten mit hohen Anforderungen an das Sprechvermögen, an die Gebrauchsfähigkeit der Hände, häufiges Bücken, Ersteigen von Treppen, Leitern und

Der **Betriebsarzt** kann in der Regel besser als der behandelnde Arzt beurteilen, ob eine im BEM-Verfahren erörterte Maßnahme sich unter den gegebenen betrieblichen Arbeitsbedingungen umsetzen lässt. Auch kann der Betriebsarzt **Fragen des Anforderungsprofils** des Arbeitsplatzes, eines ggf. erforderlichen **Arbeitsplatzwechsels** sowie der Eingliederung und Wiedereingliederung und die **Ausstattung des Arbeitsplatzes mit technischen Hilfen** besser beurteilen als die behandelnden Ärzte, da er regelmäßig über vertiefte Kenntnisse zum Beispiel im Bereich der Lastenhandhabungsverordnung bezüglich mechanischer Hilfen oder Hebehilfen für Arbeitnehmer verfügt. Dem Betriebsarzt kommt daher eine wichtige Rolle im BEM-Prozess beim **Abgleich des Anforderungs- und Fähigkeitsprofils** des Arbeitnehmers mit dem **Anforderungsprofil** der im Betrieb vorhandenen Arbeitsplätze zu.[377]

Der Betriebsarzt hat im BEM-Verfahren auch die Aufgabe, **Arbeitsversuche** medizinisch zu begleiten, den Arbeitsplatz zu begutachten und ein **Anforderungs- und Fähigkeitsprofil des Arbeitsplatzes** mitzuerstellen.[378] Auch kann es sinnvoll sein, den Betriebsarzt bei **Arbeitsplatzbegehungen** einzubinden, wenn es um die behinderungsgerechte Gestaltung und technische Ausstattung von Arbeitsplätzen geht. **107**

4. Integrations- oder BEM-Team/Fallmanager/BEM-Koordinator

In **größeren Betrieben** kann zur Durchführung des BEM ein Integrations- oder **BEM-Team** gebildet werden, dem Mitglieder des Betriebs- oder Personalrates, der Schwerbehindertenvertretung, der Betriebsarzt, der Inklusionsbeauftragte des Arbeitgebers (§ 181 SGB IX) oder ein anderer Vertreter des Arbeitgebers, aber auch eine Arbeitssicherheitsfachkraft, Suchtberater oder der Betriebsarzt angehören können. Eine Delegation an spezielle BEM-Verantwortliche erweist sich als vorteilhaft, um so den be- **108**

Gerüsten, Heben, Tragen und Bewegen von Lasten von mehr als 5 kg sowie Zwangshaltungen sind zu vermeiden. Als Gefährdungs-/Belastungsfaktoren sollten ebenfalls Tätigkeiten mit Unfallgefahr und häufig wechselnde Arbeitszeiten vermieden werden. Um eine Überforderung am Arbeitsplatz zu vermeiden, ist die Wiederaufnahme der letzten Tätigkeit im Rahmen der stufenweisen Wiedereingliederung dringend empfehlenswert."

[377] Beck NZA 2017, 81 (83); vgl. etwa zur Lastenhandhabungsverordnung: SRS Gesundheitsmanagement/Pieper § 12 Rn. 231 ff.; vgl. dazu Feldes/Niehaus/Faber/Glomm, Werkbuch, S. 164 ff.; 173; vgl. zum Abgleich des Anforderungs- und Fähigkeitsprofils mit dem vorhandenen Arbeitsplatz die methodischen Hinweise bei Feldes/Niehaus/Faber/Szymanski/Lange/Kolbe, Werkbuch, S. 204 ff., 206, 207.

[378] Vgl. zu diesen Maßnahmen im BEM-Verfahren → Rn. 144 ff.

troffenen Arbeitnehmern die Sorge zu nehmen, dass Informationen aus einem BEM-Verfahren der Kündigungsvorbereitung dienen könnten.[379] In **kleineren und mittleren Betrieben,** in denen aufgrund geringerer personeller Ressourcen die Bildung eines BEM-Teams nicht in Betracht kommt, kann diese Aufgabe auch ein einzelner (externer oder interner) **Fallmanager** oder **BEM-Koordinator** übernehmen. Entscheidend ist, dass sich ein Akteur um das Zusammentragen der notwendigen Informationen kümmert, den Kontakt zu allen Beteiligten knüpft und dieser kann auch die BEM-Gespräche mit dem betroffenen Arbeitnehmer führen und die Anregungen und Maßnahmen zusammenstellen.

Praxistipp:

Es empfiehlt sich in größeren Betrieben, ein konstantes BEM-Team zu bilden und diesem einen Raum und Zeit zur Verfügung zu stellen, um das BEM für betroffene Mitarbeiter durchführen zu können.[380] Ein konstantes BEM-Team ermöglicht es auch, dieses Team zu relevanten BEM-Themen und zur Gesprächsführung zu schulen; gleiches gilt für einen einzelnen BEM-Koordinator bzw. den Fallmanager. Die dadurch erworbene persönliche und fachliche Kompetenz sowie die Einhaltung von Standards im BEM-Verfahren tragen zu einem größeren Vertrauen bei der Belegschaft und damit zum Gelingen der BEM-Prozesse bei.[381]

109 Die externen beteiligten weiteren Akteure im BEM-Verfahren, also die Rehabilitationsträger, das Integrationsamt, die örtlichen Träger des Schwerbehindertenrechts oder der Integrationsfachdienst (IFD) sind nicht Mitglied des Integrationsteams und nehmen – allein aus Zeitgründen und Gründen der Schonung von Ressourcen – in der Regel nicht an allen Sitzungen des BEM- oder Integrationsteams teil. Vielmehr beraten sie das BEM- bzw. Integrationsteam lediglich ergänzend zu konkreten Leistungen oder bringen ergänzende Vorschläge zur Überwindung und künftigen Vermeidung der Arbeitsunfähigkeit ein.[382]

---

[379] Vgl. dazu vom Stein ZfA 2016, 549 (557).

[380] Handlungsempfehlungen zum BEM, S. 47; vgl. dazu auch Feldes/Niehaus/Faber/Faber/Kiesche, Werkbuch, S. 249.

[381] Vgl. dazu die Regelung in § 4 Abs. 6 der Musterbetriebsvereinbarung in → Rn. 271; vgl. dazu auch SRS Gesundheitsmanagement/Keck § 21 Rn. 149; Feldes/Niehaus/Faber/Beutler, Werkbuch, S. 158 ff., 162 und den empfehlenswerten Beitrag von Feldes/Niehaus/Faber/Breit/Feldes, Werkbuch, S. 134 ff. zur Gestaltung von Strukturen und kooperativen Beratungsbeziehungen sowie der Fortbildung des BEM-Teams mit Hinweisen zur Vernetzung der Rollenträger im BEM-Team zur Verbesserung des Beratungsprozesses.

[382] Handlungsempfehlungen zum BEM, S. 27; vgl. dazu auch BAG 20.11.2014 – 2 AZR 755/13, NZA 2015, 612 Rn. 45.

Das BEM- oder Integrationsteam kann nach erfolgtem Erstkontakt mit dem Arbeitnehmer auch die weitere Durchführung des betrieblichen Eingliederungsmanagements übernehmen und dann dem Arbeitgeber entsprechende Maßnahmen vorschlagen.[383] **110**

Praxistipp:
Es hat sich bewährt, dass ein Mitglied des BEM-Teams als **Fallmanager** oder **BEM-Koordinator** die Maßnahmen koordiniert und kontrolliert, sowie einen ständigen Erfahrungsaustausch im BEM-Verfahren organisiert. So haben alle Beteiligten einen festen Ansprechpartner, bei dem „alle Fäden im BEM-Verfahren zusammenlaufen". Dies hat den Vorteil, dass Störfaktoren rechtzeitig erkannt und beseitigt werden können.

Auch wenn in **kleineren und mittleren Betrieben** kein BEM- oder Integrationsteam existiert, wird empfohlen, entweder externen Rat einzuholen oder einen externen BEM-Fallmanager bzw. BEM-Koordinatoren zu beauftragen. Das Integrationsamt, Krankenkassen oder die Berufsgenossenschaften können Ansprechpartner, zB beratende Ingenieure, Mitarbeiter des Integrationsfachdienstes, Integrationsfachdienst, Berufshelfer der BG und Disability-Manager, benennen, die zu Fallbesprechungen vor Ort kommen. Auch die Berufsförderungswerke stellen externe BEM-Koordinatoren zur Verfügung, die in kleineren und mittleren Betrieben BEM-Verfahren durchführen können.[384] Als BEM-Koordinator bzw. Fallmanager kommt auch der Betriebsarzt in Betracht.[385] **111**

5. Integrationsfachdienst (IFD)

Bei schwerbehinderten oder gleichgestellten Beschäftigten kann auch der Integrationsfachdienst in das BEM-Verfahren eingebunden werden. Es gehört nach § 193 SGB IX zu den Aufgaben des IFD, die Fähigkeiten die- **112**

---

[383] Vgl. dazu die Muster im Teil B. → Rn. 271 ff., die eine Durchführung des BEM durch ein BEM-Team (oder Integrations-Team) vorsehen; zu beachten ist aber, dass die Bildung eines Integrationsteams nicht vom Mitbestimmungsrecht des Betriebsrates gedeckt ist: vgl. dazu BAG 22.3.2016 – 1 ABR 14/14, NZA 2016, 1283 Rn. 17 ff.

[384] Handlungsempfehlungen zum BEM, S. 47; vgl. den guten Beitrag zu den Unterstützungsstrukturen für Klein- und Mittelbetriebe von Feldes/Niehaus/Faber/Richter, Werkbuch, S. 232 ff. mit Empfehlungen aus der Praxis zum Netzwerken; vgl. zu internen und externen Fallmanagern Feldes/Niehaus/Faber/Faber/Kiesche, Werkbuch, S. 250, 251.

[385] Vgl. hierzu die empfehlenswerten Beiträge von Feldes/Niehaus/Faber/Glomm, Werkbuch, S. 164 ff., 173 und SRS Gesundheitsmanagement/Tilling § 21 Rn. 183 ff. zum BEM aus betriebsärztlicher Sicht.

ser Personen zu bewerten und einzuschätzen und dabei ein individuelles Fähigkeits-, Leistungs- und Interessenprofil zu erstellen und Arbeitgeber sowie schwerbehinderte Menschen zu beraten, zu unterstützen und am Arbeitsplatz zu begleiten.

113 Der IFD ist auch für Krisenintervention und die psychosoziale Betreuung des schwerbehinderten Menschen zuständig (§ 193 Abs. 2 Nr. 8 SGB IX) und steht auch als Ansprechpartner für den Arbeitgeber zur Verfügung, um über die Leistungen für die Arbeitgeber zu informieren und für die Arbeitgeber diese Leistungen in Zusammenarbeit mit den Rehabilitationsträgern und dem Integrationsamt abzuklären und bei der Beantragung angemessen zu unterstützen (§ 193 Abs. 2 Nr. 9, 10 SGB IX).

114 Der Integrationsfachdienst **unterstützt**

- Menschen mit einer seelischen Behinderung,[386]
- Menschen mit einer geistigen oder körperlichen Behinderung,
- Menschen, die blind sind oder eine Sehbehinderung haben,
- Menschen, die taub sind oder eine Hörbehinderung haben.

115 Als Fachberatung **informiert und berät** der Integrationsfachdienst insbesondere im BEM-Verfahren

- schwerbehinderte und ihnen gleichgestellte Arbeitnehmer und Auszubildende,
- Arbeitgeber, die schwerbehinderte Menschen beschäftigen,
- Kollegen, Vorgesetzte, Schwerbehindertenvertretung, Betriebsrat und betriebliche Helfer.

116 Die **Leistungen des Integrationsfachdienstes** bestehen aus

- arbeits-, berufsbegleitender und psychosozialer Betreuung,
- Training von Arbeitsabläufen,
- Unterstützung bei der stufenweisen Wiedereingliederung,
- Krisenintervention,
- Beratung in Einzelfällen des betrieblichen Eingliederungsmanagements,
- Information über die Unterstützungsmöglichkeiten nach dem SGB IX,
- Klärung des zuständigen Leistungsträgers,
- Unterstützung bei der Beantragung von Leistungen an schwerbehinderte Menschen und Arbeitgeber.

---

[386] Wertvolle Hinweise zum Umgang mit Menschen mit seelischer Behinderung und auch zum Thema „Sucht" finden sich in der Broschüre „Menschen mit seelischer Behinderung", kostenlos zu bestellen über www.lvr.de.

6. Weitere Stellen

Bei Bedarf können auch noch weitere externe Stellen an der Klärung im BEM-Verfahren beteiligt werden, die Leistungen in Form von Beratung, Fördermitteln, Assistenzleistungen am Arbeitsplatz oder externen Maßnahmen zur Rehabilitation und Qualifizierung erbringen können:[387] **117**

- **MDK** = Medizinischer Dienst der Krankenkassen, wenn eine Arbeitsunfähigkeit zu begutachten ist (§ 275 Abs. 1 Nr. 3 iVm Abs. 1a S. 3 SGB V) und
- **Berufsgenossenschaften,** wenn Anzeichen für eine Berufskrankheit sprechen, aber auch, wenn Leistungen aus der gesetzlichen Unfallversicherung für eine Wiedereingliederung in Betracht kommen, aber auch
- **Fachkraft für Arbeitssicherheit** (§§ 5 ff. ASiG).

Praxistipp:

Der für die Umsetzung des BEM-Verfahrens verantwortliche Arbeitgeber sollte beachten, dass ein BEM-Verfahren **nicht ordnungsgemäß und unvollständig durchgeführt** worden ist, wenn nicht alle Hilfen ausgeschöpft worden sind und nicht alle Stellen an der Klärung der Möglichkeiten zur Überwindung der Arbeitsunfähigkeit oder der Vorbeugung erneuter Arbeitsunfähigkeit beteiligt worden sind. Im Kündigungsschutzprozess führt dies zu einer erhöhten Darlegungs- und Beweislast des Arbeitgebers sowie dazu, dass die Kündigung nicht als sozial gerechtfertigt angesehen werden kann, solange es sich nicht ausschließen lässt, dass die Pflichtverletzung für das negative Ergebnis des BEM kausal war. Das betriebliche Eingliederungsmanagement ist immer ein kooperativer Prozess mit dem Ziel, Wege zur Erhaltung eines Arbeitsplatzes zu finden. Dies erfordert je nach Lage des Falles Diskussionen, betriebliche und gesundheitliche Untersuchungen und eventuell konkrete Planungen. Insbesondere dann, wenn unterschiedliche Auffassungen über die Einsatzfähigkeit des Arbeitnehmers bestehen, muss auch der Betriebsarzt beteiligt werden, und ggf. müssen auch die Rehabilitationsträger hinzugezogen werden, um zu klären, ob unter Inanspruchnahme von Hilfen der Sozialleistungs-

---

[387] Ein guter Überblick über die Förderleistungen für behinderte Menschen und Arbeitgeber sowie auch ein Überblick „Wer hilft bei welchen Fragen?“ findet sich in dem Kapitel „Leistungen für behinderte Menschen im Beruf“ im Handbuch für die betriebliche Praxis „ABC Behinderung & Beruf“ Fachlexikon, herausgegeben von der Bundesarbeitsgemeinschaft der Integrationsämter und Hauptfürsorgestellen (BIH), 6. Aufl. 2018, kostenloser Download über www.lvr.de; vgl. dazu auch SRS Gesundheitsmanagement/vom Stein § 21 Rn. 122.

träger noch nicht vorhandene Beschäftigungsmöglichkeiten geschaffen werden können.[388]

Kann der Arbeitnehmer darlegen, dass bei rechtzeitiger Einschaltung von Integrationsamt und/oder Rehabilitationsträgern, etwa durch Erbringung von Hilfen im Arbeitsleben für die behinderungsgerechte Gestaltung des Arbeitsplatzes, eine Beschäftigung möglich gewesen wäre, hat der Arbeitgeber dem Arbeitnehmer **Schadensersatz für den infolge seiner Pflichtverletzung entstandenen Verdienstausfall** zu leisten.[389]

---

388 So ausdrücklich LAG Bln-Bbg 17.8.2009 – 10 Sa 592/09 Rn. 27.

389 Vgl. dazu ausführlich → Rn. 222 ff.

VI. Auswirkungen auf den Kündigungsschutz

1. BEM als Ausprägung des Verhältnismäßigkeitsgrundsatzes

Nach Einführung des betrieblichen Eingliederungsmanagements[390] war zunächst umstritten, inwieweit eine **Verpflichtung des Arbeitgebers** besteht, vor Ausspruch einer krankheitsbedingten Kündigung des Arbeitnehmers ein betriebliches Eingliederungsmanagement durchzuführen. 118

Nach einer in der Literatur vertretenen Auffassung sollte die Durchführung des BEM nach § 167 Abs. 2 SGB IX **formelle Wirksamkeitsvoraussetzung** für den Ausspruch einer Kündigung sein,[391] während die andere Auffassung § 167 Abs. 2 S. 1 SGB IX als **kündigungsschutzrechtlich irrelevant** ansah.[392] 119

In der Literatur wird ganz überwiegend die Auffassung vertreten, dass eine krankheitsbedingte Kündigung, die ohne Durchführung eines betrieblichen Eingliederungsmanagements ausgesprochen wird, wegen des Verstoßes gegen den **„ultima-ratio-Grundsatz" sozialwidrig** ist.[393] 120

Dieser Auffassung ist zu folgen. Eine Nichtdurchführung der Verpflichtung gemäß § 167 Abs. 2 SGB IX ist zwar nicht bußgeldbewehrt[394] und auch, wie auch das BAG in ständiger Rechtsprechung bestätigt hat, **keine formelle Wirksamkeitsvoraussetzung** für den Ausspruch einer Kündigung, wie dies etwa bei § 102 BetrVG der Fall ist.[395] Allerdings ist § 167 Abs. 2 SGB IX auch kein bloßer Programmsatz oder eine reine Ordnungs- 121

---

[390] Gesetz zur Förderung der Ausbildung und Beschäftigung schwerbehinderter Menschen vom 23.4.2004 (BGBl. I S. 606).

[391] Brose DB 2005, 390 (393).

[392] Balders/Lepping NZA 2005, 854 (857); Namendorf/Natzel DB 2005, 1794 (1798).

[393] Gagel NZA 2001, 988; Welti NZS 2006, 623 (626); Düwell BB 2000, 2570 (2573); Löw MDR 2005, 608 (609); Britschgi AiB 2005, 284 (287).

[394] Das Nichteinleiten des BEM-Verfahrens nach § 167 Abs. 2 SGB IX ist jedoch zugleich eine Verletzung der gegenüber der Schwerbehindertenvertretung bestehenden Unterrichtungs- und Anhörungspflicht aus § 178 Abs. 2 SGB IX; deren Verletzung kann nach § 238 Abs. 1 Nr. 8 SGB IX mit einem Bußgeld bis zu 10 000 EUR geahndet werden.

[395] BAG 7.12.2006 – 2 AZR 182/06, NZA 2007, 617; 28.6.2007 – 6 AZR 750/06, NZA 2007, 1049 (1053); 12.7.2007 – 2 AZR 716/06, NZA 2008, 173 (176); 8.11.2007 – 2 AZR 425/06, NZA 2008, 471; 24.1.2008 – 6 AZR 96/07, NZA-RR 2008, 405; 23.4.2008 – 2 AZR 101206, NZA-RR 2008, 515 Rn. 25; 10.12.2009 – 2 AZR 400/08, NZA 2010, 398 Rn. 18; 10.12.2009 – 2 AZR 198/09, NZA 2010, 639 Rn. 14; 28.4.2011 – 8 AZR 515/10, NJW 2011, 2458 Rn. 39 mwN; LAG RhPf 5.7.2012 – 10 Sa 685/11; 12.4.2021 – 3 Sa 363/20 Rn. 139; aA LAG Nürnberg 31.5.2006 – 4 (9) Sa 933/05; vgl. zur BAG-Rechtsprechung auch ausführlich Beyer/Jansen br 2010, 89 ff. und Beck NZA 2017, 81 (84 ff.).

vorschrift mit appellativem Charakter, deren Missachtung in jedem Fall folgenlos bliebe.[396]

122 Da eine Kündigung ist nach dem Grundsatz der Verhältnismäßigkeit nur erforderlich (**„ultima-ratio“)**, wenn sie nicht durch mildere Maßnahmen vermieden werden kann.[397] Auch wenn die Durchführung des BEM nicht direkt ein solches milderes Mittel im Verhältnis zur Kündigung ist,[398] dient das BEM doch zur Feststellung solcher Umstände, aufgrund derer eine Kündigung durch andere, den Grundsatz der Verhältnismäßigkeit wahrende Maßnahmen vermieden werden kann,[399] Durch ein BEM iSv § 167 Abs. 2 SGB IX können solche milderen Mittel, wie zB die Umgestaltung des Arbeitsplatzes oder eine Weiterbeschäftigung zu geänderten Arbeitsbedingungen auf einem anderen – ggf. durch Umsetzung „freizumachenden“ Arbeitsplatz erkannt und entwickelt werden.[400] Die in § 167 Abs. 2 SGB IX genannten Maßnahmen dienen damit letztlich der Vermeidung der Kündigung und der Verhinderung von Arbeitslosigkeit erkrankter Arbeitnehmer. Dementsprechend stellt § 167 Abs. 2 SGB IX eine Konkretisierung des dem gesamten Kündigungsschutzrecht innewohnenden **Grundsatz der Verhältnismäßigkeit** dar.[401]

---

[396] So ebenfalls BAG 12.7.2007 – 2 AZR 716/06, NZA 2008, 173 (176); 10.12.2009 – 2 AZR 400/08, NZA 2010, 398 Rn. 18; 13.5.2015 – 2 AZR 565/14 Rn. 28 mwN; LAG RhPf 8.10.2020 – 2 Sa 340/19 Rn. 43; 12.4.2021 – 3 Sa 363/20 Rn. 139; aA LAG Nürnberg 31.5.2006 – 4 (9) Sa 933/05.

[397] BAG 15.8.2002 – 2 AZR 514/01, NZA 2003, 795; 12.1.2006 – 2 AZR 179/05, NZA 2006, 980; 30.9.2010 – 2 AZR 88/09, NZA 2011, 39 Rn. 12 mwN.

[398] BAG 28.6.2007 – 6 AZR 750/06, NZA 2007, 1049 (1053); 12.7.2007 – 2 AZR 716/06, NZA 2008, 173 (176); 30.9.2010 – 2 AZR 88/09, NZA 2011, 39 Rn. 35; LAG RhPf 12.4.2021 – 3 Sa 363/20 Rn. 139 mwN.

[399] BAG 28.6.2007 – 6 AZR 750/06, NZA 2007, 1049 (1053); 12.7.2007 – 2 AZR 716/06, NZA 2008, 173 (176); vgl. dazu auch Jüngst Betrieb und Personal 2004, 595 ff.

[400] BAG 23.4.2008 – 2 AZR 101206, NZA-RR 2008, 515; 19.4.2007 – 2 AZR 293/06, NZA 2007, 1041 (1042); 10.12.2009 – 2 AZR 400/08, NZA 2010, 398 Rn. 18; 30.9.2010 – 2 AZR 88/09, NZA 2011, 39 Rn. 35 mwN; 20.11.2014 – 2 AZR 755/13, NZA 2015, 612 Rn. 23 ff.; 13.5.2015 – 2 AZR 565/14, NZA 2015, 1249 Rn. 28; LAG MV 13.11.2012 – 5 Sa 19/12 Rn. 45; LAG SchlH 3.6.2015 – 6 Sa 396/14 Rn. 98; LAG RhPf 12.4.2021 – 3 Sa 363/20 Rn. 139 mwN.

[401] BAG 7.12.2006 – 2 AZR 182/06, NZA 2007, 617; 28.6.2007 – 6 AZR 750/06, NZA 2007, 1049 (1053); 12.7.2007 – 2 AZR 716/06, NZA 2008, 173 (176); 24.1.2008 – 6 AZR 750/06, NZA 2007, 1049; 10.12.2009 – 2 AZR 198/09, NZA 2010, 639; 10.12.2009 – 2 AZR 400/08, NZA 2010, 398; 30.9.2010 – 2 AZR 88/09, NZA 2011, 39 Rn. 35 mwN; 28.4.2011 – 8 AZR 515/10, NJW 2011, 2458; 20.11.2014 – 2 AZR 664/13, NZA 2015, 931 Rn. 20; 20.11.2014 – 2 AZR 755/13, NZA 2015, 612 Rn. 38; 13.5.2015 – 2 AZR 565/14, NZA 2015, 1249 Rn. 28 mwN; HessLAG 19.3.2012 – 17 Sa 518/11 Rn. 55; LAG RhPf 5.7.2012 – 10 Sa 685/11 Rn. 28; LAG MV 13.11.2012 – 5 Sa 19/12 Rn. 45; LAG SchlH 18.9.2013 – 3 Sa 133/13 Rn. 29; LAG Hamm 26.4.2013 – 10 Sa 24/13 Rn. 51; HessLAG 3.6.2013 – 21 Sa 1456/12 Rn. 50 ff., LAG Hamm 1.8.2014 – 1 Sa 182/14 Rn. 37; LAG SchlH 22.9.2015 – 1 Sa 48 a/15, NZA-RR 2016, 250 Rn. 58; LAG Hamm 22.3.2018 15 Sa 1787/17 Rn. 59; LAG RhPf 24.8.2020 – 3 Sa 87/20 Rn. 112; 8.10.2020 – 2 Sa 340/19 Rn. 43; 12.4.2021 – 3 Sa 363/20 Rn. 139 mwN.

Aus dem **Grundsatz der Verhältnismäßigkeit** ergibt sich – auch bei häufigen Kurzerkrankungen des Arbeitnehmers – die Verpflichtung des Arbeitgebers, dem Arbeitnehmer vor einer Kündigung die Chance zu bieten, ggf. **spezifische Behandlungsmaßnahmen** zu ergreifen, um dadurch die Wahrscheinlichkeit künftiger Fehlzeiten auszuschließen.[402] Eine **Kündigung** wäre selbst dann **unverhältnismäßig,** wenn feststünde, dass die tatsächlichen betrieblichen Bedingungen, zu denen der Arbeitnehmer arbeitet, nicht abgeändert werden können, solange nicht auszuschließen ist, dass **bei Durchführung eines BEM Rehabilitationsbedarfe** in der Person des Arbeitnehmers hätten **erkannt** und durch entsprechende Maßnahmen der medizinischen Rehabilitation spürbar hätten **reduziert werden können.**[403] Dabei belegt auch die Bewilligung einer **vollen Erwerbsminderungsrente** bei langandauernder Erkrankung nicht die Nutzlosigkeit eines BEM-Klärungsprozesses.[404] **123**

Praxistipp:

Arbeitgeber sollten beachten, dass sich nach der neueren Rechtsprechung des BAG aus dem Verhältnismäßigkeitsgrundsatz die Verpflichtung des Arbeitgebers ergeben kann, auf bestehende Therapiemöglichkeiten Rücksicht zu nehmen. Denkbares Ergebnis eines BEM kann es damit sein, den **Arbeitnehmer** auf eine **Maßnahme der medizinischen Rehabilitation zu verweisen,** wobei der Arbeitgeber dem Arbeitnehmer eine **angemessene Frist zur Inanspruchnahme der Leistung setzen** muss. Eine Kündigung kann er dann wirksam erklären, wenn die Frist trotz Kündigungsandrohung ergebnislos verstrichen ist.[405]

---

[402] BAG 20.11.2014 – 2 AZR 755/13, NZA 2015, 612 Rn. 24; LAG RhPf 10.12.2015 – 5 Sa 168/15 Rn. 38.

[403] BAG 20.11.2014 – 2 AZR 755/13, NZA 2015, 612 Rn. 49; LAG RhPf 10.12.2015 – 5 Sa 168/15 Rn. 39; HessLAG 3.8.2015 – 16 Sa 1378/14, LAGE § 1 KSchG Krankheit Nr. 49 Rn. 20.

[404] BAG 13.5.2015 – 2 AZR 565/14, NZA 2015, 1249 Rn. 32 mwN; vgl. dazu auch Beck NZA 2017, 81 (84 f.); vom Stein ZfA 2016, 549 (553); aA LAG Hamm 7.12.2014 – 10 Sa 576/13 Rn. 61; LAG Köln 23.8.2012 – 6 Sa 191/12 Rn. 23.

[405] BAG 20.11.2014 – 2 AZR 755/13, NZA 2015, 612 Rn. 49 unter Hinweis auf BAG 10.12.2009 – 2 AZR 400/08, NZA 2010, 398 Rn. 29; LAG SchlH 3.6.2015 – 6 Sa 396/14, BeckRS 2015, 72174 Rn. 116; LAG RhPf 10.12.2015 – 5 Sa 168/15 Rn. 39 ff.; der Arbeitgeber kann sich auch nicht darauf berufen, dass ihm bei Ausspruch der Kündigung die neuere arbeitsgerichtliche Rechtsprechung unbekannt gewesen sei; die Entwicklung der Rechtsprechung zur Darlegungslast des Arbeitgebers war nach Auffassung des LAG Rheinland-Pfalz in seinem Urteil vom 10.12.2015 – 5 Sa 168/15, auch im Hinblick auf Maßnahmen der Rehabilitation bei Unterlassen eines BEM vorhersehbar (LAG RhPf 10.12.2015 – 5 Sa 168/15, Rn. 44) unter Hinweis auf BAG 10.12.2009 – 2 AZR 400/08, NZA 2010, 398 Rn. 29 ff.

Wenn der **Arbeitgeber ein BEM unterlassen** oder nicht ordnungsgemäß durchgeführt **hat,** kann er gegen eine solche Verpflichtung nicht einwenden, ihm seien im Kündigungszeitpunkt – etwa schon mangels Kenntnis der Krankheitsursachen – entsprechende Möglichkeiten weder bekannt gewesen, noch hätten sie ihm bekannt sein können.[406] Die Rechtsprechung des BAG geht allerdings davon aus, dass der Arbeitgeber im Rahmen der Darlegungs- und Beweislast nicht für jede nur erdenkliche Maßnahme der Gesundheitsprävention – etwa bis zu möglichen Änderungen in der privaten Lebensführung des Arbeitnehmers[407] – von sich aus darzulegen hat, dass und weshalb sie zur nachhaltigen Verminderung von Fehlzeiten nicht geeignet gewesen sei. Es reicht aus, wenn der Arbeitgeber dartut, dass jedenfalls durch gesetzlich vorgesehene Hilfen oder Leistungen der Rehabilitationsträger künftige Fehlzeiten nicht in relevantem Umfang hätten vermieden werden können. Der **Grundsatz der Verhältnismäßigkeit** verlangt lediglich die **Berücksichtigung solcher Präventions- und Rehabilitationsmaßnahmen,** deren Beachtung **dem Arbeitnehmer zumutbar** ist. **Zumutbar** ist nur eine Rehabilitationsmaßnahme, deren Zweckmäßigkeit hinreichend gesichert ist und deren tatsächliche Durchführung objektiv überprüft werden kann. Beides trifft auf **gesetzlich vorgesehene Leistungen und Hilfen** der Rehabilitations- und Sozialleistungsträger, die der Prävention und/oder Rehabilitation dienen, typischerweise zu.[408]

Daher ist **Arbeitgebern zu raten, solche Maßnahmen in Betracht zu ziehen,** da er andernfalls in einem Kündigungsschutzprozess von sich aus eine objektive Nutzlosigkeit von gesetzlich vorgesehenen Hilfen oder Leistungen der Rehabilitationsträger aufzeigen und ggf. beweisen muss.[409] In einem BEM hätten die Maßnahmen zur Gesundheitsprävention auch durch gesetzlich vorgesehene Hilfen oder Leistungen der Rehabilitationsträger unterstützt werden können, so dass auch die Rechtsprechung davon ausgeht, dass der Arbeitgeber solche Maßnahmen grundsätzlich in Erwägung ziehen muss.[410] Dabei kommt eine Abstufung seiner Darlegungslast in Betracht, falls ihm die Krankheitsursachen unbekannt sind.[411] Für eine Maßnahme außerhalb

---

406 BAG 20.11.2014 – 2 AZR 755/13, NZA 2015, 612 Rn. 49.

407 Weitergehend noch die Vorinstanz HessLAG 3.6.2013 – 21 Sa 1456/13 Rn. 58.

408 BAG 20.11.2014 – 2 AZR 755/13, NZA 2015, 612, 617 Rn. 50.

409 Vgl. zusammenfassend LAG RhPf 8.10.2020 – 2 Sa 340/19 Rn. 43 unter Hinweis auf BAG 20.11.2014 – 2 AZR 755/13, NZA 2015, 612 Rn. 47 ff.

410 LAG Hamm 22.3.2018 – 15 Sa 1787/17 Rn. 63 unter Hinweis auf BAG 20.11.2014 – 2 AZR 755/13, NZA 2015, 612.

411 BAG 20.11.2014 – 2 AZR 755/13, NZA 2015, 612 Rn. 50; LAG RhPf 10.12.2015 – 5 Sa 168/15 Rn. 42.

des Leistungskataloges der Rehabilitationsträger – und sei es ein fachkundig entwickeltes Konzept zur privaten Gesundheitsprävention – gilt dies dagegen in aller Regel nicht. Deren objektive Nutzlosigkeit braucht der Arbeitgeber nicht darzutun.[412]

Wenn sich ein Arbeitgeber darauf beruft, dass ein BEM bei **häufigen Kurzerkrankungen** offensichtlich aussichtslos ist, hat er darzulegen, dass auch etwaige Maßnahmevorschläge der Berufsgenossenschaften und der DGUV nicht umsetzbar waren und nicht zu einer Reduzierung der Fehlzeiten geführt hätten.[413]

Die in § 167 Abs. 2 SGB IX vorgesehene Klärung, wie die Arbeitsunfähigkeit möglichst überwunden werden kann, erfordert bei **schwerbehinderten Arbeitnehmern** und ihnen gleichgestellten Beschäftigten die Prüfung, ob die Arbeitsunfähigkeit durch eine iSv § 164 Abs. 4 SGB IX **behinderungsgerechte Beschäftigung** überwunden werden kann.[414] **124**

Findet das **Kündigungsschutzgesetz** (KSchG) **keine Anwendung,** kann sich eine krankheitsbedingte Kündigung eines **schwerbehinderten** bzw. **gleichgestellten Beschäftigten** als **willkürlich** erweisen, wenn der Arbeitgeber sie ohne vorheriges BEM ausgesprochen hat.[415] **Willkür** kann aber nicht schon dann bejaht werden, wenn der Arbeitgeber nicht den durch § 167 Abs. 2 SGB IX vorgezeichneten Weg gegangen ist, sondern erst, wenn er die Zielsetzung dieses Gesetzes völlig ignoriert hat.[416] **125**

Bei der Prüfung einer **willkürlichen Kündigung** eines schwerbehinderten Menschen ist auch die **Zustimmungsentscheidung des Integrationsamtes** nach § 168 SGB IX zu berücksichtigen; wenn das Integrationsamt keine Veranlassung gesehen hat, im Hinblick auf § 167 Abs. 2 SGB IX die Zustimmung zu verweigern, so kann die daraufhin erfolgte Kündigung des Arbeitgebers nicht als willkürlich beurteilt werden.[417] **126**

---

[412] BAG 20.11.2014 – 2 AZR 755/13, NZA 2015, 612 Rn. 50; weitergehend die Vorinstanz HessLAG 3.6.2013 – 21 Sa 1456/13 Rn. 58.

[413] LAG Bln-Bbg 26.9.2019 – 10 Sa 864/19 Rn. 47.

[414] BAG 20.11.2014 – 2 AZR 755/13, NZA 2015, 612 Rn. 46; LAG BW 10.2.2022 – 17 Sa 57/21, NZA-RR 2022, 405 Rn. 58; vgl. dazu ausführlich → Rn. 132 ff.

[415] Vgl. auch Deinert NZA 2010, 969 (974).

[416] LAG SchlH 17.11.2006 – 4 Sa 328/05, BeckRS 2006, 40264; aA Deinert NZA 2010, 969 (974).

[417] LAG SchlH 17.11.2006 – 4 Sa 328/05, BeckRS 2006, 40264; vgl. auch BAG 8.11.2007 – 2 AZR 425/06, 17, NZA 2008, 471; 20.11.2014 – 2 AZR 664/13, NZA 2015, 931 Rn. 40 f.; ErfK/Rolfs SGB IX § 167 Rn. 12; vgl. zur Zustimmung des Integrationsamtes auch Beyer/Jansen br 2010, 89 (93 f.).

2. Darlegungs- und Beweislast

127 Ist ein BEM erforderlich, ist nach der Rechtsprechung grundsätzlich davon auszugehen, dass es dazu hätte beitragen können, neuerliche Krankheitszeiten bezogen auf den maßgeblichen Prognosezeitpunkt des Zugangs der Kündigung zumindest zu vermindern und so das Arbeitsverhältnis zu erhalten.[418] Führt der Arbeitgeber kein BEM durch, so hat dies Folgen für die Darlegungs- und Beweislast im Rahmen der Prüfung der betrieblichen Auswirkungen von erheblichen Fehlzeiten. Nach **früherer Rechtsprechung** trug der Arbeitgeber nach § 1 Abs. 2 S. 4 KSchG die Darlegungs- und Beweislast für die Tatsachen, die die Kündigung bedingten. Dazu gehörte bei einer krankheitsbedingten Kündigung auch die Darlegung fehlender – alternativer – Beschäftigungsmöglichkeiten, wobei nach ständiger Rechtsprechung ohnehin nur solche anderweitigen Beschäftigungsmöglichkeiten in Betracht kommen, die entweder gleichwertig mit der bisherigen Beschäftigung oder geringer bewertet sind.[419] Der Arbeitgeber konnte zunächst pauschal behaupten, es bestehe keine andere Beschäftigungsmöglichkeit für einen dauerhaft erkrankten Arbeitnehmer. Diese pauschale Behauptung umfasste auch den Vortrag, es bestehe keine Möglichkeit einer leidensgerechten Anpassung des Arbeitsverhältnisses bzw. des Arbeitsplatzes. Der Arbeitnehmer musste in diesem Fall dann konkret darlegen, wie er sich eine Änderung des bisherigen Arbeitsplatzes oder eine andere Beschäftigungsmöglichkeit – an einem anderen Arbeitsplatz – vorstellt, die er trotz seiner gesundheitlichen Beeinträchtigung ausüben kann.[420]

128 Führt der **Arbeitgeber** jedoch ein bei Vorliegen der Voraussetzungen des § 167 Abs. 2 SGB IX **erforderliches BEM nicht durch,** so gelten diese Beweislastgrundsätze nicht mehr. Die arbeitsgerichtliche Rechtsprechung geht davon aus, dass sich der Arbeitgeber durch seine dem Gesetz widersprechende Untätigkeit keine darlegungs- und beweisrechtlichen Vorteile verschaffen dürfe. Der kündigende **Arbeitgeber** hat vielmehr von sich aus denkbare oder vom Arbeitnehmer außergerichtlich bereits genannte Alternativen zu würdigen und **im Einzelnen darzulegen,** aus welchen Gründen sowohl eine Anpassung des bisherigen Arbeitsplatzes an dem Arbeitnehmer zuträgliche Arbeitsbedingungen als auch die Beschäftigung auf einem anderen leidensgerechten Arbeitsplatz ausscheiden.[421]

---

[418] BAG 18.11.2021 – 2 AZR 138/21, NZA 2022, 253 Rn. 37; LAG BW 10.2.2022 – 17 Sa 57/21, NZA-RR 2022, 405 Rn. 56.

[419] StRspr, vgl. nur BAG 19.4.2007 – 2 AZR 239/06, NZA 2007, 1041 (1043) mwN.

[420] BAG 26.5.1977 – 2 AZR 201/76, NJW 1978, 603; 12.7.2007 – 2 AZR 716/06, NZA 2008, 173 (177).

[421] BAG 12.7.2007 – 2 AZR 716/06, NZA 2008, 173 (177); 10.12.2009 – 2 AZR 198/09, NZA 2010, 639 Rn. 14; 24.3.2011 – 2 AZR 170/10, NZA 2011, 992; 20.11.2014 – 2 AZR 755/13, NZA 2015, 612 Rn. 31; 7.9.2021 – 9 AZR 571/20, NZA

Erst wenn dem **Arbeitgeber** eine solche **anspruchsvolle Darlegung gelingt,**[422] ist es Sache des betroffenen **Arbeitnehmers auf den Vortrag des Arbeitgebers substantiiert einzugehen** und unter Beweisantritt darzulegen, wie er sich eine leidensgerechte Beschäftigung vorstellt.[423]

Der Arbeitgeber darf sich in diesem Fall also nicht darauf beschränken, **129**
im Kündigungsschutzprozess pauschal vorzutragen, er kenne keine alternativen Einsatzmöglichkeiten für den erkrankten Arbeitnehmer bzw. es gebe keine „freien Arbeitsplätze", die der erkrankte Arbeitnehmer noch aufgrund seiner Erkrankung ausfüllen könne. Der Arbeitgeber darf aus seiner dem Gesetz widersprechenden Untätigkeit keine darlegungs- und beweisrechtlichen Vorteile ziehen.

▶ Es bedarf vielmehr eines **umfassenderen konkreten Sachvortrages des Arbeitgebers** zu einem nicht mehr möglichen Einsatz des Arbeitnehmers auf dem bisher innegehabten Arbeitsplatz und einer nicht durchführbaren leidensgerechten Anpassung und Veränderung des Arbeitsplatzes bzw. eines alternativen Einsatzes auf einem anderen Arbeitsplatz. Der Arbeitgeber hat von sich aus umfassend und detailliert darzulegen und beweisen,

- weshalb denkbare oder vom Arbeitnehmer aufgezeigte Alternativen zu den bestehenden Beschäftigungsbedingungen mit der Aussicht

---

2022, 257 Rn. 24 mwN; HessLAG 19.3.2012 – 17 Sa 518/11 Rn. 53; LAG Köln 13.4.2012 – 5 Sa 551/11 Rn. 49; LAG MV 13.11.2012 – 5 Sa 19/12 Rn. 45; LAG Hamm 26.4.2013 – 10 Sa 24/13 Rn. 52; HessLAG 3.6.2013 – 21 Sa 1456/12 Rn. 51; LAG SchlH 18.9.2013 – 3 Sa 133/13 Rn. 30; LAG RhPf 10.2.2014 – 3 Sa 372/13 Rn. 86; 24.3.2015 – 7 Sa 512/14 Rn. 65; 12.4.2021 – 3 Sa 363/20 Rn. 141 mwN; kritisch hierzu Tschöpe NZA 2008, 398 (399 f.) und Kempter/Steinat NZA 2015, 840 (845).

[422] Ein gelungenes Beispiel dieser anspruchsvollen Argumentation zeigt die Entscheidung des LAG RhPf 24.3.2015 – 7 Sa 512/14, in den Rn. 71 ff. auf; dort wird sehr genau der umfassende Vortrag des Arbeitgebers beschrieben, der letztendlich dazu führte, dass trotz eines nicht ordnungsgemäß durchgeführten BEM der beklagte Arbeitgeber darlegen konnte, dass auch bei einem ordnungsgemäß durchgeführten BEM weder eine leidensgerechte Anpassung oder Veränderung des bisherigen Arbeitsplatzes des Arbeitnehmers noch sein Einsatz auf einem anderen Arbeitsplatz mit geänderter Tätigkeit möglich gewesen wäre. In einem solchen Fall ist dann – trotz nicht ordnungsgemäß durchgeführtem BEM – die krankheitsbedingte Kündigung bei Vorliegen einer negativen Prognose sowie der sonstigen Voraussetzungen nicht unverhältnismäßig. Bei einer dauerhaften Arbeitsunfähigkeit ist in aller Regel davon auszugehen, dass der Arbeitgeber eine weitere unabsehbare Zeit der Arbeitsunfähigkeit billigerweise nicht hinzunehmen braucht, selbst wenn die Erkrankung des Arbeitnehmers im Zusammenhang mit der geleisteten Arbeit steht: LAG RhPf 24.3.2015 – 7 Sa 512/14 Rn. 78 unter Hinweis auf BAG 18.1.2007 – 2 AZR 759/05, AP KSchG 1969 § 1 Krankheit Nr. 44 und BAG 19.4.2007 – 2 AZR 239/06, BeckRS 2007, 45855.

[423] BAG 26.2.2020 – 7 AZR 121/19 Rn. 30; 7.9.2021 – 9 AZR 571/20, NZA 2022, 257 Rn. 24; LAG SchlH 17.12.2013 – 1 Sa 175/13 Rn. 57; LAG RhPf 24.3.2015 – 7 Sa 512/14 Rn. 65.

auf eine Reduzierung von Ausfallzeiten nicht in Betracht kommen und

– warum ein BEM in keinem Fall dazu hätte beitragen können, neuerlichen Krankheitszeiten vorzubeugen und das Arbeitsverhältnis zu erhalten.[424]

130 Allerdings kann eine Kündigung nicht allein deshalb wegen Verstoßes gegen das Verhältnismäßigkeitsprinzip als sozial ungerechtfertigt qualifiziert werden, weil das BEM nicht durchgeführt wurde. Es müssen vielmehr bei gehöriger Durchführung des BEM **überhaupt Möglichkeiten einer alternativen (Weiter-)Beschäftigung** bestanden haben, die eine Kündigung vermieden hätten. Folglich steht ein unterlassenes BEM einer personenbedingten Kündigung nicht entgegen, wenn sie auch durch das BEM nicht hätte verhindert werden können, wenn also das BEM-Verfahren **unter keinen Umständen ein positives Ergebnis hätte bringen** können.[425]

---

[424] BAG 28.6.2007 – 6 AZR 750/06, NZA 2007, 1049 (1053); 10.12.2009 – 2 AZR 400/08, NZA 2010, 398 Rn. 19; 10.12.2009 – 2 AZR 198/09, NZA 2010, 639 Rn. 14; 30.9.2010 – 2 AZR 88/09, NZA 2011, 39 Rn. 35 mwN; 20.11.2014 – 2 AZR 755/13, NZA 2015, 612 Rn. 39; 20.11.2014 – 2 AZR 664/13, NZA 2015, 931 Rn. 21; 13.5.2015 – 2 AZR 565/14, NZA 2015, 1249 Rn. 28 mwN; 17.4.2019 – 7 AZR 292/17, NZA 2019, 1355 Rn. 33; 7.9.2021 – 9 AZR 571/20, NZA 2022, 257 Rn. 24 mwN; LAG Hamm 27.1.2012 – 13 Sa 1493/11 Rn. 57; HessLAG 19.3.2012 – 17 Sa 518/11 Rn. 53; LAG Köln 13.4.2012 – 5 Sa 551/11 Rn. 49; LAG RhPf 5.7.2012 – 10 Sa 685/11 Rn. 29; LAG Hamm 26.4.2013 – 10 Sa 24/13 Rn. 52; HessLAG 3.6.2013 – 21 Sa 1456/12 Rn. 51; LAG SchlH 18.9.2013 – 3 Sa 133/13 Rn. 30; LAG Hamm 1.8.2014 – 1 Sa 182/14 Rn. 40; LAG RhPf 24.3.2015 – 7 Sa 512/14 Rn. 66; LAG SchlH 3.6.2015 – 6 Sa 396/14 Rn. 100; 22.9.2015 – 1 Sa 48 a/15, NZA-RR 2016, 250 Rn. 64; LAG Hamm 19.7.2016 – 7 Sa 1707/15, DB 2016, 2244 Rn. 56; LAG Düsseldorf 20.10.2016 – 13 Sa 356/16 Rn. 33; LAG Hamm 22.3.2018 – 15 Sa 1787/17 Rn. 59; LAG Hmb 20.11.2019 – 2 Sa 30/18 Rn. 100 ff.; LAG RhPf 8.10.2020 – 2 Sa 340/19 Rn. 43; LAG Nürnberg 18.2.2020 – 7 Sa 124/19 Rn. 93; LAG RhPf 12.4.2021 – 3 Sa 363/20 Rn. 140, 141 mwN; LAG BW 10.2.2022 – 17 Sa 57/21, NZA-RR 2022, 405 Rn. 57; vgl. dazu auch ErfK/Rolfs SGB IX § 167 Rn. 10, 11; Kempter/Steinat NZA 2015, 840 (845); Rupp NZA 2017, 361 ff.; SRS Gesundheitsmanagement/Nause § 34 Rn. 76 ff.

[425] BAG 12.7.2007 – 2 AZR 716/06, NZA 2008, 173 (176); 23.4.2008 – 2 AZR 1012/06, 27, NZA-RR 2008, 515; 10.12.2009 – 2 AZR 400/08, NZA 2010, 398 Rn. 18 mwN; vgl. auch BAG 30.9.2010 – 2 AZR 88/09, NZA 2011, 39 Rn. 36; 24.3.2011 – 2 AZR 170/10, NZA 2011, 992 Rn. 25; 13.5.2015 – 2 AZR 565/14, NZA 2015, 1249 Rn. 28 mwN; 26.2.2020 – 7 AZR 121/19 Rn. 31; 7.9.2021 – 9 AZR 571/20, NZA 2022, 257 Rn. 24 mwN; HessLAG 19.3.2012 – 17 Sa 518/11 Rn. 54; 3.6.2013 – 21 Sa 1456/12 Rn. 51; LAG Hamm 27.1.2012 – 13 Sa 1493/11 Rn. 57; 26.4.2013 – 10 Sa 24/13 Rn. 61; LAG Düsseldorf 20.10.2016 – 13 Sa 356/16 Rn. 33; LAG Bln-Bbg 27.2.2019 – 17 Sa 1605/18, NZA-RR 2019, 307 Rn. 19; LAG RhPf 8.10.2020 – 2 Sa 340/19 Rn. 43; 12.4.2021 – 3 Sa 363/20 Rn. 142 mwN; so auch Düwell BB 2000, 2570 (2573); Welti NZS 2006, 623 (626); ErfK/Rolfs SGB IX § 167 Rn. 3; vom Stein ZfA 2016, 549 (552 f.) mwN; Kempter/Steinat NZA 2015, 840 (844).

Der Arbeitgeber kann also unabhängig davon, ob bereits ein zuvor durchgeführtes BEM Rückschlüsse auf die Nutzlosigkeit eines weiteren erlaubt,[426] geltend machen, dass die Durchführung eines (weiteren) BEM keine positiven Ergebnisse hätte zeitigen können. Für die **objektive Nutzlosigkeit eines BEM** trägt der **Arbeitgeber** die **Darlegungs- und Beweislast.**[427] Dazu muss er umfassend und konkret vortragen, weshalb weder der weitere Einsatz des Arbeitnehmers auf dem bisher innegehabten Arbeitsplatz noch dessen leidensgerechte Anpassung und Veränderung möglich war und der Arbeitnehmer auch nicht auf einem anderen Arbeitsplatz bei geänderter Tätigkeit hätte eingesetzt werden können.[428] Ein solcher Fall kann etwa vorliegen, wenn feststeht, dass die **Wiederherstellung der Arbeitsfähigkeit eines Arbeitnehmers** völlig **ungewiss** ist.[429] **131**

Darüber hinaus muss der Arbeitgeber dartun, dass **künftige Fehlzeiten** **132** auch **nicht durch gesetzlich vorgesehene Hilfen oder Leistungen** der Rehabilitationsträger in relevantem Umfang hätten **vermieden** werden können. Es ist nicht erforderlich, dass sich der Arbeitnehmer im Verfahren auf eine bestimmte Umgestaltungsmaßnahme, Beschäftigungsalternative oder Hilfe bzw. die Leistung des Rehabilitationsträgers beruft. Da der **Arbeitgeber** die **primäre Darlegungslast** für die Nutzlosigkeit eines BEM trägt, muss er vielmehr von sich auch zum Fehlen alternativer Beschäftigungsmöglichkeiten oder zur Nutzlosigkeit anderer, ihm zumutbarer Maßnahmen vortragen. Allerdings gilt dies nur **im Rahmen des ihm Möglichen** und des nach den Umständen des Streitfalls Veranlassten. Der Arbeitgeber hat von sich aus alle vernünftigerweise in Betracht kommenden – und vom Arbeitnehmer ggf. bereits außergerichtlich genannten Alternativen – zu würdigen und, soweit ihm aufgrund seines Kenntnisstands möglich, im Einzelnen darzulegen, aus welchen Gründen weder eine Anpassung des bisherigen Arbeitsplatzes an dem Arbeitnehmer zuträgliche Arbeitsbedingungen noch die Beschäftigung auf einem anderen – seinem

---

426 Vgl. zu der Verpflichtung ein weiteres BEM durchzuführen BAG 18.11.2021 – 2 AZR 138/21, NZA 2022, 253 Rn. 18 ff.; LAG BW 10.2.2022 – 17 Sa 57/21, NZA-RR 2022, 405 Rn. 50 ff.; vgl. dazu auch → Rn. 19 ff.

427 BAG 20.11.2014 – 2 AZR 755/13, NZA 2015, 612 Rn. 39; 18.11.2021 – 2 AZR 138/21, NZA 2022, 253 Rn. 42; LAG BW 10.2.2022 – 17 Sa 57/21, NZA-RR 2022, 405 Rn. 57.

428 BAG 30.9.2010 – 2 AZR 88/09, NZA 2011, 39 Rn. 36; 20.11.2014 – 2 AZR 664/13, NZA 2015, 931 Rn. 20; 20.11.2014 – 2 AZR 755/13, NZA 2015, 612 Rn. 39; 13.5.2015 – 2 AZR 565/14, NZA 2015, 1249 Rn. 28 mwN; 21.11.2018 – 7 AZR 394/17, NZA 2019, 309 Rn. 38; 18.11.2021 – 2 AZR 138/21, NZA 2022, 253 Rn. 42; HessLAG 19.3.2012 – 17 Sa 518/11 Rn. 54; LAG RhPf 5.7.2012 – 10 Sa 685/11 Rn. 28, 29; LAG Hamm 27.1.2012 – 13 Sa 1493/11 Rn. 57; 26.4.2013 – 10 Sa 24/13 Rn. 61 mwN; LAG Düsseldorf 20.10.2016 – 13 Sa 356/16 Rn. 33; LAG Hmb 20.11.2019 – 2 Sa 30/18 Rn. 100 ff.; LAG BW 10.2.2022 – 17 Sa 57/21, NZA-RR 2022, 405 Rn. 57; vgl. dazu auch Kempter/Steinat NZA 2015, 840 (844); vgl. dazu ausführlich → Rn. 113 ff.

429 vom Stein ZfA 2016, 549 (553); Anton-Dyck/Böhm ArbRB 2015, 185 f.

Gesundheitszustand entsprechenden – Arbeitsplatz noch eine Maßnahme des Rehabilitationsträgers in Betracht kommt. Dabei ist eine **Abstufung seiner Darlegungslast** vorzunehmen, falls ihm die Krankheitsursachen unbekannt sind.[430]

Praxistipp:

Auch bei einer **Alkoholerkrankung** ist grundsätzlich ein BEM-Verfahren durchzuführen, da es das Ziel des BEM ist, nach einer Klärung zu suchen, egal, welche Ursache die Arbeitsunfähigkeit hat und wie hoch die Umsetzungschancen sind.[431] Etwas anderes kann nur bei **fehlender Therapiewilligkeit** des suchtkranken Arbeitnehmers gelten; in einem solchen Fall hat das BAG angenommen, dass ein BEM zu keinem positiven Ergebnis führen kann und hat daher ein BEM-Verfahren als entbehrlich angesehen.[432] Lehne der Arbeitnehmer ab, eine Entziehungsmaßnahme bzw. Therapie durchzuführen, kann erfahrungsgemäß davon ausgegangen werden, dass er von seiner Alkoholabhängigkeit in absehbarer Zeit nicht geheilt wird.[433]

Wenn im Zeitpunkt der Kündigung die Prognose gerechtfertigt ist, der Arbeitnehmer biete aufgrund einer Alkoholsucht dauerhaft nicht die Gewähr, in der Lage zu sein, die vertraglich geschuldete Tätigkeit ordnungsgemäß zu erbringen, kann nach dieser Rechtsprechung des Bundesarbeitsgerichts eine ordentliche Kündigung des Arbeitsverhältnisses gerechtfertigt sein. Voraussetzung ist, dass daraus eine erhebliche Beeinträchtigung der betrieblichen Interessen folgt, diese durch mildere Mittel – etwa eine Versetzung – nicht abgewendet werden kann und sie auch bei einer Abwägung gegen die Interessen des Ar-

[430] BAG 20.11.2014 – 2 AZR 755/13, NZA 2015, 612 Rn. 50; 13.5.2015 – 2 AZR 565/14 Rn. 32; 18.11.2021 – 2 AZR 138/21, NZA 2022, 253 Rn. 42 mwN; LAG BW 10.2.2022 – 17 Sa 57/21, NZA-RR 2022, 405 Rn. 57; vgl. zum Eingreifen und zu den Folgen einer sekundären Beweislast im Allgemeinen BAG 18.6.2015 – 2 AZR 256/14 Rn. 28; 16.7.2015 – 2 AZR 85/15 Rn. 41.

[431] So auch Brose DB 2013, 1727 (1728); aA Kempter/Steinat NZA 2015, 840 (844).

[432] BAG 20.3.2014 – 2 AZR 565/12, NZA 2014, 602 Rn. 35; zustimmend vom Stein ZfA 2016, 549 (552); Kempter/Steinat NZA 2015, 840 (845) mwN.

[433] BAG 20.3.2014 – 2 AZR 565/12, NZA 2014, 602 Rn. 15 mwN; das LAG Baden-Württemberg hat in einem Urteil vom 27.1.2015 – 15 Sa 52/14, BeckRS 2015, 69660 im Fall eines scheinbar austherapierten, dann aber rückfällig gewordenen Alkoholikers die Darlegungslast des Arbeitgebers als erfüllt angesehen, weil dieser ausführen konnte, dass entweder die Verwendung des Arbeitnehmers auf Arbeitsplätzen in anderen Abteilungen mit gleich hohen Risiken für seine Sicherheit und die anderer Menschen verbunden wäre oder weshalb der Arbeitnehmer mit seiner Ausbildung nicht in der Lage wäre, einen solchen Arbeitsplatz einzunehmen; zustimmend Hoffmann-Remy NZA 2016, 267 (270).

beitnehmers vom Arbeitgeber billigerweise nicht mehr hingenommen werden muss. Für die Prognose im Hinblick auf die weitere Entwicklung einer Alkoholerkrankung kommt es entscheidend darauf an, ob der Arbeitnehmer zum Zeitpunkt der Kündigung bereit ist, eine Entziehungskur bzw. Suchttherapie durchzuführen. Lehnt er das ab, kann erfahrungsgemäß davon ausgegangen werden, dass er von seiner Alkoholabhängigkeit in absehbarer Zeit nicht geheilt wird. Ebenso kann eine negative Prognose dann berechtigt sein, wenn der Arbeitnehmer nach abgeschlossener Therapie rückfällig geworden ist.[434]

Ist es dagegen denkbar, dass ein BEM ein positives Ergebnis erbracht **133**
hätte, das gemeinsame Suchen nach Maßnahmen zum Abbau der Fehlzeiten also Erfolg gehabt hätte, muss sich der Arbeitgeber regelmäßig vorhalten lassen, er habe **„vorschnell“ gekündigt.**[435]

Das Gleiche gilt, wenn der Arbeitgeber zur Erfüllung seiner Verpflich- **134**
tung aus § 167 Abs. 2 SGB IX ein **Verfahren durchgeführt** hat, das **nicht den gesetzlichen Mindestanforderungen** an ein BEM **genügt.**[436] Danach entspricht nur ein BEM-Verfahren den **gesetzlichen Anforderungen,**

- das die nach § 167 Abs. 2 SGB IX zu beteiligenden Stellen, Ämter und Personen einbezieht,
- das keine vernünftigerweise in Betracht zu ziehende Anpassungs- und Änderungsmöglichkeit ausschließt,
- in dem die von den Teilnehmern eingebrachten Vorschläge sachlich erörtert werden.[437] Darüber hinaus gehört **zu den Mindestanforderungen** an ein BEM-Verfahren auch eine **Aufklärung des Arbeitnehmers** in der Einladung oder einem Informationsschreiben darüber informiert wird, dass er nach eigener Wahl eine **Vertrauensperson** zum BEM-Verfahren hinzuziehen und über den **denkbaren Teilnehmerkreis am BEM-Verfahren** mitbestimmen kann.[438]

---

[434] BAG 20.3.2014 – 2 AZR 565/12, NZA 2014, 602 Rn. 15 mwN; LAG RhPf 15.4.2021 – 5 Sa 331/20 Rn. 41.

[435] BAG 20.11.2014 – 2 AZR 755/13, NZA 2015, 612 Rn. 40; 13.5.2015 – 2 AZR 565/14, NZA 2015, 1249 Rn. 28 mwN; LAG Hamm 22.3.2018 – 15 Sa 1787/17 Rn. 60; LAG BW 28.7.2021 – 4 Sa 68/20 Rn. 27.

[436] BAG 10.12.2009 – 2 AZR 400/08, NZA 2010, 398 Rn. 20 mwN; 20.11.2014 – 2 AZR 755/13, NZA 2015, 612 Rn. 31; LAG Köln 13.4.2012 – 5 Sa 551/11 Rn. 43 ff.; LAG Hamm 26.4.2013 – 10 Sa 24/13 Rn. 53; LAG Nürnberg 18.2.2020 – 7 Sa 124/19 Rn. 93; LAG Hmb 20.11.2019 – 2 Sa 30/18 Rn. 100 ff.; vgl. auch Kempter/Steinat NZA 2015, 840 (844) mwN.

[437] BAG 10.12.2009 – 2 AZR 400/08, DB 2010, 621 = NZA 2010, 398 Rn. 20 ff.; LPK-SGB IX/Düwell § 167 Rn. 84 mwN.

[438] LAG Nürnberg 18.2.2020 – 7 Sa 124/19, br 2020, 199 Rn. 96; vgl. dazu ausführlich → Rn. 36.

135 Darüber hinaus muss der Arbeitgeber den Arbeitnehmer gemäß § 167 Abs. 2 S. 4 SGB IX **ordnungsgemäß auf die Ziele des BEM und die Art und den Umfang der hierfür erhobenen und verwendeten Daten hingewiesen** haben.[439] Wird das durchgeführte Verfahren dem nicht gerecht, führt dies zur Unbeachtlichkeit des BEM-Verfahrens insgesamt sowie dazu, dass ein Arbeitgeber, der ansonsten alle Schritte des BEM durchführt, **kein ordnungsgemäßes BEM durchgeführt** hat.[440] Eine **konkludente Heilung** – etwa dergestalt, dass er am BEM-Verfahren teilnimmt – ist deshalb **nicht möglich**, weil datenschutzrechtlich eine ausdrückliche Einwilligung vorliegen muss.[441]

Praxistipp:

Hat der Arbeitgeber also ein BEM-Verfahren durchgeführt, das **nicht den gesetzlichen Mindestanforderungen** an ein BEM **genügt,** so ist das dem Fall des **überhaupt nicht durchgeführten BEM gleichzusetzen.**[442]

Problematisch wird dies insbesondere dann, wenn eine **betriebsärztliche Untersuchung** durchgeführt wird, ohne dass der betroffene Mitarbeiter gemäß § 167 Abs. 2 S. 4 SGB IX auf die Ziele des BEM sowie auf Art und Umfang der hierfür erhobenen und verwendeten Daten hingewiesen und regelkonform um Zustimmung zur Durchführung eines BEM ersucht worden ist. Die Inanspruchnahme des betriebsärztlichen Sachverstands steht einem BEM als Ganzem nicht gleich.[443]

Daher sollten Arbeitgeber, die für die Umsetzung des BEM-Verfahrens verantwortlich sind und die in dem Fall, dass kein oder kein ordnungsgemäßes BEM-Verfahren durchgeführt worden ist, in einem späteren Kündigungsschutzprozess der erhöhten Darlegungs- und Be-

---

[439] Vgl. hierzu ausführlich → Rn. 52 ff.

[440] BAG 10.12.2009 – 2 AZR 198/09, NZA 2010, 639 Rn. 16; 10.12.2009 – 2 AZR 400/08, NZA 2010, 398 Rn. 20 ff.; 24.3.2011 – 2 AZR 170/10, NZA 2011, 993 Rn. 22; 19.11.2019 – 1 ABR 36/18, NZA 2020, 389 Rn. 30; 20.5.2020 – 7 AZR 100/19, NZA 2020, 119 Rn. 32; 7.9.2021 – 9 AZR 571/20, NZA 2022, 257 Rn. 9; LAG Hamm 26.4.2013 – 10 Sa 24/13 Rn. 53; LAG SchlH 18.9.2013 – 3 Sa 133/13; 22.9.2015 – 1 Sa 48 a/15, NZA-RR 2016, 250 Rn. 62; LAG Nürnberg 18.2.2020 – 7 Sa 124/19 Rn. 97, 98; Kempter/Steinat NZA 2015, 840 (844).

[441] Vgl. dazu Kempter/Steinat NZA 2015, 840 (844) und ausführlich → Rn. 65 ff.

[442] BAG 24.3.2011 – 2 AZR 170/10, NZA 2011, 992 Rn. 22; LAG Hamm 26.4.2013 – 10 Sa 24/13 Rn. 53; LAG Nürnberg 28.1.2015 – 2 Sa 519/14 Rn. 27; LAG RhPf 24.3.2015 – 7 Sa 512/14 Rn. 65; vom Stein ZfA 2016, 549 (550); Kempter/Steinat NZA 2015, 840 (844); LPK-SGB IX/Düwell § 167 Rn. 108 mwN; kritisch hierzu Hoffmann-Remy NZA 2016, 267 (269 f.).

[443] BAG 20.11.2014 – 2 AZR 755/13, NZA 2015, 612 Rn. 45; vgl. dazu auch Schmidt RdA 2016, 166 (169).

weislast unterliegen, darauf achten, dass die gesetzlichen Mindestanforderungen einschließlich eines ausreichenden Hinweises auf die Ziele des BEM und auf die Art und den Umfang der hierfür erhobenen und verwendeten Daten erfüllt werden.[444]

Ist **durch den Arbeitgeber** gemäß § 167 Abs. 2 SGB IX **ein BEM ordnungsgemäß durchgeführt** worden, ergibt sich nach der Rechtsprechung des BAG daraus – je nach dem Ergebnis des BEM – Folgendes für die **Darlegungs- und Beweislast** im Kündigungsschutzprozess:[445] **136**

- Hat das BEM zu einem **negativen Ergebnis,** also zur Erkenntnis geführt, dass es keine Möglichkeiten gibt, die Arbeitsunfähigkeit des Arbeitnehmers zu überwinden oder künftig zu vermeiden, genügt der **Arbeitgeber** seiner Darlegungslast nach § 1 Abs. 2 S. 4 KSchG, wenn er **unter Hinweis auf das BEM-Ergebnis vorträgt,** es bestünden **keine leidensgerechten Beschäftigungsmöglichkeiten.** Der nunmehr **darlegungspflichtige Arbeitnehmer** kann dann nicht einfach auf alternative Beschäftigungsmöglichkeiten verweisen, die während des BEM behandelt und verworfen worden sind. Auch der Verweis auf nicht behandelte Alternativen ist grundsätzlich ausgeschlossen. Der Arbeitnehmer muss diese bereits in das BEM einbringen. Der Arbeitnehmer **kann allenfalls auf Möglichkeiten verweisen,** die sich **erst nach Abschluss des BEM** bis zum Zeitpunkt der Kündigung ergeben haben oder vortragen, dass Beschäftigungsmöglichkeiten im BEM-Gespräch zwar angesprochen, aber im BEM-Verfahren nicht behandelt worden sind.[446]
- Hat das BEM zu einem **positiven Ergebnis** geführt, ist der Arbeitgeber grundsätzlich verpflichtet, die empfohlene Maßnahme – soweit dies in seiner alleinigen Macht steht – vor Ausspruch einer krankheitsbedingten Kündigung als milderes Mittel umzusetzen. Kündigt er, ohne sie umgesetzt zu haben, muss er im Einzelnen und konkret darlegen, warum die Maßnahme entweder trotz Empfehlung undurchführbar war oder selbst bei einer Umsetzung diese keinesfalls zu einer Vermeidung oder Reduzierung von Arbeitsunfähigkeitszeiten geführt hätte.[447] Dem wird der Arbeitnehmer regelmäßig mit einem einfachen Bestreiten entgegentreten können.[448]

---

[444] Vgl. hierzu ausführlich → Rn. 53 ff.

[445] BAG 10.12.2009 – 2 AZR 400/08, DB 2010, 621 = NZA 2010, 398 Rn. 23 ff.

[446] BAG 10.12.2009 – 2 AZR 400/08, DB 2010, 621 = NZA 2010, 398 Rn. 24; LAG RhPf 24.3.2015 – 7 Sa 512/14 Rn. 64; Schiefer RdA 2016, 196 (203) mwN; vom Stein ZfA 2016, 549 (563) mwN; kritisch Deinert NZA 2010, 969 (974).

[447] LAG RhPf 24.3.2015 – 7 Sa 512/14 Rn. 64.

[448] BAG 10.12.2009 – 2 AZR 400/08, NZA 2010, 398 Rn. 25; so auch BAG 10.12.2009 – 2 AZR 198/09, NZA 2010, 639 Rn. 21; ErfK/Rolfs SGB IX § 167 Rn. 8 mwN.

Praxistipp:

Angesichts der Ausgestaltung der neuen Darlegungs- und Beweislast bei Nichtdurchführung des BEM durch die Rechtsprechung des BAG ist einem **Arbeitgeber** dringend **zur ordnungsgemäßen Durchführung des BEM** entsprechend den durch die Rechtsprechung des BAG aufgestellten Mindeststandards **zu raten.** Andernfalls wird der Arbeitgeber bei den verschärften Anforderungen an seine Darlegungs- und Beweislast nur sehr geringe Chancen haben, eine krankheitsbedingte Kündigung – insbesondere wegen langanhaltender oder dauerhafter Erkrankung – durchzusetzen.[449]

Der **Arbeitnehmer** wird mit seinem **Prozessvortrag** insoweit **präkludiert,** als er keine alternativen Beschäftigungsmöglichkeiten im Prozess mehr geltend machen kann. Er ist vielmehr gehalten, diese bereits in den BEM-Klärungsprozess einzubringen.[450] Daher sollten **Arbeitnehmer** im BEM-Verfahren – ggf. in Abstimmung mit den betrieblichen Interessenvertretungen – ihre **Vorschläge in das BEM-Verfahren einbringen**, am besten in schriftlicher Form, damit ihnen in einem ggf. sich anschließenden Kündigungsschutzprozess der Nachweis gelingen kann, welche Vorschläge sie eingebracht und welche uU nicht behandelt oder ausreichend berücksichtigt worden sind.

137 Teilweise wird in der Literatur und Rechtsprechung vertreten, dass ein **durch den Arbeitnehmer verweigertes BEM-Verfahren** in einem sich anschließenden Kündigungsschutzprozess dazu führe, dass sich der Arbeitnehmer im späteren Kündigungsschutzprozess nicht darauf berufen könne, der Arbeitgeber habe kein BEM durchgeführt.[451] Das BAG geht davon aus, dass nur dann, wenn der Arbeitnehmer trotz ordnungsgemäßer Aufklärung durch den Arbeitgeber einem BEM nicht zustimmt, das Unterlassen eines BEM „kündigungsneutral" ist.[452] Da die Regelung des § 167 Abs. 2 SGB IX auf dem Prinzip der Freiwilligkeit beruht und dem Arbeit-

---

[449] Vgl. LAG RhPf 24.3.2015 – 7 Sa 512/14 Rn. 71–78 als Beispiel für einen gelungenen umfassenden Vortrag des beklagten Arbeitgebers; trotz nicht ordnungsgemäß durchgeführtem BEM war die ordentliche Kündigung nicht unverhältnismäßig, da der Arbeitgeber darlegen konnte, dass eine leidensgerechte Anpassung und Veränderung des bisherigen Arbeitsplatzes und auch der Einsatz auf anderen Arbeitsplätzen nicht möglich war. Insbesondere ist ein Arbeitgeber nicht zur Schaffung eines zusätzlichen Arbeitsplatzes verpflichtet (Rn. 78 mwN).

[450] BAG 10.12.2009 – 2 AZR 400/08, NZA 2010, 398 Rn. 24; vgl. dazu auch ErfK/Rolfs SGB IX § 167 Rn. 9; vom Stein ZfA 2016, 549 (563) mwN.

[451] LAG Bln-Bbg 13.11.2015 – 9 Sa 1297/15 Rn. 65; Welti NZS 2006, 623 (626); ErfK/Rolfs SGB IX § 167 Rn. 5; Kempter/Steinat NZA 2015, 840 (842).

[452] BAG 23.3.2011 – 2 AZR 170/10, NZA 2011, 992 Rn. 24; 13.5.2015 – 2 AZR 565/14 Rn. 26; so auch LAG RhPf 8.10.2020 – 2 Sa 340/19 Rn. 38.

nehmer eine uneingeschränkte Dispositionsbefugnis gewährt, ist der Auffassung des BAG zu folgen.[453]

Praxistipp:

Daraus folgt jedoch nicht, dass eine Verweigerung der Mitwirkung bei einem BEM-Verfahren folgenlos für den Arbeitnehmer wäre. Insoweit kommt es in der Praxis des BEM darauf an, ob der Arbeitgeber den betroffenen Arbeitnehmer nach § 167 Abs. 2 S. 4 SGB IX zuvor ordnungsgemäß auf die **Ziele des BEM** sowie auf **Art und Umfang der hierfür erhobenen und verwendeten Daten hingewiesen** hat.[454]

Unterbleibt dieser Hinweis oder erfolgt er **nicht sachgerecht,** so ist wegen der nicht erfüllten Hinweispflicht das unterlassene BEM dem Arbeitgeber rechtlich zuzurechnen und er unterliegt der erhöhten Darlegungs- und Beweislast, warum ein BEM in keinem Fall dazu hätte beitragen können, neuerlichen Krankheiten vorzubeugen und das Arbeitsverhältnis zu erhalten.[455]

Erfolgt dieser Hinweis des Arbeitgebers ordnungsgemäß und verweigert der Arbeitnehmer in Kenntnis dessen die Zustimmung zur Durchführung eines BEM oder bricht er dieses ab, wirkt sich dies in einem späteren Kündigungsschutzprozess tatsächlich ungünstig für ihn aus, wenn im Rahmen des BEM-Klärungsprozesses eine Beschäftigungsmöglichkeit hätte gefunden werden können, diese aber wegen des nicht durchgeführten BEM-Verfahrens unentdeckt bleibt. Da sich der Arbeitnehmer in einem späteren Kündigungsschutzprozess vor dem Arbeitsgericht nicht mehr auf Beschäftigungsmöglichkeiten berufen kann, die in einem ordnungsgemäßen BEM-Klärungsprozess hätten gefunden werden können, ist dem Arbeitnehmer zu raten, bei einem ordnungsgemäßen Angebot eines BEM durch den Arbeitgeber die Zustimmung möglichst nicht zu verweigern.

Zusammengefasst ergibt sich Folgendes: **138**

- Das BEM konkretisiert den Verhältnismäßigkeitsgrundsatz, der aber nicht allein dadurch verletzt wird, dass das BEM nicht durchgeführt wird. Vielmehr müssen Möglichkeiten der Weiterbeschäftigung bestehen.

---

[453] So auch vom Stein ZfA 2016, 549 (563) mwN; vgl. dazu auch BAG 18.11.2021 – 2 AZR 138/21, NZA 2022, 253 Rn. 42; LAG BW 10.2.2022 – 17 Sa 57/21, NZA-RR 2022, 405 Rn. 57.

[454] Vgl. zu dieser Hinweispflicht des Arbeitgebers: BAG 20.11.2014 – 2 AZR 755/13, NZA 2015, 612 Rn. 32 und ausführlich → Rn. 52 ff.

[455] BAG 20.11.2014 – 2 AZR 755/13, NZA 2015, 612 Rn. 39 mwN.

- Die Pflicht zur Durchführung des BEM hat Auswirkungen auf die Darlegungs- und Beweislast im Kündigungsschutzprozess.
- Wurde kein oder ein ungenügendes BEM durchgeführt, hat der Arbeitgeber darzulegen, weshalb denkbare oder aufgezeigte Alternativen mit Aussicht auf Reduzierung der Fehlzeiten nicht in Betracht kommen.
- Nach einem BEM mit negativem Ergebnis genügt der Hinweis darauf und auf fehlende andere Beschäftigungsmöglichkeiten. Der Arbeitnehmer muss dann im Einzelnen weitere Alternativen vortragen.
- Nach einem BEM mit positivem Ergebnis ist die Empfehlung grundsätzlich umzusetzen. Wird das nicht versucht und gekündigt, muss der Arbeitgeber darlegen, dass die Maßnahme undurchführbar war oder selbst die Umsetzung nicht zu einer Reduzierung der Ausfallzeiten geführt hätte.
- Bedarf die Empfehlung einer Einwilligung oder Initiative des Arbeitnehmers, kann der Arbeitgeber dafür eine angemessene Frist setzen. Läuft die Frist ergebnislos ab, ist eine angedrohte Kündigung nicht unverhältnismäßig.

VII. Bedeutung für das Zustimmungsverfahren nach den §§ 168 ff. SGB IX

In der verwaltungsgerichtlichen Rechtsprechung wird teilweise angenommen, dass ein unterlassenes Präventionsverfahren ein Verfahrensfehler ist und zur formellen Rechtswidrigkeit des Zustimmungsbescheides des Integrationsamtes führt.[456] Dieser Auffassung ist nicht zu folgen,[457] da es sich beim BEM nach § 167 Abs. 2 SGB IX nicht um eine formelle Wirksamkeitsvoraussetzung im Hinblick auf die Zulässigkeit der Kündigung handelt.[458] 139

Ist aber der kranke Beschäftigte schwerbehindert oder gleichgestellt, muss im Falle einer späteren Kündigung das **Integrationsamt** nach § 168 SGB IX der Kündigung zustimmen. Dieses entscheidet nach Ermessen und überprüft insbesondere jene Kündigungsgründe, die mit der Schwerbehinderung zusammenhängen.[459] Ist eine Zustimmung zur krankheitsbedingten Kündigung beantragt, muss das Integrationsamt seine Entscheidung danach ausrichten, ob die gesetzlich gebotenen Möglichkeiten zur Vermeidung der Kündigung eines schwerbehinderten oder gleichgestellten Beschäftigten ausgeschöpft worden sind. Zu diesen Möglichkeiten gehört auch die Durchführung des BEM nach § 167 Abs. 2 SGB IX.[460] 140

Daher führt die Nichtdurchführung des BEM vor Ausspruch einer krankheitsbedingten Kündigung regelmäßig zur **Aussetzung des Zustimmungsverfahrens** nach den §§ 168 ff. SGB IX und zur Aufforderung des Arbeitgebers durch das Integrationsamt, das Verfahren nach § 167 Abs. 2 SGB IX nachzuholen.[461] Dies gilt nur dann nicht, wenn die Kündigung auch bei Durchführung des BEM nicht hätte verhindert werden können.[462] Im Rahmen des Zustimmungsverfahrens nach §§ 168 ff. SGB IX ist es ermessensgerecht, wenn das Integrationsamt berücksichtigt, dass aufgrund der extrem langen Dauer einer Erkrankung und des unkooperativen Ver- 141

---

456 OVG MV 9.1.2003 – 2 M 105/03, br 2005, 143.

457 So auch BVerwG 29.8.2007 – 5 B 77/07, NJW 2008, 166 Rn. 5.

458 So auch BAG 28.6.2007 – 6 AZR 750/06, NZA 2007, 1049 (1053); 12.7.2007 – 2 AZR 716/06, NZA 2008, 173 (175 f.) jeweils mwN.

459 StRspr, vgl. nur BVerwG 19.10.1995 – 5 C 24/93, BVerwGE 99, 336 (338).

460 BVerwG 29.8.2007 – 5 B 77/07, NJW 2008, 166 Rn. 5.

461 Vgl. dazu auch Deinert NZA 2010, 969 (974) mwN.

462 BVerwG 19.8.2013 – 5 B 47/13 Rn. 12, wonach das BEM-Verfahren bei der Ermessensentscheidung des Integrationsamtes über die Zustimmung zur Kündigung nach § 168 SGB IX 2018 und unter dem Gesichtspunkt des Verhältnismäßigkeitsgrundsatzes gegebenenfalls zulasten des Arbeitgebers zu berücksichtigen ist, wenn bei gehöriger Durchführung des Präventionsverfahrens die Möglichkeit bestanden hätte, die Kündigung zu vermeiden.

haltens des Arbeitnehmers völlig ungewiss ist, ob und wann dieser gesundheitlich in der Lage sein würde, seine Tätigkeit für seinen Arbeitgeber wieder aufzunehmen.[463]

Praxistipp:
In jedem Fall sind, insbesondere bei schwerbehinderten Arbeitnehmern, die möglichen **begleitenden Hilfen im Arbeitsleben,** die das Integrationsamt nach § 185 Abs. 3 SGB IX erbringen kann, sorgfältig zu prüfen. Mit diesen können die Kosten für den Arbeitgeber ausgeglichen oder gemindert werden, die ihm durch eine behindertengerechte Umgestaltung des Arbeitsplatzes, die Qualifikation des schwerbehinderten Beschäftigten und durch eine wesentlich verminderte Leistungsfähigkeit des schwerbehinderten Beschäftigten entstehen (§ 185 Abs. 3 Nrn. 1a, 1e, 2a und 2b SGB IX).[464]

142 Bislang nicht abschließend geklärt ist, welche **Folgen die Zustimmung des Integrationsamtes in kündigungsschutzrechtlicher Hinsicht** hat. Das BAG hat in einer früheren Entscheidung im Hinblick auf das Präventionsverfahren gemäß § 167 Abs. 1 SGB IX die Auffassung vertreten, dass das Präventionsverfahren die Kündigung nicht hätte vermeiden können, wenn das Integrationsamt der Kündigung zugestimmt hat.[465] Dies soll dies auch für das BEM nach § 167 Abs. 2 SGB IX gelten, weil das Integrationsamt vor jeder Zustimmungsentscheidung eine intensive Prüfung nach §§ 168 ff. SGB IX durchführe und das Zustimmungsverfahren aussetzen könne, bis das BEM durchgeführt sei.[466] Nachdem es das BAG zunächst hat dahinstehen lassen, ob diese Rechtsprechung so zu verstehen sei, dass dem Arbeitgeber eine Vortragserleichterung allein aufgrund der Tatsache zukommt, dass das Integrationsamt der Kündigung zugestimmt hat,[467] geht das BAG inzwischen davon aus, dass die erhöhte Darlegungslast des Arbeitgebers, dass sich das Verhalten des Klägers auch durch ein Präventionsverfahren nach § 167 Abs. 1 SGB IX nicht positiv hätte beeinflussen lassen, nicht deshalb entfällt, weil das Integrationsamt der Kündigung zugestimmt hat.[468]

---

463 OVG Bln-Bbg 23.1.2013 – OVG 6 B 35.11 Rn. 18.

464 Vgl. umfassend zu diesen Hilfen der Integrationsämter Schmidt Schwerbehindertenarbeitsrecht § 1 Rn. 435 ff. und → Rn. 215 ff.

465 BAG 7.12.2006 – 2 AZR 182/06, NZA 2007, 617 Rn. 28.

466 LAG Nürnberg 21.6.2006 – 4 (9) Sa 933/05, NZA-RR 2007, 75 Rn. 45; Schiefer RdA 2016, 196 (203); Balders/Lepping NZA 2005, 854 (857); vgl. dazu auch Beyer/Jansen br 2010, 89 (93) mwN.

467 BAG 20.11.2014 – 2 AZR 664/13, NZA 2015, 931 Rn. 40, 41; 13.12.2018 – 2 AZR 378/18, NZA 2019, 1016 Rn. 34.

468 BAG 25.1.2018 – 2 AZR 382/17, NZA 2018, 845 Rn. 52.

Dieser Auffassung ist auch in Bezug auf das BEM zu folgen,[469] weil § 167 Abs. 1 SGB IX nach seinem Anwendungsbereich nur für schwerbehinderte Menschen gilt,[470] während das Erfordernis des BEM nach § 167 Abs. 2 SGB IX für alle Arbeitnehmer, auch für nicht schwerbehinderte Menschen, besteht. Würde es auf die Zustimmungsentscheidung des Integrationsamtes ankommen, so führt dies dazu, dass nicht behinderte Arbeitnehmer im Kündigungsschutzprozess bessergestellt wären, als schwerbehinderte Arbeitnehmer.[471] Insbesondere dann, wenn ein Bescheid des Integrationsamtes keine inhaltliche Prüfung von Beschäftigungsalternativen enthält, kommt einem solchen Bescheid keine Indizwirkung dafür zu, dass auch ein BEM kein positives Ergebnis hätte bringen können.[472] **143**

---

[469] So auch LAG BW 10.2.2022 – 17 Sa 57/21, NZA-RR 2022, 405 Rn. 69 (Revision eingelegt unter 2 AZR 162/22); vom Stein ZfA 2016, 549 (553); Düwell BB 2011, 2485 (2487); Deinert NZA 2010, 969 (974).

[470] BAG 7.12.2006 – 2 AZR 182/06, NZA 2007, 617 (619); vgl. auch Schmidt Schwerbehindertenarbeitsrecht § 1 Rn. 354 mwN.

[471] So zu Recht Beyer/Jansen br 2010, 89 (94); LAG BW 10.2.2022 – 17 Sa 57/21, NZA-RR 2022, 405 Rn. 69; LAG Düsseldorf 30.1.2009 – 9 Sa 699/08, LAGE § 1 KSchG Krankheit Nr. 44 Rn. 45; diese Entscheidung wurde zwar vom BAG mit Urteil vom 10.12.2009 – 2 AZR 198/09, NZA 2010, 639, aufgehoben und zur erneuten Entscheidung an das LAG zurückverwiesen; in diesem Punkt hat das BAG der Entscheidung des LAG Düsseldorf in seinem Urteil vom 10.12.2009 nicht widersprochen.

[472] LAG RhPf 26.1.2021 – 6 Sa 124/20 Rn. 56; LAG Düsseldorf 9.12.2020 – 12 Sa 554/20, NZA-RR 2021, 221 Rn. 78 – bestätigt durch BAG 18.11.2021 – 2 AZR 138/21, NZA 2022, 253.

VIII. Präventionsmaßnahmen, Rechtsansprüche der betroffenen Arbeitnehmer, Hilfen im BEM-Verfahren

144 Nach den Zielen, die mit dem BEM verfolgt werden, sollen im Rahmen eines BEM nach § 167 Abs. 2 SGB IX in einem regulären Suchprozess krankmachende betriebliche Arbeitsbedingungen identifiziert und reduziert werden. Im Rahmen des BEM-Klärungsprozesses spielen sowohl der Anspruch auf behinderungsgerechte Beschäftigung gemäß § 164 Abs. 4 SGB IX bei schwerbehinderten und gleichgestellten Arbeitnehmern sowie bei nicht behinderten Beschäftigten der Anspruch auf eine leidensgerechte Beschäftigung gemäß § 241 Abs. 2 BGB iVm § 611 Abs. 1 BGB eine wichtige Rolle. Die in § 167 Abs. 2 SGB IX vorgesehene Klärung, wie die Arbeitsunfähigkeit möglichst überwunden werden kann, erfordert insbesondere bei schwerbehinderten Arbeitnehmern und ihnen gleichgestellten Beschäftigten die Prüfung, ob die Arbeitsunfähigkeit durch eine iSv § 164 Abs. 4 SGB IX leidensgerechte Beschäftigung überwunden werden kann. Nach der arbeitsgerichtlichen Rechtsprechung ist im BEM-Verfahren somit zu prüfen, ob der Personaleinsatz umorganisiert und ein leidensgerechter Arbeitsplatz durch Ausübung des Direktionsrechts frei gemacht werden kann.[473]

1. Situationsanalyse und Gefährdungsbeurteilung des Arbeitsplatzes

145 Als **erste Maßnahme** in einem **BEM-Verfahren** sollte regelmäßig der konkrete Arbeitsplatz des betroffenen Arbeitnehmers im Rahmen einer **Situationsanalyse** daraufhin überprüft werden, ob belastende physische oder psychische Arbeitsbedingungen[474] vorliegen, und eine realistische **Gefährdungsbeurteilung** erstellt werden, um den Gestaltungs- bzw. Veränderungsbedarf zu ermitteln.[475] Gefährdungsbeurteilungen sind eine wesentliche Grundlage für zielgerichtete betriebliche Präventionsmaßnah-

[473] BAG 20.11.2014 – 2 AZR 664/13, NZA 2015, 931 Rn. 15, 46; 13.5.2015 – 2 AZR 565/14, NZA 2015, 1249 Rn. 34; vom Stein ZfA 2016, 549 (560); LAG BW 10.2.2022 – 17 Sa 57/21, NZA-RR 2022, 405 Rn. 58; vgl. dazu auch ausführlich → Rn. 191 ff.

[474] Vgl. besonders zur zunehmenden Bedeutung der Psyche im Gesundheitsschutz: Balikcioglu NZA 2015, 1424 ff.; SRS Gesundheitsmanagement/Kittelmann u.a. § 20 Rn. 1 ff.

[475] Vgl. zur praktischen Umsetzung der Situationsanalyse und der erforderlichen Maßnahmen unter Berücksichtigung verschiedener Erkrankungsbilder: Feldes/Niehaus/Faber/Szymanski/Lange/Kolbe, Werkbuch, S. 206 ff.

men und spielen daher auch im Rahmen des BEM nach § 167 Abs. 2 SGB IX eine wichtige Rolle. Zu einer solchen Gefährdungsbeurteilung ist der Arbeitgeber ohnehin nach § 5 ArbSchG verpflichtet, wonach der Arbeitgeber durch eine Beurteilung der für die Beschäftigten mit ihrer Arbeit verbundenen Gefährdungen zu ermitteln hat, welche Maßnahmen des Arbeitsschutzes erforderlich sind.[476]

Ohne dass eine solche Gefährdungsbeurteilung nach § 5 ArbSchG erstellt wird, hat sich in der Praxis des betrieblichen Eingliederungsmanagements (BEM) nach § 167 Abs. 2 SGB IX – vor allem in kleineren und mittleren Betrieben[477] – eine **„gesundheitliche Arbeitsplatzbeschreibung" (Anforderungsprofil)** als hilfreich erwiesen, die die Anforderungen des Arbeitsplatzes an die Gesundheit erfasst, damit diese dann im BEM-Prozess bewertet und mit den durch die Ärzte festgestellten gesundheitlichen Fähigkeiten des Mitarbeiters **(Fähigkeitsprofil)** verglichen werden können.[478] Eine solche **Arbeitsplatzbeschreibung** kann folgende Fragen beantworten: **146**

- Welche gesundheitlichen Anforderungen stellt der zu besetzende Arbeitsplatz an einen Arbeitnehmer?
- Ist die Tätigkeit mit besonderen Anforderungen an das Konzentrations-/Reaktions-, Umstellungs- und Anpassungsvermögen, mit Verantwortung für Personen und Maschinen, mit Publikumsverkehr, mit der Überwachung und/oder der Steuerung komplexer Arbeitsvorgänge verbunden?
- Ist der Arbeitsplatz mit ständigem Gehen, Stehen oder Sitzen verbunden oder handelt es sich um eine Tätigkeit in wechselnden Körperhaltungen?
- Ist die Tätigkeit mit besonderen Belastungsfaktoren verbunden, wie etwa mit Nässe, Kälte, Zugluft, extrem schwankenden Temperaturen, inhalativen Belastungen, Allergenen, Lärm, Erschütterungen, Vibrationen oder Tätigkeiten mit erhöhter Unfallgefahr?

---

[476] Vgl. ausführlich zur Gefährdungsbeurteilung, der Vorgehensweise und den Methoden: SRS Gesundheitsmanagement/Kittelmann § 20 Rn. 12 ff. und insbesondere zur Gefährdungsbeurteilung bei psychischer Belastung: Balikcioglu NZA 2015, 1424 (1426); SRS Gesundheitsmanagement/Schütte § 20 Rn. 32 ff.; Feldes/Niehaus/Faber/Szymanski/Lange/Kolbe, Werkbuch, S. 216, 217; vgl. auch Feldes/Niehaus/Faber/Nebe, Werkbuch, S. 194, 195, die das BEM als nachgeholte bzw. angepasste Gefährdungsbeurteilung im Einzelfall ansieht.

[477] Vgl. zu BEM in kleineren und mittleren Betrieben Feldes/Niehaus/Faber/Richter, Werkbuch, S. 232 ff.

[478] Alternativ dazu wird aus der Sicht eines Betriebsarztes das „Profilvergleichsverfahren" – PVV – als ein IT-basiertes System empfohlen, um den Mitarbeitereinsatz standardisiert und nach objektiven Kriterien entsprechend den Anforderungen am Arbeitsplatz sicherzustellen: vgl. dazu SRS Gesundheitsmanagement/Tilling § 21 Rn. 183 ff.

- Handelt es sich um Schichtarbeit oder eine Tätigkeit mit häufig wechselnden Arbeitszeiten?
- Ist die Tätigkeit mit Heben oder Tragen verbunden, wenn ja – welche Lasten sind zu heben und/oder zu tragen?
- Handelt es sich um eine körperlich leichte oder schwere Tätigkeit?
- Ist der Arbeitsplatz mit Zwangshaltungen verbunden?
- Bestehen besondere Anforderungen an die Gebrauchsfähigkeit der Hände, ist häufiges Bücken erforderlich oder das Ersteigen von Treppen, Leitern und Gerüsten?

147 So kann etwa in allen Fällen **lang andauernder Wirbelsäulenerkrankungen,** auf denen ein erheblicher Teil der längeren Arbeitsunfähigkeitszeiten beruht, im BEM-Verfahren gezielt geprüft werden, ob am Arbeitsplatz die **Lastenhandhabungsverordnung** beachtet wird. Typischerweise lässt sich bei orthopädischen Beeinträchtigungen – etwa bei Wirbelsäulenerkrankungen – durch die Vermeidung der belastenden Tätigkeit, durch die Unterstützung durch geeignete Hilfs- und Hebemittel – wie etwa **Hebehilfen** – sowie durch Veränderungen der Arbeitsorganisation, etwa dahin, dass der Betroffene vom Heben und Tragen schwerer Lasten ausgenommen wird, ein positives Ergebnis erzielen.[479] Das BEM lässt den Beteiligten insoweit jeden erdenklichen Spielraum. Es soll erreicht werden, dass keine vernünftigerweise in Betracht kommende zielführende Möglichkeit ausgeschlossen wird. Gesetzliche Anforderungen an die Gestaltung der Arbeit ergeben sich in diesem Zusammenhang aus der **Lastenhandhabungsverordnung** sowie deren Anhang, der Kriterien enthält, aus denen sich eine Gefährdung ergeben kann. Aus diesen Kriterien ergeben sich wiederum Ansatzpunkte zur Verminderung der Belastung.[480]

148 Auch bei **psychischen Erkrankungen** kann ein Unternehmen gefährdende Faktoren am Arbeitsplatz identifizieren. Hierzu sind verschiedene Methoden zur Beurteilung einer psychischen Gefährdung am Arbeitsplatz entwickelt worden, wie etwa Fragebögen, Beobachtungsinterviews, standardisierte schriftliche Mitarbeiterbefragungen oder moderierte Analyseworkshops.[481]

---

[479] Darauf weist Kohte in Forum B, Institut für Qualitätssicherung und Rehabilitation an der Deutschen Sporthochschule Köln unter www.iqpr.de, Nr. 9/2006, S. 4 zu Recht hin; vgl. dazu auch LAG SchlH 22.9.2015 – 1 Sa 48 a/15, NZA-RR 2016, 250 Rn. 65; vgl. zur Situationsanalyse und den empfohlenen Maßnahmen bei Muskoloskelettalen Erkrankungen Feldes/Niehaus/Faber/Szymanski/Lange/Kolbe, Werkbuch, S. 215.

[480] Vgl. zur Lastenhandhabungsverordnung SRS Gesundheitsmanagement/Pieper § 12 Rn. 231 ff.; Feldes/Niehaus/Faber/Nebe, Werkbuch, S. 200.

[481] Balikcioglu NZA 2015, 1424 (1426 f.) mit Praxisbeispielen; SRS Gesundheitsmanagement/Beck/Schuller/Morschhäuser § 20 Rn. 78 ff.

2. BEM und behinderungsgerechte Beschäftigung

Nach Erfassung und Bewertung arbeitsbedingter Gesundheitsgefahren hat eine entsprechende **Änderung der Arbeitsbedingungen** oder des **Arbeitsplatzes** zu erfolgen, wenn diese im Hinblick auf die Auswirkungen einer Erkrankung oder Behinderung angepasst werden müssen, um so die Arbeitsunfähigkeit zu überwinden, zukünftige Arbeitsunfähigkeit zu vermeiden und so das in § 167 Abs. 2 S. 1 SGB IX geregelte Ziel des BEM-Verfahrens zu erreichen. 149

Praxistipp:
Ist im BEM-Verfahren eine Möglichkeit zur Beseitigung der Arbeitsunfähigkeit der betroffenen Person gemeinsam von allen Beteiligten gefunden worden, so ergibt sich daraus für den Arbeitgeber die Pflicht, deren Umsetzung zu prüfen. Dabei sind die Arbeitsvertragsparteien nach § 241 Abs. 2 BGB zu leistungssichernden Maßnahmen und Beseitigung von Erfüllungshindernissen verpflichtet, so dass der Arbeitgeber aufgrund seiner Fürsorgepflicht (§ 241 Abs. 2 BGB) – soweit rechtlich möglich und zumutbar – die empfohlene Maßnahme auch umzusetzen hat.[482]

Bei einer **Schwerbehinderung oder Gleichstellung** des betroffenen Arbeitnehmers sind dabei die sich aus § 164 Abs. 4 SGB IX ergebenden Rechtsansprüche zu berücksichtigen und erfordern die Prüfung, ob die Arbeitsunfähigkeit durch eine leidensgerechte Beschäftigung iSv § 164 Abs. 4 SGB IX überwunden werden kann.[483] Ist der schwerbehinderte Arbeitnehmer nicht mehr in der Lage, die im Arbeitsvertrag vereinbarte Arbeit wegen Art oder Schwere seiner Behinderung zu verrichten, führt dieser Verlust nicht ohne weiteres zum Wegfall des Beschäftigungsanspruchs. Der **schwerbehinderte oder gleichgestellte**[484] **Arbeitnehmer** hat vielmehr **Anspruch auf eine anderweitige behinderungsgerechte Beschäftigung** nach § 164 Abs. 4 S. 1 SGB IX und soweit der bisherige Arbeitsvertrag diese Beschäftigungsmöglichkeit nicht abdeckt, auf eine entsprechende Vertragsänderung.[485] 150

---

[482] BAG 13.8.2009 – 6 AZR 330/08, NZA-RR 2010, 420 Rn. 31; 19.5.2010 – 5 AZR 162/09, NZA 2010, 1119 Rn. 28; vgl. auch LAG RhPf 25.2.2013 – 6 Sa 441/12 Rn. 91; LPK-SGB IX/Düwell § 167 Rn. 132.

[483] So auch BAG 20.11.2014 – 2 AZR 664/13, NZA 2015, 931 Rn. 46 mwN; LAG BW 10.2.2022 – 17 Sa 57/21, NZA-RR 2022, 405 Rn. 58.

[484] Der Beschäftigungsanspruch nach § 164 Abs. 4 SGB IX gilt über § 151 Abs. 3 SGB IX auch für Gleichgestellte iSv § 2 Abs. 3 SGB IX.

[485] BAG 10.5.2005 – 9 AZR 230/04, NZA 2006, 155 (158); 4.10.2005 – 9 AZR 632/04, NZA 2006, 442 (444); 14.3.2006 – 9 AZR 411/05, NZA 2006, 1214 Rn. 18; 15.10.2013 – 1 ABR 25/12, NZA 2014, 214 Rn. 24; 20.11.2014 – 2 AZR 664/13, NZA

151 Der Anspruch des **schwerbehinderten bzw. gleichgestellten Arbeitnehmers im Rahmen eines BEM** erstreckt sich darauf,

- den bereits vom schwerbehinderten bzw. gleichgestellten Menschen besetzten Arbeitsplatz entsprechend auszustatten (§ 164 Abs. 4 S. 1 Nr. 5 SGB IX),
- den Arbeitsplatz behinderungsgerecht einzurichten und ggf. umzugestalten (§ 164 Abs. 4 S. 1 Nr. 4 SGB IX),
- dem schwerbehinderten bzw. gleichgestellten Beschäftigten einen anderen freien Arbeitsplatz zuzuweisen bzw. durch Ausübung des Direktionsrechts und/oder Versetzung eines anderen Arbeitnehmers einen leidensgerechten Arbeitsplatz freizumachen (§ 164 Abs. 4 S. 1 Nr. 1 SGB IX) oder aber auch
- dem schwerbehinderten bzw. gleichgestellten Menschen die als Rechtsanspruch ausgestaltete Möglichkeit einer Beschäftigung in zeitlich reduziertem Umfang zu geben (§ 164 Abs. 5 S. 3 SGB IX).[486]

152 **a) Ausstattung und Gestaltung behinderungsgerechter Arbeitsplätze (§ 164 Abs. 4 S. 1 Nr. 4 und 5 SGB IX).** Der Arbeitsplatz eines schwerbehinderten oder gleichgestellten Arbeitnehmers ist individuell mit den **erforderlichen technischen Hilfsmitteln** auszustatten, die dem schwerbehinderten Beschäftigten unter Berücksichtigung seiner Behinderung und ihrer Auswirkungen auf die Beschäftigung seine Tätigkeit überhaupt erst ermöglichen oder erleichtern (§ 164 Abs. 4 S. 1 Nr. 5 SGB IX).[487] Darauf besteht ein **klagbarer Anspruch** des **schwerbehinderten oder gleichgestellten** behinderten **Beschäftigten.**[488]

2015, 931 Rn. 25; 3.12.2019 – 9 AZR 78/19, NZA 2020, 578 Rn. 24 mwN; LAG Köln 21.9.2012 – 5 Sa 187/12; HessLAG 5.11.2012 – 21 Sa 593/10 Rn. 26 mAnm Beyer jurisPR-ArbR 21/2013, Anm. 4; LAG RhPf 20.2.2013 – 8 Sa 512/12 Rn. 31; LAG SchlH 17.12.2013 – 1 Sa 175/13 Rn. 54; LAG Hmb 15.4.2015 – 5 Sa 107/12, br 2016, 19 Rn. 24; HessLAG 2.11.2015 – 16 Sa 473/15, br 2016, 87 Rn. 25; LAG RhPf 21.4.2016 – 5 Sa 243/15 Rn. 65; vgl. zusammenfassend LAG Köln 18.6.2020 – 8 Sa 27/18 Rn. 291 mwN und ausführlich → Rn. 166 ff.

[486] BAG 20.11.2014 – 2 AZR 664/13, NZA 2015, 931 Rn. 46 mwN; LAG BW 10.2.2022 – 17 Sa 57/21, NZA-RR 2022, 405 Rn. 58; vgl. ausführlich zum Anspruch des schwerbehinderten bzw. gleichgestellten Menschen auf Teilzeitbeschäftigung Schmidt Schwerbehindertenarbeitsrecht § 1 Rn. 320.

[487] BAG 28.4.1998 – 9 AZR 348/97, EzA SchwbG § 14 Nr. 5; 14.3.2006 – 9 AZR 411/05, NZA 2006, 1214 Rn. 18.

[488] BAG 4.10.2005 – 9 AZR 632/04, NZA 2006, 442 (444 f.) mwN; Rolfs/Paschke BB 2002, 1260 (1263).

Praxistipp:
Erfüllt der Arbeitgeber schuldhaft seine Verpflichtung zur Ausstattung des Arbeitsplatzes mit den erforderlichen technischen Hilfsmitteln nicht, ist er dem Arbeitnehmer zum **Schadensersatz** verpflichtet, der in der Regel in dem **Verdienstausfall** liegt, der dem Arbeitnehmer entsteht, weil er ohne technische Ausstattung seine Arbeitsleistung nicht erbringen kann.[489]

Zur **behindertengerechten Ausstattung** des Arbeitsplatzes gehören zB **153**

- spezielle Sehhilfen,
- Hebe- und Drehvorrichtungen,
- Arbeitsstühle und
- Einrichtungen zur Verringerung des Kraftaufwandes.

Darüber hinaus gibt § 164 Abs. 4 S. 1 Nr. 4 SGB IX dem schwerbehinderten Arbeitnehmer einen klagbaren Rechtsanspruch[490] auf **behindertengerechte Einrichtung und Unterhaltung der Arbeitsstätten** einschließlich der Betriebsanlagen, Maschinen und Geräte sowie der **Gestaltung der Arbeitsplätze,** des **Arbeitsumfeldes,** der **Arbeitsorganisation** und der **Arbeitszeit,** unter besonderer Berücksichtigung der Unfallgefahr. **154**

Aus § 164 Abs. 4 S. 1 Nr. 4 SGB IX ergibt sich auch die grundsätzliche Verpflichtung des Arbeitgebers, **PKW-Stellplätze** für schwerbehinderte Beschäftigte in der Nähe des Arbeitsplatzes zur Verfügung zu stellen.[491] Zur behindertengerechten Einrichtung und Unterhaltung der Arbeitsstätten in **räumlicher** Hinsicht können des Weiteren gehören: **155**

- Rollstuhlfahrerrampen,
- barrierefreie Zugänge zu den Betriebsanlagen und
- entsprechende behindertengerechte Gestaltung der sanitären Einrichtungen sowie Pausen- und Erholungsräume,
- die Einrichtung eines Heimarbeitsplatzes[492]
- oder aber auch die Beschäftigung in einer anderen Filiale.[493]

---

[489] BAG 23.1.2001 – 9 AZR 287/99, NZA 2001, 1020 und ausführlich → Rn. 222 ff.

[490] BAG 4.10.2005 – 9 AZR 632/04, NZA 2006, 442 (444 f.); Rolfs/Paschke BB 2002, 1260 (1263); ErfK/Rolfs SGB IX § 164 Rn. 13.

[491] Vgl. dazu und zu weiteren Einzelfällen der technischen Ausstattung Neumann/Pahlen/Greiner/Winkler/Jabben/Neumann SGB IX § 164 Rn. 39 ff. mwN.

[492] LAG Nds 6.12.2010 – 12 Sa 860/10 mAnm Beyer jurisPR-ArbR 19/2011, Anm. 4; LAG Hmb 15.4.2015 – 5 Sa 107/12, br 2016, 19 Rn. 24; Beyer/Wocken DB 2013, 2270 (2271).

[493] LAG Hmb 15.4.2015 – 5 Sa 107/12, br 2016, 19 Rn. 24, 25; Beyer/Wocken DB 2013, 2270 (2271).

156 Bei der **sachlichen und technischen** Ausstattung des Betriebes sind zB besondere Sitzgelegenheiten und behinderungsgerechte Werkzeuge und Maschinen zur Verfügung zu stellen. Eine notwendige **Umgestaltung von Arbeitsabläufen** muss bei spezifischen Behinderungen wie zB Anfallskranken, Epileptikern, Blinden oder Gehörlosen erfolgen.

Praxistipp:
Welche **Anforderungen an eine behindertengerechte Ausstattung** des Arbeitsplatzes zu stellen sind, kann nur im jeweiligen Einzelfall und am sinnvollsten in Zusammenarbeit mit dem zuständigen Integrationsamt und seinen technischen Fachdiensten geklärt werden.[494]

157 Unter die Verpflichtung des Arbeitgebers aus § 164 Abs. 4 S. 1 Nr. 4 SGB IX fällt auch die **behinderungsgerechte Gestaltung** der **Arbeitszeit.** Das kann im Einzelfall neben der **Befreiung von Nachtarbeit und/ oder Bereitschaftsdienst** auch zur Einhaltung einer 5-Tage-Woche durch den schwerbehinderten Arbeitnehmer führen.[495]

158 Die wichtigste Aufgabe ist allerdings die auf den einzelnen behinderten Menschen zugeschnittene **Gestaltung des Arbeitsplatzes.** Sie wird sich immer auf die jeweilige Funktionseinschränkung bzw. Funktionsschwäche beziehen müssen.

159 Dem **Arbeits- und Gesundheitsschutz** ist **für bereits gesundheitsgeschädigte Arbeitnehmer** durch den Arbeitgeber besondere Aufmerksamkeit zu widmen. Dabei geht es in der Hauptsache darum, dass zu den bereits bestehenden gesundheitlichen Schäden und Behinderungen nicht noch weitere hinzukommen. Aus diesem Grunde hat der Gesetzgeber die Arbeitgeber verpflichtet, die Arbeitsräume, Betriebsvorrichtungen, Maschinen und Gerätschaften unter besonderer Berücksichtigung der Unfallgefahr so einzurichten, dass schwerbehinderte Menschen möglichst gefahrlos beschäftigt werden können.

160 Nach § 164 Abs. 4 S. 3 SGB IX **scheidet ein Anspruch** des schwerbehinderten Menschen auf Ausstattung des Arbeitsplatzes mit den erforderlichen technischen Hilfsmitteln und die behinderungsgerechte Gestaltung und Ausstattung der Arbeitsbedingungen und des Arbeitsplatzes **aus,** wenn die Forderung für den Arbeitgeber

---

494 Vgl. zu den möglichen finanziellen Hilfen für die behinderungsgerechte Einrichtung und Gestaltung der Arbeitsplätze ausführlich → Rn. 215 ff.

495 BAG 3.12.2002 – 9 AZR 462/01, AP SGB IX § 124 Nr. 1 = NZA 2004, 1219 für eine Krankenhausärztin; LAG Köln 15.3.2006 – 3 Sa 1593/05; vgl. auch Beyer/Wocken DB 2013, 2270 (2271).

- unzumutbar oder
- nur mit unverhältnismäßigen Mitteln zu verwirklichen ist oder
- die staatlichen oder berufsgenossenschaftlichen Arbeitsschutzvorschriften oder beamtenrechtliche Vorschriften entgegenstehen.

Die **Zumutbarkeit** bei der Ausgestaltung des Betriebes und der Arbeitsplätze ist auch **von der finanziellen Leistungsfähigkeit** des Arbeitgebers **abhängig.**[496] Zu berücksichtigen ist darüber hinaus, dass der Arbeitgeber nach § 185 Abs. 3 Nr. 2a SGB IX vom Integrationsamt zur behindertengerechten Einrichtung von Arbeits- und Ausbildungsplätzen für schwerbehinderte Menschen Geldleistungen aus den Mitteln der Ausgleichsabgabe (§ 160 Abs. 5 SGB IX) als Zuschuss oder Darlehen erhalten kann.[497] Diese Hilfen setzen keinen Arbeitsplatz nach § 156 SGB IX voraus, sondern sind auch für schwerbehinderte Menschen auf Stellen nach § 156 Abs. 2 Nrn. 1–5 SGB IX zu gewähren.[498] **161**

Praxistipp:
Für die erforderlichen Hilfsmittel zur behinderungsgerechten Ausstattung und Gestaltung des Arbeitsplatzes bzw. des Arbeitsumfeldes kann der **Arbeitgeber** von den Rehabilitationsträgern und/oder dem Integrationsamt **finanzielle Hilfen** erhalten. Ruft der Arbeitgeber die Unterstützung der Bundesagentur für Arbeit und der Integrationsämter nicht ab, so kann er sich nicht auf eine Unzumutbarkeit iSv § 164 Abs. 4 S. 3 SGB IX berufen.[499]

Die **erforderliche Maßnahme** ist dann **dem Arbeitgeber nicht** mehr **zumutbar,** wenn **162**

- die Kosten für den Arbeitgeber – trotz der möglichen finanziellen Unterstützung durch das Integrationsamt oder sonstige Rehabilitationsträger – unverhältnismäßig hoch wären,[500]
- die wirtschaftliche Lage des einzelnen Unternehmens sie nicht zulässt,
- andere Arbeitsplätze durch sie gefährdet würden,
- die Belegschaft durch sie unzumutbar belastet würden[501]
- oder andere Mitarbeiter entlassen werden müssten.[502]

---

[496] ErfK/Rolfs SGB IX § 164 Rn. 14, 15.

[497] Vgl. dazu → Rn. 215 ff.

[498] BVerwG 14.11.2003 – 5 C 13/02, NJW 2004, 2256 für blinde Pfarrvikarin; SchlHOVG 25.4.2001 – 2 L 35/01, NVwZ-RR 2002, 206 für einen Soldaten.

[499] ArbG Berlin 4.11.2011 – 28 Ca 8209/11 Rn. 64.

[500] Vgl. dazu Mückl/Hiebert NZA 2010, 1259 (1260) mwN.

[501] ErfK/Rolfs SGB IX § 164 Rn. 14.

[502] LAG Hmb 15.4.2015 – 5 Sa 107/12, br 2016, 19 Rn. 35.

163 Das ist beispielsweise der Fall, wenn eine Maßnahme einen erheblichen finanziellen Aufwand erfordert und das Arbeitsverhältnis des schwerbehinderten Menschen in absehbarer Zeit aufgrund von Befristung oder Erreichens der Altersgrenze endet.[503] Die in einem **Wechselschichtbetrieb** auftretende überproportionale Belastung anderer Arbeitnehmer mit Nachtschichten stellt dagegen noch keine Unzumutbarkeit dar.[504]

164 Die **wirtschaftliche Lage** des **Gesamtunternehmens,** nicht nur eines Betriebsteils oder eines Betriebes innerhalb eines Unternehmens, ist u.a. dann unzumutbar belastet, wenn die Maßnahme nur unter der **Gefahr des Arbeitsplatzverlustes** durchführbar ist oder sie zu unzumutbaren Belastungen anderer Arbeitnehmer des Unternehmens führen würde.[505]

165 Schließlich braucht der Arbeitgeber den Anspruch nicht zu erfüllen, soweit staatliche oder berufsgenossenschaftliche Arbeitsschutzvorschriften oder beamtenrechtliche Vorschriften[506] entgegenstehen. Der Anspruch des schwerbehinderten Menschen besteht nur im Rahmen dieser EU-Richtlinien, Gesetze, Verordnungen und Satzungen der Berufsgenossenschaften.[507]

Praxistipp:

Nach § 164 Abs. 4 S. 2 SGB IX unterstützen die **Bundesagentur für Arbeit** und die **Integrationsämter** die Arbeitgeber bei der Durchführung der Maßnahmen nach den Nummern 1, 4 und 5 unter Berücksichtigung der für die Beschäftigung wesentlichen Eigenschaften der schwerbehinderten Menschen.[508] Die Hilfestellung kann in fachlichem Rat bestehen, wobei auch die **Integrationsfachdienste** (§§ 192 ff. SGB IX) mit ihrem besonderen Sachverstand durch die Integrationsämter herangezogen werden können.[509]

---

[503] ErfK/Rolfs SGB IX § 164 Rn. 15.

[504] LAG RhPf 3.2.2005 – 4 Sa 900/04.

[505] ErfK/Rolfs SGB IX § 164 Rn. 14; Rolfs/Paschke BB 2002, 1260 (1263) mwN.

[506] § 164 Abs. 3 und 4 SGB IX gilt auch für Beamte und Soldaten, da es eine unionsrechtswidrige Benachteiligung wäre, diesen Beschäftigtengruppen gesetzlich eingeräumte Begünstigungen vorzuenthalten, durch die Nachteile aufgrund der Schwerbehinderung verhindert oder ausgeglichen werden sollen: vgl. BVerwG 3.3.2011 – 5 C 16.10, NJW 2011, 2452 Rn. 17; 15.12.2011 – 2 A 13/10, NVwZ-RR 2012, 320; Neumann/Pahlen/Greiner/Winkler/Jabben/Greiner SGB IX § 164 Rn. 37, str.; aA BAG 6.9.1966 – 1 AZR 466/65, AP SchwBeschG § 12 Nr. 5.

[507] ErfK/Rolfs SGB IX § 164 Rn. 16.

[508] Vgl. dazu Neumann/Pahlen/Greiner/Winkler/Jabben/Greiner SGB IX § 164 Rn. 44.

[509] Vgl. dazu auch → Rn. 112 ff.

b) Beschäftigungsanspruch nach § 164 Abs. 4 S. 1 Nr. 1 SGB IX. § 164 Abs. 4 S. 1 SGB IX regelt in der Nr. 1 den Rechtsanspruch der schwerbehinderten Menschen[510] auf eine behinderungsgerechte **Beschäftigung,** bei der sie ihre **Fähigkeiten und Kenntnisse möglichst voll verwerten und weiterentwickeln** können. Nach § 164 Abs. 4 S. 3 SGB IX steht dieser besonders kodifizierte Beschäftigungsanspruch allerdings unter dem Vorbehalt, dass seine Erfüllung für den Arbeitgeber zumutbar und nicht mit unverhältnismäßig hohen Aufwendungen verbunden sein muss. 166

Der Arbeitgeber erfüllt den Beschäftigungsanspruch nach § 164 Abs. 4 S. 1 Nr. 1 SGB IX regelmäßig dadurch, dass er dem Arbeitnehmer die im Arbeitsvertrag vereinbarte Arbeit zuweist. Dabei erstreckt sich der Anspruch auch darauf, dass der bereits vom schwerbehinderten Mitarbeiter besetzte Arbeitsplatz entsprechend behinderungsgerecht mit den erforderlichen technischen Arbeitshilfen ausgestattet (§ 164 Abs. 4 S. 1 Nr. 5 SGB IX) bzw. eingerichtet und ggf. umgestaltet wird (§ 164 Abs. 4 S. 1 Nr. 4 SGB IX). 167

Kann der schwerbehinderte Arbeitnehmer die konkret zugewiesenen Tätigkeiten wegen seiner Behinderung nicht mehr wahrnehmen, 168

▶ so führt dieser Verlust nach der Konzeption des § 164 Abs. 4 SGB IX nicht ohne weiteres zum Wegfall des Beschäftigungsanspruchs. Der schwerbehinderte Arbeitnehmer hat vielmehr **Anspruch auf eine anderweitige behinderungsgerechte Beschäftigung** und, soweit der bisherige Arbeitsvertrag diese Beschäftigungsmöglichkeiten nicht abdeckt, auf eine **entsprechende Vertragsänderung.**[511]

§ 164 Abs. 4 SGB IX begründet damit einen den Rahmen des Arbeitsvertrages übersteigenden **Anspruch auf Nutzung aller dem Arbeitgeber zumutbaren Möglichkeiten zur behinderungsgerechten Beschäftigung.** Da das betriebliche Eingliederungsmanagement auch dazu dient, zur Re-Integration arbeitsunfähiger Arbeitnehmer etwaige **Möglichkeiten der Umorganisation** zu **prüfen,** um einer Kündigung entgegenzuwirken – einschließlich des Freimachens von Arbeitsplätzen durch **Umsetzungen**[512] – reicht es also nicht aus, wenn lediglich die Anpassung des bisherigen Arbeitsplatzes geprüft wird. Der Arbeitgeber muss dem Arbeitneh- 169

---

[510] Der Beschäftigungsanspruch nach § 164 Abs. 4 SGB IX gilt über § 151 Abs. 3 SGB IX auch für Gleichgestellte iSv § 2 Abs. 3 SGB IX.

[511] BAG 4.10.2005 – 9 AZR 632/04, NZA 2006, 442 (444); 10.5.2005 – 9 AZR 230/04, NZA 2006, 155 (158); 14.3.2006 – 9 AZR 411/05, NZA 2006, 1214 Rn. 18; 3.12.2019 – 9 AZR 78/19, NZA 2020, 578 Rn. 24 mwN; LAG Köln 21.9.2012 – 5 Sa 187/12; HessLAG 5.11.2012 – 21 Sa 593/10 Rn. 26; LAG RhPf 20.2.2013 – 8 Sa 512/12 Rn. 31; 3.3.2016 – 5 Sa 341/15 Rn. 65 mwN; vgl. zusammenfassend LAG Köln 18.6.2020 – 8 Sa 27/18 Rn. 291.

[512] BAG 23.4.2008 – 2 AZR 1012/06, NZA-RR 2008, 515; 20.11.2014 – 2 AZR 664/13, NZA 2015, 931 Rn. 15 mwN.

mer vielmehr auch mitteilen, welche – auch besetzten Arbeitsplätze – für eine Versetzungsmaßnahme in Betracht kommen. Sodann ist **im Rahmen des BEM-Verfahrens zu prüfen,** ob bei einer etwaigen Versetzung ebenfalls mit erheblichen Ausfallzeiten zu rechnen oder eine positive Zukunftsprognose abgegeben werden kann, und **ob eine solche Maßnahme möglich und dem Arbeitgeber zumutbar** ist.[513]

Praxistipp:

Die Verpflichtung zur behinderungsgerechten Beschäftigung nach § 164 Abs. 4 S. 1 SGB IX geht **über die Verpflichtung des Arbeitgebers zur vertragsgemäßen Beschäftigung hinaus**. Denn der Arbeitgeber ist hierbei verpflichtet, den Arbeitsplatz bzw. die Arbeitsorganisation ggf. (um-) zu gestalten, um den Beschäftigungsanspruch des schwerbehinderten Menschen zu erfüllen. Soweit der bisherige Arbeitsvertrag diese Beschäftigungsmöglichkeit nicht erfasst, können daher schwerbehinderte Menschen bis zur Grenze der Zumutbarkeit die Durchführung des Arbeitsverhältnisses entsprechend ihrer gesundheitlichen Situation verlangen.[514]

Die Rücksichtnahmepflicht des Arbeitgebers nach § 241 Abs. 2 BGB, wonach jede Partei des Arbeitsvertrages zur Rücksichtnahme auf die Rechte, Rechtsgüter und Interessen ihres Vertragspartners verpflichtet ist, begründet dagegen keine Verpflichtung zu einer vertragsfremden Beschäftigung des Arbeitnehmers. Der Arbeitgeber kann im Rahmen der Rücksichtnahmepflicht lediglich gehalten sein, dem Wunsch des Arbeitnehmers nach einer Vertragsänderung nachzukommen, insbesondere, wenn andernfalls ein dauerhaftes Unvermögen des Arbeitnehmers droht.[515]

170 Ein Arbeitgeber ist zwar **nicht verpflichtet,** für den schwerbehinderten Menschen einen **zusätzlichen Arbeitsplatz einzurichten,**[516] muss aber

[513] BAG 20.11.2014 – 2 AZR 664/13, NZA 2015, 931 Rn. 25 mwN; LAG Bln-Bbg 17.8.2009 – 10 Sa 592/09 Rn. 28 unter Hinweis auf LAG Düsseldorf 30.1.2009 – 9 Sa 699/08; HessLAG 21.3.2013 – 5 Sa 842/11 Rn. 38 ff.; 11.12.2013 – 12 Sa 1436/11 Rn. 21; LAG SchlH 17.12.2013 – 1 Sa 175/13 Rn. 54; LAG Köln 28.8.2014 – 7 Sa 642/13, AE 2016, 33 Rn. 42; HessLAG 2.11.2015 – 16 Sa 473/15, br 2016, 87 Rn. 25; LAG RhPf 21.4.2016 – 5 Sa 243/15 Rn. 65; vgl. dazu auch Beyer/Wocken DB 2013, 2270 (2272); vom Stein ZfA 2016, 549 (561).

[514] LAG Köln 18.6.2020 – 8 Sa 27/18 Rn. 293.

[515] BAG 13.8.2009 – 6 AZR 330/08 Rn. 31; 19.5.2010 – 5 AZR 162/09, NZA 2010, 1119 Rn. 26; 21.2.2017 – 1 AZR 367/15 Rn. 22; 3.12.2019 – 9 AZR 78/19 Rn. 21.

[516] BAG 4.10.2005 – 9 AZR 632/04, NZA 2006, 442 Rn. 23; 14.3.2006 – 9 AZR 411/05, NZA 2006, 1214 Rn. 18, 19; 20.11.2014 – 2 AZR 664/13, NZA 2015, 931 Rn. 25; 20.11.2014 – 2 AZR 664/13, NZA 2015, 931 Rn. 25, 30 ff.; 16.5.2019 – 6 AZR 329/18, NZA 2019, 1198 Rn. 36; 14.10.2020 – 5 AZR 649/19, NZA 2021, 406 Rn. 23;

nach § 106 S. 3 GewO unter Berücksichtigung der Behinderung dem schwerbehinderten Arbeitnehmer einen **freien geeigneten Arbeitsplatz zuweisen.**[517] Dabei sind von **Leiharbeitnehmern** besetzte Arbeitsplätze wie freie Arbeitsplätze anzusehen,[518] so dass dieser Umstand zu einem Vorrang des durch § 164 Abs. 4 S. 1 Nr. 1 SGB IX geschützten Arbeitnehmers bei der Besetzung des einem Leiharbeiter zugedachten Arbeitsplatzes führen kann.[519]

Der Arbeitgeber ist auch **nicht** zur **Kündigung eines bestehenden Ar- 171**
beitsplatzes verpflichtet.[520] Das BAG hat offengelassen, ob etwas anderes zu gelten hat, wenn der Stelleninhaber einer für den erkrankten Mitarbeiter in Frage kommenden Stelle noch keinen Kündigungsschutz genießt, seinerseits nicht behindert ist und die Kündigung für ihn keine besondere Härte darstellen würde.[521] Die **Beweislast** hierfür trägt der **Arbeitnehmer,** und zwar auch dann, wenn der Arbeitgeber die Durchführung eines BEM unterlassen hat.[522] Danach scheidet eine **Pflicht des Arbeitgebers zur „Freikündigung"** jedenfalls dann aus, wenn der Inhaber der infrage kommenden Stelle den allgemeinen Kündigungsschutz genießt.[523] Der 5. Senat des BAG hat in einer neueren Entscheidung unter Bezugnahme auf Art. 5 S. 1 der RL 2000/78/EG und Art. 27 Abs. 1 S. 2 Buchst. I der UN-Behindertenrechtskonvention entschieden, dass das SGB IX nicht die Entlassung anderer Arbeitnehmer verlangt, um den Beschäftigungsbedarf schwerbehinderter Menschen verwirklichen zu können. Daher ergibt sich auch keine Verpflichtung, dem schwerbehinderten Menschen eine behin-

---

LAG SchlH 19.6.2012 – 1 Sa 225e/11, LAGE § 81 SGB IX Nr. 11 Rn. 76; HessLAG 5.11.2012 – 21 Sa 593/10 Rn. 27; LAG SchlH 17.12.2013 – 1 Sa 175/13 Rn. 54; LAG Hamm 21.8.2014 – 8 Sa 1697/13 Rn. 54; LAG Köln 28.8.2014 – 7 Sa 642/13 Rn. 42; LAG Hmb 15.4.2015 – 5 Sa 107/12 Rn. 24; LAG RhPf 3.3.2016 – 5 Sa 341/15 Rn. 65; 21.4.2016 – 5 Sa 243/15 Rn. 65; LAG MV 29.3.2022 – 2 Sa 2/21, Rn. 26 mwN; vgl. dazu auch LPK-SGB IX/Düwell § 164 Rn. 182190; Beyer/Wocken DB 2013, 2270 (2271); vom Stein ZfA 2016, 549 (561).

[517] BAG 10.5.2005 – 9 AZR 230/04, NZA 2006, 155; 22.9.2005 – 2 AZR 519/04, NZA 2006, 486 Rn. 31; 20.11.2014 – 2 AZR 664/13, NZA 2015, 931 Rn. 15; 3.12.2019 – 9 AZR 78/19, NZA 2020, 578 Rn. 24 mwN.

[518] HessLAG 5.11.2012 – 21 Sa 593/10 Rn. 38; Beyer/Wocken DB 2013, 2270 (2271) mwN.

[519] BAG 15.10.2013 – 1 ABR 25/12, NZA 2014, 214 Rn. 24.

[520] BAG 10.5.2005 – 9 AZR 230/04, NZA 2006, 155 (159); 4.10.2005 – 9 AZR 632/04, NZA 2006, 442 (444) mwN; 22.11.2005 – 1 ABR 49/04, NZA 2006, 389 (393) mwN; 14.3.2006 – 9 AZR 411/05, NZA 2006, 1214 Rn. 19 mwN; 20.11.2014 – 2 AZR 664/13, NZA 2015, 931 Rn. 30 ff.; 16.5.2019 – 6 AZR 329/18, NZA 2019, 1198 Rn. 36; vgl. dazu auch Neumann/Pahlen/Greiner/Winkler/Jabben/Neumann SGB IX § 164 Rn. 25 mwN; LPK-SGB IX/Düwell § 164 Rn. 190; vom Stein ZfA 2016, 549 (561).

[521] BAG 20.11.2014 – 2 AZR 664/13, NZA 2015, 931 Rn. 35; vgl. dazu auch vom Stein ZfA 2016, 549 (561 f.).

[522] BAG 20.11.2014 – 2 AZR 664/13, NZA 2015, 931 Rn. 35 mwN.

[523] BAG 16.5.2019 – 6 AZR 329/18, NZA 2019, 1198 Rn. 36.

derungsgerechte Beschäftigungsmöglichkeit zu eröffnen, für die der Arbeitgeber keinen Bedarf hat.[524]

172 Der schwerbehinderte Mensch hat **keinen Anspruch auf einen bestimmten Arbeitsplatz** oder darauf, nach seinen Neigungen oder Wünschen beschäftigt zu werden.[525] Der Anspruch auf behinderungsgerechte Beschäftigung beschränkt sich vielmehr auf **solche Tätigkeiten,** für die der schwerbehinderte Mensch nach seinen **Fähigkeiten und Kenntnissen** unter Berücksichtigung der Behinderung **befähigt** ist.[526] Zwar räumt das Schwerbehindertenrecht dem Arbeitnehmer keinen Anspruch auf **Beförderung** ein, schließt aber eine Beförderung auch nicht aus.[527] Der Anspruch auf behinderungsgerechte Beschäftigung schließt auch die hierfür erforderliche Einarbeitung ein.[528] Das verdeutlicht auch § 164 Abs. 4 S. 1 Nr. 2 und 3 SGB IX, der den Arbeitgeber zu einer besonderen Förderung des beruflichen Weiterkommens des schwerbehinderten Arbeitnehmers verpflichtet.[529]

173 Um eine behinderungsgerechte Beschäftigung zu ermöglichen, ist der **Arbeitgeber** nach § 164 Abs. 4 S. 1 Nr. 4 SGB IX auch zu einer **Umgestaltung der Arbeitsorganisation** bzw. einer **Änderung der Arbeitsverteilung** verpflichtet.[530] Der Arbeitgeber ist jedoch durch die gesetzliche Regelung in § 164 Abs. 4 S. 1 SGB IX auch nicht gehindert, eine **Organisationsentscheidung** zu treffen, die zum **Entfall des Arbeitsplatzes** eines schwerbehinderten Menschen führt. Die soziale Rechtfertigung einer betriebsbedingten Kündigung hängt dann bezogen auf das Beschäftigungsverhältnis allein von der Möglichkeit einer Weiterbeschäftigung auf einem anderen Arbeitsplatz ab.[531]

---

[524] BAG 14.10.2020 – 5 AZR 649/19, NZA 2021, 406 Rn. 23.

[525] BAG 23.1.2001 – 9 AZR 287/99, NZA 2001, 1020 (1022); 10.5.2005 – 9 AZR 230/04, NZA 2006, 155 Rn. 34; LAG Hmb 15.4.2015 – 5 Sa 107/12 Rn. 33 mwN; LAG RhPf 25.8.2020 – 8 Sa 427/19 Rn. 155; ErfK/Rolfs SGB IX § 164 Rn. 9.

[526] BAG 10.5.2005 – 9 AZR 230/04, NZA 2006, 155 Rn. 37.

[527] BAG 10.5.2015 – 9 AZR 230/04, NZA 2006, 155 Rn. 52; LAG Düsseldorf 5.1.2008 – 9 Sa 991/07 Rn. 50; HessLAG 2.11.2015 – 16 Sa 473/15 Rn. 31.

[528] HessLAG 2.11.2015 – 16 Sa 473/15 Rn. 33.

[529] BAG 10.5.2005 – 9 AZR 230/04, NZA 2006, 155 Rn. 52 mwN; LAG Hmb 15.4.2015 – 5 Sa 107/12, br 2016, 19 Rn. 24 mwN; vgl. ausführlich zu den sich aus § 164 Abs. 4 S. 1 Nr. 2 und 3 SGB IX ergebenden Rechtsansprüchen des schwerbehinderten oder gleichgestellten Arbeitnehmers Schmidt Schwerbehindertenarbeitsrecht § 1 Rn. 253 ff.

[530] BAG 4.10.2005 – 9 AZR 632/04, NZA 2006, 442 Rn. 27 mwN; 20.11.2014 – 2 AZR 664/13, NZA 2015, 931 Rn. 15; 16.5.2019 – 6 AZR 329/18, NZA 2019, 1198 Rn. 35 mwN; LAG BW 22.6.2005 – 2 Sa 11/05, br 2006, 82 Rn. 27; LAG RhPf 20.2.2013 – 8 Sa 512/12 Rn. 34; HessLAG 21.3.2013 – 5 Sa 842/11 Rn. 34; LAG SchlH 17.12.2013 – 1 Sa 175/13 Rn. 54 mwN; LAG Köln 28.8.2014 – 7 Sa 642/13 Rn. 40; LAG Hmb 15.4.2015 – 5 Sa 107/12, br 2016, 19 Rn. 24 mwN; LAG Köln 18.6.2020 – 8 Sa 27/18 Rn. 291.

[531] BAG 16.5.2019 – 6 AZR 329/18, NZA 2019, 1198 Rn. 36.

Praxistipp:
Im bestehenden Arbeitsverhältnis führt der Anspruch des schwerbehinderten Menschen nach § 164 Abs. 4 S. 1 SGB IX zu einer Einschränkung der Organisationsfreiheit des Arbeitgebers, denn dieser ist zu einer behinderungsgerechten (Um-)Gestaltung der Arbeitsorganisation verpflichtet, um den Beschäftigungsanspruch des schwerbehinderten Menschen zu erfüllen. Ggf. hat er eine diesem Anspruch entgegenstehende Umstrukturierung sogar rückgängig zu machen.[532]

Der Arbeitnehmer kann verlangen, dass er nur mit leichteren Arbeiten beschäftigt wird, sofern im Betrieb die Möglichkeit zu einer solchen Aufgabenumverteilung besteht und soweit dies mit deren eigenen arbeitsvertraglichen Vorgaben kompatibel ist.[533] Hierzu gehört auch die **Einrichtung des Arbeitsumfeldes** bis hin zur Einrichtung eines **Heimarbeitsplatzes.**[534] Dazu muss der Arbeitgeber den Arbeitsablauf und die Verteilung der Arbeit so umorganisieren, dass der schwerbehinderte Mitarbeiter nur die **leichteren Arbeiten zugeteilt** erhält.[535] Auch hat der Arbeitgeber, soweit erforderlich, leichtere Arbeiten in einem größeren zeitlichen Umfang dem schwerbehinderten Arbeitnehmer zuzuweisen als anderen Beschäftigten[536] oder aus mehreren leidensgerechten Teiltätigkeiten einen leidensgerechten Vollzeitarbeitsplatz zu schaffen.[537] **174**

Praxistipp:
Dabei ist der schwerbehinderte **Arbeitnehmer nicht verpflichtet,** den **Arbeitgeber** vorab **auf Zustimmung zur Vertragsänderung** zu verklagen. Der besondere **Beschäftigungsanspruch** entsteht unmittel-

[532] LAG Köln 18.6.2020 – 8 Sa 27/18 Rn. 291.

[533] BAG 14.3.2006 – 9 AZR 411/05, NZA 2006, 1214 Rn. 18; HessLAG 5.11.2012 – 21 Sa 593/10 Rn. 27; LAG RhPf 20.2.2013 – 8 Sa 512/12 Rn. 31, 34; HessLAG 21.3.2013 – 5 Sa 842/11 Rn. 39; LAG Köln 28.8.2014 – 7 Sa 642/13 Rn. 40.

[534] LAG Nds 6.12.2010 – 12 Sa 860/10 mAnm Beyer jurisPR-ArbR 19/2011, Anm. 4; LAG Hmb 15.4.2015 – 5 Sa 107/12, br 2016, 19 Rn. 24 mwN; vgl. dazu auch Beyer/Wocken DB 2013, 2270 (2272).

[535] BAG 4.10.2005 – 9 AZR 632/04, NZA 2006, 442 Rn. 27 mwN; LAG BW 22.6.2005 – 2 Sa 11/05, br 2006, 82 Rn. 27; HessLAG 21.3.2013 – 5 Sa 842/11 Rn. 39; LAG SchlH 17.12.2013 – 1 Sa 175/13 Rn. 54 mwN; Beyer/Wocken DB 2013, 2270 (2271) mwN.

[536] LAG RhPf 20.2.2013 – 8 Sa 512/12 Rn. 34.

[537] HessLAG 5.11.2012 – 21 Sa 593/10 mAnm Beyer jurisPR-ArbR 21/2013, Anm. 4; vgl. dazu auch Beyer/Wocken DB 2013, 2270 (2271 f.) mwN.

bar kraft Gesetzes und **kann daher ohne vorherige Vertragsänderung geltend** gemacht werden.[538]

175 Kommt eine solche anderweitige Beschäftigung in Betracht,

- ist der Arbeitgeber gleichwohl dann nicht zur Beschäftigung des schwerbehinderten Menschen verpflichtet, wenn ihm die **Beschäftigung unzumutbar** oder diese mit einem **unverhältnismäßig hohen Aufwand für den Arbeitgeber** verbunden ist (§ 164 Abs. 4 S. 3 SGB IX).[539]

176 Insoweit ist eine **Abwägung** zwischen den **gesetzlich geschützten Interessen des schwerbehinderten Menschen** auf der einen und der entgegenstehenden **Belange des Arbeitgebers** auf der anderen Seite erforderlich.[540] Es dürfen vom Arbeitgeber keine Leistungen verlangt werden, die für den Arbeitgeber unzumutbare, **unverhältnismäßig hohe Aufwendungen erfordern** oder den **Arbeitsschutzbestimmungen entgegenstehen.** Unzumutbarkeit iSd § 164 Abs. 4 S. 3 SGB IX ist etwa gegeben, wenn entweder

- keine Arbeitsplätze frei sind und auch nicht freigemacht werden können,
- der Arbeitnehmer das Anforderungsprofil nicht erfüllt,
- entsprechende geeignete Tätigkeitsbereiche im Betrieb überhaupt nicht vorhanden sind,
- die wirtschaftliche Lage des Unternehmens eine leidensgerechte Ausgestaltung und Zuweisung des Arbeitsplatzes nicht zulässt oder
- eine Umgestaltung mit technischen Arbeitshilfen nicht möglich oder
- mit einem nicht mehr zumutbaren Aufwand für den Arbeitgeber verbunden wäre.[541]

---

[538] BAG 3.12.2002 – 9 AZR 481/01; 10.5.2005 – 9 AZR 230/04, NZA 2006, 155 Rn. 36 mwN; LAG Nds 6.12.2010 – 12 Sa 860/10 mAnm Beyer jurisPR-ArbR 19/2011, Anm. 4; HessLAG 5.11.2012 – 21 Sa 593/10 Rn. 26; LAG Hmb 15.4.2015 – 5 Sa 107/12, br 2016, 119 Rn. 33; HessLAG 2.11.2015 – 16 Sa 473/15 Rn. 25; LAG Köln 18.6.2020 – 8 Sa 27/18 Rn. 291.

[539] BAG 14.3.2006 – 9 AZR 411/05, NZA 2006, 1214 Rn. 19; 20.11.2014 – 2 AZR 664/13, NZA 2015, 931 Rn. 25 mwN; LAG Bln-Bbg 17.8.2009 – 10 Sa 592/09 Rn. 28 unter Hinweis auf LAG Düsseldorf 30.1.2009 – 9 Sa 699/08; HessLAG 21.3.2013 – 5 Sa 842/11 Rn. 38 ff.; 11.12.2013 – 12 Sa 1436/11 Rn. 21; LAG SchlH 17.12.2013 – 1 Sa 175/13 Rn. 54; LAG Köln 28.8.2014 – 7 Sa 642/13, AE 2016, 33 Rn. 42; HessLAG 2.11.2015 – 16 Sa 473/15, br 2016, 87 Rn. 25; LAG RhPf 3.3.2016 – 5 Sa 341/15 Rn. 65; LAG RhPf 21.4.2016 – 5 Sa 243/15 Rn. 65; vgl. dazu auch Beyer/Wocken DB 2013, 2270 (2272); vom Stein ZfA 2016, 549 (561).

[540] Vgl. dazu ErfK/Rolfs SGB IX § 164 Rn. 14.

[541] Vgl. etwa BAG 10.5.2005 – 9 AZR 230/04, NZA 2006, 155 Rn. 42; LAG Hmb 15.4.2015 – 5 Sa 107/12, br 2016, 19 Rn. 25.

Praxistipp:

Bei dieser Abwägung sind auch die **finanziellen Zuschüsse** zu berücksichtigen, die ein Arbeitgeber aus Mitteln der Ausgleichsabgabe vom Integrationsamt (§ 185 Abs. 3 SGB IX) oder von Rehabilitationsträgern erhalten kann (§ 50 SGB IX);[542] darüber hinaus unterstützen die Bundesagentur für Arbeit und die Integrationsämter die Arbeitgeber nach § 164 Abs. 4 S. 2 SGB IX bei der Durchführung der Maßnahmen nach § 164 Abs. 4 S. 1 Nrn. 1, 4 und 5 SGB IX.[543]

Ein **unverhältnismäßig hoher Aufwand für den Arbeitgeber** liegt etwa vor, wenn die erforderlichen Aufwendungen – auch **unter Berücksichtigung von Leistungen und Zuschüssen** des Integrationsamtes oder anderer Rehabilitationsträger (§ 185 Abs. 3 SGB IX, § 50 SGB IX) – sehr hoch wären und das Arbeitsverhältnis infolge von Befristung oder Erreichen der Altersgrenze ohnehin in absehbarer Zeit sein Ende finden würde.[544] Es ist allerdings unerheblich, ob der Einsatz des schwerbehinderten Menschen dem betriebswirtschaftlichen Optimum entspricht oder ob er sich – isoliert betrachtet – wirtschaftlich „rechnet". 177

Soweit für die Erfüllung des schwerbehindertenrechtlichen Beschäftigungsanspruchs eine **Versetzung** erforderlich ist, kann der schwerbehinderte Mensch einen Anspruch darauf haben, dass der Arbeitgeber die **Zustimmung des Betriebsrates** nach § 99 BetrVG einholt.[545] Wird diese verweigert und steht nicht fest, dass dem Betriebsrat objektiv Zustimmungsverweigerungsgründe nach § 99 Abs. 2 BetrVG zustehen, hat der **schwerbehinderte Mensch** auch einen Anspruch auf Durchführung des 178

---

542 Vgl. dazu → Rn. 215 ff.

543 Vgl. dazu Beyer/Wocken DB 2013, 2270 (2273) unter Hinweis auf die ständige EuGH-Rechtsprechung, woraus sich eine Unverhältnismäßigkeit der Belastung bei der Umsetzung einer an sich wirksamen Maßnahme gegenüber behinderten Arbeitnehmern auch daraus ergeben kann, dass es keine Kompensation durch staatliche Leistung an die Arbeitgeber gibt, wenn diese Mittel aufwenden, um Maßnahmen zu realisieren, die inhaltlich den Leistungen der begleitenden Hilfe im Arbeitsleben für schwerbehinderte Menschen entsprechen. Dies betrifft namentlich die Leistungen zur Teilhabe am Arbeitsleben durch die Rehabilitationsträger gem. §§ 49 ff. SGB IX, die für alle Menschen mit Behinderung (§ 2 Abs. 1 SGB IX) Anwendung finden.

544 LAG BW 22.6.2005 – 2 Sa 11/05, br 2006, 82 Rn. 31; ErfK/Rolfs SGB IX § 164 Rn. 15; Mückl/Hiebert NZA 2010, 1259 (1260) mwN.

545 BAG 10.5.2005 – 9 AZR 230/04, NZA 2006, 155 Rn. 36 mwN; 20.11.2014 – 2 AZR 664/13, NZA 2015, 931 Rn. 15 mwN bei einem schwerbehinderten Arbeitnehmer; einschränkend nach erteilter Zustimmung des Integrationsamtes nach § 168 SGB IX: BAG 22.9.2005 – 2 AZR 519/04, NZA 2006, 486; anders bei der Versetzung eines nicht schwerbehinderten Arbeitnehmers: BAG 19.5.2010 – 5 AZR 162/09, NZA 2010, 1119 Rn. 32; vgl. dazu ausführlich Schmidt Schwerbehindertenarbeitsrecht § 1 Rn. 303 ff.

arbeitsgerichtlichen **Zustimmungsersetzungsverfahrens** nach § 99 Abs. 4 BetrVG.[546] Führt der Arbeitgeber das gerichtliche Zustimmungsersetzungsverfahren schuldhaft unzureichend durch, kann dies einen **Schadensersatzanspruch** des schwerbehinderten Arbeitnehmers begründen.[547]

Praxistipp:

Für den Fall, dass der Arbeitgeber im BEM-Verfahren sich weigern sollte, einen behinderungsgerechten Arbeitsplatz zuzuweisen, sollte der **schwerbehinderte oder gleichgestellte Arbeitnehmer** sich **auf den besonderen Beschäftigungsanspruch** nach § 164 Abs. 4 S. 1 Nr. 1 SGB IX **berufen,** der unmittelbar kraft Gesetzes entsteht und daher ohne vorherige Vertragsänderung geltend gemacht werden kann.[548] Dabei ist uU auch während eines laufenden BEM-Verfahrens zu einer parallelen arbeitsgerichtlichen Geltendmachung dieses Anspruches nach § 164 Abs. 4 SGB IX zu raten, um diesem Anspruch im BEM-Verfahren Geltung zu verschaffen. Gleiches gilt, wenn der Arbeitgeber das BEM-Verfahren nicht oder nicht ordnungsgemäß durchgeführt hat.

Darüber hinaus haftet der Arbeitgeber nach § 280 Abs. 1 BGB auf **Schadensersatz** in den Fällen, in denen er nicht geklärt hat, ob bei Erfüllung der Pflichten aus § 164 Abs. 4 S. 1 SGB IX eine Überwindung der Arbeitsunfähigkeit durch eine behinderungsgerechte Ausstattung des Arbeitsplatzes oder entsprechende Gestaltung von Arbeitsabläufen, Arbeitsorganisation oder Arbeitszeit oder Zuweisung eines behinderungsgerechten Arbeitsplatzes möglich gewesen wäre.[549] Die in § 167 Abs. 2 SGB IX vorgesehene Klärung, wie die Arbeitsunfähigkeit möglichst überwunden werden kann, erfordert nach der arbeitsgerichtlichen Rechtsprechung bei schwerbehinderten Arbeitnehmern und ihnen gleichgestellten Beschäftigten die Prüfung, ob die Arbeits-

---

[546] BAG 3.12.2002 – 9 AZR 481/01, NZA 2003, 1216 (1218) mwN; 10.5.2005 – 9 AZR 230/04, NZA 2006, 155 (159); aA bei krankheitsbedingter Kündigung BAG 22.9.2005 – 2 AZR 519/04, NZA 2006, 486.

[547] BAG 3.12.2002 – 9 AZR 481/01, NZA 2003, 1216 (1218) mwN; 10.5.2005 – 9 AZR 230/04, NZA 2006, 155 (159); ErfK/Rolfs SGB IX § 164 Rn. 10 mwN.

[548] BAG 10.5.2005 – 9 AZR 230/04, NZA 2006, 155 (158) mwN; noch offengelassen in BAG 3.12.2002 – 9 AZR 481/01, NZA 2003, 1216 (1217).

[549] Vgl. dazu BAG 13.8.2009 – 6 AZR 330/08, NZA-RR 2010, 420; LAG Hamm 4.7.2011 – 8 Sa 726/11; LAG SchlH 19.6.2012 – 1 Sa 225 e/11; LAG Köln 21.9.2012 – 5 Sa 187/12; HessLAG 21.3.2013 – 5 Sa 842/11; LAG RhPf 20.2.2013 – 8 Sa 512/12; LPK-SGB IX/Düwell § 167 Rn. 119; zur Darlegungs- und Beweislast → Rn. 181 ff. und zum Schadensersatzanspruch → Rn. 222 ff.

unfähigkeit durch eine iSv § 164 SGB IX behinderungsgerechte Beschäftigung überwunden werden kann.[550]

Der **Klageantrag** auf behinderungsgerechte Beschäftigung nach § 164 Abs. 4 S. 1 SGB IX kann wie folgt formuliert werden:[551] **179**

„Der Beklagte wird verurteilt, den Kläger, gegebenenfalls nach entsprechender Vertragsänderung, vorbehaltlich der Zustimmung des Betriebsrates und gegebenenfalls nach Durchführung eines Zustimmungsersetzungsverfahrens, in einem Arbeitsbereich einzusetzen, in dem der Kläger noch leichte körperliche Tätigkeiten, bevorzugt im Sitzen, in geschlossenen und temperierten Räumen ausüben kann,
***hilfsweise** den Beklagten zu verurteilen, den Kläger, gegebenenfalls nach entsprechender Vertragsänderung, vorbehaltlich der Zustimmung des Betriebsrates und gegebenenfalls nach Durchführung eines Zustimmungsersetzungsverfahrens, als Verwaltungsangestellten (Einkauf), alternativ Sachbearbeiter (Telekommunikation), alternativ Angestellter (Materialverwaltung), alternativ Telefonist/Verwaltungsangestellter (Bürokommunikation), alternativ Lagerangestellter (Material- und Gütebestimmung) zu beschäftigen."*

Unter Umständen ist hilfsweise auch der ergänzende **Klageantrag** zu stellen, **180**

den Arbeitgeber zur Einholung der Zustimmung nach § 99 Abs. 1 BetrVG beim Betriebsrat zu verurteilen und bei Verweigerung der Zustimmung nach § 99 Abs. 4 BetrVG das Zustimmungsersetzungsverfahren durchzuführen.[552]

Praxistipp:
Dabei sollte der **Arbeitnehmer mehrere unterschiedliche Tätigkeiten im Klageantrag benennen** und dem Arbeitgeber die Zuweisung des künftigen Arbeitseinsatzes überlassen. Begehrt der Arbeitnehmer ihn leidens- und behinderungsgerecht zu beschäftigen, kann nach der Rechtsprechung des BAG aus materiell-rechtlichen Gründen nicht verlangt werden, dass der Klageantrag auf eine ganz bestimmte,

---

[550] BAG 20.11.2014 – 2 AZR 664/13, NZA 2015, 931 Rn. 46; LAG BW 10.2.2022 – 17 Sa 57/21 Rn. 58.

[551] Entsprechend dem durch das BAG in seiner Entscheidung vom 10.5.2005 – 9 AZR 230/04, NZA 2006, 155 (158), für zulässig erachteten Klageantrags.

[552] Vgl. dazu ausführlich BAG 3.12.2002 – 9 AZR 481/01, NZA 2003, 1216 (1218).

im Einzelnen beschriebene Tätigkeit oder Stelle zugeschnitten ist. Darauf hat der Arbeitnehmer regelmäßig keinen Anspruch, denn weder die vertragliche Rücksichtnahmepflicht noch das Schwerbehindertenrecht begründen einen Anspruch des Arbeitnehmers auf einen selbst bestimmten Arbeitsplatz. Verlangte man für einen zulässigen Beschäftigungsantrag die Angabe eines einzigen konkreten Arbeitsplatzes, so liefe der klagende Arbeitnehmer stets Gefahr, dass die so konkretisierte Klage zwar zulässig, aber unbegründet wäre, weil ihm der Arbeitgeber auch einen anderen behinderungsgerechten Arbeitsplatz zuweisen dürfte.[553] Aus der Nennung der unterschiedlichen Tätigkeiten ergibt sich zugleich, dass der klagende Arbeitnehmer dem Arbeitgeber die Auswahl überlässt, mit welchen dieser Arbeitsaufgaben er ihn beschäftigen will.

Um beiden Gesichtspunkten gerecht zu werden, muss zumindest die Art der begehrten Beschäftigung durch Auslegung des Antrags ggf. unter Heranziehung der Klageschrift und des sonstigen Vorbringens der klagenden Partei feststellbar sein.[554] **Erforderlich und ausreichend** ist die Bezeichnung des Berufsbildes, mit dem der Arbeitnehmer beschäftigt werden soll, wenn sich damit hinreichend bestimmt feststellen lässt, worin die ihm zuzuweisende Tätigkeit bestehen soll. Einzelheiten hinsichtlich der Art der Beschäftigung oder sonstigen Arbeitsbedingungen muss der Antrag nicht enthalten.[555]

181 Macht der schwerbehinderte oder gleichgestellte **Arbeitnehmer** den schwerbehindertenrechtlichen Beschäftigungsanspruch nach § 164 Abs. 4 S. 1 SGB IX geltend, so hat er nach den allgemeinen Regeln grundsätzlich die **Darlegungs- und Beweislast** für die anspruchsbegründenden Voraussetzungen. Dagegen hat der **Arbeitgeber** die **anspruchshindernden Umstände vorzutragen.** Dazu gehören insbesondere diejenigen, aus denen sich die **Unzumutbarkeit** der Beschäftigung des Arbeitnehmers iSv § 164 Abs. 4 S. 3 SGB IX für den Arbeitgeber ergeben soll.[556]

182 Für die Feststellung, ob eine behinderungsgerechte Beschäftigungsmöglichkeit entsprechend den Fähigkeiten und Kenntnissen des schwerbehinderten Arbeitnehmers besteht, gilt folgende **abgestufte Darlegungs-**

[553] BAG 10.5.2005 – 9 AZR 230/04, NZA 2006, 155 (158) mwN; 3.12.2019 – 9 AZR 78/19, NZA 2020, 578 Rn. 11.

[554] BAG 3.12.2019 – 9 AZR 78/19, NZA 2020, 578 Rn. 11 mwN.

[555] BAG 3.12.2019 – 9 AZR 78/19, NZA 2020, 578 Rn. 11 mwN; vgl. dazu auch LAG RhPf 25.8.2020 – 8 Sa 427/19 Rn. 111.

[556] Vgl. etwa LAG Hmb 15.4.2015 – 5 Sa 107/12 Rn. 25; LAG RhPf 3.3.2016 – 5 Sa 341/15 Rn. 65.

und Beweislast,[557] und zwar sowohl dann, wenn der schwerbehinderte oder gleichgestellte Arbeitnehmer seinen Rechtsanspruch auf behinderungsgerechte Beschäftigung nach § 164 Abs. 4 S. 1 Nr. 1 SGB IX (bzw. die weiteren Ansprüche aus § 164 Abs. 4 S. 1 Nrn. 3–5 SGB IX)[558] geltend macht, als auch bei seinem Schadensersatzanspruch wegen schuldhafter Verletzung der Verpflichtung zur behinderungsgerechten Beschäftigung (§§ 280 Abs. 1, 823 Abs. 2 BGB iVm § 164 Abs. 4 S. 1 SGB IX):[559]

(1) Der schwerbehinderte oder gleichgestellte **Arbeitnehmer** muss zur Begründung seines Beschäftigungsanspruchs nach § 164 Abs. 4 S. 1 Nr. 1 SGB IX zunächst sein **eingeschränktes Leistungsvermögen darlegen** und ggf. beweisen, seine **Weiterbeschäftigung geltend machen** und schlüssig **Beschäftigungsmöglichkeiten aufzeigen,** die seinen Kenntnissen und Fähigkeiten und seinem infolge der Behinderung eingeschränkten Leistungsvermögen entsprechen. Steht fest, dass der Arbeitnehmer seine Arbeitspflicht nur nach einer Umgestaltung oder besonderer Ausstattung erfüllen kann, hat er zumindest nachvollziehbar darzulegen, welche Maßnahmen hierzu notwendig sind. Ansonsten zeigt er nicht schlüssig anderweitige Beschäftigungsmöglichkeiten auf.[560]

Das Gericht muss dadurch in die Lage versetzt werden, auf Grund des **183**
tatsächlichen Vorbringens zu entscheiden, ob die gesetzlichen Voraussetzungen für das Bestehen des geltend gemachten Anspruchs vorliegen.[561]

---

[557] Entsprechend BAG 10.5.2005 – 9 AZR 230/04, NZA 2006, 155 ff. Rn. 40; 4.10.2005 – 9 AZR 632/04, NZA 2006, 442 Rn. 28; 14.3.2006 – 9 AZR 411/05, NZA 2006, 1214 ff.; 14.10.2020 – 5 AZR 649/19, NZA 2021, 406 Rn. 35; LAG SchlH 7.6.2005 – 5 Sa 68/05, NZA-RR 2005, 514; 8.6.2005 – 3 Sa 30/05, NZA-RR 2005, 510; 19.6.2012 – 1 Sa 225 e/11, LAGE § 81 SGB IX Nr. 11 Rn. 77; LAG RhPf 20.2.2013 – 8 Sa 512/12 Rn. 31; LAG Hmb 15.4.2015 – 5 Sa 107/12 Rn. 25; LAG Köln 18.6.2020 – 8 Sa 27/18 Rn. 295 mwN; LAG RfPf 25.8.2020 – 8 Sa 427/19 Rn. 112 mwN; vgl. auch ErfK/Rolfs SGB IX § 164 Rn. 11 mwN; LPK-SGB IX/Düwell § 164 Rn. 187 ff.

[558] BAG 10.5.2005 – 9 AZR 230/04, NZA 2006, 155 ff.

[559] BAG 4.10.2005 – 9 AZR 632/04, NZA 2006, 442 ff.; 22.8.2018 – 5 AZR 592/17, NZA 2019, 30 Rn. 25; vgl. dazu auch LAG Bln-Bbg 1.2.2019 – 3 Sa 778/18 Rn. 78 ff. und → Rn. 222 ff.

[560] BAG 4.10.2005 – 9 AZR 632/04, NZA 2006, 442 Rn. 28; 19.5.2010 – 5 AZR 162/09, NZA 2010, 1119 Rn. 28; 22.8.2018 – 5 AZR 592/17, NZA 2019, 30 Rn. 26 mwN; HessLAG 11.12.2013 – 12 Sa 1436/11 Rn. 35 mwN; LAG Hmb 15.4.2015 – 5 Sa 107/12 Rn. 25; LAG Bln-Bbg 13.11.2015 – 9 Sa 1297/15 Rn. 61; LAG RhPf 3.3.2016 – 5 Sa 341/15 Rn. 65, 70; vgl. auch LAG Nürnberg 18.4.2018 – 2 Sa 408/17 Rn. 93 ff.; LAG Köln 18.6.2020 – 8 Sa 27/18 Rn. 295.

[561] BAG 4.10.2005 – 9 AZR 632/04, NZA 2006, 442 Rn. 28 ff.; 10.5.2005 – 9 AZR 230/04, NZA 2006, 155 Rn. 39 mwN; so auch LAG Köln 16.5.2011 – 2 Sa 1276/10, PersV 2012, 268 Rn. 36.

(2) Dem Verlangen des Arbeitnehmers muss der Arbeitgeber regelmäßig entsprechen, wenn ihm die in der Zuweisung einer anderen Tätigkeit liegenden Neubestimmung der zu bewirkenden Arbeitsleistung zumutbar und rechtlich möglich ist.[562] Daher hat der **Arbeitgeber** sich auf den Vortrag des Arbeitnehmers substantiiert einzulassen und **Tatsachen** vorzutragen, aus denen sich ergibt, dass

- entsprechende Tätigkeitsbereiche überhaupt nicht vorhanden sind oder
- keine Arbeitsplätze frei sind und auch nicht freigemacht werden können oder
- der Arbeitnehmer das Anforderungsprofil nicht erfüllt oder
- die wirtschaftliche Lage des Unternehmens eine leidensgerechte Ausgestaltung und Zuweisung des Arbeitsplatzes nicht zulässt oder
- eine Umgestaltung mit technischen Arbeitshilfen nicht möglich oder
- die Beschäftigung gegen zwingende Bestimmungen des Arbeitsschutzes verstößt oder
- die Beschäftigung aus anderen Gründen unzumutbar ist bzw.
- mit einem nicht mehr zumutbaren Aufwand für den Arbeitgeber verbunden wäre.[563]

184 Dem **Arbeitgeber** wird dadurch eine **aktive Rolle** für Eingliederung und gegen Ausgliederung von behinderten Menschen zugewiesen.[564] Daraus ergibt sich, dass der Arbeitgeber den durch den schwerbehinderten Beschäftigten nach § 164 Abs. 4 S. 1 Nr. 1 SGB IX **geltend gemachten Beschäftigungsanspruch** nicht mit der bloßen Behauptung abwehren kann, er **verfüge über keinen geeigneten Arbeitsplatz.**[565]

Praxistipp:
Erleichterungen treten für den **Arbeitnehmer** ein, wenn der Arbeitgeber seine Erörterungspflichten nach § 167 Abs. 1 SGB IX (Präventionsverfahren) verletzt, trifft ihn die sekundäre Darlegungslast dafür, dass ihm auch unter Berücksichtigung der besonderen Arbeitgeberpflicht nach § 164 Abs. 4 SGB IX eine zumutbare Beschäftigung des schwerbehinderten Menschen nicht möglich war.[566] In diesem Fall hat

---

[562] BAG 19.5.2010 – 5 AZR 162/09, NZA 2010, 1119; LAG Bln-Bbg 13.11.2015 – 9 Sa 1297/15 Rn. 61; LAG Köln 24.5.2016 – 12 Sa 677/13 Rn. 83.

[563] Vgl. etwa BAG 10.5.2005 – 9 AZR 230/04, NZA 2006, 155 Rn. 42; LAG Hmb 15.4.2015 – 5 Sa 107/12, br 2016, 19 Rn. 25.

[564] Vgl. dazu BAG 4.10.2005 – 9 AZR 632/04, NZA 2006, 442 Rn. 30; 10.5.2005 – 9 AZR 230/04, NZA 2006, 155 Rn. 41 mwN.

[565] BAG 10.5.2005 – 9 AZR 230/04, NZA 2006, 155 Rn. 42.

[566] BAG 14.3.2006 – 9 AZR 411/05, NZA 2006, 1214; 4.10.2005 – 9 AZR 632/04, NZA 2006, 442; 3.12.2019 – 9 AZR 78/19, NZA 2020, 578 Rn. 17 mwN; LAG Köln 18.6.2020 – 8 Sa 27/18 Rn. 295.

der **Arbeitgeber** auch ohne Benennung konkreter Einsatzmöglichkeiten von Seiten des Arbeitnehmers darzutun, dass ihm auch unter Berücksichtigung dieser besonderen Arbeitgeberpflichten nach § 164 Abs. 4 SGB IX eine zumutbare Beschäftigung des schwerbehinderten Menschen nicht möglich war.[567]

Auch dann, wenn der **Arbeitgeber** entgegen seiner gesetzlichen Pflicht kein bzw. **kein ordnungsgemäßes BEM** durchgeführt hat, darf er sich auch hier **keine darlegungs- und beweisrechtlichen Vorteile** verschaffen können. In diesem Fall kann sich der Arbeitgeber nicht darauf beschränken, vorzutragen, er kenne keine alternativen Einsatzmöglichkeiten für den erkrankten Arbeitnehmer und es gebe keine leidensgerechten Arbeitsplätze, die der Arbeitnehmer trotz seiner Erkrankung noch ausüben könne. Da der Arbeitgeber die primäre Darlegungslast für die Nutzlosigkeit eines BEM trägt, sieht die arbeitsgerichtliche Rechtsprechung das Fehlen eines Beschäftigungsvorschlags durch den Arbeitnehmer als unschädlich an, soweit der Arbeitgeber ein gebotenes Präventionsverfahren nicht durchgeführt hat.[568] In diesem Fall hat der Arbeitgeber **vielmehr von sich aus** denkbare oder vom Arbeitnehmer außergerichtlich bereits genannte **Alternativen zu würdigen und im Einzelnen darzulegen,** aus welchen Gründen sowohl eine Anpassung des bisherigen Arbeitsplatzes an dem Arbeitnehmer zuträgliche Arbeitsbedingungen als auch die Beschäftigung auf einem anderen – leidensgerechten – Arbeitsplatz ausscheiden. Erst dann ist es Sache des Arbeitnehmers, sich hierauf substantiiert einzulassen und darzulegen, wie er sich selbst eine leidensgerechte Beschäftigung vorstellt.[569]

Der Arbeitgeber kann seiner primären Darlegungs- bzw. seiner sekundären Behauptungslast grundsätzlich auch dadurch genügen, dass er eine **185**
gutachterliche Stellungnahme des Betriebsarztes über die Leistungsfähigkeit des Arbeitnehmers vorlegt und sich – zumindest konkludent – dessen Einschätzung zu eigen macht.[570] Dabei darf jedoch nicht übersehen werden, dass es sich bei einer solchen Äußerung des Betriebsarztes um ein Privatgutachten handelt, das als qualifizierter Parteivortrag zu werten ist

[567] Vgl. dazu ausführlich BAG 14.10.2020 – 5 AZR 649/19, NZA 20212, 406 Rn. 35 mwN.

[568] BAG 18.11.2021 – 2 AZR 138/21, NZA 2022, 253 Rn. 42.

[569] BAG 10.12.2009 – 2 AZR 400/08, NZA 2010, 398 Rn. 19; 26.2.2020 – 7 AZR 121/19 Rn. 30; 7.9.2021 – 9 AZR 571/20, NZA 2022, 257 Rn. 24; 18.11.2021 – 2 AZR 138/21, NZA 2022, 253 Rn. 42; LAG Köln 21.9.2012 – 5 Sa 187/12; LAG SchlH 17.12.2013 – 1 Sa 175/13 Rn. 57.

[570] BAG 22.8.2018 – 5 AZR 592/17, NZA 2019, 30 Rn. 27 mwN; LAG Bln-Bbg 1.2.2019 – 3 Sa 778/18 Rn. 78 mwN.

und dem in Bezug auf die Richtigkeit darin enthaltener Angaben nicht die Kraft eines Beweismittels iSd §§ 355 ff. ZPO zukommt. Die gutachterliche Stellungnahme begründet dementsprechend – für sich genommen – nach § 416 ZPO lediglich Beweis dafür, dass der Betriebsarzt die in der Urkunde enthaltenen Erklärungen abgegeben hat, nicht aber, dass die ihr zugrunde gelegten Befunde und Schlussfolgerungen zutreffend sind.[571]

186 Die gebotene sachliche Auseinandersetzung mit dem Verlangen des schwerbehinderten Arbeitnehmers auf anderweitige Beschäftigung erfordert eine substantiierte Darlegung des Arbeitgebers, aus welchen Gründen die vom Arbeitnehmer vorgeschlagenen Beschäftigungsmöglichkeiten nicht zur Verfügung stehen. Welche **Einzelheiten vom Arbeitgeber vorzutragen** sind, bestimmt sich nach den **Umständen des Einzelfalles** unter Berücksichtigung der Darlegungen des klagenden Arbeitnehmers.[572] Nur der **Arbeitgeber** hat einen **umfassenden Überblick über die betrieblich eingerichteten Arbeitsplätze** und die **dort zu erfüllenden Anforderungen.** Er weiß, welche Arbeitsplätze für welche Zeiträume besetzt sind, ob Arbeitsaufgaben sinnvoll anders verteilt werden können oder ob Arbeitsplätze in absehbarer Zeit frei werden, etwa infolge Erreichens des Rentenalters, oder durch Versetzung freigemacht werden können.

187 Einen solchen Einblick hat der Arbeitnehmer regelmäßig nicht, erst recht nicht, wenn er – wie häufig – schon längere Zeit arbeitsunfähig und daher oftmals längere Zeit betriebsabwesend ist.[573]

(3) Es obliegt dann dem **Arbeitnehmer,** Tatsachen **darzulegen** und zu **beweisen,** aus denen gleichwohl – entgegen der Behauptung des Arbeitgebers – geschlossen werden kann, dass ein **freier Arbeitsplatz zur Verfügung steht** oder vom Arbeitgeber **freigemacht werden** kann.

(4) Eine **Unzumutbarkeit der Beschäftigung** des Arbeitnehmers hat der **Arbeitgeber** sowohl **darzulegen** als auch zu **beweisen.**

Praxistipp:
Der Arbeitgeber kann sich allerdings nicht auf die **Unzumutbarkeit** der behinderungsgerechten Beschäftigung berufen, **ohne** ein **ordnungsgemäßes BEM-Verfahren** durchgeführt zu haben, in dem auch versucht worden ist, die möglichen Nachteile durch finanzielle Leistungen oder sonstige Hilfen des Integrationsamtes oder anderer Rehabilitationsträger auszugleichen.[574]

---

[571] BAG 22.8.2018 – 5 AZR 592/17, NZA 2019, 30 Rn. 27, 28.
[572] BAG 10.5.2005 – 9 AZR 230/04, NZA 2006, 155 Rn. 42; 22.8.2018 – 5 AZR 592/17, NZA 2019, 30 Rn. 26 mwN.
[573] BAG 10.5.2005 – 9 AZR 230/04, NZA 2006, 155 Rn. 43.
[574] LAG BW 22.6.2005 – 2 Sa 11/05, br 2006, 82 Rn. 31.

Auf das **fehlende Wissen** in Bezug auf **behinderungsgerechte Arbeitsplätze** und/oder deren Einrichtung bzw. Ausstattung, kann sich der **Arbeitgeber nicht berufen,** wenn er seinen Pflichten gemäß § 167 Abs. 1 und/oder Abs. 2 SGB IX (BEM) nicht nachgekommen ist.[575] Die Erörterung mit den in § 167 SGB IX genannten fachkundigen Stellen dient nämlich gerade dazu, dass sich der **Arbeitgeber** das **entsprechende Wissen verschafft.**[576] **188**

Hat ein ordnungsgemäßes BEM unter Beteiligung des Integrationsamtes und den in § 167 Abs. 2 SGB IX genannten Beteiligten stattgefunden und kam dieses BEM zu dem Ergebnis, dass es keine Möglichkeit zur Sicherung der Beschäftigung des Arbeitnehmers gibt, **189**

- hat der Arbeitnehmer vorzutragen, welche konkreten technischen oder organisatorischen Veränderungen seine behinderungsgerechte Beschäftigung ermöglichen.[577]

Praxistipp:
Ist der Arbeitnehmer also behinderungsbedingt nicht mehr in der Lage, den Anforderungen des vertragsgemäß zugewiesenen Arbeitsplatzes zu genügen und **versäumt der Arbeitgeber schuldhaft die behinderungsgerechte Beschäftigung** eines schwerbehinderten Menschen nach § 164 Abs. 4 SGB IX, so kommt wegen der entgangenen Vergütung zugunsten des Arbeitnehmers ein **Schadensersatzanspruch** unter dem Gesichtspunkt der Vertragsverletzung sowie deliktischen Gesichtspunkten in Anspruchskonkurrenz nach §§ 280 Abs. 1, 823 Abs. 2 BGB iVm § 164 Abs. 4 S. 1 SGB IX in Betracht, der auf Fortzahlung der vertragsgemäßen Vergütung gerichtet ist. § 164 Abs. 4 S. 1 SGB IX ist Schutzgesetz iSd § 823 Abs. 2 BGB.[578]

Dieser **Schadensersatzanspruch** ist vor allem dann von hoher praktischer Bedeutung, wenn ein **Anspruch auf Krankengeld ausgelaufen,** der Arbeitnehmer aber weiterhin für den ihm zugeteilten Arbeitsplatz infolge einer Erkrankung dauerhaft arbeitsunfähig ist und **Arbeitgeber schuldhaft,** insbesondere ohne ordnungsgemäße Durchführung eines BEM-Ver- **190**

---

575 BAG 10.5.2005 – 9 AZR 230/04, NZA 2006, 155 Rn. 41 ff.; HessLAG 11.12.2013 – 12 Sa 1436/11 Rn. 36 mwN.

576 BAG 4.10.2005 – 9 AZR 632/04, NZA 2006, 442 Rn. 30; LAG RhPf 20.2.2013 – 8 Sa 512/12 Rn. 50; HessLAG 11.12.2013 – 12 Sa 1436/11 Rn. 35 mwN.

577 BAG 4.10.2005 – 9 AZR 632/04, NZA 2006, 442 Rn. 30.

578 BAG 3.12.2002 – 9 AZR 462/01, BAGE 104, 73; 4.10.2005 – 9 AZR 632/04, NZA 2006, 442 Rn. 22; LAG RhPf 5.6.2008 – 10 Sa 699/07; LAG SchlH 19.6.2012 – 1 Sa 225e/11 Rn. 77; LAG Köln 21.9.2012 – 5 Sa 187/12; LAG RhPf 20.2.2013 – 8 Sa 512/12 Rn. 46–48; LAG Hamm 21.8.2014 – 8 Sa 1697/13 Rn. 51; LAG RhPf 3.3.2016 – 5 Sa 341/15 Rn. 64 mwN; vgl. dazu auch LAG Köln 18.6.2020 – 8 Sa 27/18 Rn. 289, 290 mwN; Beyer/Wocken DB 2013, 2270 (2272); vgl. auch → Rn. 222 ff.

fahrens, die **Zuweisung eines behinderungsgerechten Arbeitsplatzes verweigert,** auf dem der Arbeitnehmer beschäftigt werden könnte, obwohl ihm dies zumutbar ist (§ 164 Abs. 4 S. 3 SGB IX).

Beispiel:

Die Arbeitnehmerin A war an Brustkrebs erkrankt und bei ihr ist ein GdB von 50 für die Dauer von fünf Jahren (Heilungsbewährung) festgestellt worden. A ist damit schwerbehindert iSv § 2 Abs. 2 SGB IX. A ist laut ihrem Arbeitsvertrag als Kranken- und Gesundheitspflegerin im B-Krankenhaus in Bonn beschäftigt und war bislang dort auf der Internistischen Station eingesetzt. Diese Tätigkeit ist mit dauerndem schwerem Heben und Tragen verbunden, da auf der Internistischen Station viele ältere Menschen behandelt werden, die eingeschränkt beim Gehen und Stehen sind. Die A kann aber aufgrund einer Lymphdrüsenschwellung im rechten Arm nicht mehr schwer Heben und Tragen und ist daher in Bezug auf ihre bisherige Tätigkeit auf der Internistischen Station in ihrer Leistungsfähigkeit eingeschränkt. Die Erbringung der vertraglich geschuldeten Arbeitsleistung ist der A damit teilweise – in Bezug auf Heben und Tragen schwerer Lasten – unmöglich, so dass sie arbeitsunfähig ist.[579]

Das B-Krankenhaus als Arbeitgeber ist in einem BEM-Verfahren zunächst nach einer entsprechenden Gefährdungsanalyse verpflichtet, den bisherigen Arbeitsplatz der A auf der Internistischen Station mit Hebe- und Tragevorrichtungen auszustatten. Hierfür können finanzielle Leistungen sowie Beratung durch das Integrationsamt und andere Rehabilitationsträger durch den Arbeitgeber in Anspruch genommen werden.

Falls dies nicht möglich oder ausreichend ist, um damit die **Arbeitsunfähigkeit** der A **zu beenden,** hat die A Anspruch darauf, dass sie im Rahmen ihrer Tätigkeit nur mit leichten Arbeiten ohne schweres Heben und Tragen beschäftigt wird, sofern die Möglichkeit zu einer solchen Aufgabenumverteilung besteht.[580] Auch käme eine Versetzung auf die Station der Handchirurgie oder der Geburtshilfe in

[579] Arbeitsunfähigkeit liegt im bestehenden Arbeitsverhältnis dann vor, wenn der in der gesetzlichen Krankenversicherung versicherte Arbeitnehmer seine zuletzt vor Eintritt des Versicherungsfalles konkret ausgeübte Tätigkeit wegen Krankheit nicht (weiter) oder nur unter Gefahr der Verschlimmerung verrichten kann. Bei der Beurteilung ist darauf abzustellen, welche Bedingungen die bisherige Tätigkeit konkret geprägt haben. Dass er möglicherweise eine andere, auch vertraglich zuweisbare Tätigkeit trotz der gesundheitlichen Beeinträchtigung ausüben könnte, ist unerheblich: BSG 8.2.2000 – B 1 KR 11/99, NZS 2000, 611; LAG Hamm 4.7.2011 – 8 Sa 726/11 Rn. 20; etwas abweichend BAG 9.4.2014 – 10 AZR 637/13, NZA 2014, 719 Rn. 21 ff. für eine Krankenschwester, die aus gesundheitlichen Gründen keine Nachtschichten im Krankenhaus mehr leisten konnte. Ausnahmsweise können Versicherte im bestehenden Arbeitsverhältnis auf eine ähnlich geartete Tätigkeit in demselben Betrieb verwiesen werden, wenn der Arbeitgeber ein darauf gerichtetes konkretes Angebot abgibt, also eine innerbetriebliche Umsetzung vornimmt; damit endet dann die Arbeitsunfähigkeit: BSG 7.8.1991 – 1/3 RK 28/89, SozR 3–2200 § 182 Nr. 9 Rn. 26 ff.; 7.12.2004 – B 1 KR 5/03 R, NZS 2005, 650 Rn. 15; LSG München 11.8.2011 – L 5 KR 271/11 B ER, NZS 2012, 67.

[580] BAG 14.3.2006 – 9 AZR 411/05, NZA 2006, 1214 Rn. 18; HessLAG 5.11.2012 – 21 Sa 593/10 Rn. 27; LAG RhPf 20.2.2013 – 8 Sa 512/12 Rn. 31, 34; HessLAG 21.3.2013 – 5 Sa 842/11 Rn. 39.

Betracht, auf denen die Patienten in der Regel gehfähig sind und die Tätigkeit als Kranken- und Gesundheitspflegerin in der Regel nicht mit ständigem schweren Heben und Tragen verbunden ist. Ein solcher Anspruch der A besteht gemäß § 164 Abs. 4 S. 3 SGB IX nur dann nicht, wenn die Erfüllung für das B-Krankenhaus nicht zumutbar oder mit unverhältnismäßigen Aufwendungen verbunden wäre.

Die A kann ihren Anspruch auf behinderungsgerechte Beschäftigung auch klageweise geltend machen.[581] Darüber hinaus wäre das B-Krankenhaus auch verpflichtet, die bisherige Vergütung fortzuzahlen, wenn es der A keine behinderungsgerechten Tätigkeiten zuweist bzw. den Arbeitsplatz nicht behinderungsgerecht einrichtet.

3. Versetzung auf einen anderen Arbeitsplatz

Als Maßnahme im BEM-Verfahren kommt auch die **Versetzung** des ar- 191
beitsunfähigen Mitarbeiters **auf einen anderen Arbeitsplatz** in Betracht, vor allem dann, wenn der Arbeitnehmer nicht schwerbehindert oder gleichgestellt ist und ihm demgemäß kein Rechtsanspruch auf eine behinderungsgerechte Beschäftigung nach § 164 Abs. 4 SGB IX zusteht.

Die sich aus dem Verhältnismäßigkeitsgrundsatz ergebende Verpflich- 192
tung des Arbeitgebers, den Arbeitnehmer nach Möglichkeit zur Vermeidung einer Kündigung auf einem anderen – leidensgerechten – Arbeitsplatz weiterzuschäftigen, schließt in Krankheitsfällen die Pflicht des Arbeitgebers ein, eine entsprechend geeignete Stelle – falls möglich – durch Ausübung des Direktionsrechts (§ 106 GewO) „freizumachen" und sich ggf. um die erforderliche Zustimmung des Betriebsrates zu bemühen.[582] Ist nach ärztlicher Beurteilung der Leistungsfähigkeit des Mitarbeiters ein Wechsel des Arbeitsplatzes erforderlich oder eine Änderung der Arbeitsbedingungen, zB kein Heben und Tragen von Lasten über 10 kg, so ist der Arbeitgeber verpflichtet, eine anderweitige Beschäftigungsmöglichkeit auf einem leidensgerechten Arbeitsplatz zu prüfen und den Mitarbeiter auf diesen Arbeitsplatz zu versetzen, soweit ihm dies zumutbar ist.[583]

Der besondere Rechtsanspruch auf behinderungsgerechte Beschäftigung 193
nach § 164 Abs. 4 S. 1 Nr. 1 SGB IX steht einem **nicht schwerbehinderten** oder gleichgestellten **Arbeitnehmer,** der aufgrund seiner eingeschränkten Leistungsfähigkeit nicht mehr in der Lage sind, die vom Arbeitgeber aufgrund seines Direktionsrechts nach § 106 S. 1 GewO näher bestimmte Leistung zu erbringen, nicht zu. Ist der Arbeitnehmer aus gesundheitlichen Gründen nicht mehr in der Lage, die zu bewirkende Arbeitsleistung zu erbringen, kann der Arbeitgeber auf Verlangen des Arbeitnehmers nach § 241 Abs. 3 BGB verpflichtet sein, ihn auf einen leidensgerechten Ar-

---

581 Vgl. dazu den dementsprechenden Klageantrag in → Rn. 179.

582 StRspr vgl. nur LAG RhPf 12.4.2021 – 3 Sa 363/20 Rn. 82 mwN.

583 So schon BAG 17.2.1998 – 9 AZR 130/97, NZA 1999, 33 Rn. 19 mwN.

beitsplatz umzusetzen.[584] Der Arbeitnehmer hat also einen **Anspruch auf leidensgerechte Beschäftigung**. Kommt der Arbeitgeber dem Verlangen schuldhaft nicht nach, steht dem Arbeitnehmer ein **Schadensersatzanspruch** nach § 280 Abs. 1 BGB wegen entgangener Vergütung zu.

Praxistipp:

Der Arbeitgeber ist dabei weder verpflichtet, für den erkrankten Arbeitnehmer einen besetzten leidensgerechten Arbeitsplatz **im Wege einer „Kündigung" freizumachen,**[586] noch einen **zusätzlichen neuen Arbeitsplatzes** zu schaffen.[587] Auch eine **Schwerbehinderung** des erkrankten Arbeitnehmers vermag eine solche Verpflichtung jedenfalls dann nicht zu begründen, wenn der Inhaber der infrage kommenden Stelle seinerseits allgemeinen Kündigungsschutz nach dem KSchG genießt. Fehlt es daran, kommt eine Pflicht zur „Freikündigung" – soweit überhaupt – allenfalls in Betracht, wenn der **schwerbehinderte Arbeitnehmer darlegt und beweist,** dass der betroffene Stelleninhaber seinerseits nicht behindert und eine Kündigung für diesen keine besondere Härte darstellt.[588]

Grundsätzlich gilt allerdings, dass immer dann, wenn ein Arbeitgeber einen freien Arbeitsplatz als Weiterbeschäftigungsmöglichkeit für die Re-Integration des arbeitsunfähigen Mitarbeiters kennt oder bei ordnungsgemäßer Durchführung eines BEM-Verfahrens kennen muss und diese Beschäftigungsmöglichkeit durch anderweitige Besetzung treuwidrig beseitigt, sich der Arbeitgeber nach dem Rechtsgedanken des § 162 BGB die **zwischenzeitlich besetzte Stelle** als im Zeitpunkt der Kündigung als „frei" entgegenhalten lassen muss.[589] Eine solche

---

[584] BAG 22.8.2018 – 5 AZR 592/17, NZA 2019, 30 Rn. 21 mwN; LAG Köln 18.6.2020 – 8 Sa 27/18 Rn. 273; vgl. dazu auch SRS Gesundheitsmanagement/Weber § 25 Rn. 54, der auf die unionsrechtskonforme Auslegung von § 241 Abs. 2 BGB hinweist.

[585] Vgl. dazu → Rn. 222 ff.

[586] LAG RhPf 12.4.2021 – 3 Sa 363/20 Rn. 82 mwN.

[587] BAG 4.10.2005 – 9 AZR 632/04, NZA 2006, 442 Rn. 23; 14.3.2006 – 9 AZR 411/05, NZA 2006, 1214 Rn. 18, 19; 20.11.2014 – 2 AZR 664/13, NZA 2015, 931 Rn. 25; 20.11.2014 – 2 AZR 664/13, NZA 2015, 931 Rn. 25, 30 ff.; 28.6.2017 – 5 AZR 263/16 Rn. 35 mwN; LAG SchlH 19.6.2012 – 1 Sa 225e/11, LAGE § 81 SGB IX Nr. 11 Rn. 76; HessLAG 5.11.2012 – 21 Sa 593/10 Rn. 27; LAG SchlH 17.12.2013 – 1 Sa 175/13 Rn. 54; LAG Hamm 21.8.2014 – 8 Sa 1697/13 Rn. 54; LAG Köln 28.8.2014 – 7 Sa 642/13 Rn. 42; LAG RhPf 24.3.2015 – 7 Sa 512/14 Rn. 76 mwN; LAG Hmb 15.4.2015 – 5 Sa 107/12 Rn. 24; LAG RhPf 3.3.2016 – 5 Sa 341/15 Rn. 65; 21.4.2016 – 5 Sa 243/15 Rn. 65; LAG MV 29.3.2022 – 2 Sa 2/21, Rn. 26 mwN; Beyer/Wocken DB 2013, 2270 (2271); vom Stein ZfA 2016, 549 (561).

[588] LAG RhPf 12.4.2021 – 3 Sa 363/20 Rn. 82.

[589] LAG Bln-Bbg 24.3.2009 – 12 Sa 1450/08; 17.8.2009 – 10 Sa 592/09 Rn. 32.

treuwidrige Vereitelung der Weiterbeschäftigungsmöglichkeit liegt immer dann vor, wenn sich dem Arbeitgeber die Möglichkeit der Weiterbeschäftigung aufdrängen musste.[590]

Auch dann, wenn im BEM-Verfahren ein freier Arbeitsplatz gefunden wird, auf dem die betroffene Person erst nach einer **weiteren Qualifizierung** oder einer **Umschulung** tätig werden kann, muss der Arbeitgeber diese **Beschäftigungsmöglichkeit** für einen entsprechend der Dauer der bisherigen Beschäftigung angemessenen Zeitraum **freihalten,** da der Anspruch auf behinderungsgerechte Beschäftigung die hierfür erforderliche Einarbeitung einschließt.[591] Der Arbeitgeber darf auch in diesem Fall diese Weiterbeschäftigungsmöglichkeit nicht durch anderweitige Besetzung vereiteln, da er sich andernfalls nach dem Rechtsgedanken des § 162 BGB diese Stelle als „frei" entgegenhalten muss. War für den Arbeitgeber zum Zeitpunkt der Stellenbesetzung die Notwendigkeit einer Beschäftigungsmöglichkeit für den später – mangels Weiterbeschäftigungsmöglichkeit – gekündigten Arbeitnehmer bereits absehbar, so liegt ein treuwidriges, weil rechtsmissbräuchliches Verhalten vor.[592]

Die **Verpflichtung des Arbeitgebers zur Neubestimmung der Tätigkeit** des Arbeitnehmers setzt voraus, 194

- dass der Arbeitnehmer die Umsetzung auf einen leidensgerechten Arbeitsplatz verlangt und
- dem Arbeitgeber mitgeteilt hat, wie er sich seine weitere, die aufgetretenen Leistungshindernisse ausräumende Beschäftigung vorstellt.

Dem Verlangen des Arbeitnehmers muss der Arbeitgeber regelmäßig 195 entsprechen, wenn ihm die in der Zuweisung einer anderen Tätigkeit liegende Neubestimmung der zu bewirkenden Arbeitsleistung zumutbar und rechtlich möglich ist.[593] **Zumutbar** ist **dem Arbeitgeber** die **Zuweisung einer anderen Tätigkeit,** wenn

590 LAG Bln-Bbg 17.8.2009 – 10 Sa 592/09 Rn. 32 unter Hinweis auf BAG 5.6.2008 – 2 AZR 107/07.

591 HessLAG 2.11.2015 – 16 Sa 473/15 Rn. 33.

592 LAG Bln-Bbg 17.8.2009 – 10 Sa 592/09 Rn. 32 unter Hinweis auf BAG 25.4.2002 – 2 AZR 260/01; vgl. auch Beyer/Wocken DB 2013, 2270 (2271) mwN.

593 BAG 19.5.2010 – 5 AZR 162/09, NZA 2010, 1119 Rn. 27, 28; LAG Köln 21.9.2012 – 5 Sa 187/12; 6.11.2013 – 3 Sa 423/13 Rn. 56 ff.; HessLAG 11.12.2013 – 12 Sa 1436/11 Rn. 21; 2.11.2015 – 16 Sa 473/15 Rn. 25 ff.; LAG Bln-Bbg 13.11.2015 – 9 Sa 1297/15 Rn. 61 mwN; LAG Köln 24.5.2016 – 12 Sa 677/13 Rn. 83; 18.6.2020 – 8 Sa 27/18 Rn. 274; vgl. auch LAG Bln-Bbg 12.2.2016 – 6 Sa 1084/15; LAG RhPf 3.3.2016 – 5 Sa 341/15.

- dem keine **betrieblichen Gründe,** zu denen auch wirtschaftliche Erwägungen zählen können, oder
- die **Rücksichtnahmepflicht gegenüber anderen Arbeitnehmern** entgegenstehen.[594]

196 **Betriebliche Gründe** werden in der Regel der Zuweisung einer anderweitigen Tätigkeit nicht entgegenstehen, wenn ein entsprechender Arbeitsplatz frei ist und der Arbeitgeber Bedarf für die Tätigkeit hat. Ist ein **entsprechender Arbeitsplatz nicht frei,** kann also die Zuweisung einer anderen Tätigkeit **nur durch den Austausch mit anderen Arbeitnehmern** erfolgen,

▶ ist weiter zu prüfen, ob einer Umsetzung neben betrieblichen Gründen die dem Arbeitgeber gegenüber allen Arbeitnehmern obliegende **Rücksichtnahmepflicht** aus § 241 Abs. 2 BGB entgegensteht.[595]

197 Letzteres ist anzunehmen, wenn der Arbeitgeber dem Arbeitnehmer, der den anderweitigen Arbeitsplatz innehat, nicht im Wege des Direktionsrechts eine andere Tätigkeit zuweisen kann oder die Neuausübung des Direktionsrechts diesem Arbeitnehmer gegenüber nicht billigem Ermessen entsprechen würde. **Unzumutbar** ist ein Austausch ferner dann, wenn der **auszutauschende Arbeitnehmer einem Arbeitsplatzwechsel seine Zustimmung verweigert** und der Arbeitgeber Gefahr liefe, bei Ausübung seines Direktionsrechts einem Prozess über die Wirksamkeit der Maßnahme ausgesetzt zu sein.

198 Die **Rücksichtnahmepflicht** aus § 241 Abs. 2 BGB verlangt vom Arbeitgeber nicht, die Belange eines Arbeitnehmers unter Zurückstellung eigener Belange oder solcher anderer Arbeitnehmer durchzusetzen. Der Arbeitgeber braucht deshalb das Risiko, dass ein „zwangsweise" ausgetauschter Arbeitnehmer die Wirksamkeit der Ausübung des Direktionsrechts gerichtlich überprüfen lässt, nicht einzugehen.[596] Ebenso wenig verlangt die Rücksichtnahmepflicht nach § 241 Abs. 2 BGB vom Arbeitgeber, ein **Zustimmungsersetzungsverfahren** nach § 99 Abs. 4 BetrVG durchzuführen.[597]

---

594 BAG 19.5.2010 – 5 AZR 162/09, NZA 2010, 1119 Rn. 29; LAG Köln 21.9.2012 – 5 Sa 187/12; 24.5.2016 – 12 Sa 677/13 Rn. 84.

595 BAG 19.5.2010 – 5 AZR 162/09, NZA 2010, 1119 Rn. 29; LAG Köln 24.5.2016 – 12 Sa 677/13 Rn. 84.

596 BAG 19.5.2010 – 5 AZR 162/09, NZA 2010, 1119 Rn. 31; LAG Köln 21.9.2012 – 5 Sa 187/12; 24.5.2016 – 12 Sa 677/13 Rn. 85; LPK-SGB IX/Düwell § 81 Rn. 178.

597 BAG 19.5.2010 – 5 AZR 162/09, NZA 2010, 1119 Rn. 32; LAG Köln 24.5.2016 – 12 Sa 677/13 Rn. 86 mwN; anders bei der Versetzung eines schwerbehinderten Arbeitnehmers: BAG 3.12.2002 – 9 AZR 481/01, BAGE 104, 45; vgl. dazu auch LPK-SGB IX/Düwell § 164 Rn. 188; Schmidt Schwerbehindertenarbeitsrecht § 1 Rn. 278 ff.

▶ Zumutbar möglich ist die Zuweisung der anderen Tätigkeit, wenn ihr keine rechtlichen Hindernisse entgegenstehen. Im Rahmen des Direktionsrechts können bei einer Versetzung **nur gleichwertige Tätigkeiten** zugewiesen werden. Der Arbeitgeber kann deshalb dem Arbeitnehmer im Wegen des Direktionsrechts **keine niedriger zu bewertende Tätigkeit** zuweisen, selbst wenn er die höhere Vergütung, die der bisherigen Tätigkeit entspricht, weiterzahlen würde. Eine **höherwertige Tätigkeit** muss der Arbeitgeber dem Arbeitnehmer nicht zuweisen, weil sie einer Beförderung gleichkäme, auf die kein Anspruch besteht und zu der die Rücksichtnahmepflicht aus § 241 Abs. 2 BGB den Arbeitgeber auch nicht verpflichten kann.[598]

4. Stufenweise Wiedereingliederung

Für eine erfolgreiche Rehabilitation im Rahmen eines BEM-Verfahrens 199
ist eine der wichtigsten Beiträge die sog. „stufenweise Wiedereingliederung" (§ 74 SGB V, § 44 SGB IX).[599] Darüber hinaus kann sich zugunsten des Arbeitnehmers, wenn ein **Anspruch auf stufenweise Wiedereingliederung** besteht, ein **Schadensersatzanspruch** gegenüber dem Arbeitgeber gemäß § 280 Abs. 1 BGB iVm § 164 Abs. 4 S. 1 SGB IX bestehen. Der Arbeitgeber hat dem Arbeitnehmer den Verdienstausfall zu ersetzen, wenn er eine – durch stufenweise Wiedereingliederung mögliche – frühere Wiederherstellung der Arbeitsfähigkeit dadurch verhindert, dass er eine stufenweise Wiedereingliederung ablehnt, obwohl zugunsten des Arbeitnehmers ein solcher Anspruch auf stufenweise Wiedereingliederung besteht; § 164 Abs. 4 S. 1 SGB IX wird darüber hinaus als Schutzgesetz iSv § 823 Abs. 2 BGB angesehen.[600]

Zwar hat ein Arbeitnehmer nach ständiger Rechtsprechung des BAG ei- 200
nen arbeitsvertraglichen Anspruch auf tatsächliche Beschäftigung, dieser Anspruch entfällt aber bei gesundheitlichen Einschränkungen, die dazu führen, dass der Arbeitnehmer nicht seine volle, vertraglich vereinbarte Arbeitsleistung erbringen kann.[601] Betrifft das individuelle Leistungshindernis allerdings nur unwesentliche Teile der geschuldeten Dienste, kann der Arbeitgeber die angebotene Arbeitskraft nicht wegen Arbeitsunfähigkeit zurückweisen.[602] Eine **„Teilarbeitsunfähigkeit"** ist ansonsten dem geltenden Arbeits- und Sozialrecht unbekannt; der Arbeitgeber ist nach

---

[598] LAG Köln 18.6.2020 – 8 Sa 27/18 Rn. 274 unter Hinweis auf BAG 19.5.2010 – 5 AZR 162/09, NZA 2010, 1119 mwN.

[599] Vgl. dazu auch Feldes/Niehaus/Faber/Welti, Werkbuch, S. 51, 52; SRS Gesundheitsmanagement/Weber § 25 Rn. 60 ff.

[600] BAG 16.5.2019 – 8 AZR 530/17 Rn. 22 mwN.

[601] BAG 13.6.2006 – 9 AZR 229/05, NZA 2007, 91 (92) mwN.

[602] Feldes/Niehaus/Faber/Nebe, Werkbuch, S. 199 unter Hinweis auf BAG 9.4.2014 – 10 AZR 637/13, NZA 2014, 719 Rn. 25.

§ 266 BGB grundsätzlich nicht verpflichtet, eine nur eingeschränkt angebotene Arbeitsleistung anzunehmen.[603]

201 Andererseits ist anerkannt, dass eine allmähliche Steigerung der beruflichen Belastung die Rückkehr in das aktive Erwerbsleben und in das noch bestehende Arbeitsverhältnis im Interesse beider Arbeitsvertragsparteien erleichtern kann. Daher bietet sich im Rahmen eines BEM-Verfahrens für die Re-Integration eines arbeitsunfähigen Mitarbeiters die „stufenweise Wiedereingliederung" als bewährte Maßnahme an und wird auch durch die gesetzlichen Krankenkassen (§ 74 SGB V) und die sonstigen Sozialversicherungsträger (§ 44 SGB IX) gefördert.[604]

202 Auch während einer **stufenweisen Wiedereingliederung,** durch die dem Versicherten die dauerhafte Wiedereingliederung in das Erwerbsleben durch eine schrittweise Heranführung an die volle Arbeitsbelastung ermöglicht werden soll, **besteht die Arbeitsunfähigkeit** fort.[605] Der weiterhin arbeitsunfähige Arbeitnehmer erhält die ihm sozialrechtlich zustehenden Leistungen weiter fortgezahlt, in der Regel entweder

- **Krankengeld** von der gesetzlichen Krankenkasse oder
- **Übergangsgeld** von der gesetzlichen Rentenversicherung bzw.
- **Arbeitslosengeld.**[606]

203 Ein **Wiedereingliederungsverhältnis** ist nicht als Teil des Arbeitsverhältnisses anzusehen, sondern stellt neben diesem ein **Vertragsverhältnis eigener Art** dar. Anders als das Arbeitsverhältnis ist das Wiedereingliederungsverhältnis nicht durch den Austausch von Leistung und Gegenleistung gekennzeichnet, sondern durch den Rehabilitationszweck. Die Tätigkeit des Arbeitnehmers ist auf die Wiedererlangung der Arbeitsfähigkeit und nicht auf die Erfüllung der vertraglich geschuldeten Arbeitsleistung gerichtet.[607] Es besteht deshalb **kein Anspruch auf die arbeitsvertraglich vereinbarte Vergütung,** es sei denn der Arbeitgeber hat sich bei Abschluss der Wiedereingliederungsvereinbarung ausdrücklich oder stillschweigend zu einer Zahlung verpflichtet. Auch ein gesetzlicher Anspruch

---

[603] BAG 13.6.2006 – 9 AZR 229/05, NZA 2007, 91 (92); 29.1.1992 – 5 AZR 37/91, BAGE 69, 272 = NZA 1992, 643; LAG MV 14.7.2020 – 2 Sa 52/10 Rn. 116 unter Hinweis auf BAG 29.10.1998 – 2 AZR 666/97 Rn. 28.

[604] Vgl. zur stufenweisen Wiedereingliederung nach § 44 SGB IX Schmidt Schwerbehindertenarbeitsrecht § 1 Rn. 308 ff. und nach § 74 SGB V KassKomm/Hess SGB V § 74 Rn. 2 ff.

[605] § 2 Abs. 2 S. 1 der Arbeitsunfähigkeits-Richtlinie vom 1.12.2003 idF vom 14.11.2013 zuletzt geänd. 4.8.2022; in der Anlage dazu finden sich auch die Empfehlungen zur Umsetzung der stufenweisen Wiedereingliederung.

[606] Vgl. zum Bezug von Arbeitslosengeld während der stufenweisen Wiedereingliederung ausführlich → Rn. 244.

[607] BAG 28.7.1999 – 4 AZR 192/98; 24.9.2014 – 5 AZR 611/12, NZA 2014, 1407 Rn. 32 mwN; LAG RhPf 21.4.2016 – 5 Sa 243/15 Rn. 62; LAG Köln 24.5.2016 – 12 Sa 677/13 Rn. 102 mwN; vgl. dazu auch SRS Gesundheitsmanagement/Weber § 25 Rn. 64.

des Arbeitnehmers auf Zahlung einer angemessenen Vergütung nach § 612 Abs. 1 BGB besteht nicht.[608]

Praxistipp:
Unterlässt der Arbeitgeber die Durchführung des betrieblichen Eingliederungsmanagements (BEM – § 167 Abs. 2 SGB IX) oder die Wiedereingliederung des Arbeitnehmers im Rahmen der als geeignete Maßnahme in Betracht zu ziehenden „stufenweisen Wiedereingliederung", so zieht dies eine Verpflichtung zum **Schadensersatz gemäß § 280 BGB** nach sich. § 167 Abs. 2 SGB IX dient dem Schutz länger erkrankter Arbeitnehmer vor nachteiligen Auswirkungen auf die Möglichkeit der Beschäftigung und stellt damit zugleich ein **Schutzgesetz iSv § 823 Abs. 2 BGB** dar.[609] Dieser **Schadensersatzanspruch** des Arbeitnehmers ist auf die **entgangene Vergütung** gerichtet. Arbeitnehmer sollten jedoch darauf achten, zuvor – uU auch mit Nachdruck – die Durchführung eines BEM und bei Vorliegen der Voraussetzungen auch die Durchführung einer stufenweisen Wiedereingliederung vom Arbeitgeber zu fordern.[610]

Zur Begründung des Wiedereingliederungsverhältnisses bedarf es einer **204**
Vereinbarung zwischen Arbeitnehmer und Arbeitgeber. Es gilt für beide Seiten das **„Freiwilligkeitsprinzip".** Deshalb besteht keine generelle Verpflichtung des Arbeitgebers zur Mitwirkung an einer stufenweisen Wiedereingliederung.[611] Arbeitsrechtlich bedarf die Maßnahme der „stufenweisen Wiedereingliederung" wegen der vom Arbeitsvertrag abweichenden Beschäftigung grundsätzlich der **Zustimmung des Arbeitgebers.**[612] Aus dem

---

[608] BAG 21.1.1992 – 5 AZR 37/91, BAGE 69, 272 = NZA 1992, 643; 28.7.1999 – 4 AZR 192/88; 13.6.2006 – 9 AZR 229/05, NZA 2007, 91 (92); 24.9.2014 – 5 AZR 611/12 Rn. 32; 16.5.2019 – 8 AZR 530/17 Rn. 21; LSG NRW 28.3.2006 – L 1 AL 8/06, BeckRS 2006, 42213; LAG Hamm 4.7.2011 – 8 Sa 726/11 Rn. 26; LAG RhPf 21.4.2016 – 5 Sa 243/15 Rn. 62; LAG Köln 24.5.2016 – 12 Sa 677/13 Rn. 102, 107; SRS Gesundheitsmanagement/Weber § 25 Rn. 66.

[609] LAG Hamm 4.7.2011 – 8 Sa 726/11 Rn. 26 mwN; vgl. dazu auch *vom Stein* ZfA 2016, 549 (551) mwN.

[610] Vgl. dazu LAG Köln 24.5.2016 – 12 Sa 677/13 Rn. 107, wo es das LAG einen Schadensersatzanspruch für entgangenes Entgelt u.a. mit der Begründung abgelehnt hat, dass es die Arbeitnehmerin unterlassen habe, mit Nachdruck eine Wiedereingliederung mit der Arbeitgeberin durchzusetzen und ausführlich → Rn. 222 ff.

[611] BAG 29.1.1992 – 5 AZR 37/91, BAGE 69, 272; 24.9.2014 – 5 AZR 611/12 Rn. 32; LAG Köln 24.5.2016 – 12 Sa 677/13 Rn. 102 ff., 106 mwN; SRS Gesundheitsmanagement/Weber § 25 Rn. 64.

[612] BAG 13.6.2006 – 9 AZR 229/05, NZA 2007, 91 Rn. 23, 33; 24.9.2014 – 5 AZR 611/12 Rn. 32; 16.5.2019 – 8 AZR 530/17 Rn. 21; LAG Köln 24.5.2016 – 12 Sa 677/13 Rn. 102, 106; SRS Gesundheitsmanagement/Weber § 25 Rn. 64; vgl. zur Rechtslage bei schwerbehinderten und gleichgestellten Arbeitnehmern → Rn. 207.

Arbeitsvertrag kann grundsätzlich kein Anspruch gegen den Arbeitgeber abgeleitet werden, im Rahmen der stufenweisen Wiedereingliederung mitzuwirken und entsprechend die Arbeit zu organisieren.[613]

205 Arbeitgeber und Arbeitnehmer sind, weil die Arbeitsunfähigkeit des Arbeitnehmers andauert, während des Wiedereingliederungsverhältnisses weiterhin von den Hauptleistungspflichten des Arbeitsverhältnisses gemäß § 275 Abs. 1, § 326 Abs. 1 BGB befreit. Der Arbeitnehmer erbringt nicht die geschuldete Arbeitsleistung, so dass er die Arbeit im Rahmen der „stufenweisen Wiedereingliederung" jederzeit ohne Rechtsfolgen abbrechen kann, wenn er nachteilige gesundheitliche Folgen befürchtet. Das Direktionsrecht des Arbeitgebers hinsichtlich Ort, Zeit und Inhalt der Arbeitsleistung ist während der stufenweisen Wiedereingliederung suspendiert.[614]

206 Im **Wiedereingliederungsverhältnis** unterliegt der Arbeitnehmer **nicht seiner ursprünglichen Arbeitspflicht.** Er kann die Arbeit unterbrechen, wenn nachteilige Folgen zu erkennen oder zu befürchten sind.[615] Es besteht jedoch **kein Anspruch** gegenüber dem Arbeitgeber auf Mitwirkung an einer nur **therapeutischen Erprobung,** ohne dass in absehbarer Zeit das „Ob" und „Wie" einer möglichen Fortsetzung des Arbeitsverhältnisses ersichtlich wäre.[616]

207 Für **schwerbehinderte und gleichgestellte Arbeitnehmer** hat die Rechtsprechung des BAG jedoch aus § 164 Abs. 4 S. 1 Nr. 1 SGB IX einen **Beschäftigungsanspruch im Sinne der Wiedereingliederung** abgeleitet, wenn der Arbeitnehmer arbeitsunfähig erkrankt ist und er nach ärztlicher Empfehlung stufenweise seine berufliche Tätigkeit wieder aufnehmen will.[617]

Praxistipp:

Dieses Urteil des BAG ist wesentlich für die **betriebliche Rehabilitation,** da es zumindest den schwerbehinderten und gleichgestellten Arbeitnehmern – gerade auch in einem BEM-Verfahren – größere Chancen eröffnet, eine stufenweise Wiedereingliederung tatsächlich durchführen zu können. Immer noch gehen leider zu viele Arbeitgeber davon aus, dass die schrittweise Wiedereingliederung arbeitsunfähiger

---

613 BAG 16.5.2019 – 8 AZR 530/17 Rn. 21.

614 LAG Köln 24.5.2016 – 12 Sa 677/13 Rn. 106 mwN; LSG NRW 30.8.2012 – L 16 AL 90/12; Feldes/Niehaus/Faber/Welti, Werkbuch, S. 52; SRS Gesundheitsmanagement/Weber § 25 Rn. 65.

615 BAG 13.6.2006 – 9 AZR 229/05, NZA 2007, 91 (93).

616 BAG 13.6.2006 – 9 AZR 229/05, NZA 2007, 91 (94).

617 BAG 13.6.2006 – 9 AZR 229/05, NZA 2007, 91; 16.5.2019 – 8 AZR 530/17 Rn. 22; vgl. dazu auch ErfK/Rolfs SGB IX § 164 Rn. 9; SRS Gesundheitsmanagement/Weber § 25 Rn. 68 ff.

Arbeitnehmer – auch bei schwerbehinderten und gleichgestellten Arbeitnehmer – ausschließlich vom Prinzip der Freiwilligkeit beherrscht wird.[618]

Auch bei noch bestehender Arbeitsunfähigkeit **kann der Arbeitnehmer** vom Arbeitgeber die **stufenweise Wiedereingliederung verlangen,** wenn von dieser Maßnahme ein günstiger Wiedereinstiegsverlauf zu erwarten ist.[619] Das BAG schließt aus der Neuregelung der Präventions- und Teilhabevorschriften durch das SGB IX auch auf einen Wandel für die **Mitwirkungsverpflichtung des Arbeitgebers** bei der „stufenweisen Wiedereingliederung". Zeiten langandauernder Arbeitsunfähigkeit seien nicht mehr Zeiten des „Ruhens", sondern Zeiten für betriebliche Eingliederungsmaßnahmen.[620] Das SGB IX wolle, so das BAG, der Ausgrenzung des behinderten Menschen aus dem Arbeitsleben entgegenwirken und dessen **Teilhabe am Arbeitsleben stärken.** Das sei ohne Mitwirkung des Arbeitgebers nicht zu erreichen. Dem Arbeitgeber sei deshalb in § 182 Abs. 1 SGB IX die Pflicht auferlegt, zusammen mit anderen Stellen die Teilhabe schwerbehinderter Arbeitnehmer am Arbeitsleben zu ermöglichen.[621]

Noch nicht abschließend geklärt ist, ob ausschließlich schwerbehinderte oder gleichgestellte Arbeitnehmer einen Anspruch auf stufenweise Wiedereingliederung – und damit weitergehende Rechte in einem BEM-Verfahren – haben. Zwar ist die „stufenweise Wiedereingliederung" bei **nichtbehinderten Arbeitnehmern** grundsätzlich von der Zustimmung des Arbeitgebers abhängig,[622] jedoch kann auch bei nur „einfach" behinderten Arbeitnehmern im Rahmen eines BEM eine Mitwirkungspflicht des Arbeitgebers dahingehend bestehen, dass er einer „stufenweisen Wiedereingliederung" zustimmt. Nach der Rechtsprechung des EuGH sind nach Art. 5 der Richtlinie 2000/78/EG des Rates vom 27.11.2000 angemessene Vorkehrungen auch chronisch kranken Menschen und anderen Beschäftigten, die behindert sind, zu gewährleisten.[623] Da die Arbeitsgerichte gehalten sind, § 164 Abs. 4 S. 1 Nr. 1 SGB IX unionsrechtlich konform auszu- **208**

---

[618] Vgl. dazu auch Schmidt AuR 1997, 461 (465).

[619] Vgl. dazu auch Feldes/Niehaus/Faber/Nebe, Werkbuch, S. 199 mwN.

[620] BAG 13.6.2006 – 9 AZR 229/05, NZA 2007, 91 (93) unter Hinweis auf Gagel NZA 2004, 1359.

[621] BAG 13.6.2006 – 9 AZR 229/05, NZA 2007, 91 (93).

[622] BAG 28.7.1999 – 4 AZR 192/98, NZA 1999, 1295; 13.6.2006 – 9 AZR 229/05, NZA 2007, 91 (93); 24.9.2014 – 5 AZR 611/12 Rn. 32; LAG Köln 24.5.2016 – 12 Sa 677/13 Rn. 102, 106.

[623] EuGH 11.4.2013 – C-335/11, NZA 2013, 553 – Jette Ring; vgl. dazu Beyer/Wocken DB 2013, 2270 ff.; SRS Gesundheitsmanagement/Weber § 25 Rn. 53 ff.

legen, ist eine Mitwirkungsverpflichtung des Arbeitgebers in Bezug auf die stufenweise Wiedereingliederung arbeitsunfähiger Arbeitnehmer anzunehmen, die zwar nicht schwerbehindert (§ 2 Abs. 2 SGB IX) oder einem schwerbehinderten Menschen gleichgestellt (§ 2 Abs. 3 SGB IX), jedoch iSv § 2 Abs. 1 SGB IX behindert sind.[624] Dafür spricht auch, dass auch der Begriff der Behinderung iSd AGG der Definition des § 2 Abs. 1 S. 1 SGB IX entspricht; auf einen bestimmten Grad der Behinderung kommt es dabei nicht an.[625] Auch lässt sich diese Pflicht des Arbeitgebers zur Durchführung einer stufenweisen Wiedereingliederung auch bei nichtbehinderten Arbeitnehmern spätestens seit der Ratifikation der **UN-Behindertenrechtskonvention** aus §§ 618, 241 Abs. 2 BGB herleiten.[626]

Praxistipp:
Insofern empfiehlt es sich, den Anspruch auf stufenweise Wiedereingliederung auch bei gesundheitlich eingeschränkten Arbeitnehmern im Rahmen eines BEM als Re-Integrationsmaßnahme vorzuschlagen, bei denen zwar noch keine Schwerbehinderung (§ 2 Abs. 2 SGB IX) oder Gleichstellung (§ 2 Abs. 3 SGB IX) festgestellt worden ist, die aber bereits eine längere Zeit aufgrund einer Erkrankung arbeitsunfähig (> sechs Monate) und damit behindert iSv § 2 Abs. 1 SGB IX sind. Darüber hinaus ist zu einem Antrag auf Feststellung der Schwerbehinderteneigenschaft zu raten und bei Feststellung eines GdB von 30 zu einem Gleichstellungsantrag (§ 151 Abs. 2 SGB IX).[627]

209 Ein auf § 164 Abs. 4 S. 1 Nr. 1 SGB IX gestützter **Rechtsanspruch** auf „stufenweise Wiedereingliederung" des **schwerbehinderten oder gleichgestellten Arbeitnehmers** setzt voraus, dass der nach allgemeinen Grundsätzen darlegungs- und beweisbelastete Arbeitnehmer[628] spätestens

[624] Vgl. dazu auch Gagel/Schian br 2006, 39; dies. In Diskussionsforum Teilhabe und Prävention, Beitrag B 9/2005, www.reha-recht.de/nc/forum-b.

[625] BAG 28.4.2011 – 8 AZR 515/10, NJW 2011, 2458 Rn. 24; 16.2.2012 – 8 AZR 697/10, NZA 2012, 667 Rn. 32 jeweils mwN; vgl. ausführlich Schmidt Schwerbehindertenarbeitsrecht § 1 Rn. 170 ff.

[626] Anton-Dyck, Stufenweise Wiedereingliederung nach § 28 SGB IX, § 74 SGB V, S. 147 ff.; Feldes/Niehaus/Faber/Kohte, Werkbuch, S. 34 mwN; Feldes/Niehaus/Faber/Welti, Werkbuch, S. 52; LAG Hamm 4.7.2011 – 8 Sa 726/11 Rn. 26; Beyer/Wocken DB 2013, 2270 (2271); aA wohl LAG Köln 24.5.2016 – 12 Sa 677/13 Rn. 106, das unter Bezugnahme auf ältere Rechtsprechung des BAG eine Verpflichtung des Arbeitgebers zur generellen Förderung der Teilhabe am Arbeitsleben für nichtbehinderte Arbeitnehmer ablehnt.

[627] Vgl. zur Feststellung der Behinderung ausführlich Schmidt Schwerbehindertenarbeitsrecht § 1 Rn. 11 ff. und zur Gleichstellung § 1 Rn. 50 ff.

[628] BAG 13.6.2006 – 9 AZR 229/05, NZA 2006, 155.

bis zum Schluss der mündlichen Verhandlung vor dem Landesarbeitsgericht eine ärztliche Bescheinigung seines behandelnden Arztes vorlegt, aus der sich

- die Art und Weise der empfohlenen Beschäftigung,[629]
- die Beschäftigungsbeschränkungen,
- der Umfang der täglichen oder wöchentlichen Arbeitszeit
- sowie der Beginn und die Dauer der stufenweisen Wiedereingliederungsmaßnahme ergeben.[630]

Der Arzt hat seine Feststellung auf dem Vordruck der Sozialversicherungsträger zu bescheinigen.[631] Insbesondere muss die ärztliche Bescheinigung ordnungsgemäß nach den Vorschriften des Sozialrechts erstellt sein und dem Arbeitgeber hinreichend deutlich machen, dass mit dem Wiedereingliederungsplan auch eine betrieblich nutzbare Tätigkeit wiedererlangt werden kann.[632] Die ärztliche Bescheinigung muss die **Prognose** beinhalten, **wann voraussichtlich die Wiederaufnahme der Tätigkeit erfolgt** und dass eine stufenweise Heranführung des Arbeitnehmers an die berufliche Belastung seiner Wiedereingliederung „in das Erwerbsleben" fördert.[633] Ebenso muss der Arzt eine Prognose zur Arbeitsfähigkeit des Arbeitnehmers nach Durchführung der Maßnahme der stufenweisen Wiedereingliederung abgeben.[634] Dabei muss sich die Prognose nicht zwingend auf das Ziel der Wiederherstellung der vollen Arbeitsfähigkeit richten, auch wenn dieses Ziel mit der „stufenweisen Wiedereingliederung" regelmäßig verfolgt wird.[635] **210**

Auch die Befähigung zu einer nach Art, Dauer, zeitlicher und räumlicher Lage **veränderten Arbeitstätigkeit** kann das Ziel einer Wiedereingliederung in das Erwerbsleben sein. Es muss also im Verlauf der stufenweisen Eingliederung prognostisch nicht die letzte Stufe im Sinn einer vollen Wiedererlangung der Befähigung zur Ausübung erreicht werden,[636] da das Wiedereingliederungsverhältnis nicht auf die für Ar- **211**

---

[629] Dies verlangt eine erkennbar auf die Erkrankung und Behinderung des Arbeitnehmers und seine Tätigkeit abgestellte Empfehlung über die Art und Weide der Beschäftigung: BAG 13.6.2006 – 9 AZR 229/05, NZA 2007, 91 (94).

[630] BAG 13.6.2006 – 9 AZR 229/05, NZA 2007, 91 (93); vgl. dazu ausführlich BAG 16.5.2019 – 8 AZR 530/17 Rn. 25 unter Bezugnahme auf die sozialrechtlichen Empfehlungen zur Umsetzung der stufenweisen Wiedereingliederung und SRS Gesundheitsmanagement/Weber § 25 Rn. 69.

[631] BAG 16.5.2019 – 8 AZR 530/17 Rn. 26.

[632] BAG 16.5.2019 – 8 AZR 530/17 Rn. 24.

[633] BAG 13.6.2006 – 9 AZR 229/05, NZA 2007, 91 Rn. 91, 93; 16.5.2019 – 8 AZR 530/17 Rn. 23; vgl. dazu auch HessLAG 7.6.2017 – 7 Sa 232/17 Rn. 38.

[634] BAG 13.6.2006 – 9 AZR 229/05, NZA 2007, 91 Rn. 91, 93; 16.5.2019 – 8 AZR 530/17 Rn. 26; LAG Köln 24.5.2016 – 12 Sa 677/13 Rn. 112 mwN.

[635] BAG 28.7.1999 – 4 AZR 192/98, NZA 1999, 1295.

[636] BAG 13.6.2006 – 9 AZR 229/05, NZA 2007, 91 (93).

beitsverhältnisse typische Leistungsbeziehung „Arbeit gegen Lohn" gerichtet ist.

212 Die so erstellte **ärztliche Bescheinigung** muss **dem Arbeitgeber vorgelegt** werden, da dieser andernfalls nicht beurteilen kann, ob er an der Wiedereingliederung mitwirken muss oder er wegen der Art oder der voraussichtlichen Dauer der Maßnahme berechtigt ist, sie als unzumutbar iSv § 164 Abs. 4 S. 3 SGB IX abzulehnen.[637]

213 Von Seiten des Arbeitnehmers ist es ausreichend, wenn der arbeitsunfähige schwerbehinderte oder gleichgestellte Arbeitnehmer trotz seiner die Arbeitsunfähigkeit verursachenden Krankheiten und Behinderungen noch eine sinnvoll in betrieblicher Organisation einsetzbare Fähigkeit hat. Dann muss es ihm der Arbeitgeber nach § 164 Abs. 4 S. 1 SGB IX ermöglichen, im Rahmen der stufenweisen Wiedereingliederung berufsnahe Tätigkeiten zu verrichten.[638]

214 Im Einzelfall können sich aber **besondere Umstände** ergeben, aufgrund derer der **Arbeitgeber eine Beschäftigung entsprechend dem Wiedereingliederungsplan ausnahmsweise ablehnen** darf. Dies hat das BAG etwa dann angenommen, wenn eine betriebsärztliche Beurteilung Zweifel an der Geeignetheit des Wiedereingliederungsplans dahingehend zuließ, dass der Arbeitgeber die Befürchtung hegen durfte, dass der Gesundheitszustand des schwerbehinderten Beschäftigten eine Beschäftigung entsprechend dem Wiedereingliederungsplan nicht zulassen wird. Lässt also die stufenweise Wiedereingliederung auf dem bisherigen Arbeitsplatz nachteilige gesundheitliche Folgen befürchten, darf der Arbeitgeber nach Auffassung des BAG in einer neueren Entscheidung eine Beschäftigung entsprechend dem Wiedereingliederungsplan ausnahmsweise ablehnen.[639] Liegen bereits vor Beginn der stufenweisen Wiedereingliederung solche Befürchtungen vor, kann es geboten sein, dass sich der behandelnde Arzt im Wiedereingliederungsplan oder in einer Anlage zu diesem mit diesen Umständen auseinandersetzt und erläutert, ob und ggf. welche Folgen sich daraus ergeben.[640]

5. Finanzielle und sonstige Hilfen für Arbeitgeber durch Rehabilitationsträger und Integrationsämter (§§ 50, 185 Abs. 3 SGB IX)

215 Arbeitgeber können umfangreiche finanzielle Leistungen in Anspruch nehmen, die eine Wiedereingliederung gesundheitlich eingeschränkter

---

[637] BAG 13.6.2006 – 9 AZR, NZA 2007, 91; 16.5.2019 – 8 AZR 530/17 Rn. 27.
[638] BAG 13.6.2006 – 9 AZR 229/05, NZA 2007, 91 (93).
[639] BAG 16.5.2019 – 8 AZR 530/17 Rn. 31.
[640] BAG 16.5.2019 – 8 AZR 530/17 Rn. 36.

und behinderter Mitarbeiter erleichtern können, die aber oftmals gar nicht bekannt sind.[641] Arbeitgeber können nach § 167 Abs. 3 SGB IX durch die Rehabilitationsträger, vor allem gesetzliche Krankenkassen und Unfallversicherungsträger, und Integrationsämter durch Prämien oder einen Bonus gefördert werden.[642] Darüber hinaus können Arbeitgeber in vielen Fällen nach § 50 SGB IX von den Rehabilitationsträgern Förderleistungen in Anspruch nehmen, insbesondere

- Ausbildungszuschüsse zur betrieblichen Ausführung von Bildungsleistungen,
- Eingliederungszuschüsse,
- Zuschüsse für Arbeitshilfen im Betrieb,
- teilweise oder volle Kostenerstattung für eine befristete Probebeschäftigung.[643]

Darüber hinaus kommen für schwerbehinderte und gleichgestellte Beschäftigte in einem BEM-Verfahren weitere **Förderungsleistungen des Integrationsamtes** in Betracht: 216

– **Investitionshilfen** (§ 185 Abs. 3 Nr. 2a SGB IX iVm § 15 SchwbAV): Arbeitgeber von schwerbehinderten oder gleichgestellten Beschäftigten können vom Integrationsamt finanzielle Zuschüsse zu den Investitionskosten für die Schaffung neuer Arbeits- und Ausbildungsplätze bekommen. Bei der Bemessung der Zuschüsse wird insbesondere abgestellt auf das Maß der Beeinträchtigung des behinderten Menschen, die Höhe der Investitionskosten, den Rationalisierungseffekt sowie die Leistungsfähigkeit des Arbeitgebers, der sich in angemessenem Umfang an den Gesamtkosten beteiligen soll.[644] 217

– **Behinderungsgerechte Gestaltung von Arbeitsstätten und Arbeitsplätzen** (§ 185 Abs. 3 SGB IX iVm § 26 SchwbAV): Arbeitgeber können auch eine finanzielle Förderung für die behinderungsgerechte Ausstattung von Arbeitsplätzen erhalten. Vorrangig sind die Leistungen der Rehabilitationsträger (Berufsgenossenschaft, Rentenversicherung, Agentur für Arbeit) für einzelne Personen; diese Leistungen können auch 218

---

[641] Vgl. dazu ausführlich die vom LVR Köln herausgegebene Broschüre „Leistungen zur Teilhabe am Arbeits- und Berufsleben und Nachteilsausgleiche für (schwer-)behinderte Menschen", 20. Aufl. 2021, Kapitel 3. Leistungen an Arbeitgeber und die Homepage des LVR – www.lvr.de, hier Soziales und Integration, Infos für Arbeitgeber.

[642] Vgl. dazu Welti NZS 2006, 628.

[643] Vgl. dazu ausführlich Feldes/Niehaus/Faber/Richter, Werkbuch, S. 239 f.; vgl. auch zur befristeten Probebeschäftigung → Rn. 265.

[644] Vgl. ausführlich die vom LVR Köln herausgegebene Broschüre „Leistungen zur Teilhabe am Arbeits- und Berufsleben und Nachteilsausgleiche für (schwer-)behinderte Menschen", 20. Aufl. 2021, Kapitel 3. Leistungen an Arbeitgeber, S. 36 f.

durch das Integrationsamt bei Maßnahmen zugunsten mehrerer schwerbehinderter oder gleichgestellter Menschen gewährt werden.[645]

Durch eine **behinderungsgerechte Arbeitsplatzgestaltung** werden für den schwerbehinderten bzw. gleichgestellten Arbeitnehmer Belastungen abgebaut und so weitere gesundheitliche Schäden vermieden. Der Arbeitsplatz wird mit Rücksichtnahme auf die Funktionseinschränkung des Betroffenen so gestaltet, dass möglichst die arbeitsvertraglich geforderte Arbeitsleistung erbracht werden kann.

Praxistipp:
Auf eine **behinderungsgerechte Arbeitsplatzgestaltung** hat der schwerbehinderte oder gleichgestellte Arbeitnehmer nach § 164 Abs. 4 S. 1 Nr. 4 SGB IX im Rahmen des für den Arbeitgeber Zumutbaren einen **Rechtsanspruch,** der auch arbeitsgerichtlich geltend gemacht werden kann.[646]

219 – **Personelle Unterstützung** (§ 185 Abs. 3 SGB IX iVm § 27 SchwbAV): Arbeitgeber können bei der örtlichen Fürsorgestelle eine (teilweise) Abdeckung von zusätzlichen Personalkosten beantragen, die dadurch entstehen, dass ein schwerbehinderter oder gleichgestellter Mensch zur Erfüllung seiner arbeitsvertraglichen Pflichten die Unterstützung eines anderen Beschäftigten des Arbeitgebers benötigt. **Beispiele für Unterstützungsleistungen** sind etwa

- längere oder regelmäßig wiederkehrende fachlich bzw. arbeitspädagogische Unterweisungen, Anleitung und/oder Kontrolle (insbesondere bei Menschen mit Lern- oder geistigen Behinderungen),
- regelmäßige arbeitsbegleitende Betreuung und Motivation zur Arbeitsausführung (insbesondere bei Menschen mit seelischen Behinderungen),
- regelmäßig erforderliche tätigkeitsbezogene Handreichungen oder Hilfestellungen (zB Heben und Tragen, Wege im Betrieb) bei der Arbeitsausführung sowie
- der Sicherstellung der Kommunikation am Arbeitsplatz (insbesondere für Menschen mit erheblichen Körper- und Sinnesbehinderungen).

Die beschriebenen Aufwendungen sowie sonstige Belastungen müssen im Zusammenhang mit dem behinderungsbedingten Funktionseinschrän-

[645] Vgl. ausführlich zur Zuständigkeit und den Voraussetzungen die vom LVR Köln herausgegebene Broschüre „Leistungen zur Teilhabe am Arbeits- und Berufsleben und Nachteilsausgleiche für (schwer-)behinderte Menschen“, 20. Aufl. 2021, Kapitel 3. Leistungen an Arbeitgeber, S. 37 f.

[646] Vgl. dazu → Rn. 149 ff.

kungen und deren Auswirkungen bei den konkreten Arbeitsplatzanforderungen stehen. Maßgeblich ist allein die anerkannte Behinderung.

Die **Höhe des Zuschusses** ist **gestaffelt** nach dem Umfang der personellen Unterstützung (eine bis über drei Stunden täglich), der Beschäftigungsquote (§§ 154 ff. SGB IX)[647] und dem monatlichen Bruttoarbeitslohn der unterstützenden Person.[648]

– **Beschäftigungssicherungszuschuss** (§ 185 Abs. 3 SGB IX iVm § 27 SchwbAV): Arbeitgeber können beim Integrationsamt einen Beschäftigungssicherungszuschuss beantragen, wenn die Leistungen eines schwerbehinderten oder gleichgestellten Mitarbeiters überdurchschnittlich und nicht nur vorübergehend unter der Normalleistung liegt. Überdurchschnittlich hoch ist die Minderleistung, wenn die Arbeitsleistung um mindestens 30% und höchstens 50% geringer ist als die Arbeitsleistung eines anderen Beschäftigten in vergleichbarer Tätigkeit. **220**

Praxistipp:
Eine solche Leistungseinschränkung ist insbesondere gegeben bei überdurchschnittlich verlangsamten Bewegungen, zusätzlichen Pausen und Ruhezeiten oder im Vergleich überdurchschnittlich hoher Fehlerquote. Entscheidend ist, dass die Leistungseinschränkung in einem Zusammenhang zur anerkannten Behinderung steht.

Der festgestellte Umfang des Beschäftigungssicherungszuschusses darf nicht mehr als 50% gegenüber der Normalleistung betragen; wenn die Leistungseinschränkung größer ist, gilt der Arbeitsplatz als ungeeignet für den Menschen mit Schwerbehinderung und es kann in der Regel keine Förderung erbracht werden.[649]

Praxistipp:
Bei der Ermittlung des Sachverhaltes und des Umfangs der möglichen Minderleistung des schwerbehinderten Mitarbeiters wird durch das Integrationsamt bzw. den beauftragten Fachdienst auch immer die Möglichkeit der Durchführung eines sog. **Arbeitstrainings** bzw. einer

---

[647] Vgl. dazu Schmidt Schwerbehindertenarbeitsrecht § 1 Rn. 75 ff.

[648] Vgl. zu den Voraussetzungen die vom LVR Köln herausgegebene Broschüre „Leistungen zur Teilhabe am Arbeits- und Berufsleben und Nachteilsausgleiche für (schwer-)behinderte Menschen", 20. Aufl. 2021, Kapitel 3. Leistungen an Arbeitgeber, S. 40 mit einer Tabelle, mit deren Hilfe sich die Förderungssummen ermitteln lassen.

[649] Vgl. dazu die vom LVR Köln herausgegebene Broschüre „Leistungen zur Teilhabe am Arbeits- und Berufsleben und Nachteilsausgleiche für (schwer-)behinderte Menschen", 20. Aufl. 2021, Kapitel 3. Leistungen an Arbeitgeber, S. 41.

ergotherapeutischen Maßnahme geprüft. Ein solches Training bzw. eine Ergotherapie kann dem Mitarbeiter helfen, seine Arbeitsleistung dauerhaft zu verbessern. Die Kosten für ein solches Training können von den örtlichen Fürsorgestellen nach § 25 SchwbAV oder in Einzelfällen nach § 27 SchwbAV übernommen werden. Während der Dauer des Trainings bzw. der Therapie kann ein Beschäftigungssicherungszuschuss für einen Zeitraum von maximal einem Jahr gezahlt werden, nach dessen Ende das Ergebnis des Trainings bei der Höhe der dann noch bestehenden Minderleistung zu berücksichtigen ist.[650]

221 – **Beratung und Betreuung** (§ 185 SGB IX, § 192SGB IX iVm §§ 27a, 28 SchwbAV): Das Integrationsamt und die Integrationsfachdienste beraten und informieren Arbeitgeber, betriebliche Aufgabenträger und schwerbehinderte Menschen in allen mit der Beschäftigung schwerbehinderter Menschen zusammenhängenden Fragen.[651]

Wenn es um die behinderungsgerechte und ergonomische Einrichtung neuer oder um die entsprechende Veränderung vorhandener Arbeitsplätze geht, sind die **Ingenieure des technischen Beratungsdienstes** zuständig. Sie beraten den Arbeitgeber bei der Schaffung und behinderungsgerechten Gestaltung von Arbeitsplätzen für schwerbehinderte Menschen, vom barrierefreien Bauen und Gestalten des Arbeitsumfeldes über die individuelle Arbeitsplatzanpassung bis hin zum Einsatz individueller technischer Hilfsmittel. Dabei ist es immer das vorrangige Ziel, die Menschen mit Schwerbehinderung und Arbeitgeber so zu beraten, dass die Menschen mit Schwerbehinderung in der Lage sind, ihre Arbeit grundsätzlich selbständig ohne fremde Hilfe zu erledigen.[652]

Praxistipp:

Bereits im BEM-Verfahren kann über das ohnehin hinzuzuziehende Integrationsamt der technische Beratungsdienst schon tätig werden. Da-

[650] Vgl. dazu sowie ausführlich zu den Voraussetzungen und der Zahlungsdauer des Beschäftigungssicherungszuschuss die vom LVR Köln herausgegebene Broschüre „Leistungen zur Teilhabe am Arbeits- und Berufsleben und Nachteilsausgleiche für (schwer-)behinderte Menschen", 20. Aufl. 2021, Kapitel 3. Leistungen an Arbeitgeber, S. 26 f.; vgl. auch auf S. 27 die tabellarische Darstellung der Höhe der Fördersumme beim Beschäftigungssicherungszuschuss.

[651] Vgl. dazu die vom LVR Köln herausgegebene Broschüre „Leistungen zur Teilhabe am Arbeits- und Berufsleben und Nachteilsausgleiche für (schwer-)behinderte Menschen", 20. Aufl. 2021, Kapitel 3. Leistungen an Arbeitgeber, S. 42.

[652] Vgl. dazu die vom LVR Köln herausgegebene Broschüre „Leistungen zur Teilhabe am Arbeits- und Berufsleben und Nachteilsausgleiche für (schwer-)behinderte Menschen", 20. Aufl. 2021, Kapitel 3. Leistungen an Arbeitgeber, S. 42.

bei wird insbesondere geprüft, ob der jeweilige Arbeitsplatz behinderungsgerecht ist oder ob durch technische Arbeitshilfen, organisatorische Umgestaltung, Umbauten etc. der Arbeitsplatz behinderungsgerecht gestaltet werden kann. Dies gilt sowohl für den Arbeitsplatz selbst als auch für die Arbeitsumgebung. Die Ingenieure kennen die neuesten Entwicklungen der technischen Hilfen für behinderte Menschen. Sie kommen in den Betrieb und entwickeln ihre Vorschläge vor Ort, also am konkreten Arbeitsplatz zusammen mit dem Arbeitgeber, mit dem BEM-Team im Betrieb und je nach Fall auch mit außerbetrieblichen Helfern, wie etwa der Arbeitsagentur oder den Rehabilitationsträgern.[653]

6. Schadensersatzanspruch des Arbeitnehmers bei nicht behinderungs-/leidensgerechter Beschäftigung

Nicht selten kommt es bei der Durchführung eines BEM-Verfahrens zu **222**
der Situation, dass sich die Wiederaufnahme der Arbeitstätigkeit verzögert, weil sich der Arbeitgeber weigert, dem in seiner Leistungsfähigkeit Eingeschränkten eine leidensgerechte Tätigkeit zuzuweisen. Aufgrund der bestehenden Erkrankung ist der Arbeitnehmer außerstande, die gesundheitlichen Anforderungen der zuletzt ausgeübten Tätigkeit zu erbringen und ist deshalb arbeitsunfähig. **Arbeitsunfähigkeit** liegt vor, wenn der Versicherte **seine zuletzt vor Eintritt des Versicherungsfalls konkret ausgeübte Tätigkeit** wegen Krankheit nicht (weiter) verrichten kann oder nur unter Gefahr der Verschlimmerung. Bei der Beurteilung ist darauf abzustellen, welche Bedingungen die bisherige Tätigkeit konkret geprägt haben.[654] Dass er möglicherweise eine andere, auch vertraglich zuweisbare Tätigkeit trotz der gesundheitlichen Beeinträchtigung noch ausüben könnte, ist für das Bestehen von Arbeitsunfähigkeit und damit auch für den Krankengeldanspruch gegenüber der gesetzlichen Krankenkasse unerheblich.[655]

---

[653] Vgl. dazu die vom LVR Köln herausgegebene Broschüre „Leistungen zur Teilhabe am Arbeits- und Berufsleben und Nachteilsausgleiche für (schwer-)behinderte Menschen“, 20. Aufl. 2021, Kapitel 3. Leistungen an Arbeitgeber, S. 42.

[654] § 2 Abs. 1 S. 1 und 2 der Arbeitsunfähigkeits-Richtlinie vom 14.11.2013 zuletzt geänd. 4.8.2022; aA BAG 9.4.2014 – 10 AZR 637/13, NZA 2014, 719 Rn. 21, das auf die arbeitsvertraglich geschuldete Leistung abstellt und bei Einschränkung für Nachtdienste bei Medikamenteneinnahme keine Arbeitsunfähigkeit annimmt.

[655] BSG 8.2.2000 – B 1 KR 11/99 R, SozR 3–2500 § 49 Nr. 4 = BSGE 85, 271 = NZS 2000, 611; LAG Hamm 4.7.2011 – 8 Sa 726/11 Rn. 20.

Praxistipp:
Solange das Arbeitsverhältnis besteht, können Versicherte nicht auf Tätigkeiten bei einem anderen Arbeitgeber „verwiesen“ werden.[656] Die Arbeitsunfähigkeit beurteilt sich also nach der vom Arbeitnehmer aufgrund des Arbeitsvertrages geschuldeten Leistung, die der Arbeitgeber als vertragsgemäß hätte annehmen müssen und liegt vor, wenn der Arbeitnehmer beim Arbeitgeber seine vertraglich geschuldete Tätigkeit nicht mehr ausüben kann oder nicht mehr ausüben sollte, weil die Heilung einer vorhandenen Krankheit nach ärztlicher Prognose verhindert oder verzögert wird.[657]

223 Auch während einer **stufenweisen Wiedereingliederung,**[658] durch die dem Versicherten die dauerhafte Wiedereingliederung in das Erwerbsleben durch eine schrittweise Heranführung an die volle Arbeitsbelastung ermöglicht werden soll, **besteht die Arbeitsunfähigkeit** fort.[659]

224 Kann der Versicherte nach ärztlicher Beurteilung die ausgeübte Tätigkeit nicht mehr ohne nachteilige Folgen für seine Gesundheit oder für den Gesundungsprozess verrichten, kann die **gesetzliche Krankenkasse** mit Zustimmung des Versicherten beim **Arbeitgeber die Prüfung anregen,** ob eine für den Gesundheitszustand des Versicherten **unbedenkliche Tätigkeit bei demselben Arbeitgeber möglich** ist.[660] Dies sollte auch das Ziel eines BEM-Verfahrens nach § 167 Abs. 2 SGB IX sein.

225 Bietet der Arbeitgeber im Rahmen seines arbeitsrechtlichen Direktionsrechts dem Arbeitnehmer in zulässiger Weise eine andere Arbeit/Tätigkeit an **(innerbetriebliche Umsetzung),** die der Versicherte im Hinblick auf seinen Gesundheitszustand noch verrichten kann, liegt **keine Arbeitsunfähigkeit** mehr vor.[661]

---

656 BSG 7.8.1991 – 1/3 RK 28/89, SozR 3–2200 § 182 Nr. 9; 7.12.2004 – B 1 KR 5/03 R, NZS 2005, 650 Rn. 15; vgl. auch ErfK/Rolfs SGB V § 44 Rn. 8 mwN.

657 So auch für die Arbeitsunfähigkeit im arbeitsrechtlichen Sinn: ErfK/Reinhard EFZG § 3 Rn. 9; BAG 23.1.2008 – 5 AZR 393/07, NZA 2008, 595 Rn. 19 mwN.

658 Vgl. dazu auch → Rn. 199 ff. und Schmidt Schwerbehindertenarbeitsrecht § 1 Rn. 308 ff.

659 § 2 Abs. 2 S. 1 der Arbeitsunfähigkeits-Richtlinie vom 14.11.2013 zuletzt geänd. 4.8.2022.

660 § 6 Abs. 4 der Arbeitsunfähigkeits-Richtlinie vom 14.11.2013 zuletzt geänd. 4.8.2022.

661 BSG 7.8.1991 – 1/3 RK 28/89, SozR 3–2200 § 182 Nr. 9 Rn. 26 ff.; 7.12.2004 – B 1 KR 5/03 R, NZS 2005, 650 Rn. 15; LSG München 11.8.2011 – L 5 KR 271/11 B ER, NZS 2012, 67.

Praxistipp:
Ist der Arbeitnehmer aus gesundheitlichen Gründen nicht in der Lage, die zu bewirkende Arbeitsleistung zu erbringen, kann der Arbeitgeber auf Verlangen des Arbeitnehmers nach § 241 Abs. 2 BGB verpflichtet sein, ihn auf einen leidensgerechten Arbeitsplatz umzusetzen.[662] Dieser Anspruch setzt voraus, dass der Arbeitnehmer im maßgeblichen Zeitraum für die von ihm beanspruchte andere Tätigkeit objektiv leistungsfähig war.[663]

Ist ein in Bezug auf die zuletzt ausgeübte Tätigkeit arbeitsunfähiger **226** Arbeitnehmer aufgrund seiner Behinderung außer Stande seine arbeitsvertraglich geschuldete Leistung zu erbringen, ist streitig, ob ein solches Verlangen des Arbeitnehmers auf Zuweisung eines leidensgerechten Arbeitsplatzes geeignet ist, den Arbeitgeber in Annahmeverzug zu setzen.[664]

Nach § 615 BGB hat der Arbeitgeber die **vereinbarte Vergütung fort-** **227** **zuzahlen,** wenn er in **Annahmeverzug** gerät. Nach § 293 BGB kommt der Gläubiger in Verzug, wenn er die ihm angebotene Leistung nicht annimmt. § 294 BGB sieht vor, dass die Leistung dem Gläubiger so, wie sie zu bewirken ist, tatsächlich angeboten werden muss. Das bedeutet, dass der Arbeitnehmer seine Arbeitskraft im ungekündigten Arbeitsverhältnis in eigener Person, zur rechten Zeit, am rechten Ort und in der rechten Weise anbieten muss.[665]

Die Arbeitsleistung ist identisch mit der arbeitsvertraglich vereinbarten, **228** wenn die **Tätigkeit** des Arbeitnehmers **im Arbeitsvertrag konkret bestimmt** ist. Ist dagegen die vom Arbeitnehmer zu erbringende Tätigkeit im Arbeitsvertrag **nur rahmenmäßig umschrieben,** obliegt es nach § 106 S. 2 GewO dem Arbeitgeber, den Inhalt der zu leistenden Arbeit näher zu bestimmen. Erst die durch die wirksame Ausübung des Direktionsrechts näher bestimmte Tätigkeit ist die iSv § 294 BGB zu bewirkende Arbeitsleistung.[666]

---

[662] Vgl. dazu → Rn. 172 ff.

[663] BAG 22.8.2018 – 5 AZR 592/17, NZA 2019, 30 Rn. 21 unter Hinweis auf BAG 19.5.2020 – 5 AZR 162/09, NZA 2010, 1119 Rn. 25 ff.; LAG Köln 18.6.2020 – 8 Sa 27/18 Rn. 273.

[664] So BAG 4.10.2005 – 9 AZR 632/04, NZA 2005, 442 Rn. 14, 15 für einen schwerbehinderten oder gleichgestellten Arbeitnehmer; LAG Bln-Bbg 12.2.2016 – 6 Sa 1084/15 Rn. 41 ff. bei einer nicht behinderten Arbeitnehmerin; aA die Revisionsinstanz BAG 28.6.2017 – 5 AZR 263/16.

[665] BAG 29.10.1992 – 2 AZR 250/92, EzA BGB § 615 Nr. 77; LAG MW 14.7.2020 – 2 Sa 52/20 Rn. 115.

[666] BAG 19.5.2010 – 5 AZR 162/09, NZA 2010, 1119 Rn. 14; 14.10.2020 – 5 AZR 649/19 Rn. 10; LAG MW 14.7.2020 – 2 Sa 52/20 Rn. 118.

§ 106 GewO eröffnet dem Arbeitgeber ein Weisungsrecht nur innerhalb, nicht jedoch außerhalb der vertraglichen Beziehungen.[667]

229 **Annahmeverzug setzt** somit eine **Leistungsfähigkeit des Arbeitnehmers voraus** (§ 297 BGB). Im Rahmen des Annahmeverzuges trägt der Arbeitgeber das verschuldensunabhängige Risiko, dem leistungsfähigen Arbeitnehmer die Erbringung der vertraglich geschuldeten Arbeitsleistung zu ermöglichen. Damit bestehen auch **keine Ansprüche des Arbeitnehmers** auf **Verzugslohn** nach § 615 BGB und auch nicht auf Entgeltfortzahlung, wenn der Arbeitnehmer seine Arbeitsleistung iSd § 294 BGB nicht so anbietet, wie sie zu bewirken ist, weil ihm die Erbringung der vertraglich **geschuldeten Arbeitsleistung** aufgrund seiner eingeschränkten Leistungsfähigkeit teilweise oder ganz **unmöglich** ist, also wenn die Voraussetzungen des § 297 BGB vorliegen. Unmöglichkeit und Annahmeverzug schließen sich aus.[668]

230 Der Arbeitgeber gerät gemäß § 297 BGB **nicht in Annahmeverzug**, wenn der **Arbeitnehmer außerstande** ist, die vom Arbeitgeber aufgrund seines Direktionsrechts nach § 106 GewO **wirksam näher bestimmte Tätigkeit** aus in seiner Person liegenden Gründen **zu bewirken.**[669] Unerheblich ist die Ursache der Leistungsunfähigkeit des Arbeitnehmers.[670] Es kommt auch nicht auf die subjektive Einschätzung des Arbeitnehmers an, sondern auf die objektiven Umstände der Leistungsunfähigkeit. Kann der Arbeitnehmer objektiv aus gesundheitlichen Gründen die zu bewirkende Arbeitsleistung nicht vollständig erbringen, so kann das fehlende Leistungsvermögen nicht allein durch den Willen des Arbeitnehmers ersetzt werden, trotz objektiver Leistungsunfähigkeit einen Arbeitsversuch zu unternehmen.[671]

Praxistipp:

Kann also der Arbeitnehmer die vom Arbeitgeber aufgrund des Direktionsrechts wirksam näher bestimmte Tätigkeit aus in seiner Person liegenden Gründen nicht mehr ausüben, aber eine andere im Rah-

---

[667] BAG 28.6.2017 – 5 AZR 263/16 Rn. 24; 14.10.2020 – 5 AZR 649/19 Rn. 12.

[668] BAG 4.10.2005 – 9 AZR 632/04, NZA 2006, 442 Rn. 11, 12; LAG Hamm 4.7.2011 – 8 Sa 726/11 Rn. 19; LAG Köln 21.9.2012 – 5 Sa 187/12; 6.11.2013 – 3 Sa 423/13 Rn. 53 mwN; HessLAG 24.6.2014 – 13 Sa 1501/13 Rn. 31; LAG Hamm 20.10.2014 – 16 Sa 738/14 Rn. 28; LAG Bln-Bbg 13.11.2015 – 9 Sa 1297/15 Rn. 56 ff.; LAG RhPf 3.3.2016 – 5 Sa 341/15 Rn. 53, 58; 21.4.2016 – 5 Sa 243/15 Rn. 59; vgl. dazu auch HessLAG 21.3.2013 – 5 Sa 842/11 Rn. 28.

[669] BAG 22.8.2018 – 5 AZR 592/17, NZA 2019, 30 Rn. 21 mwN.

[670] LAG MW 14.7.2020 – 2 Sa 52/20 Rn. 116 unter Hinweis auf BAG 21.10.2015 – 5 AZR 843/14 Rn. 23.

[671] LAG MW 14.7.2020 – 2 Sa 52/20 Rn. 117 unter Hinweis auf BAG 21.10.2015 – 5 AZR 843/14 Rn. 26.

men der arbeitsvertraglichen Vereinbarung liegende Tätigkeit verrichten, ist das Angebot einer anderen Tätigkeit ohne Belang, solange der Arbeitgeber nicht durch eine Neuausübung seines Direktionsrechts diese zu der iSv § 294 BGB zu bewirkenden Arbeitsleistung bestimmt hat. Andernfalls könnte der Arbeitnehmer den Inhalt der arbeitsvertraglich nur rahmenmäßig umschriebenen Arbeitsleistung selbst konkretisieren. Das widerspräche § 106 S. 1 GewO. Die Konkretisierung der Arbeitspflicht ist Sache des Arbeitgebers.[672]

Die arbeitsgerichtliche Rechtsprechung lässt sich wie folgt zusammenfassen: **231**

1. Fall:

Bei **schwerbehinderten,** eingeschränkt leistungsfähigen **Arbeitnehmern** **232**

- ▶ können Ansprüche aus Annahmeverzug in Betracht kommen, wenn der schwerbehinderte Arbeitnehmer aus Gründen in seiner Person **nur noch einen Teil,** nicht aber alle **vertraglich geschuldeten Arbeiten verrichten** kann. Der Arbeitgeber ist in diesem Fall nach § 106 S. 3 GewO verpflichtet, im Rahmen der Ausübung seines **Direktionsrechts auf Behinderungen Rücksicht** zu nehmen.[673]

Bietet ein krankheits- und behinderungsbedingt nur eingeschränkt leistungsfähiger Arbeitnehmer Arbeitsleistungen an, gerät der **Arbeitgeber nur dann in Annahmeverzug,** **233**

- wenn es sich um Arbeiten handelt, die der Arbeitnehmer sowohl nach seinen Kenntnissen und Fähigkeiten als auch nach seinem gesundheitlichen Leistungsvermögen tatsächlich auszuführen vermag, und
- der Arbeitgeber ihm diese Tätigkeiten **im Rahmen seines Direktionsrechts** nach § 106 S. 3 GewO **zuweisen kann.**[674]

Kann der **schwerbehinderte Arbeitnehmer** dagegen nur noch Arbeiten verrichten, die der **Arbeitgeber ihm nicht** im Wege des **Direktionsrechts zuweisen** kann, ist er also zu einer weiteren Ausübung der vertraglichen Arbeitsleistung nur imstande, wenn der Arbeitsplatz umgestaltet oder mit technischen Hebehilfen ausgestattet wird bzw. wenn eine Ver- **234**

---

672 BAG 14.10.2020 – 5 AZR 649/19 Rn. 28 mwN.

673 BAG 4.10.2005 – 9 AZR 632/04, NZA 2005, 442 Rn. 14, 15 mwN.

674 Diese Grundsätze wendet der 6. Senat des BAG auch im Fall eines nicht schwerbehinderten oder gleichgestellten Arbeitnehmers (GdB von 20) an: vgl. BAG 13.8.2009 – 6 AZR 330/08, NZA-RR 2010, 420 Rn. 15, 16; kritisch dazu Mückl/Hiebert NZA 2010, 1259 ff.

tragsänderung erfolgen muss (§ 164 Abs. 4 S. 1 SGB IX), geht dies über die nach § 296 BGB obliegende Mitwirkungspflicht des Arbeitgebers hinaus und

- der Arbeitgeber gerät **nicht in Annahmeverzug,** wenn er die Übertragung solcher Tätigkeiten unterlässt.[675]

235 Der Arbeitgeber kann auch dem Arbeitnehmer **keine niedriger zu bewertende Tätigkeit** im Wege des Direktionsrechts zuweisen, selbst wenn der die höhere Vergütung, die der bisherigen Tätigkeit entspricht, weiterzahlen würde.[676] Der Arbeitgeber ist auch zur Vermeidung von Annahmeverzugslohnansprüchen des Arbeitnehmers **nicht** nach § 296 S. 1 BGB **verpflichtet,** den **bestehenden Vertrag** dahin **zu ändern,** eine behinderungsgerechte Beschäftigung des in seiner Leistungsfähigkeit eingeschränkten schwerbehinderten Arbeitnehmers zu gewährleisten.[677]

Praxistipp:
Auch bei einem schwerbehinderten Arbeitnehmer trägt der Arbeitgeber im Rahmen des Annahmeverzugs nicht das verschuldensabhängige Risiko, seinen Verpflichtungen nach § 164 Abs. 4 SGB IX objektiv nicht hinreichend nachgekommen zu sein.[678]

In diesem Fall

- greift aber die **verschuldensabhängig ausgestaltete Haftung aus § 280 BGB iVm § 164 Abs. 4 S. 1 SGB IX** wegen der Verletzung von Pflichten ein, die dem Arbeitgeber eine Umgestaltung des Arbeitsplatzes oder die Anpassung des Arbeitsvertrages aufgeben.

236 Ist also der Arbeitnehmer infolge Krankheit oder Verschlimmerung seiner Behinderung nicht mehr in der Lage, den Anforderungen des vertragsgemäß zugewiesenen Arbeitsplatzes zu genügen, so besteht kein Lohnanspruch unter dem Gesichtspunkt des Annahmeverzuges.[679] Dem schwerbehinderten Menschen steht jedoch ein **Schadensersatzanspruch** wegen Verletzung einer Arbeitgeberpflicht aus § 280 BGB iVm § 164

[675] BAG 19.5.2010 – 5 AZR 162/19 Rn. 16; 27.5.2015 – 5 AZR 88/14 Rn. 19; 22.8.2018 – 5 AZR 592/17, NZA 2019, 30 Rn. 21.

[676] BAG 4.10.2005 – 9 AZR 632/04, NZA 2006, 442; 19.5.2010 – 5 AZR 162/09, NZA 2010, 1119 Rn. 16; LAG Köln 21.9.2012 – 5 Sa 187/12; LAG Hamm 21.8.2014 – 8 Sa 1697/13 Rn. 40 mwN.

[677] BAG 14.10.2020 – 5 AZR 649/19 Rn. 30.

[678] BAG 14.10.2020 – 5 AZR 649/19 Rn. 30.

[679] BAG 22.8.2018 – 5 AZR 592/17, NZA 2019, 30 Rn. 21 mwN.

Abs. 4 S. 1 SGB IX zu, wenn der Arbeitgeber es schuldhaft unterlassen hat, ihn auf einen anderen geeigneten Arbeitsplatz zu versetzen.[680]

Verschulden des Arbeitgebers setzt voraus, dass der Arbeitnehmer dem Arbeitgeber die Schwerbehinderung mitgeteilt und ihm die behinderungsbedingten Einschränkungen offengelegt hat. Nach § 280 Abs. 1 S. 2 BGB obliegt es dem Arbeitgeber darzulegen und zu beweisen, dass er eine objektiv vorliegende Pflichtverletzung nicht zu vertreten hat.[681] **237**

Praxistipp:

Zu beachten ist, dass es sich bei einem gerichtlich geltend gemachten Anspruch auf Annahmeverzugslohn prozessual um einen anderen **Streitgegenstand** als bei einem Schadensersatzanspruch wegen einer Verletzung der Pflichten des Arbeitgebers aus § 164 Abs. 4 S. 1 Nr. 1, Nr. 4 und Nr. 5 SGB IX handelt. Daher sollte vorsorglich bei einem schwerbehinderten Arbeitnehmer auch die klageweise Geltendmachung eines Schadensersatzanspruches in Erwägung gezogen werden.[682]

2. Fall:

Ist der Arbeitnehmer **nicht schwerbehindert,** aber in seiner Leistungsfähigkeit eingeschränkt und nicht mehr in der Lage, die vom Arbeitgeber aufgrund seines Direktionsrechts nach § 106 S. 1 GewO näher bestimmte Leistung zu erbringen, **238**

- steht ihm ein Schadensersatzanspruch nach § 280 Abs. 1 BGB zu, wenn der Arbeitgeber schuldhaft seine Rücksichtnahmepflicht aus § 241 Abs. 2 BGB dadurch verletzt, dass er dem Arbeitnehmer nicht durch Neuausübung des Direktionsrechts einen leidensgerechten Arbeitsplatz zuweist.[683]

---

[680] BAG 3.12.2002 – 9 AZR 462/01, BAGE 104, 73; 4.10.2005 – 9 AZR 632/04, NZA 2006, 442 Rn. 22; 28.6.2017 – 5 AZR 263/16 Rn. 33; 14.10.2020 – 5 AZR 649/19 Rn. 30 mwN; LAG Köln 21.9.2012 – 5 Sa 187/12; LAG SchlH 19.6.2012 – 1 Sa 225e/11 Rn. 77; LAG RhPf 20.2.2013 – 8 Sa 512/12 Rn. 46–48; LAG Hamm 21.8.2014 – 8 Sa 1697/13 Rn. 50 ff.; vgl. auch Beck NZA 2017, 81 (86).

[681] Hierfür gelten die Grundsätze zur abgestuften Darlegungs- und Beweislast, wie sie in → Rn. 181 ff. dargestellt worden sind; vgl. auch BAG 10.5.2005 – 9 AZR 230/04, NZA 2006, 155 Rn. 42; 4.10.2005 – 9 AZR 632/04, NZA 2006, 442 Rn. 28 ff.; LAG SchlH 19.6.2012 – 1 Sa 225e/11 Rn. 77; LAG Köln 6.11.2013 – 3 Sa 423/13 Rn. 58 mwN; LAG RhPf 3.3.2016 – 5 Sa 341/15 Rn. 65 mwN.

[682] BAG 14.10.2020 – 5 AZR 649/19 Rn. 41.

[683] BAG 19.5.2010 – 5 AZR 162/09, NZA 2010, 1119 Rn. 26; 28.6.2017 – 5 AZR 263/17 Rn. 33; 22.8.2018 – 5 AZR 592/17, NZA 2019, 30 Rn. 21; 14.10.2020 – 5 AZR 649/19 Rn. 29, 30 mwN; LAG Köln 21.9.2012 – 5 Sa 187/12; LAG Hamm 4.7.2011 – 8 Sa 726/11 Rn. 19 mwN; LAG Köln 6.11.2013 – 3 Sa 423/13 Rn. 56 ff.; HessLAG

239 Nach § 241 Abs. 2 BGB ist jede Partei des Arbeitsvertrages zur Rücksichtnahme auf die Rechte, Rechtsgüter und Interesses ihres Vertragspartners verpflichtet. Im Arbeitsverhältnis sind die Vertragspartner deshalb zur Verwirklichung des Leistungsinteresses zu leistungssichernden Maßnahmen verpflichtet. Dazu gehört auch die Pflicht, im Zusammenwirken mit dem Vertragspartner die Voraussetzungen für die Durchführung des Vertrages zu schaffen, Erfüllungshindernisse nicht entstehen zu lassen bzw. zu beseitigen und dem anderen Teil den angestrebten Leistungserfolg zukommen zu lassen. Im Rahmen der Mitwirkungspflicht kann es auch geboten sein, auf den Wunsch nach Vertragsanpassung als Reaktion auf unerwartete Änderungen der tatsächlichen Verhältnisse einzugehen, insbesondere wenn andernfalls in Dauerschuldverhältnissen Unvermögen des Schuldners droht.[684] In dem Fall, dass der Arbeitnehmer aus in seiner Person liegenden Gründen nicht mehr in der Lage ist, die vom Arbeitgeber aufgrund seines Direktionsrechts nach § 106 S. 3 GewO näher bestimmte Leistung zu erbringen, gebietet es dementsprechend die Rücksichtnahmepflicht aus § 241 Abs. 2 BGB, dass der Arbeitgeber von seinem Direktionsrecht erneut Gebrauch macht und die vom Arbeitnehmer zu erbringende Leistung innerhalb des arbeitsvertraglich vereinbarten Rahmen anderweitig derart konkretisiert, dass dem Arbeitnehmer die Leistungserbringung wieder möglich wird.[685]

Praxistipp:

Ein Schadensersatzanspruch[686] **zugunsten des Arbeitnehmers im BEM-Verfahren** setzt voraus, **dass der** Arbeitnehmer **die** Umsetzung **auf einen leidensgerechten Arbeitsplatz** verlangt **und dem Ar**beitgeber mitgeteilt hat, wie er sich seine weitere, die aufgetretenen Leistungshindernisse ausräumende Beschäftigung vorstellt. Weitere Voraussetzung ist, dass der Arbeitnehmer im maßgeblichen Zeitraum für

---

24.6.2014 – 13 Sa 1501/13 Rn. 33; LAG Hamm 21.8.2014 – 8 Sa 1697/13 Rn. 50 ff.; LAG Bln-Bbg 13.11.2015 – 9 Sa 1297/15 Rn. 61 ff.; LAG RhPf 3.3.2016 – 5 Sa 341/15 Rn. 63 ff.; LAG Köln 24.5.2016 – 12 Sa 677/13 Rn. 81 ff. und 18.6.2020 – 8 Sa 27/18 Rn. 273 mwN; aA auch für einen nicht schwerbehinderten Arbeitnehmer (GdB von 20) BAG 13.8.2009 – 6 AZR 330/08, NZA-RR 2010, 420 Rn. 15, 16 – Annahmeverzug, wenn der Arbeitgeber dem Arbeitnehmer andere Tätigkeiten im Wege des Direktionsrechts zuweisen kann Rn. 29 ff.; so auch LAG Bln-Bbg 12.2.2016 – 6 Sa 1084/15 Rn. 41 ff. bei einer nicht behinderten Arbeitnehmerin (BAG 28.6.2017 – 5 AZR 263/16); kritisch dazu Mückl/Hiebert NZA 2010, 1259 ff.

684 BAG 19.5.2010 – 5 AZR 162/09, NZA 2010, 1119 Rn. 25 ff.; LAG Köln 21.9.2012 – 5 Sa 187/12.

685 BAG 19.5.2010 – 5 AZR 162/09, NZA 2010, 1119 Rn. 25 ff.; 22.8.2018 – 5 AZR 592/17, NZA 2019, 30 Rn. 21 mwN.

686 Vgl. in → Rn. 250 den Klageantrag zu diesem Schadensersatzanspruch unter Berücksichtigung von gezahltem Arbeitslosengeld.

die von ihm beanspruchte andere Tätigkeit objektiv leistungsfähig war.[687] Der Arbeitnehmer muss darlegen und ggf. auch beweisen, über welches Leistungsvermögen er noch verfügt und dass dieses den Anforderungen an die beanspruchte Beschäftigung noch genügt.[688] Dem Verlangen des Arbeitnehmers muss der Arbeitgeber regelmäßig entsprechen, wenn ihm die in der Zuweisung einer anderen Tätigkeit liegende Neubestimmung der zu bewirkenden Arbeitsleistung zumutbar und rechtlich möglich ist.[689]

Zumutbar ist dem Arbeitgeber die **Zuweisung einer anderen Tätigkeit,** wenn dem keine betrieblichen Gründe, zu denen auch wirtschaftliche Erwägungen zählen können, oder die Rücksichtnahmepflicht gegenüber anderen Arbeitnehmern entgegenstehen.[690]

Will der Arbeitgeber dem Verlangen des Arbeitnehmers nicht entsprechen, muss er entsprechend seiner sekundären Behauptungslast substantiiert darlegen und ggf. beweisen, aus welchen Gründen eine Beschäftigung des Arbeitnehmers zu den vorgeschlagenen Bedingungen nicht in Betracht kommt. Welche Einzelheiten diesbezüglich vom Arbeitgeber vorzutragen sind, bestimmt sich nach den Umständen des Einzelfalles unter Berücksichtigung der Darlegungen des klagenden Arbeitnehmers.[691]

Auch durch die Ablehnung eines Antrags auf Durchführung einer Wie- **240**
dereingliederungsmaßnahme – wie der **stufenweisen Wiedereingliederung**[692] – kann sich dieser gegenüber dem schwerbehinderten bzw. gleichgestellten Arbeitnehmer schadensersatzpflichtig machen.[693]

---

[687] BAG 22.8.2018 – 5 AZR 592/17, NZA 2019, 30 Rn. 21 unter Hinweis auf BAG 19.5.2020 – 5 AZR 162/09, NZA 2010, 1119 Rn. 25 ff.; LAG Köln 18.6.2020 – 8 Sa 27/18 Rn. 273.

[688] BAG 22.8.2018 – 5 AZR 592/17, NZA 2019, 30 Rn. 26 mwN; LAG Köln 18.6.2020 – 8 Sa 27/18 Rn. 274.

[689] BAG 19.5.2010 – 5 AZR 162/09, NZA 2010, 1119 Rn. 27, 28; LAG Köln 21.9.2012 – 5 Sa 187/12 und 24.5.2016 – 12 Sa 677/13 Rn. 83; LAG Bln-Bbg 13.11.2015 – 9 Sa 1297/15 Rn. 61.

[690] BAG 19.5.2010 – 5 AZR 162/09, NZA 2010, 1119 Rn. 29; LAG Köln 21.9.2012 – 5 Sa 187/12; vgl. ausführlich zur Zumutbarkeit und den betrieblichen Gründen, die einer Zumutbarkeit entgegenstehen können → Rn. 195 ff.

[691] BAG 22.8.2018 – 5 AZR 592/17, NZA 2019, 30 Rn. 26 mwN.

[692] Vgl. dazu ausführlich → Rn. 179 ff.

[693] BAG 16.5.2019 – 8 AZR 530/17 Rn. 18 ff.; HessLAG 7.8.2017 – 7 Sa 232/17 Rn. 34.

7. Gleichwohlgewährung von Arbeitslosengeld bei längerer Erkrankung des Arbeitnehmers

241 Nicht immer wird ein BEM-Verfahren, so wie es § 167 Abs. 2 S. 1 SGB IX vorsieht, bereits nach sechswöchiger Arbeitsunfähigkeit eingeleitet, etwa weil der Arbeitnehmer aufgrund seiner Erkrankung absehbar noch nicht wieder eingegliedert werden kann. Wegen derselben Erkrankung erhalten Arbeitnehmer für die Dauer von 78 Wochen Krankengeld (§ 48 SGB V). Nach der sog. **„Aussteuerung“** aus dem Krankengeld wird bei längerer Erkrankung als 78 Wochen, Arbeitslosengeld gezahlt.

242 Ein Bezug von **Arbeitslosengeld** ist **auch ohne Beendigung des Arbeitsverhältnisses möglich,** weil § 137 Abs. 1 Nr. 1 SGB III iVm § 138 Abs. 1 Nr. 1 SGB III bei der Voraussetzung „Arbeitslosigkeit“ nur darauf abstellt, dass „die Arbeitnehmerin oder der Arbeitnehmer nicht in einem Beschäftigungsverhältnis steht“. Damit ist das sog. **leistungsrechtliche Beschäftigungsverhältnis** gemeint und nicht das Arbeitsverhältnis.[694]

243 Das **leistungsrechtliche Beschäftigungsverhältnis endet** – anders als das Arbeitsverhältnis – bereits dann, wenn der **Arbeitnehmer seinerseits nicht mehr dienstbereit ist,** also die Verfügungsbereitschaft des Arbeitnehmers endet.[695] Ein **langfristig arbeitsunfähig erkrankter Versicherter,** dessen Arbeitsverhältnis noch besteht, kann also während der tatsächlichen Nichtleistung seiner Arbeit im leistungsrechtlichen Sinne „beschäftigungslos“ iSv § 138 Abs. 1 Nr. 1 SGB III sein,[696] wenn er sich der Verfügungsgewalt seines Arbeitgebers nicht mehr unterstellt, was sich die Arbeitsagentur regelmäßig schriftlich vom Arbeitnehmer bestätigen lässt. Bei dieser Fallgestaltung ist es also möglich, dass auch ein Arbeitnehmer, dessen Arbeitsverhältnis noch besteht, nach Auslaufen des Krankengeldanspruchs Arbeitslosengeld beziehen kann.

Beispiel:

A ist bereits seit einiger Zeit wegen einer Depression arbeitsunfähig. Zunächst hat er für sechs Wochen Entgeltfortzahlung durch seinen Arbeitgeber erhalten. Danach hat er Anspruch auf weitere 72 Wochen Krankengeld nach § 48 SGB V. Läuft sein Krankengeld nach maximal 78 Wochen aus,[697] kann sich A – trotz Fortbestehen

---

[694] Vgl. dazu Brand/Brand SGB III § 138 Rn. 10 und ausführlich Schmidt Sozialversicherungsrecht Rn. 115, 118 ff.

[695] BAG 21.8.1997 – 12 BK 63/97; BSG 9.9.1993 – 7 RAr 96/92, BSGE 73, 90; 28.9.1993 – 11 RAr 69/92, NZS 1994, 140; vgl. dazu auch Brand/Düe SGB III § 157 Rn. 8.

[696] BSG 28.9.1993 – 11 RAr 69/92, NZS 1994, 140.

[697] Die Dauer des Krankengeldanspruchs wegen derselben Krankheit besteht nach § 48 Abs. 1 S. 1 SGB V für längstens 78 Wochen, gerechnet vom Tag des Beginns der Arbeitsunfähigkeit an. Der Krankengeldanspruch ruht nach § 49 Abs. 1 Nr. 1 SGB V „soweit und solange der Versicherte beitragspflichtiges Arbeitsentgelt erhält“, also durch

seines Arbeitsverhältnisses – bei der Arbeitsagentur arbeitslos melden und ist während seiner aufgrund von Arbeitsunfähigkeit fortbestehenden tatsächlichen Beschäftigungslosigkeit „beschäftigungslos" iSv § 138 Abs. 1 Nr. 1 SGB III.[698] In diesem Fall unterstellt sich A nicht mehr dem Weisungsrecht seines Arbeitgebers, wenn er seine bisherige Tätigkeit nicht mehr ausüben kann (= Arbeitsunfähigkeit) und ihm der Arbeitgeber auch keine leidensgerechte andere Tätigkeit zuweist. Einer ausdrücklichen Erklärung der Arbeitsvertragsparteien bedarf es zur Beendigung des leistungsrechtlichen Beschäftigungsverhältnisses nicht; es kommt nur auf die tatsächlichen Verhältnisse an.[699]

Dagegen handelt es sich bei der sog. **stufenweisen Wiedereingliederung** (§ 44 SGB IX[700]) nicht um ein die Arbeitslosigkeit ausschließendes Beschäftigungsverhältnis im leistungsrechtlichen Sinn.[701] Die Tätigkeit im Rahmen eines Wiedereingliederungsplans nach längerer Erkrankung lässt zwischen dem Arbeitgeber und dem Arbeitnehmer ein Rechtsverhältnis eigener Art entstehen, für das die gegenseitigen Hauptleistungspflichten eines Arbeitsverhältnisses (einerseits Pflicht zur Arbeitsleistung, andererseits Pflicht zur Zahlung eines Entgelts als Gegenleistung) nicht gelten.[702] Gegenstand der Tätigkeit des Arbeitnehmers ist nicht eine vertraglich geschuldete Arbeitsleistung, sondern ein aliud, wobei der Gesichtspunkt der Rehabilitation im Vordergrund steht.[703] 244

Beispiel und Praxistipp:

Bezieht A im vorgenannten Beispiel nach dem Ende des Krankengeldbezuges (Aussteuerung) Arbeitslosengeld, so ist das Arbeitslosengeld auch für Zeiten einer **stufenweisen Wiedereingliederung** fortzuzahlen.

Der Lebensunterhalt eines Arbeitnehmers kann also während einer stufenweisen Wiedereingliederung nicht nur durch die Zahlung von Krankengeld durch die gesetzliche Krankenkasse oder Übergangsgeld

den Arbeitgeber Entgeltfortzahlung geleistet wird. Da nach § 48 Abs. 3 S. 1 SGB V bei der Feststellung der Leistungsdauer des Krankengeldes Zeiten, in denen der Anspruch auf Krankengeld ruht, wie Zeiten des Bezuges von Krankengeld berücksichtigt werden, wird nach einer Entgeltfortzahlung von 6 Wochen (§ 3 Abs. 1 S. 1 EFZG) das Krankengeld unter Anrechnung dieser sechswöchigen Entgeltfortzahlung nur noch für weitere 72 Wochen gezahlt.

[698] Vgl. dazu auch Brand/Brand SGB III § 138 Rn. 17.

[699] Vgl. zu dieser Fallgestaltung BSG 9.9.1993 – 7 RAr 96/92, BSGE 73, 90 = SozR 3-4100 § 101 Nr. 4; 28.9.1993 – 11 RAr 69/92, NZS 1994, 140 = BSGE 73, 126 = SozR 3-4100 § 101 Nr. 5.

[700] Vgl. dazu ausführlich Schmidt Schwerbehindertenarbeitsrecht § 1 Rn. 308 ff.

[701] BSG 21.3.2007 – B 11a AL 31/06 R, NZS 2008, 160 = SozR 4-4300 § 118 Nr. 1; vgl. dazu auch Brand/Brand SGB III § 27 Rn. 17.

[702] BAG 16.5.2019 – 8 AZR 530/17 Rn. 21 mwN.

durch die gesetzliche Rentenversicherung, sondern auch über den Bezug von Arbeitslosengeld durch die Bundesagentur für Arbeit sichergestellt werden.

245 Nach § 157 Abs. 1 SGB III ruht allerdings der Anspruch auf Arbeitslosengeld während der Zeit, für die der Arbeitslose Arbeitsentgelt erhält oder zu beanspruchen hat. Diese Vorschrift verfolgt den Zweck, den **Bezug von Doppelleistungen,** also von Arbeitslosengeld und Arbeitsentgelt, **zu verhindern.**[704] Die Ausgangssituation einer Doppelleistung mit der Rechtsfolge des Ruhens sind die Fälle, in denen das Arbeitsverhältnis fortbesteht, das **leistungsrechtliche Beschäftigungsverhältnis aber bereits geendet** hat, weil der Arbeitgeber sein Direktionsrecht nicht mehr in Anspruch nimmt.[705]

246 Der **Hauptanwendungsfall des § 157 SGB III** ist zwar dann gegeben, wenn während einer Auseinandersetzung über den Fortbestand des Arbeitsverhältnisses der **Entgeltanspruch** infolge des Annahmeverzuges des Arbeitgebers **fortbesteht**. Aber auch bei einer **Nichtausübung des Direktionsrechts durch den Arbeitgeber** kann es zu einem zeitlichen Zusammentreffen von Arbeitslosengeld und Arbeitsentgelt kommen, insbesondere dann, wenn ein **Arbeitgeber** dem Arbeitnehmer durch Ausübung seines Direktionsrechts **keinen leidensgerechten Arbeitsplatz zur Verfügung stellt** und **Schadensersatz** wegen nicht leidensgerechter Beschäftigung des Arbeitnehmers in Höhe des entgangenen Entgeltes an diesen **zu leisten hat.**

Beispiel:

Der Arbeitnehmer A ist seit mehr als 1 ½ Jahren arbeitsunfähig, das Arbeitsverhältnis besteht ungekündigt fort. A kann sich nach dem Auslaufen des Krankengeldanspruches nach 78 Wochen (§ 48 Abs. 1 SGB V), arbeitslos melden. Sofern Verfügbarkeit besteht, ggf. über § 145 SGB III, erhält er Arbeitslosengeld.

Das **leistungsrechtliche Beschäftigungsverhältnis hat geendet,** weil der Arbeitgeber wegen der langandauernden Erkrankung des A seine arbeitsrechtliche Verfügungsmöglichkeit nicht mehr wahrnimmt und auch keine Dienstbereitschaft des Arbeitnehmers A mehr besteht. Einer ausdrücklichen Erklärung der Arbeitsvertragsparteien bedarf es zur Beendigung des leistungsrechtlichen Beschäftigungsverhältnisses nicht; es kommt nur auf die tatsächlichen Verhältnisse an.[706]

703 BSG 21.3.2007 – B 11a AL 31/06 R, NZS 2008, 160 Rn. 25 mwN.

704 Brand/Düe SGB III § 157 Rn. 2 mwN.

705 Vgl. ausführlich zum leistungsrechtlichen Beschäftigungsverhältnis: Schmidt SozVersR Rn. 115, 118 ff.

706 Vgl. zu dieser Fallgestaltung BSG 9.9.1993 – 7 RAr 96/92, SozR 3–4100 § 101 Nr. 4 und BSG 28.9.1993 – 11 RAr 69/92, SozR 3–4100 § 101 Nr. 5 = NZS 1994, 140.

In diesem Fall kann der Arbeitnehmer A neben dem Bezug von Arbeitslosengeld den Arbeitgeber auf Schadensersatz wegen Nichtzuweisung einer leidensgerechten Beschäftigung vor dem Arbeitsgericht verklagen. Ist der A schwerbehindert oder einem schwerbehinderten Menschen gleichgestellt, kann er darüber hinaus auch seinen Rechtsanspruch auf behinderungsgerechte Beschäftigung nach § 164 Abs. 4 SGB IX klageweise geltend machen.[707]

Von dem Ruhensgrundsatz nach § 157 Abs. 1 SGB III, wonach der Anspruch auf Arbeitslosengeld während der Zeit ruht, für die die oder der Arbeitslose Arbeitsentgelt erhält oder zu beanspruchen hat, gibt es nach § 157 Abs. 3 SGB III eine **Ausnahme** für den Fall, dass der Arbeitnehmer das zum Ruhen führende **Arbeitsentgelt tatsächlich nicht erhält.** Der Arbeitnehmer wird dann so behandelt, als ob er keine Arbeitsentgeltansprüche hätte und erhält Arbeitslosengeld im Wege der sog. **Gleichwohlgewährung.** In diesem Fall wird also das Arbeitslosengeld auch für die Zeit geleistet, in der der Anspruch auf Arbeitslosengeld „an sich" ruhen würde. Um der Arbeitsagentur Ersatzansprüche zu sichern, **geht** der **Anspruch** des Arbeitnehmers **auf Zahlung des Arbeitsentgeltes** gegen seinen Arbeitgeber gemäß § 115 Abs. 1 SGB X **auf die Arbeitsagentur über.**[708] Der Anspruchsübergang nach § 115 Abs. 1 SGB X führt somit zum Verlust der Aktivlegitimation und der Klagebefugnis.[709] Der Arbeitnehmer muss zum Nachweis der Aktivlegitimation von sich aus mitteilen, ob und in welcher Höhe er im streitigen Zeitraum Sozialleistungen erhalten hat.[710] **247**

Praxistipp:

Zu beachten ist, dass die sog. **Gleichwohlgewährung** von Arbeitslosengeld nach § 157 Abs. 3 SGB III **keine vorläufige Leistung** ist. Die Leistungsgewährung erfolgt unabhängig vom Bestand des Arbeitsverhältnisses endgültig,[711] obwohl es sich wirtschaftlich um eine Vorleistung auf die Entgeltzahlungspflicht des Arbeitgebers handelt und daher die Entgeltforderungen des Arbeitslosen gegen seinen Arbeitgeber auf die Arbeitsagentur übergehen. Der Bezug von Arbeitslo-

[707] Vgl. dazu den Klageantrag in → Rn. 179, 180.

[708] Vgl. zu den Einzelheiten des Forderungsübergangs auf die Arbeitsagentur Brand/Düe SGB III § 157 Rn. 34 ff. sowie zum Anspruch der Arbeitsagentur auf Erstattung der SGB III-Leistung Rn. 38 ff.

[709] BAG 1.9.2010 – 5 AZR 700/09, NZA 2010, 1409 Rn. 10; LAG RhPf 3.3.2016 – 5 Sa 341/15 Rn. 72.

[710] LAG RhPf 3.3.2016 – 5 Sa 341/15 Rn. 72.

[711] BSG 4.9.1979 – 7 RAr 51/78, SozR 4100 § 117 Nr. 19; 29.9.1987 – 7 RAr 59/86, SozR 4100 § 117 Nr. 20; 15.6.1988 – 7 RAr 54/86, SozR 4100 § 117 Nr. 22; BAG 19.3.2008 – 5 AZR 432/07, NJW 2008, 2204 = NZA 2008, 900 Rn. 13.

sengeld im Wege der Gleichwohlgewährung mindert daher nach § 148 Abs. 1 Nr. 1 SGB III grundsätzlich die Anspruchsdauer des Arbeitslosengeldes.[712]

248 Dies ist aber dann nicht gerechtfertigt, wenn die Arbeitsagentur nach Anspruchsübergang (§ 115 SGB X) die Entgeltleistung vom Arbeitgeber erhält. In diesem Fall ist aus **Billigkeitsgründen** das **gleichwohl gewährte Arbeitslosengeld nicht** auf die **Anspruchsdauer** (§ 147 SGB III) **anzurechnen;**[713] gleiches gilt für die Tage, für die die Arbeitsagentur den Erstattungsanspruch nach § 157 Abs. 3 S. 2 SGB III realisiert.[714] Das LSG Niedersachsen-Bremen hält darüber hinaus einen Anspruch des Arbeitslosen auf eine Gutschrift bei der Bezugsdauer des Arbeitslosengeldes nach Gleichwohlgewährung auch dann für gegeben, wenn die Bundesagentur für Arbeit vom Arbeitgeber keinen Ersatz des gezahlten erlangt hat, dies aber dem Verhalten der Bundesagentur zuzurechnen ist. Darüber hinaus sei die Bundesagentur für Arbeit zumindest verpflichtet, den Arbeitslosen auf den Anspruchsübergang hinzuweisen und darüber zu informieren, ob und in welchem Umfang sie selbst gegen den Arbeitgeber zur Wahrung eventueller Ausschlussfristen vorgeht.[715]

249 Das BSG hält die **Arbeitsagentur** jedoch **nicht für verpflichtet,** im Interesse des Arbeitnehmers die **übergegangenen Arbeitsentgeltansprüche geltend zu machen,**[716] so dass es beim Verbrauch des Arbeitslosengeldanspruchs verbleibt, wenn sich die Arbeitsagentur nicht um die Eintreibung der Forderung gegen den Arbeitgeber bemüht.

Praxistipp:

Es empfiehlt sich angesichts dieser widersprüchlichen Rechtsprechung für den **Arbeitnehmer,** seine **Lohnansprüche** gegen seinen Ar-

[712] BSG 4.9.1979 – 7 RAr 51/78, SozR 4100 § 117 Nr. 19; 29.9.1987 – 7 RAr 59/86, SozR 4100 § 117 Nr. 20; 15.6.1988 – 7 RAr 54/86, SozR 4100 § 117 Nr. 22; BAG 19.3.2008 – 5 AZR 432/07, NJW 2008, 2204 = NZA 2008, 900 Rn. 16 mwN.

[713] BSG 24.7.1986 – 7 RAr 4/85, SozR 4100 § 117 Nr. 16; 11.6.1987 – 7 RAr 16/86, SozR 4100 § 117 Nr. 18 = NZA 1988, 330; 29.11.1988 – 11/7 RAr 79/87, SozR 4100 § 117 Nr. 23 Rn. 15; BAG 19.3.2008 – 5 AZR 432/07, NJW 2008, 2204 = NZA 2008, 900 Rn. 16 mwN; LSG Nds-Bremen 3.9.2009 – L 12 AL 46/07 Rn. 21 mwN.

[714] BSG 22.10.1998 – B 7 AL 106/97 R, SozR 3–4100 § 117 Nr. 16; vgl. dazu auch Brand/Düe SGB III § 157 Rn. 49 sowie Rn. 38 ff. zum Anspruch der Arbeitsagentur auf Erstattung der SGB III-Leistung.

[715] LSG Nds-Bremen 3.9.2009 – L 12 AL 46/07, NZS 2010, 467 (Ls.).

[716] BSG 11.6.1987 – 7 RAr 16/86, SozR 4100 § 117 Nr. 18 Rn. 24; 29.11.1988 – 11/7 RAr 79/87, SozR 4100 § 117 Nr. 23; aA LSG Nds-Bremen 3.9.2009 – L 12 AL 46/07.

beitgeber im Wege der **gewillkürten Prozessstandschaft** für die Arbeitsagentur klageweise geltend zu machen und sich hierfür **durch die Arbeitsagentur ermächtigen** zu lassen.[717] Das BAG hat ausdrücklich entschieden, dass der Arbeitnehmer Vergütungsansprüche, die wegen der Zahlung von Arbeitslosengeld auf die Bundesagentur für Arbeit übergegangen sind, im Wege der gewillkürten Prozessstandschaft für diese geltend machen kann und hierfür auch das **erforderliche schutzwürdige Interesse des Arbeitnehmers gegeben** sei, wenn die Entscheidung des Prozesses die eigene Rechtslage des Prozessführenden günstig beeinflusst.[718] Die Zahlung der Vergütung an die Bundesagentur für Arbeit durch den Arbeitgeber komme dem Arbeitnehmer zugute, denn sie führe zu einer Verlängerung des Bezugszeitraums für das Arbeitslosengeld bzw. zu einem früheren oder längeren Anspruch auf Arbeitslosengeld bei erneuter Arbeitslosigkeit und damit zu einer Verbesserung seiner Rechtsstellung.[719] Diese Ermächtigung zur Prozessstandschaft kann auch nach Klageerhebung erfolgen und **wirkt** bei offengelegter Prozessstandschaft **auf den Zeitpunkt der Klageerhebung zurück.**[720]

Im Rahmen seiner **Verzugslohn-** bzw. **Schadensersatzklage** hat der Arbeitnehmer vom beanspruchten Bruttolohn allein das empfangene Netto-Arbeitslosengeld, nicht hingegen die hierauf entfallenden **Sozialversicherungsbeiträge** abzusetzen. Der Arbeitnehmer bleibt unbeschadet der Tatsache, dass die Arbeitsagentur Sozialversicherungsbeiträge an die Einzugsstelle abführt, Gläubiger des nach Abzug verbleibenden Bruttolohnanspruchs. In Höhe des Netto-Arbeitslosengeldanspruchs muss der Arbeitnehmer wegen des übergegangenen Anspruchs (§ 115 SGB X) Zahlung an die Arbeitsagentur verlangen.[721]

---

[717] Die sog. gewillkürte Prozessstandschaft setzt neben der wirksamen Ermächtigung durch den Berechtigten, dh die Bundesagentur für Arbeit, ein eigenes schutzwürdiges Interesse des Klägers, also des Arbeitnehmers voraus, vgl. dazu im Einzelnen BAG 19.3.2008 – 5 AZR 432/07, NJW 2008, 2204 = NZA 2008, 900 Rn. 10; 23.9.2009 – 5 AZR 518/08, NZA 2010, 781 Rn. 14.

[718] BAG 19.3.2008 – 5 AZR 432/07, NJW 2008, 2204 = NZA 2008, 900 Rn. 17; 23.9.2009 – 5 AZR 518/08, NZA 2010, 781 Rn. 14.

[719] BAG 19.3.2008 – 5 AZR 432/07, NJW 2008, 2204 = NZA 2008, 900 Rn. 17 unter Hinweis auf die ausdrückliche Rspr. des BSG 29.11.1988 – 11/7 RAr 79/87, BSGE 64, 199, 200 f.

[720] BAG 19.3.2008 – 5 AZR 432/07, NJW 2008, 2204 = NZA 2008, 900 Rn. 10 unter Hinweis auf BGH 3.4.2003 – IX ZR 287/99, WM 2003, 969 (970); BAG 23.9.2009 – 5 AZR 518/08, NZA 2010, 781 Rn. 14.

[721] LAG Hamm 18.6.1998 – 8 Sa 2397/97.

250 Die Klageanträge im vorangegangenen Beispiel lauten dann wie folgt:

Klagemuster:

1. Die Beklagte wird verurteilt, an den Kläger für den Zeitraum vom 1. November bis zum 30. November 2021 einen Betrag in Höhe von 2.494,56 EUR brutto abzüglich 958,20 EUR netto nebst Zinsen in Höhe von 5 Prozentpunkten über dem Basiszinssatz aus 1.536,36 EUR seit dem 1. Dezember 2021 zu zahlen.
2. Die Beklagte wird verurteilt, an den Kläger für den Zeitraum vom 1. Dezember bis zum 31. Dezember 2021 einen Betrag in Höhe von 2.494,56 EUR brutto abzüglich 447,16 EUR netto nebst Zinsen in Höhe von 5 Prozentpunkten über dem Basiszinssatz aus 2.047,40 EUR seit dem 1. Januar 2022 zu zahlen.
3. Die Beklagte wird verurteilt, an den Kläger für den 1. Januar 2022 einen Betrag in Höhe von 80,50 EUR brutto nebst Zinsen in Höhe von 5 Prozentpunkten über dem Basiszinssatz seit dem 1. Februar 2022 zu zahlen.
4. Die Beklagte wird verurteilt, an die Bundesagentur für Arbeit, Agentur für Arbeit Bonn, für den Zeitraum vom 1. November bis zum 14. Dezember 2021 einen Betrag in Höhe von 1.405,36 EUR netto nebst Zinsen in Höhe von 5 Prozentpunkten über dem Basiszinssatz aus 958,20 EUR seit dem 1. Dezember 2021 sowie aus 447,16 EUR seit dem 1. Januar 2022 zu zahlen.

B. Ablaufplan des BEM-Verfahrens

I. Gliederung eines BEM

Ein BEM-Verfahren gliedert sich in folgende Phasen:[722] 251

(**1**) Der **Arbeitgeber** leitet das Verfahren ein; er informiert den Arbeitnehmer entsprechend § 167 Abs. 2 S. 4 SGB IX über die Ziele des BEM sowie über Art und Umfang der hierfür erhobenen und verwendeten Daten; er bemüht sich um die **Zustimmung des Arbeitnehmers** zur Einleitung des Verfahrens und um die gesonderte Datenschutzerklärung.

(**2**) Bei Vorliegen der Zustimmung des Betroffenen zur Einleitung des Verfahrens klärt der **Arbeitgeber** mit dem **Betriebs-/Personalrat** und ggf. der **Schwerbehindertenvertretung** sowie dem betroffenen Arbeitnehmer im Rahmen einer **Situationsanalyse** die Möglichkeiten und **Maßnahmen,** wie die Arbeitsunfähigkeit möglichst überwunden und mit welchen Hilfen und Leistungen erneuter Arbeitsunfähigkeit vorgebeugt und der Arbeitsplatz erhalten werden kann. Soweit erforderlich wird der **Werks- oder Betriebsarzt** hinzugezogen.

(**3**) Soweit Leistungen der Rehabilitationsträger oder des Integrationsamtes in Betracht kommen, sind die **Rehabilitationsträger** und bei schwerbehinderten Arbeitnehmern auch das **Integrationsamt** hinzuzuziehen.

(**4**) Die vereinbarten Maßnahmen werden durchgeführt und deren Wirksamkeit im Einzelfall überprüft.

(**5**) Der Arbeitnehmer ist zu beteiligen. In jeder Phase des BEM ist jeder Schritt von seiner Zustimmung abhängig.

---

[722] In Bezug auf die Erarbeitung eines Ablaufplanes für das jeweilige Unternehmen können auch besonders die Materialien zur Prozesskette in den „Handlungsempfehlungen zum Betrieblichen Eingliederungsmanagement“ des Landschaftsverbandes Rheinland empfohlen werden, die kostenlos zu bestellen sind als Publikation über www.lvr.de. Diese enthalten: Fragen zur Vorbereitung des Erstkontaktes/Erstgespräches, Hinweise für den Arbeitgeber zum Erstkontakt, einen Gesprächsleitfaden für das Erstgespräch sowie Muster für Vereinbarungen für den Schutz persönlicher Daten, Datenblätter sowie Maßnahmen-Blätter für BEM sowie weitere Checklisten; vgl. dazu auch Feldes/Niehaus/Faber/Kiesche, Werkbuch, S. 79; SRS Gesundheitsmanagement/vom Stein § 21 Rn. 102, 137 und Praxisbeispiele Rn. 179 ff.

II. Strukturierter Ablaufplan eines BEM[723]

1. Feststellung der Arbeitsunfähigkeit von sechs Wochen

252 – was ist zu tun?
- regelmäßige Überprüfung, ob Mitarbeiter länger als sechs Wochen arbeitsunfähig sind
- Überprüfung, ob die Ursache der Fehlzeiten bekannt ist
- Prüfung, ob bereits unmittelbar nach Erreichen der Sechs-Wochen-Grenze ein BEM eingeleitet oder noch abgewartet werden soll

253 – wer ist zuständig?
- Betriebsinhaber oder Geschäftsführer
- Personalabteilung[724]

254 – weiteres Vorgehen:
- Information des Betriebsrates/Personalrates und ggf. des BEM-Teams/BEM-Koordinators/Fallmanagers über die Beschäftigten, die innerhalb eines Jahres länger als sechs Wochen ununterbrochen oder wiederholt arbeitsunfähig waren, damit ein BEM-Verfahren eingeleitet werden kann.[725]

---

[723] In der Literatur zum BEM finden sich einige gute Erfahrungs- bzw. Praxisberichte, die auch für andere Betriebe und Unternehmen bei der Entwicklung und Gestaltung eines BEM hilfreich sein können: SRS Gesundheitsmanagement/Keck § 6 Rn. 42 ff.; Feldes/Niehaus/Faber/Kusch, Werkbuch, S. 144 ff.; Feldes/Niehaus/Faber/Weinreich, Werkbuch, S. 147 ff.; Feldes/Niehaus/Faber/Speidel, Werkbuch, S. 152 ff.; Feldes/Niehaus/Faber/Adam, Werkbuch, S. 156 ff. und Feldes/Niehaus/Faber/Glomm, Werkbuch, S. 174–179; vgl. zu den Voraussetzungen des BEM, den Beteiligten, ihren Rollen und Aufgaben: Edenfeld DB 2019, 1267; Stück ArbRAktuell 2021, 339; vgl. zum Verfahren im öffentlichen Dienst und der Rolle des Personalrates: Daniels PersR 2019, 19.

[724] Es kann sinnvoll für die bessere Umsetzung eines BEM sein, wenn im Unternehmen eine Person bestimmt wird, die für die Prüfung der Handlungsvoraussetzungen verantwortlich ist, wobei diese Person in dem weiteren Verfahren keine weiteren Aufgaben haben sollte, zB eine Führungskraft aus dem Bereich der Personalverantwortung – vgl. dazu SRS Gesundheitsmanagement/Keck § 21 Rn. 159.

[725] Es bedarf in Bezug auf die Weitergabe der personenbezogenen Daten in dieser Phase noch nicht der Zustimmung des betroffenen Mitarbeiters, da der Arbeitgeber gemäß § 80 Abs. 2 S. 1 BetrVG verpflichtet ist, den Betriebsrat zur Durchführung seiner Überwachungspflicht gemäß § 167 Abs. 2 S. 7 SGB IX über die Beschäftigten zu informieren, die innerhalb eines Jahres länger als sechs Wochen ununterbrochen oder wiederholt arbeitsunfähig waren und bei denen daher ein BEM gemäß § 167 Abs. 2 SGB IX einzuleiten war, so LAG München 24.11.2010 – 11 TaBV 48/10; BAG 7.2.2012 – 1 ABR 46/10, NZA 2012, 744; im Personalvertretungsrecht darf nur dem Vorsitzenden des Personalrates oder einem vom Personalrat beauftragten Mitglied Ein-

2. Kontaktaufnahme mit dem betroffenen Mitarbeiter

– was ist zu tun? 255

- Aufnahme des Erstkontakts mit dem Mitarbeiter

Praxistipp:

Der **Erstkontakt** kann in persönlicher, telefonischer oder schriftlicher Weise erfolgen. Bei einer persönlichen oder telefonischen Kontaktaufnahme besteht die Gefahr, dass sich der betroffene Mitarbeiter „überrumpelt" fühlt. Daher wird – auch im Hinblick auf die Darlegungs- und Beweislast des Arbeitgebers für die ausreichende Information des Mitarbeiters über die Ziele des BEM sowie über Art und Umfang der hierfür erhobenen und verwendeten Daten für die Wirksamkeit der Zustimmung zum BEM[726] – **für den ersten Kontakt grundsätzlich die Schriftform empfohlen.**[727]

Das **Ziel des Erstkontaktes** sollte sein, dem Arbeitnehmer erste Informationen über das BEM zu geben und eine Vertrauensbasis aufzubauen.[728] Dabei sollte im Erstanschreiben auch eine Telefonnummer und eine Kontaktadresse des BEM-Koordinators oder eines anderen Ansprechpartners aus dem BEM-Team angegeben werden, so dass der Mitarbeiter telefonisch oder persönlich Kontakt aufnehmen kann, falls Rückfragen oder weiterer Informationsbedarf besteht. Dann kann auf mögliche Vorbehalte des Mitarbeiters in Bezug auf die Durchführung eines BEM-Verfahrens auch in einem mündlichen Gespräch in vertraulicher Atmosphäre eingegangen werden.

- Information über die Ziele und den Inhalt von BEM
- Information über den Ablauf des BEM-Verfahrens im Betrieb
- Anschreiben an den Mitarbeiter mit Hinweisen
  - auf Freiwilligkeit eines BEM-Verfahrens und Rücknahmemöglichkeit der Zustimmung
  - auf Beteiligungsmöglichkeit am BEM-Klärungsgespräch und die Möglichkeiten über den Teilnehmerkreis mitzubestimmen

---

sicht in die Liste der betroffenen Personen gewährt werden: BVerwG 23.6.2010 – 6 P 8/09, NZA-RR 2010, 554; vgl. auch → Rn. 86, 87.

[726] BAG 24.3.2011 – 2 AZR 170/10, NZA 2011, 992; 22.11.2014 – 2 AZR 755/13, NZA 2015, 612 ff.; vgl. ausführlich → Rn. 51 ff.

[727] Für ein solches Einleitungsschreiben finden sich in → Rn. 272, 286 ff. verschiedene Textvorschläge; einen Mustertext eines Erstanschreibens enthält auch die Broschüre des LVR/LWL „Handlungsempfehlungen zum Betrieblichen Eingliederungsmanagement", kostenlos zu bestellen über www.lvr.de; vgl. auch zu guten Praxiserfahrungen mit einer schriftlichen Information Feldes/Niehaus/Faber/Kusch, Werkbuch, S. 145.

[728] Vgl. auch SRS Gesundheitsmanagement/Keck § 21 Rn. 162.

   - Widerspruchsrecht in Bezug auf Mitwirkung der Interessenvertretungen
   - auf Teilnehmer des BEM-Klärungsprozesses und Hinzuziehung einer Vertrauensperson nach eigener Wahl (§ 164 Abs. 2 S. 2 SGB IX).
 - Aufklärung über Art und Umfang der hierfür erhobenen und verwendeten Daten (§ 167 Abs. 2 S. 4 SGB IX)[729]
 - Einholung einer gesonderten Datenschutzerklärung des Arbeitnehmers zur Datenerhebung und -speicherung
 - Erläuterung des weiteren Verfahrens nach Zustimmung
 - Vereinbarung eines Termins für das BEM-Erstgespräch

256 – wer ist zuständig?
 - Betriebsinhaber oder Geschäftsführer
 - Personalabteilung
 - Vertreter des Arbeitgebers
 - BEM-Team oder ein beauftragtes Mitglied des BEM-Teams
 - BEM-Koordinator/Fallmanager

257 – wie ist das weitere Vorgehen?
 - zunächst Erstkontakt mit dem Mitarbeiter aufnehmen (Erstanschreiben)
 - bei Zustimmung des Mitarbeiters zum BEM-Verfahren Vereinbarung eines Erstgespräches

3. Erstgespräch mit dem betroffenen Mitarbeiter

258 – was ist zu tun?
 - Erstgespräch[730] vorbereiten[731]

[729] Für diese Information des Mitarbeiters wird die BEM-Mitarbeiterinformation als FAQ (Frequently Asked Questions – „meist gestellte Fragen“) als Mustertext empfohlen → Rn. 273.

[730] Nach der arbeitsgerichtlichen Rspr. (LAG Nürnberg 1.9.2015 – 7 Sa 592/14, ArbuR 2016, 426 und BAG 2.11.2016 – 10 AZR 596/15, NZA 2017, 183) soll ein arbeitsunfähig erkrankter Arbeitnehmer grundsätzlich nicht verpflichtet sein, an einem vom Arbeitgeber angeordneten Personalgespräch teilzunehmen. Diese Rspr. bezieht sich auf die Ausübung des Weisungsrechts des Arbeitgebers nach § 106 S. 1 GewO während einer Arbeitsunfähigkeit des Arbeitnehmers und ist daher für ein Erstgespräch im Rahmen eines BEM-Klärungsverfahrens nicht einschlägig, so dass ein BEM auch während der Phase einer andauernden Arbeitsunfähigkeit mit der Durchführung von Erstgesprächen möglich bleibt – so auch BAG 2.11.2016 – 10 AZR 596/15, NZA 2017, 183 Rn. 15; Hoffmann-Remy NZA 2017, 159 (161) mwN.

[731] Für die Vorbereitung und Durchführung des Erstgesprächs finden sich gute Hinweise in der Broschüre des LVR/LWL „Handlungsempfehlungen zum Betrieblichen Eingliederungsmanagement“, kostenlos zu bestellen über www.lvr.de.

- vor dem Erstgespräch (spätestens) Unterzeichnung der Erklärung zum Datenschutz sowie Vereinbarung zum Schutz persönlicher Daten[732]

Praxistipp:

Vor dem Erstgespräch sollte geklärt werden, wer an dem Erstgespräch teilnimmt. Teilnehmer können, neben dem betroffenen Mitarbeiter selbst, ein Vertreter des Betriebsrates oder Personalrates, bei schwerbehinderten oder gleichgestellten Menschen auch die Schwerbehindertenvertretung, ein Beauftragter des Arbeitgebers oder eine weitere Person des Vertrauens sein, die der Mitarbeiter gemäß § 167 Abs. 2 S. 2 SGB IX als Vertrauensperson nach eigener Wahl bestimmt hat.

Dabei sollte bedacht werden, dass lange Arbeitsunfähigkeitszeiten durch psychische Ursachen häufig auch durch **Arbeitsplatzkonflikte** oder „Mobbing durch Vorgesetzte oder Kollegen" bedingt sind, die bisher auf der „Gefühlsebene" ausgetragen worden sind. Es hat sich bewährt, ein konstant besetztes BEM-Team im Betrieb zu installieren, das sich aus Vertretern des Arbeitgebers und des Betriebsrates und/oder dem Betriebsarzt oder einem BEM-Koordinator zusammensetzt oder einen BEM-Koordinator/Fallmanager. In diesem Fall ist eher ungünstig, wenn ein unmittelbarer Vorgesetzter, der uU am Konflikt beteiligt ist, als Mitglied im BEM-Team oder als BEM-Koordinator/Fallmanager am BEM-Verfahren beteiligt wäre.

Generell kann es im Sinne einer vertrauensbildenden Struktur des BEM sinnvoll sein, wenn **BEM-Gespräche nicht durch den Arbeitgeber,** also nicht durch den Geschäftsführer, Personalleiter oder andere Führungskräfte, **durchgeführt werden.** Eine Delegation an spezielle BEM-Verantwortliche – wie ein betriebliches BEM-Team oder BEM-Beauftragte/Fallmanager – hat sich in der Praxis als vorteilhaft erwiesen, denn sie mindert bei den Betroffenen die Sorge, dass BEM diene den Personalverantwortlichen zur Vorbereitung einer krankheitsbedingten Kündigung. Eine solche Delegation ist für den Arbeitgeber nicht nachteilig, denn das BEM-Team kann nur Empfehlungen aussprechen; es verfügt über keine Personalbefugnis. Die Umsetzung ist von § 167 Abs. 2 SGB IX nicht erfasst und verbleibt bei den Personalverantwortlichen des Arbeitgebers, die Vorschläge im eigenen Verantwortungsbereich umsetzen, modifizieren oder ablehnen können.[733]

---

732 Vgl. hierzu das Muster dieser Erklärung als Anlage 3 im Anhang 2 → Rn. 274.
733 Vgl. dazu auch vom Stein ZfA 2016, 549 (557) mwN.

Die Mitglieder eines betrieblichen BEM-Teams sollten vor Beginn ihrer Tätigkeit und in regelmäßigen Abständen auch während ihrer Tätigkeit eine **besondere Schulung** in Bezug auf die besonderen Anforderungen der Kommunikation im BEM-Verfahren sowie – bei Bedarf auch Supervision – erhalten.[734] So kann ein **„geschützter Raum“** im BEM-Verfahren mit nicht an den bisherigen möglichen Konflikten mit Vorgesetzten oder Kollegen beteiligten Personen im BEM-Team geschaffen werden, in dem die Ursachen der Arbeitsunfähigkeit auf der „Sachebene“ geklärt und mögliche Maßnahmen zur Lösung, zB eine Mediation, vorgeschlagen werden können.

Auch die **Wahl der Räumlichkeit** für das Erstgespräch sollte bei der Vorbereitung des Erstgespräches bedacht werden. Diese sollte dem Mitarbeiter ein Gefühl von Wertschätzung und eine angenehme vertrauensvolle Atmosphäre bieten. Dabei sollte auch Wert auf die Vermeidung äußerer Störungen (Handys aus) gelegt werden, damit ein offenes und von gegenseitigem Vertrauen getragenes erstes Gespräch geführt werden kann. Dabei gilt: Je größer das **Vertrauen** ist, desto größer wird auch die Bereitschaft zur Mitwirkung sein und desto schneller können gemeinsame Schritte im BEM zur Überwindung der Arbeitsunfähigkeit des Mitarbeiters vereinbart werden.

▸ **Inhalte und Fragestellungen des Erstgesprächs** klären
- Sind betriebliche Ursachen bzw. Arbeitsbedingungen Grund der Arbeitsunfähigkeit?
- Welche gegenwärtigen funktionellen Einschränkungen der Leistungsfähigkeit bestehen beim Mitarbeiter?
- Liegen hierzu bereits Arztberichte, Rehaberichte oder Stellungnahmen des Betriebsarztes vor?
- Hat der Mitarbeiter in der Vergangenheit schon medizinische oder berufliche Rehamaßnahmen durchgeführt? Wenn ja, mit welchem Ergebnis und mit welcher Empfehlung an die Arbeitsplatzgestaltung?[735]
- Kann der Mitarbeiter trotz der Leistungseinschränkungen, ggf. mit welchen Hilfen, die Anforderungen des bisherigen Arbeitsplatzes noch erfüllen?

---

[734] Vgl. dazu die Regelung in § 4 der Betriebsvereinbarung zum BEM-Team → Rn. 271.

[735] Diese Empfehlungen in Rehaberichten finden sich in der sog. Epikrise, die als Auszug aus dem Rehabericht durchaus auch von Seiten des Mitarbeiters dem Arbeitgeber zur Verfügung gestellt werden kann.

- Ist ggf. eine Umsetzung des Mitarbeiters auf einen anderen freien oder durch Ausübung des Direktionsrechts freizumachenden Arbeitsplatz zu prüfen?[736]
- Gibt es bereits eine ärztliche Empfehlung zum Arbeitsplatzwechsel?
- Welche Vorstellungen zur Überwindung der Arbeitsunfähigkeit äußert der betroffene Mitarbeiter selbst?[737]

▸ Durchführung des Erstgespräches

Praxistipp:

Der Arbeitgeber bzw. dessen Vertreter begrüßt die Teilnehmer und gestaltet den Ablauf des Erstgespräches. Möglich ist es auch, dass eine oder mehrere Vertrauenspersonen vor dem eigentlichen Erstgespräch bereits Kontakt zu dem betroffenen Mitarbeiter herstellen und ein Vorgespräch führen. Wenn so eine Vertrauensbasis geschaffen worden ist, kann diese weitergeführt werden, indem die Gesprächsführung im Erstgespräch auch durch diesen persönlichen Ansprechpartner erfolgt.

Der **Ablauf** des Erstgespräches sollte **respektvoll und sachorientiert** erfolgen. Auch die Rechtsprechung des BAG hat bestätigt, dass es im Wesen des BEM liegt, dass die Suche nach Möglichkeiten der Vermeidung zukünftiger Arbeitsunfähigkeitszeiten im Rahmen eines fairen und sachorientierten Gespräches erfolgt. Auch der gesetzlich zur Durchführung des BEM verpflichtete Arbeitgeber darf danach berechtigterweise erwarten, dass auch der Arbeitnehmer sein Verhalten hieran ausrichtet.[738]

Für den Erfolg und guten Ablauf des Erstgespräches ist es wichtig, auch die Vorstellungen des Mitarbeiters zu erfragen und anzuhören. Aber auch das betriebliche Anliegen einer angemessenen Leistungserbringung sollte verdeutlicht werden.[739] Erklärt sich der Mitarbeiter zur grundsätzlichen Mitwirkung bereit, sollten bereits die weiteren Schritte in der Dokumentation des Erstgespräches festgehalten und gemeinsam mit dem Mitarbeiter vereinbart werden. Der Mitarbeiter und die Mitglieder des BEM-Teams erhalten eine Kopie der Dokumentation des Erstgespräches.

---

[736] Vgl. zu der entsprechenden Verpflichtung des Arbeitgebers → Rn. 191 ff. und zu einem Schadensersatzanspruch des Arbeitnehmers → Rn. 222 ff.

[737] Vgl. hierzu auch die Fragen in der Dokumentation des Erstgespräches (Anhang 2. Anlage 8) → Rn. 279.

[738] BAG 29.6.2017 – 2 AZR 47/16, NZA 2017, 1605 Rn. 36 unter Hinweis auf BAG 10.12.2009 – 2 AZR 198/09 Rn. 18.

[739] Vgl. hierzu auch die umfassenden Hinweise zum Inhalt und Ablauf des Erstgespräches in der Broschüre des LVR/LWL „Handlungsempfehlungen zum Betrieblichen Eingliederungsmanagement“, kostenlos zu bestellen über www.lvr.de.

- **Dokumentation des Erstgespräches,** insbesondere einer Zustimmung oder Ablehnung[740] des Mitarbeiters zur Mitwirkung im BEM-Verfahren
- Dokumentation der weiteren Schritte und ggf. von Maßnahmen im BEM-Verfahren[741]
- Das Protokoll des Erstgespräches darf nicht zu den Personalakten, sondern nur zur eigenen BEM-Akte genommen werden.[742]

259 – wer ist zuständig?

- Betriebsinhaber oder Geschäftsführer
- Vertreter des Arbeitgebers
- BEM-Team oder ein beauftragtes Mitglied des BEM-Teams
- BEM-Koordinator/Fallmanager

260 – wie ist das weitere Vorgehen?

- bei Zustimmung des Mitarbeiters Analyse der Situation und Planung der weiteren Maßnahmen
- ggf. Einleitung erster Maßnahmen

4. Situations-/Gefährdungsanalyse und Planung der weiteren Maßnahmen

261 – was ist zu tun?

- alle erforderlichen **Informationen zusammenstellen,** die für die Wiedereingliederung des Mitarbeiters wichtig sind, zB
  - Qualifikation des Mitarbeiters klären
  - Fähigkeits- und Leistungsprofil der betroffenen Person ermitteln sowie etwaige gesundheitsbedingte Leistungseinschränkungen zusammenstellen, belegt durch Berichte des/der behandelnden Arztes/Ärztin bzw. Ärzte oder durch Rehaberichte bzw. betriebsärztliche Stellungnahmen oder Untersuchungsergebnisse
  - Situations- oder Gefährdungsanalyse des Arbeitsplatzes durchführen
  - Angebote der Wiedereingliederung von betrieblicher Seite klären, die dem Mitarbeiter gemacht werden können, wie stufenweise Wiedereingliederung,[743] Veränderungen des Arbeitsplatzes, der Arbeitsorganisation, der Arbeitsumgebung oder der Arbeitszeit, Arbeitsversuche, betriebliche Qualifizierungsmaßnahmen

---

740 Bei einer Ablehnung sollte der Mitarbeiter darauf hingewiesen werden, dass diese Ablehnung zur Personalakte genommen werden darf.

741 Vgl. hierzu die Dokumentation des Erstgespräches Anlage 8 → Rn. 279.

742 Vgl. hierzu → Rn. 77.

743 Vgl. dazu ausführlich → Rn. 199 ff.

Praxistipp:

Spätestens in dieser ersten Phase des BEM ist auch eine eingehende **Analyse der gesundheitlichen Anforderungen des Arbeitsplatzes** in Form eines **„gesundheitlichen Anforderungsprofils“** erforderlich,[744] damit insbesondere die Anforderungen des bisherigen Arbeitsplatzes und eines ggf. anderen Arbeitsplatzes im Betrieb mit dem **Fähigkeitsprofil** bzw. den festgestellten Leistungseinschränkungen des betroffenen Mitarbeiters verglichen werden können.[745] Dabei ist es nicht erforderlich, dass der Arbeitnehmer verpflichtet wird, die **Diagnosen seiner Erkrankung zu nennen;** es reicht aus, wenn der Arbeitgeber weiß, auf welche Einschränkungen er bei einer etwa gebotenen Umgestaltung von Arbeitsplätzen zu achten hat.[746]

▸ Aus diesem **Anforderungsprofil** sollte hervorgehen: 262

- Welche Anforderungen stellt der zu besetzende Arbeitsplatz an einen Arbeitnehmer?
- Ist die Tätigkeit mit besonderen Anforderungen an das Konzentrations-/Reaktions-, Umstellungs- und Anpassungsvermögen, mit Verantwortung für Personen und Maschinen, mit Publikumsverkehr, mit der Überwachung und/oder der Steuerung komplexer Arbeitsvorgänge verbunden?
- Ist der Arbeitsplatz mit ständigem Gehen, Stehen oder Sitzen verbunden oder handelt es sich um eine Tätigkeit in wechselnden Körperhaltungen?
- Ist die Tätigkeit mit besonderen Belastungsfaktoren verbunden, wie etwa mit Nässe, Kälte, Zugluft, extrem schwankenden Temperaturen, inhalativen Belastungen, Allergenen, Lärm, Er-

[744] In dieser Phase der Situationsanalyse geht es um die Abklärung der Ursachen der Arbeitsunfähigkeit und vor allem der Voraussetzungen, die erfüllt sein müssen, damit in der Zukunft keine oder weniger Arbeitsunfähigkeitszeiten auftreten. Es geht in dieser Phase des Suchprozesses – wie im gesamten BEM – nicht darum, Diagnosen in Erfahrung zu bringen. Gemeinsam und im Dialog mit der betroffenen Person gilt es zu überprüfen, ob (vermeidbare) Gefährdungen und Belastungen zu den Arbeitsunfähigkeitszeiten beigetragen haben und ob ggf. betriebliche Arbeitsbedingungen angepasst und/oder geändert werden müssen – vgl. dazu auch Feldes/Niehaus/Faber/Faber/Kiesche, Werkbuch, S. 255.

[745] Nach Erstellung des Anforderungsprofils ist im Rahmen der Situationsanalyse das aktuelle Fähigkeits- und Leistungsprofil des betroffenen Beschäftigten zu ermitteln. Es geht um eine Beurteilung und Feststellung, was die betreffende Person alles kann und wie ggf. ihre Fähigkeiten entwickelt werden können. Keineswegs geht es aber um ein Gutachten, welche Tätigkeiten nicht mehr verrichtet werden können oder gar um die Bekanntgabe von persönlichen Anamnesen, Befunden oder Diagnosen – vgl. dazu auch Feldes/Niehaus/Faber/Faber/Kiesche, Werkbuch, S. 255, 256.

[746] LAG BW 28.7.2021 – 4 Sa 68/20 Rn. 38.

schütterungen, Vibrationen oder Tätigkeiten mit erhöhter Unfallgefahr?
- Handelt es sich um Schichtarbeit oder eine Tätigkeit mit häufig wechselnden Arbeitszeiten?
- Ist die Tätigkeit mit Heben oder Tragen verbunden, wenn ja – welche Lasten sind zu heben und/oder zu tragen?
- Handelt es sich um eine körperlich leichte oder schwere Tätigkeit?
- Ist der Arbeitsplatz mit Zwangshaltungen verbunden?
- Bestehen besondere Anforderungen an die Gebrauchsfähigkeit der Hände, ist häufiges Bücken erforderlich oder das Ersteigen von Treppen, Leitern und Gerüsten?
- Welche berufliche Qualifikation ist erforderlich?

- ergänzt werden kann die Arbeitsplatzbeschreibung durch eine gemeinsame Arbeitsplatzbegehung, um dort den Hilfebedarf zu ermitteln und die ggf. erforderliche technische Ausstattung zu klären
- Vergleich des Anforderungsprofils mit dem aktuellen Leistungs- und Fähigkeitsprofil der betroffenen Person, um einen möglicherweise notwendigen Anpassungs- und/oder Veränderungsbedarf zu ermitteln[747]
- Zusammenstellung der in Betracht kommenden weiteren Maßnahmen, zB
  - Medizinische Rehabilitation des Mitarbeiters
  - stufenweise Wiedereingliederung (§ 44 SGB IX, § 74 SGB V)
  - behinderungsgerechte Ausstattung des Arbeitsplatzes
  - Arbeitsassistenz
  - Änderung der Arbeitszeit
  - Änderung der Arbeitsorganisation
  - Veränderung der Arbeitsumgebung
  - Umsetzung/Versetzung auf einen anderen Arbeitsplatz
  - Erweiterung der beruflichen Qualifikation
  - Umschulung

[747] Ein Fähigkeits- und Leistungsprofil könnte zB wie folgt lauten: „Herr A ist für seine letzte Tätigkeit als Buchhalter sowie auf dem allgemeinen Arbeitsmarkt für leichte Tätigkeiten, ständig im Sitzen, zeitweise im Stehen oder Gehen, in Tagesschicht für 6 Stunden und mehr pro Tag als leistungsfähig einzuschätzen. Einschränkungen beziehen sich auf die o.g. Defizite. Es sollte auf ausreichende Pausen geachtet werden. Tätigkeiten mit hohen Anforderungen an das Sprechvermögen, an die Gebrauchsfähigkeit der Hände, häufiges Bücken, Ersteigen von Treppen, Leitern und Gerüsten, Heben, Tragen und Bewegen von Lasten von mehr als 5 kg sowie Zwangshaltungen sind zu vermeiden. Als Gefährdungs-/Belastungsfaktoren sollten ebenfalls Tätigkeiten mit Unfallgefahr und häufig wechselnde Arbeitszeiten vermieden werden. Um eine Überforderung am Arbeitsplatz zu vermeiden, ist die Wiederaufnahme der letzten Tätigkeit im Rahmen der stufenweisen Wiedereingliederung dringend empfehlenswert."

- evtl. Durchführung einer **Fallbesprechung, ggf. mit externen Fachleuten:** In einer solchen Fallbesprechung sind alle notwendigen Informationen zusammenzutragen, u.a. das Leistungsbild des Arbeitnehmers, die Anforderungen an den bestehenden Arbeitsplatz, die Qualifikation und die Stärken sowie die Vorstellungen des Arbeitnehmers zur beruflichen Wiedereingliederung, so dass konkrete Lösungsmöglichkeiten erarbeitet werden können, mit denen der Arbeitnehmer wieder auf dem Arbeitsplatz bzw. im Unternehmen integriert werden kann.[748]

– wer ist zuständig? **263**
- BEM-Team oder ein beauftragtes Mitglied des BEM-Teams
- BEM-Koordinator/Fallmanager
- Betriebs- oder Werksarzt
- Arbeitssicherheitsfachkraft

– wie ist das weitere Vorgehen? **264**
- weiteres Fall-Gespräch mit dem betroffenen Mitarbeiter, um einen konkreten Maßnahmeplan zu vereinbaren

5. Vereinbarung konkreter Maßnahmen im BEM

– was ist zu tun? **265**
- weiteres Gespräch des BEM-Teams mit dem Mitarbeiter – **Maßnahme- oder Fallgespräch** –
  - Vorschläge des BEM-Teams dem Mitarbeiter erläutern
  - Vorstellungen und Vorschläge des Mitarbeiters anhören und berücksichtigen
  - Konsens in Bezug auf den weiteren Maßnahmeplan finden
- gemeinsam gefundene Maßnahmen dokumentieren und klären, wer welche Maßnahme bis wann umsetzt

Praxistipp:
Dabei hat es sich bewährt, diese Dokumentation, vor allem in **Maßnahmegesprächen** mit dem betroffenen Arbeitnehmer, mit Hilfe eines sog. **Maßnahmen-Blattes** bzw. in einer **Verlaufsdokumentation** vorzunehmen. Hier sollte festgehalten werden, welche Personen zur weiteren Klärung notwendig sind, wer welche Maßnahme bis wann umsetzt, welches Ergebnis die Maßnahme hatte und wann die Maßnahme beendet worden ist. Dies strukturiert das Fall-

[748] Vgl. dazu ausführlich SRS Gesundheitsmanagement/Keck § 21 Rn. 167 ff.

management im BEM und erleichtert die spätere **Evaluation der vereinbarten Maßnahmen.**[749]

- weiteren **externen Sachverstand einschalten bzw. externe Maßnahmen beantragen**

– **Medizinische Rehabilitation des Mitarbeiters**
  - bei Rentenversicherungsträger durch BEM-Team gemeinsam mit dem Mitarbeiter beantragen

– **weitere medizinische Maßnahmen** zur Rehabilitation des Mitarbeiters, zB tagesklinische Behandlung, Ergotherapie, onkologische Rehabilitationsnachsorge,[750] Anschlussheilbehandlung, Entwöhnungsbehandlung[751]
  - bei Rentenversicherungsträger oder Krankenkasse beantragen[752]

– **stufenweise Wiedereingliederung** (§ 44 SGB IX, § 74 SGB V)
  - wenn ja → behandelnde Arzt erstellt ärztliche Bescheinigung, aus der sich
    - die Art und Weise der empfohlenen Beschäftigung ergibt
    - die Beschäftigungsbeschränkungen
    - der Umfang der täglichen oder wöchentlichen Arbeitszeit
    - die Dauer der Maßnahme

    ergibt.[753]
  - Bei Krankengeld zahlt die gesetzliche Krankenkasse Krankengeld weiter,
  - nach einer medizinischen Rehabilitationsmaßnahme wird Übergangsgeld durch die Deutsche Rentenversicherung gezahlt,
  - bei Arbeitslosigkeit ist auch die Zahlung von Arbeitslosengeld möglich.[754]

---

[749] Vgl. zum Qualitätsmanagement und Evaluation im BEM Feldes/Niehaus/Faber/Feldes/Magin, Werkbuch, S. 119 ff.

[750] Richter/Ritter, Rehabilitationsrecht, § 2 Rn. 46 ff. und zu den Leistungen der beruflichen Rehabilitation § 2 Rn. 92 ff.

[751] Vgl. zur Anschlussheilbehandlung und der Entwöhnungsbehandlung Richter/Ritter, Rehabilitationsrecht, § 2 Rn. 46 ff. und zu den Leistungen der beruflichen Rehabilitation § 2 Rn. 97, 98.

[752] Vgl. auch die Übersicht über die verschiedenen Leistungen zur medizinischen Rehabilitation, der Leistungen zur Teilhabe am Arbeitsleben sowie die unterhaltssichernden Leistungen bei Feldes/Niehaus/Faber/Welti, Werkbuch, S. 54.

[753] Vgl. zu den Anforderungen an die ärztliche Bescheinigung BAG 16.5.2019 – 8 AZR 530/17 Rn. 25; vgl. dazu und zum Rechtsanspruch eines schwerbehinderten oder gleichgestellten Mitarbeiters auf stufenweise Wiedereingliederung → Rn. 207.

[754] Vgl. zu den Leistungen während der stufenweisen Wiedereingliederung → Rn. 202 und zum Bezug von Arbeitslosengeld → Rn. 244.

- **Arbeitsschutzmaßnahmen,** zB Überprüfung, ob der Arbeitsplatz den Anforderungen den staatlichen Verordnungen zum Arbeitsschutz entspricht, zB Lastenhandhabungsverordnung, und ob der Arbeitsplatz ggf. angepasst oder verändert werden muss[755]
- **behinderungsgerechte Ausstattung des Arbeitsplatzes,** zB mit Hebehilfen, Sprachsteuerung beim Computer, höhenverstellbarer Schreibtisch, Kraftfahrzeughilfe[756]
  - ▸ bei zuständigen Rehabilitationsträgern[757] oder dem Integrationsamt beantragen[758]
  - ▸ technischen Beratungsdienst des Integrationsamtes einschalten[759]
- **Arbeitsassistenz**
  - ▸ mit Integrationsamt klären und Kostenübernahme beantragen[760]
- **Änderung der Arbeitszeit,** zB Teilzeit, Ausnahme von Nachtschicht
  - ▸ ggf. bei Rentenversicherungsträger Teilerwerbsminderungsrente beantragen

---

[755] Vgl. dazu SRS Gesundheitsmanagement/Pieper § 12 Verordnungen und staatliche Regeln, zur LastenhandhabungsVO Rn. 231 ff. und Feldes/Niehaus/Faber/Nebe, Werkbuch, S. 200.

[756] Vgl. dazu Richter/Ritter, Rehabilitationsrecht, § 2 Rn. 46 ff. und zu den Leistungen der beruflichen Rehabilitation § 2 Rn. 126 ff. – Kraftfahrzeughilfe kann als Teilhabeleistung am Arbeitsleben gewährt werden, wenn der Rentenversicherte nicht nur vorübergehend auf die Benutzung eines Kfz angewiesen sind, um den Arbeitsort zu erreichen.

[757] Vgl. die Übersicht zu den Leistungen der beruflichen Eingliederung durch die Rentenversicherungsträger; vgl. dazu Richter/Ritter, Rehabilitationsrecht, § 2 Rn. 46 ff. und zu den Leistungen der beruflichen Rehabilitation § 2 Rn. 116 sowie zu den Leistungen zur Erhaltung oder Erlangung eines Arbeitsplatzes einschließlich zur Arbeitsaufnahme § 2 Rn. 118 ff.; vgl. zu den Leistungen zur Teilhabe am Arbeitsleben der Unfallversicherungsträger Richter/Klatt, Rehabilitationsrecht, § 2 Rn. 46 ff. und zu den Leistungen der beruflichen Rehabilitation § 3 Rn. 54 ff.

[758] Vgl. dazu → Rn. 218.

[759] Vgl. dazu → Rn. 221.

[760] Gemäß § 185 Abs. 4 SGB IX haben schwerbehinderte Menschen im Rahmen der Zuständigkeit des Integrationsamtes für die begleitende Hilfe im Arbeitsleben aus den ihm aus der Ausgleichsabgabe zur Verfügung stehenden Mitteln Anspruch auf Übernahme der Kosten einer notwendigen Arbeitsassistenz. Unter Arbeitsassistenz wird nach § 49 Abs. 8 Nr. 3 SGB IX die über gelegentliche Handreichungen hinausgehende zeitlich wie tätigkeitsbezogen regelmäßig wiederkehrende Unterstützung von Schwerbehinderten bei der Arbeitsausführung in Form einer von ihnen selbst beauftragten persönlichen Arbeitsassistenz im Rahmen der Erlangung oder Erhaltung eines Arbeitsplatzes auf dem allgemeinen Arbeitsmarkt verstanden. Die Arbeitsassistenz kann bei Sehbehinderten eine Vorlesekraft sein, bei Hörbehinderungen ein Gebärdendolmetscher oder bei körperlich behinderten Menschen eine Kraft sein, die Handreichungen übernimmt, zB Aktenziehen oder Aktenablage; vgl. zur Arbeitsassistenz auch Richter/Ritter, Rehabilitationsrecht, § 2 Rn. 46 ff. und zu den Leistungen der beruflichen Rehabilitation § 2 Rn. 128.

- ▸ Leistungen zur Teilhabe am Arbeitsleben klären und beantragen, zB Beschäftigungssicherungszuschuss beim Integrationsamt[761]

– **Änderung der Arbeitsorganisation,** zB Zuweisung leichterer Tätigkeiten, Arbeitsdichte variieren, Jobsharing, Jobrotation, Personelle Unterstützung durch andere Mitarbeiter
  - ▸ Hilfen zur Beratung in Anspruch nehmen, zB durch Integrationsfachdienst
  - ▸ Leistungen des Integrationsamtes und der Rehabilitationsträger für personelle Unterstützung durch andere Mitarbeiter klären und beantragen[762]

– **Veränderung der Arbeitsumgebung,** zB barrierefreier Zugang zum Arbeitsplatz, Treppenhilfe, automatische Türen, bauliche Veränderungen
  - ▸ technische Beratung des Integrationsamtes in Anspruch nehmen[763]
  - ▸ Leistungen und Zuschüsse der Rehabilitationsträger, der Arbeitsagentur und des Integrationsamtes beantragen[764]
  - ▸ Berücksichtigung von Unfallverhütungsvorschriften, Arbeitsstättenverordnung

– **Arbeitsversuch**
  - ▸ Begleitung durch Integrationsfachdienst und/oder Betriebsarzt organisieren

– **Befristete Probebeschäftigung**
  - ▸ Teilhabeleistungen der Rehabilitationsträger nach § 50 Abs. 1 S. 1 Nr. 4 SGB IX klären und beantragen[765]

Praxistipp:
Während der Probebeschäftigung kann der Arbeitgeber die Eignung des Rehabilitanden für den vorgesehen Arbeitsplatz klären und damit über eine Weiterbeschäftigung entscheiden.

---

[761] Vgl. zum Beschäftigungssicherungszuschuss → Rn. 220.

[762] Vgl. dazu → Rn. 219.

[763] Vgl. dazu → Rn. 221.

[764] Vgl. zu diesen Leistungen → Rn. 215 ff.

[765] Die Kosten für eine befristete Probebeschäftigung können bis zu drei Monate teilweise oder in voller Höhe übernommen werden, wenn dadurch die Möglichkeiten einer dauerhaften Eingliederung verbessert werden oder diese nur so zu erreichen ist: vgl. Richter/Ritter, Rehabilitationsrecht, § 2 Rn. 46 ff. und zu den Leistungen der beruflichen Rehabilitation § 2 Rn. 138.

- **Umsetzung/Versetzung auf einen anderen Arbeitsplatz**
  - Leistungen der Rehabilitationsträger und des Integrationsamtes klären und beantragen[766]
  - Arbeitsrechtliche Rahmenbedingungen klären
  - Betriebsrat informieren und beteiligen (§ 99 BetrVG)
- **Erweiterung der beruflichen Qualifikation,** zB EDV-Schulung
  - Teilhabeleistungen der Rehabilitationsträger und des Integrationsamtes klären und beantragen[767]
- **Berufliche Rehabilitation,** zB Ergonomieschulung, Arbeitserprobung, Training on the Job, individuelle betriebliche Qualifizierung im Rahmen unterstützter Beschäftigung
  - Teilhabeleistungen der Rehabilitationsträger[768] und des Integrationsamtes klären und beantragen
  - Integrationsfachdienst einschalten[769]
- **Umschulung**
  - Teilhabeleistungen der Rehabilitationsträger[770] und des Integrationsamtes klären und beantragen
- wer ist zuständig? **266**
  - Personalabteilung: Leistungen beantragen, Arbeitsversuch organisieren

---

[766] So bewilligen beispielsweise die Rentenversicherungsträger auch Zuschüsse an Arbeitgeber, die die Bereitschaft der Arbeitgeber unterstützen sollen, leistungsfähigen Versicherten einen Arbeitsplatz zu bieten, weil der bisherige Arbeitsplatz aus gesundheitlichen Gründen aufgegeben werden musste oder nicht mehr beibehalten werden kann: vgl. dazu Richter/Ritter, Rehabilitationsrecht, § 2 Rn. 46 ff. und zu den Leistungen der beruflichen Rehabilitation § 2 Rn. 136.

[767] Vgl. zu den Leistungen der Rentenversicherung der beruflichen Qualifizierung (§ 49 Abs. 3 Nr. 3 SGB IX – individuelle berufliche Qualifizierung im Rahmen unterstützter Beschäftigung; § 49 Abs. 3 Nr. 4 SGB IX – berufliche Anpassung und Weiterbildung): Richter/Ritter, Rehabilitationsrecht, § 2 Rn. 46 ff. und zu den Leistungen der beruflichen Rehabilitation § 2 Rn. 130.

[768] Eingliederungszuschüsse (Zuschüsse zum Arbeitsentgelt – § 50 Abs. 1 Nr. 2 SGB IX) kommen vornehmlich zur Einarbeitung in Betracht, damit die zum Erreichen der vollen Leistungsfähigkeit notwendigen beruflichen Kenntnisse und Fähigkeiten an einem Arbeitsplatz durch den Arbeitgeber vermittelt werden. Sie gleichen den Unterschied zwischen der Minderleistung des Einzuarbeitenden bis zur angestrebten vollen Leistung aus. Höhe und Dauer des Einarbeitungszuschusses orientieren sich am Leistungsstand des Einzuarbeitenden und werden unter Berücksichtigung von Höchstgrenzen individuell vereinbart: vgl. Richter/Ritter, Rehabilitationsrecht, § 2 Rn. 46 ff. und zu den Leistungen der beruflichen Rehabilitation § 2 Rn. 137.

[769] Vgl. zu den Aufgaben des Integrationsfachdienstes → Rn. 112 ff.

[770] Vgl. zur Umschulung durch die Rentenversicherungsträger Richter/Ritter, Rehabilitationsrecht, § 2 Rn. 46 ff. und zu den Leistungen der beruflichen Rehabilitation § 2 Rn. 133.

- Führungskräfte: Anforderungsprofil für den Arbeitsplatz erstellen, Arbeitsversuch oder befristete Probebeschäftigung organisieren
- BEM-Team oder ein beauftragtes Mitglied des BEM-Teams: Fallmanagement, Leistungen beantragen, Kontakt zum Integrationsfachdienst
- BEM-Koordinator/Fallmanager: Fallmanagement, Leistungen beantragen, Kontakt zum Integrationsfachdienst
- Betriebsrat: Durchführung des Zustimmungsverfahrens bei Versetzung (§ 99 BetrVG)
- Schwerbehindertenvertretung: Beteiligung nach § 178 Abs. 2 SGB IX
- Betriebsarzt: Anforderungsprofil erstellen, Arbeitsversuch medizinisch begleiten; Kontakt zum behandelnden Arzt und/oder der Reheeinrichtung, um stufenweise Wiedereingliederung zu fördern

Praxistipp:

Hier ist unbedingt auf die Einhaltung der **ärztlichen Schweigepflicht** zu achten. Relevante Krankheitsdaten dürfen die behandelnden Ärzte auch dem Betriebsarzt, der ebenfalls nach § 8 Abs. 1 S. 3 ASiG der ärztlichen Schweigepflicht unterliegt, nur nach einer Entbindung von der ärztlichen Schweigepflicht durch den betroffenen Mitarbeiter mitteilen; gleiches gilt auch für den Betriebsarzt.

Dabei sollte darauf geachtet werden, dass in die Erklärung über die Entbindung von der ärztlichen Schweigepflicht auch eine konkrete medizinische Fragestellung aufgenommen und die Relevanz dieser Fragestellung für das BEM-Verfahren deutlich wird.[771] Andernfalls könnte der betroffene Mitarbeiter befürchten, dass der Arbeitgeber ihn in Vorbereitung einer krankheitsbedingten Kündigung durch die Untersuchung beim Betriebsarzt über seinen Gesundheitszustand ausforschen möchte. Dies führt nicht selten zur generellen Verweigerung der Zustimmung zum BEM, wobei Arbeitnehmern nicht immer ausreichend bekannt ist, dass auch der Betriebsarzt gemäß § 8 Abs. 1 S. 3 ASiG die Regeln der Schweigepflicht zu beachten hat und nur seinem ärztlichen Gewissen unterworfen ist.

267 – wie ist das weitere Vorgehen?

- Umsetzung der vereinbarten Maßnahmen

[771] Vgl. hierzu die Erklärungen über die Entbindung der behandelnden Ärzte und des Betriebsarztes im Anhang 2 in der Anlage 12 → Rn. 283 f.

6. Umsetzung der konkreten Maßnahmen im BEM, Überprüfung der Maßnahmen und Abschluss des BEM

– was ist zu tun? 268

- die am BEM-Prozess Beteiligten setzen die vereinbarten Maßnahmen konstruktiv um, wobei die persönlichen Ansprechpartner oder der BEM-Koordinator die einzelnen Maßnahmen abstimmen
- der Arbeitgeber wird bei Maßnahmen, die seiner Zustimmung bedürfen, in den BEM-Prozess eingebunden

Praxistipp:
Es hat sich bewährt, wenn der sog. Fallmanager oder BEM-Koordinator mit allen an der Umsetzung der BEM-Maßnahmen Beteiligten einen ständigen Erfahrungsaustausch organisiert und auch für den betroffenen Mitarbeiter ein gut erreichbarer Ansprechpartner ist. So können bei der Umsetzung der gemeinsam vereinbarten BEM-Maßnahmen auftretende Probleme schneller erkannt und gelöst werden. Auch untaugliche Maßnahmen können schneller analysiert, mit dem Mitarbeiter besprochen und neue Lösungsmöglichkeiten gesucht werden.

- die Umsetzung der Maßnahmen wird auf dem Maßnahmen-Blatt bzw. der **Verlaufsdokumentation** dokumentiert[772] und werden dem Mitarbeiter sowie den weiteren Mitgliedern des BEM-Teams zur Verfügung gestellt
- die Wirkung der vereinbarten Maßnahmen wird in Zwischenbesprechungen und im regelmäßigen Erfahrungsaustausch im BEM-Verfahren anhand der erfolgten Verlaufsdokumentation überprüft und evaluiert[773]
- im **Abschlussgespräch** werden abschließend die durchgeführten Maßnahmen dokumentiert und geklärt, ob
  - die Wiedereingliederung erfolgreich war und damit das BEM-Verfahren abgeschlossen werden kann[774] oder

[772] Vgl. das Muster zum Maßnahmen-Blatt und Verlaufsdokumentation im Anhang 2 – Anlage 9 → Rn. 280.

[773] Vgl. dazu SRS Gesundheitsmanagement/Keck § 21 Rn. 177, 178, der einen Vergleich der Krankheitszeiten von BEM-Teilnehmern vor und nach dem BEM vorschlägt und auch eine Evaluation der Kosten der Leistungen im BEM-Verfahren, die erforderlich waren, zB für zusätzliche Arbeitsplatzausstattung sowie der Zufriedenheit der Beschäftigten und des Arbeitgebers.

[774] Vgl. zum Abschluss eines BEM-Verfahrens → Rn. 26, 27.

- ob noch weitere Maßnahmen zur erfolgreichen Wiedereingliederung erforderlich sind oder
- ob eine Wiedereingliederung nicht möglich ist.

269 Da das BEM in jeder Phase von der Zustimmung des Mitarbeiters abhängig ist, endet es wenn

- der Beschäftigte die Durchführung des BEM nach ordnungsgemäßer Einladung bzw. im Erstgespräch ablehnt,
- der Beschäftigte sich auf eine ordnungsgemäße Einladung und auf ein „verschärftes" Folgeschreiben hin nicht meldet,
- der Beschäftigte seine (weitere) Zustimmung im Verlauf des BEM verweigert oder mit Wirkung für die Zukunft widerruft.

270 Gibt es aus Sicht des Arbeitgebers **keine Ansätze mehr für zielführende Präventionsmaßnahmen**, ist der Klärungsprozess erst dann als abgeschlossen zu betrachten, wenn auch vom Arbeitnehmer und den übrigen Stellen keine ernsthaft weiterzuverfolgenden Ansätze für zielführende Präventionsmaßnahmen aufgezeigt wurden, ggf. ist ihnen hierzu Gelegenheit binnen bestimmter Fristen zu geben.[775] War der Suchprozess in einem vorherigen BEM aber zunächst abgeschlossen, entsteht eine **neue Verpflichtung des Arbeitgebers, ein BEM zu initiieren**, grundsätzlich dann, wenn die Arbeitsunfähigkeit über den Abschluss eines vorherigen BEM hinaus weitere mehr als sechs Wochen angedauert hat. Eine solche Klärung ist nur dann entbehrlich, wenn der Arbeitnehmer hierfür seine Zustimmung nicht erteilt.[776]

---

[775] Vgl. dazu BAG 18.11.2021 – 2 AZR 138/21, NZA 2022, 253 Rn. 30; Kempter/Steinat NZA 2015, 840 (843 f.) und → Rn. 26, 27.

[776] BAG 18.11.2021 – 2 AZR 138/21, NZA 2022, 253 Rn. 31.

Anhang: Mustertexte zum BEM

I. Anhang 1: Muster einer Betriebs-/Dienstvereinbarung

Zwischen der 271

A-GmbH

und dem

Betriebsrat der
A-GmbH

wird nachstehende

B e t r i e b s v e r e i n b a r u n g[777]
Betriebliches Eingliederungsmanagement
gemäß § 167 Abs. 2 SGB IX

abgeschlossen:

§ 1 Präambel[778]

Es ist das gemeinsame Ziel der A-GmbH, des Betriebsrates und der Schwerbehindertenvertretung der A-GmbH die Gesundheit der Mitarbeiterinnen und Mitarbeiter zu erhalten und zu fördern. Das betriebliche Eingliederungsmanagement, im Folgenden BEM genannt, ist Teil eines betrieblichen Gesundheitsmanagements und dient dem Arbeitgeber sowie den betroffenen Mitarbeiterinnen und Mitarbeitern dazu, das Verfahren

---

[777] Entsprechend umformuliert kann diese Betriebsvereinbarung auch als Dienstvereinbarung verwandt werden; auf eine Doppelung wurde aus Gründen der Lesbarkeit verzichtet; diese Betriebsvereinbarung wurde in einem Betrieb in einem moderierten Verfahren zwischen dem Arbeitgeber, dem Betriebsrat und der Schwerbehindertenvertretung erarbeitet und wird bereits mehrere Jahre mit positiven Erfahrungen angewandt. Der Text der Betriebsvereinbarung ist ein Beispiel und erhebt keinen Anspruch auf Vollständigkeit und Rechtssicherheit. Wie auch sonst, sollte dieser Mustertext vor einer Übernahme auf die Praxistauglichkeit für den eigenen Betrieb geprüft werden, da in jedem Betrieb unterschiedliche Gegebenheiten und eine eigene Unternehmenskultur vorhanden ist; vgl. zur rechtssicheren Gestaltung eines BEM mit Betriebsvereinbarung und Mustervorlagen auch: Edenfeld DB 2019, 1267.

[778] Viele Betriebs- bzw. Dienstvereinbarungen haben eine Präambel, die den eigentlichen Regelungen vorangestellt ist und die gemeinsamen Überzeugungen von der Zielsetzung des BEM verdeutlichen soll. Sie kann eine durchaus wichtige Hilfestellung für die Auslegung der Betriebs- bzw. Dienstvereinbarung sein, vgl. dazu auch Feldes/Niehaus/Faber/Faber/Kiesche, Werkbuch, S. 248, 249.

zur Eingliederung Langzeiterkrankter transparent und einheitlich zu gestalten. Auf der Grundlage dieser übereinstimmenden Zielsetzung erarbeiten Arbeitgeber, Betriebsrat und Schwerbehindertenvertretung im gemeinsamen Dialog Maßnahmen zur Sicherung der Beschäftigung und zur Vermeidung von Krankheitszeiten, wobei das betriebliche Eingliederungsmanagement als eine der vorrangigen Maßnahmen zur Erreichung dieser Ziele angesehen wird. Dabei obliegt die organisatorische Umsetzung dem Arbeitgeber.

Gemäß § 167 Abs. 2 SGB IX wird ein betriebliches Eingliederungsmanagement **(BEM)** durchgeführt, um

- die Arbeitsfähigkeit zu erhalten, zu verbessern und wiederherzustellen,
- die Arbeitszufriedenheit und Arbeitsmotivation zu steigern sowie
- die betrieblich beeinflussbaren Fehlzeiten und Krankheitskosten zu reduzieren.

Mit Zustimmung der Schwerbehindertenvertretung wird über das Verfahren zur Einleitung und Durchführung eines BEM gemäß § 167 Abs. 2 SGB IX eine Betriebsvereinbarung geschlossen.

§ 2 Ziele des BEM

(1) Ziele des BEM sind,

- Arbeitsunfähigkeit vorzubeugen,
- Arbeitsunfähigkeit möglichst zu überwinden,
- Chronische Krankheiten und Behinderungen bei Arbeitnehmern zu vermeiden und
- das Verbleiben am Arbeitsplatz, vorrangig am ursprünglichen, zu sichern,
- geeignete und anforderungsgerechte Arbeitsplätze für gesundheitlich beeinträchtigte Mitarbeiterinnen und Mitarbeiter zu sichern oder zu schaffen.

(2) Im Rahmen der Ziele des BEM ist dabei festzustellen:

- wie Arbeitsunfähigkeit überwunden werden kann,
- mit welchen Hilfen und Leistungen erneuter Arbeitsunfähigkeit vorgebeugt werden kann,
- ob Arbeitsunfähigkeit in einem direkten oder indirekten Zusammenhang mit der Tätigkeit der Mitarbeiterin oder des Mitarbeiters steht,
- welche Maßnahmen für eine erfolgreiche Wiedereingliederung erforderlich sind,
- wie der Arbeitsplatz erhalten, die Fähigkeiten der Mitarbeiterin oder des Mitarbeiters weiter genutzt und die Einsatzfähigkeit möglichst sichergestellt werden können und
- mögliche Quellen einer Gesundheitsgefährdung beseitigt werden können.

Der vertrauensvolle und offene Umgang aller am BEM Beteiligten miteinander ist hierbei Voraussetzung. Führungskräfte haben bei der Durchführung des BEM und insbesondere bei der Einleitung präventiver Maßnahmen eine besondere Verantwortung. Die persönlichen Rechte der Mitarbeiterinnen und Mitarbeiter werden dabei gewahrt.

§ 3 Geltungsbereich

Diese Betriebsvereinbarung zum BEM gemäß § 167 Abs. 2 SGB IX erfasst alle Mitarbeiterinnen und Mitarbeiter der A-GmbH mit Ausnahme der leitenden Angestellten.

§ 4 BEM-Team[779]

(1) Der Arbeitgeber ernennt jeweils einen weiblichen und männlichen **BEM-Beauftragten des Arbeitgebers.** Diese BEM-Beauftragten sollen gleichermaßen das Vertrauen des Arbeitgebers und der betrieblichen Interessenvertretungen genießen. Der Betriebsrat überträgt durch Beschluss die Aufgaben aus dieser Betriebsvereinbarung jeweils auf ein namentlich zu benennendes weibliches und männliches Betriebsratsmitglied[780] (**BEM-Beauftragte/r des Betriebsrates**).

(2) Die BEM-Beauftragten des Arbeitgebers und des Betriebsrates bilden gemeinsam das BEM-Team, das mit Zustimmung des Mitarbeiters/der Mitarbeiterin das BEM-Verfahren koordinieren. Dabei stellen der Arbeit-

---

[779] In der Praxis hat es sich bewährt, die von § 167 Abs. 2 SGB IX geforderte Zusammenarbeit des Arbeitgebers mit den betrieblichen Interessenvertretungen durch die Bildung eines Gremiums zu organisieren, das hier als BEM-Team, aber bisweilen auch als Integrations- oder Eingliederungsteam, bezeichnet wird. In kleineren oder mittleren Betrieben besteht das BEM-Team häufig nur aus einem Vertreter des Arbeitgebers und der Interessenvertretung; bei schwerbehinderten oder gleichgestellten Arbeitnehmern kommt ggf. noch zusätzlich die Schwerbehindertenvertretung hinzu. Gerade in kleinen Betrieben hat es sich auch als sinnvoll erwiesen, die Koordination im BEM-Verfahren einem externen BEM-Koordinator oder Fallmanager zu übertragen. Da das Gesetz keine Vorgaben zur Größe des BEM-Teams macht, sollte dies in der Betriebs-/Dienstvereinbarung geregelt werden. Eine gute Möglichkeit, die auch hier gewählt worden ist, besteht darin, dass BEM-Team zunächst klein zu halten, so dass nur einer oder wenige Teilnehmer das Erstgespräch führen. Bei einem zu großen Teilnehmerkreis für ein Erstgespräch können sich viele Arbeitnehmer erfahrungsgemäß nicht gut auf ein offenes und vertrauensvolles Gespräch einlassen. Bei Bedarf wird dann das „engere BEM-Team" um weitere Akteure erweitert. In einer Betriebsvereinbarung mit einem größeren BEM-Team kann auch die Wahl einer oder mehrerer Vertrauensperson/en durch den Betroffenen ermöglicht werden vgl. dazu auch Feldes/Niehaus/Faber/Faber/Kiesche, Werkbuch, S. 249, 250.

[780] Es kann eine Rolle spielen, ob und wie das BEM-Team in Bezug auf das jeweilige Geschlecht zusammengesetzt ist, daher wird hier der betroffenen Person auch die Wahl in Bezug auf das Geschlecht der Vertrauensperson im BEM-Team gelassen; vgl. zum Thema Gender im BEM Feldes/Niehaus/Faber/Pieck/Schröder, Werkbuch, S. 87 ff.

geber und der Betriebsrat sicher, dass das BEM-Team immer mit mindestens einer/einem BEM-Beauftragten des Arbeitgebers und einer/einem BEM-Beauftragten des Betriebsrates besetzt und arbeitsfähig ist.

Bei einer/einem schwerbehinderten bzw. gleichgestellten Mitarbeiterin/ Mitarbeiter ist mit deren/dessen Zustimmung die Vertrauensperson der Schwerbehinderten bzw. dessen Vertreter/in hinzuziehen.

(3) Die Beschlüsse und Entscheidungen im BEM-Team werden einstimmig getroffen (**Konsensprinzip**). Das BEM-Team arbeitet im Rahmen seiner Aufgabenstellung weisungsfrei und hat insbesondere die Aufgabe,

- Vorschläge zu entwickeln, auf welche Weise weitere Krankheitszeiten vermieden werden können,
- auf welche Weise erneuter Arbeitsunfähigkeit vorgebeugt werden kann und
- welche Maßnahmen getroffen werden können, um die Weiterbeschäftigung der Mitarbeiterin oder des Mitarbeiters bei gleichzeitiger Vermeidung oder Verringerung krankheitsbedingter Fehlzeiten zu ermöglichen.

(4) Die Mitglieder des BEM-Teams dürfen in der Ausübung ihrer Aufgaben nicht behindert und wegen ihrer Mitgliedschaft im BEM-Team nicht benachteiligt oder begünstigt werden; dies gilt auch für ihre berufliche Entwicklung.

Die Mitglieder des BEM-Teams werden von ihrer beruflichen Tätigkeit ohne Minderung des Arbeitsentgeltes befreit, wenn und soweit es zur Durchführung ihrer Aufgaben erforderlich ist.

Soweit es ein Mitglied des BEM-Teams für erforderlich hält, können bis zu insgesamt fünf Stunden **Supervision** jährlich auf Kosten des Arbeitgebers zu üblichen Konditionen in Anspruch genommen werden. Der Arbeitgeber kann auf eigene Kosten Supervisoren zur Verfügung stellen. Auch für diese Supervision wird das Mitglied des BEM-Teams ohne Minderung des Arbeitsentgeltes freigestellt.

Die durch die Tätigkeit des BEM-Teams entstehenden Kosten, einschließlich der **Fortbildung, Schulung und Supervision,** trägt der Arbeitgeber. Der Arbeitgeber stellt darüber hinaus dem BEM-Team einen geeigneten und im Hinblick auf die Ziele des BEM eingerichteten Raum zur Verfügung.

(5) Nach Bedarf und mit Zustimmung der Mitarbeiterin oder des Mitarbeiters kann insbesondere der **Betriebsarzt** für alle arbeitsmedizinischen Fragestellungen hinzugezogen werden. Dabei ist es nicht Aufgabe des Betriebsarztes, die Arbeitsunfähigkeit der Mitarbeiterin oder des Mitarbeiters zu überprüfen oder Diagnosen zu erheben.

Soweit es um die Beurteilung arbeitssicherheitstechnischer Fragestellungen geht, kann mit Zustimmung der Mitarbeiterin bzw. des Mitarbeiters die **Fachkraft für Arbeitssicherheit** am BEM-Verfahren beteiligt werden.

Kommen Leistungen zur Teilhabe oder begleitende Hilfen im Arbeitsleben in Betracht, werden mit Zustimmung der Mitarbeiterin bzw. des Mitarbeiters die jeweils zuständigen **Rehabilitationsträger** oder bei schwerbehinderten Mitarbeiterinnen oder Mitarbeitern das **Integrationsamt** hinzugezogen.

Das BEM-Team kann im Übrigen bei Bedarf und mit Zustimmung der Mitarbeiterin oder des Mitarbeiters zum BEM-Verfahren weitere Personen und Institutionen hinzuziehen, zB[781]

- die Führungskraft
- die betriebliche Sucht- und Sozialberatung
- den behandelnden Haus- und/oder Facharzt
- einen Vertreter der Berufsgenossenschaft
- einen Vertreter des Integrationsamtes und/oder Integrationsfachdienstes
- ein Vertreter der Arbeitsagentur und/oder eines Sozialversicherungsträgers und/oder einer Rehabilitationseinrichtung und/oder Rehabilitationsträger.

(6) Die Mitglieder des BEM-Teams und die Schwerbehindertenvertretung werden unmittelbar nach Inkrafttreten dieser Betriebsvereinbarung zum BEM, insbesondere auch zum Thema Kommunikation und Gesprächsführung, fortgebildet. Danach werden sie mindestens einmal jährlich im Rahmen einer Informationsveranstaltung über die rechtlichen Regelungen und die neuesten Entwicklungen auf dem Gebiet des BEM unterrichtet. Diese Schulungen und Informationsveranstaltungen gehören zu den Aufgaben der Mitglieder des BEM-Teams. Der Betriebsarzt wird zu allen Schulungen eingeladen. Darüber hinaus gehört es zu den Aufgaben jedes Mitglieds des BEM-Teams, sich über die gesetzlichen Vorschriften das BEM betreffend auf dem aktuellen Stand zu halten und die für die Aufgabe erforderliche Sachkenntnis zu verschaffen. Sowohl für die Schulungen als auch für die weitere Fortbildung erfolgt durch den Arbeitgeber in angemessenem Umfang eine Arbeitsfreistellung unter Fortzahlung des Arbeitsentgeltes sowie eine entsprechende Ausstattung des BEM-Teams mit sachlichen und personellen Mitteln.

(7) Alle Mitglieder des BEM-Teams, die Schwerbehindertenvertretung und auch alle hinzugezogenen weiteren Personen aus dem Betrieb sind

---

[781] § 167 Abs. 2 SGB IX sieht vor, dass über die Pflichtbesetzung des BEM-Teams hinaus, optional weitere interne bzw. externe Beteiligte hinzuziehen sind; intern zB die Fachkraft für Arbeitssicherheit, der Betriebs- oder Werksarzt, aber auch betriebliche Sozial- oder Suchtberater oder Führungskräfte. Extern kommt vor allem die Hinzuziehung von Vertretern des Integrationsamtes oder von Rehabilitationsträgern in Betracht. In der Betriebsvereinbarung sind die Voraussetzungen zu regeln, unter denen weitere Akteure einzubeziehen sind. Insbesondere ist sicherzustellen, dass jede Erweiterung des Kreises des BEM-Teams der Zustimmung der vom BEM betroffenen Person bedarf; vgl. dazu Feldes/Niehaus/Faber/Faber/Kiesche, Werkbuch, S. 252 und Anlage 11 in → Rn. 282.

verpflichtet, über die ihnen wegen ihrer Teilnahme am BEM-Verfahren und ihrer Tätigkeit im BEM-Team bekannt gewordenen persönlichen Verhältnisse und Angelegenheiten, insbesondere der betroffenen Mitarbeiterinnen und Mitarbeiter, die ihrer Bedeutung oder ihrem Inhalt nach einer vertraulichen Behandlung bedürfen, Stillschweigen zu bewahren. Diese Pflicht gilt auch nach Beendigung der Tätigkeit. Sie gilt nicht gegenüber der Bundesagentur für Arbeit, den Integrationsämtern oder anderen Sozialversicherungs- oder Rehaträgern, soweit deren Aufgaben es erfordern und die Mitarbeiterin bzw. der Mitarbeiter einer Entbindung von der Schweigepflicht zugestimmt hat.

(8) Insbesondere hat der Arbeitgeber durch entsprechende technische und/oder organisatorische Maßnahmen sicherzustellen, dass der Schrift- und elektronische Brief-/Mailverkehr im Rahmen der Aufgaben des BEM-Teams vertraulich geführt wird. Außer den Mitgliedern des BEM-Teams ist keine weitere Person aus dem Betrieb befugt, die BEM-Akte, an das BEM-Team gerichtete Schriftstücke oder Mails zu öffnen oder einzusehen. Gesundheitsdaten dürfen nicht Inhalt einer E-Mail sein.

§ 5 Einleitung des BEM[782]

(1) Das BEM ist einzuleiten, wenn eine Mitarbeiterin oder ein Mitarbeiter in den letzten 12 Monaten (nicht Kalenderjahr – 365 Tage) insgesamt mindestens 42 Tage arbeitsunfähig erkrankt war. Voraussetzung für die Einleitung und die Durchführung des BEM ist in jeder Phase des Verfahrens die Zustimmung des Arbeitnehmers.

(2) Die Personalabteilung hat jeweils bis zum 10. des Folgemonats zu prüfen, ob Mitarbeiterinnen oder Mitarbeiter in den letzten 12 Monaten (nicht Kalenderjahr) insgesamt mindestens sechs Wochen (42 Tage) arbeitsunfähig erkrankt waren. Tritt ein solcher Fall ein, so hat die Personalabteilung dem Betriebsrat und dem BEM-Team zum Zwecke der Einleitung eines BEM die jeweiligen Mitarbeiterinnen und Mitarbeiter zu benennen und zwar unter Angabe folgender Daten:

- Name, Vorname,
- Adresse,
- Erkrankungsdauer (ununterbrochen/wiederholt).

Ist die Mitarbeiterin bzw. der Mitarbeiter schwerbehindert bzw. gleichgestellt (§ 2 Abs. 2 und 3 SGB IX), so ist gleichzeitig die Schwerbehindertenvertretung zu informieren.

[782] Regelungsbedürftig in einer Betriebs- bzw. Dienstvereinbarung ist auch die Frage, unter welchen Voraussetzungen ein BEM einzuleiten ist. Mit der Auswertung der Arbeitsunfähigkeitszeiten wird in der Regel die Personalabteilung betraut. Hilfreich ist dabei ein monatlicher Auswertungsrhythmus; vgl. dazu auch Feldes/Niehaus/Faber/Faber/Kiesche, Werkbuch, S. 253.

(3) Weiterhin ist das BEM einzuleiten, falls eine Mitarbeiterin oder ein Mitarbeiter dies schriftlich für sich beantragt, wobei die Mindestdauer der Arbeitsunfähigkeit in den letzten 12 Monaten mindestens 28 Kalendertage[783] betragen haben muss. Dabei können Mitarbeiterinnen oder Mitarbeiter auch Personen ihres Vertrauens nach eigener Wahl beauftragen, mit dem BEM-Team Kontakt aufzunehmen.

(4) War ein vorangegangenes BEM zunächst abgeschlossen, dauert die Arbeitsunfähigkeit aber weitere mehr als sechs Wochen an oder tritt eine erneute Arbeitsunfähigkeit von mehr als sechs Wochen ein, wird mit Zustimmung der Mitarbeiterin/des Mitarbeiters ein erneutes BEM eingeleitet.

(5) In begründeten Ausnahmefällen kann das BEM-Team von einer Durchführung eines BEM-Verfahrens zunächst absehen und hat dies schriftlich dem Arbeitgeber mitzuteilen.[784]

(6) Spätestens binnen 14 Tage nach der Mitteilung des Arbeitgebers entsprechend Abs. 2 wird das **Einladungsschreiben** entsprechend der Anlage 1[785] an die Mitarbeiterin bzw. den Mitarbeiter übersandt. Sowohl das Einladungsschreiben als auch eventuelle Erinnerungsschreiben werden durch das BEM-Team, mindestens aber durch eine/einen BEM-Beauftragte/n des Arbeitgebers sowie eine/einen BEM-Beauftragte/n des Be-

[783] Dies wäre bei sieben Kalendertagen pro Woche eine vier Wochen andauernde Arbeitsunfähigkeit. Dieser Zeitraum ist ein Vorschlag und kann auch anders festgelegt werden.

[784] Dies kann zB der Fall sein, wenn die betroffene Person so schwer erkrankt ist, dass eine Rückkehr in den Betrieb auf nicht absehbare Zeit nicht möglich ist, so dass ein BEM-Verfahren wegen der Schwere der Erkrankung nicht durchführbar ist.

[785] Die erste Kontaktaufnahme mit der betreffenden Person erfolgt meistens durch ein Anschreiben, in dem ein BEM angeboten wird und Informationen über den Ablauf und die Strukturen des BEM im Betrieb gegeben werden. Es empfiehlt sich, das Einladungsschreiben als Anlage einer Betriebs- bzw. Dienstvereinbarung beizufügen. Hiermit ist die Gleichbehandlung aller Betroffenen gewährleistet. Um mit dem Anschreiben eine gute Akzeptanz bei den Betroffenen zu finden, ist sicherzustellen, dass der Ton des Einladungsschreibens die Kultur des Betriebes bzw. der Dienststelle trifft. Es sich darüber hinaus bewährt, das schriftliche Angebot mit der Möglichkeit eines persönlichen Kontaktes zu verbinden. Dieser kann insbesondere durch ein unverbindliches „Informations- oder Kontaktgespräch" unter vier Augen oder durch die Vereinbarung eines Telefonates erfolgen, bevor über eine Zustimmung zu BEM entschieden wird. Hilfreich ist es dabei, dass bereits dem Einladungsschreiben die Datenschutzinformation und die Datenschutzerklärung beigefügt wird und die wichtigsten Fragen zum BEM bereits in einer FAQ-Information beantwortet werden, so dass nur noch ergänzende Fragen in dem telefonischen oder persönlichen „Informations- bzw. Kontaktgespräch" geklärt werden müssen. Die vorab zu erfolgende schriftliche Information hat den Vorteil, dass sie bei Betroffenen mit Migrationshintergrund in der jeweiligen Sprache erfolgen kann und bei einer umfangreichen mündlichen Information die Aufnahmekapazität des Mitarbeiters schnell erschöpft sein könnte. Schriftliche, in verständlicher Sprache formulierte Informationen haben den Vorteil, dass der Mitarbeiter sie wiederholt lesen kann; vgl. dazu auch Feldes/Niehaus/Faber/Faber/Kiesche, Werkbuch, S. 254.

triebsrates, bei Schwerbehinderung/Gleichstellung der Mitarbeiterin oder des Mitarbeiters auch durch die Schwerbehindertenvertretung, unterschrieben. In dem Einladungsschreiben wird die Mitarbeiterin bzw. der Mitarbeiter schriftlich über die Ziele und den Ablauf des betrieblichen Eingliederungsmanagements informiert (siehe Anlagen 1 und Anlage 2 – Mitarbeiterinformation), sowie auf Art und Umfang der hierfür erhobenen und verwendeten Daten hingewiesen (§ 167 Abs. 2 S. 4 SGB IX). Des Weiteren ist die Mitarbeiterin bzw. der Mitarbeiter im Einladungsschreiben (Anlage 1) darüber zu informieren, dass die Durchführung des BEM freiwillig ist und in jeder Phase des BEM-Verfahrens von ihrer/seiner Zustimmung abhängig ist, wobei eine erteilte Zustimmung jederzeit mit Wirkung für die Zukunft widerrufen werden kann. Die Mitarbeiterin/der Mitarbeiter ist im gesamten BEM-Verfahren nicht verpflichtet ist, Diagnosen mitzuteilen, worauf sie/er im Einladungsschreiben ebenfalls hinzuweisen ist. Im Einladungsschreiben erfolgt auch eine Information darüber, dass die Mitarbeiterin/der Mitarbeiter berechtigt ist, eine Vertrauensperson nach eigener Wahl zum BEM hinzuzuziehen (§ 167 Abs. 2 S. 2 SGB IX) und über den Teilnehmerkreis des BEM mitzuentscheiden. Darüber hinaus ist die Mitarbeiterin bzw. der Mitarbeiter im Einladungsschreiben darauf hinzuweisen, dass die Zustimmung zum BEM auch mit der Maßgabe erteilt werden kann, dass ein Einverständnis zur Beteiligung des Betriebsrates und der/des BEM-Beauftragten des Betriebsrates nicht besteht.[786] Das BEM-Verfahren wird dann ohne eine Beteiligung des Betriebsrates durchgeführt. Gleiches gilt für die Beteiligung der Schwerbehindertenvertretung. Die Überwachungsrechte des Betriebsrates und der Schwerbehindertenvertretung nach § 167 Abs. 2 S. 8 SGB IX werden durch den Arbeitgeber sichergestellt.

Mit dem Einladungsschreiben wird der Mitarbeiterin bzw. dem Mitarbeiter auch bereits die BEM-Mitarbeiterinformation (Anlage 2), die Erklärung/Einwilligung zum Datenschutz (Anlage 3) sowie die Rückantwort zum betrieblichen Eingliederungsmanagement (Anlage 4), mit der sie/er ihr/sein Einverständnis oder die Ablehnung des BEM schriftlich erklären kann, zusammen mit einem frankierten Rückumschlag, übersandt.

Die Mitarbeiterin bzw. der Mitarbeiter ist ferner darüber zu informieren, dass sie/er sich für ein Informationsgespräch und im Falle einer zustimmenden Entscheidung zur Durchführung des BEM für die weitere Durch-

[786] Dieser Zusatz im Einladungsschreiben beruht auf der Rechtsprechung des BAG, wonach zum Ersuchen des Arbeitgebers auch die Information des betroffenen Arbeitnehmers gehört, dass dieser das BEM-Verfahren auch ohne Beteiligung des Betriebsrates durchführen kann: BAG 22.3.2016 – 1 ABR 14/14, NZA 2016, 1283 Rn. 30; 20.11.2014 – 2 AZR 755/13, Rn. 31; vgl. dazu auch die Ausführungen → Rn. 50; kritisch zur Rspr. des BAG: Feldes/Niehaus/Faber/Faber/Kiesche, Werkbuch, S. 251.

führung des BEM zwei Mitglieder des BEM-Teams, und zwar jeweils eine/n BEM-Beauftragte/n des Arbeitgebers und eine/n Beauftragte/n des Betriebsrates als **persönliche/n Ansprechpartner/in** und als sie bzw. ihn betreuende Mitglieder des BEM-Teams auswählen und im Rahmen der Rückantwort (Anlage 4) namentlich benennen kann.[787]

Im Falle einer Schwerbehinderung oder Gleichstellung hat die Mitarbeiterin bzw. der Mitarbeiter auch ihr/sein Einverständnis mit der Teilnahme der Schwerbehindertenvertretung am BEM-Verfahren zu erklären.

(7) Die Mitarbeiterin bzw. der Mitarbeiter wird im Einladungsschreiben gebeten, sich innerhalb von zwei Wochen bezüglich der Einleitung eines BEM-Verfahrens zu entscheiden und die Rückantwort (Anlage 4) zurückzusenden. Die Mitarbeiterin bzw. der Mitarbeiter kann auf Wunsch auch um ein Informationsgespräch zum BEM bitten. Dieses Informationsgespräch dient der Klärung offener Fragen der Mitarbeiterin/des Mitarbeiters und wird mit den von der Mitarbeiterin bzw. dem Mitarbeiter ausgewählten beiden persönlichen Ansprechpartnern vor dem Erstgespräch im BEM-Verfahren geführt.

(8) Lehnt die Mitarbeiterin bzw. der Mitarbeiter im Rahmen der Rückantwort (Anlage 4) eine Teilnahme am BEM ab, wird dieses nicht durchgeführt. Das BEM-Team übersendet in diesem Fall dem Arbeitgeber unverzüglich die Rückantwort mit der Ablehnung der Mitarbeiterin bzw. des Mitarbeiters, die dann durch den Arbeitgeber in die Personalakte aufgenommen werden darf. Die Mitarbeiterin bzw. der Mitarbeiter kann jederzeit um Durchführung eines BEM bitten, auch wenn sie/er dies zuvor abgelehnt hat. In diesem Fall ist die Ablehnung bei Durchführung eines BEM aus der Personalakte zu entfernen.

(9) Bei Nichtäußerung der Mitarbeiterin bzw. des Mitarbeiters innerhalb von zwei Wochen nach Übersendung des Einladungsschreibens wird die Mitarbeiterin bzw. der Mitarbeiter frühestens nach weiteren zwei Wochen, aber spätestens nach weiteren drei Wochen erneut angeschrieben und an die Beantwortung des Einladungsschreibens erinnert (Anlage 5). Äußert sich die/der Mitarbeiter/in innerhalb weiterer zwei Wochen nicht, wird das BEM-Verfahren nicht eingeleitet. Das BEM-Team informiert den Arbeitgeber unaufgefordert über das Schweigen der Mitarbeiterin bzw. des Mitarbeiters mit einem Formblatt (Anlage 6), das in die Personalakte aufgenommen werden darf.

[787] Es hat sich bewährt, dass sich die betroffene Person für das Informationsgespräch und die Durchführung des BEM Gesprächspartner aussuchen kann, um ein vertrauliches Gespräch zu ermöglichen. Dies ist regelmäßig nicht der Fall, wenn das Erstgespräch zwingend mit der Personalabteilung oder dem direkten Vorgesetzten geführt werden muss; vgl. dazu auch Feldes/Niehaus/Faber/Faber/Kiesche, Werkbuch, S. 254.

(10) Ist die Mitarbeiterin bzw. der Mitarbeiter zu irgendeinem Zeitpunkt nicht mit der weiteren Durchführung des BEM oder mit weiteren Maßnahmen oder Schritten im Rahmen des BEM nicht einverstanden, so ist das BEM-Verfahren ebenfalls zu beenden und dies mit Formblatt (Anlage 7) zu dokumentieren. Diese Dokumentation (Anlage 7) ist vom BEM-Team unaufgefordert an den Arbeitgeber weiterzuleiten, der berechtigt ist, das Formblatt in die Personalakte aufzunehmen. Das gleiche gilt, wenn die Mitarbeiterin bzw. der Mitarbeiter eine erteilte Zustimmung während eines laufenden BEM-Verfahrens mit Wirkung für die Zukunft widerruft. Über die Möglichkeit des Widerrufes der Zustimmung ist die Mitarbeiterin/der Mitarbeiter im Einladungsschreiben zu informieren.

§ 6 Durchführung des BEM[788]

(1) Nach Vorliegen der Zustimmung zur Einleitung des BEM-Verfahrens der Mitarbeiterin bzw. des Mitarbeiters durch Rücksendung der Rückantwort (Anlage 4) oder Erklärung in einem Informationsgespräch sowie Vorliegen der Datenschutzeinwilligung[789] wird ein erstes Gespräch im BEM-Verfahren **(Erstgespräch)** mit der Mitarbeiterin bzw. dem Mitarbeiter durch die zwei ausgewählten Mitglieder des BEM-Teams geführt. Auf Wunsch der Mitarbeiterin bzw. des Mitarbeiters kann eine weitere Person des Vertrauens nach eigener Wahl (§ 167 Abs. 2 S. 2 SGB IX), zB ein weiteres Betriebsratsmitglied, die Schwerbehindertenvertretung, ein/e Rechtsanwältin/Rechtsanwalt oder ein/e Vertreter/in des Integrationsfachdienstes bzw. des Integrationsamtes, zum BEM-Verfahren hinzugezogen werden, die berechtigt ist, sowohl am Informationsgespräch, am Erstgespräch und als auch an allen weiteren Gesprächen im Rahmen des BEM-Verfahrens teilzunehmen. Das Erstgespräch wird anhand einer Checkliste geführt und ausschließlich auf dem Dokumentationsblatt für das Erstgespräch (Anlage 8) dokumentiert.

---

[788] In Betriebs- bzw. Dienstvereinbarungen sollte der in der Rspr. des BAG plakativ als „ergebnisoffener Suchprozess" bezeichnete Verfahrensablauf (BAG 10.12.2009 – 2 AZR 198/09, NZA 2010, 639 ff.; dazu → Rn. 31 ff.) durch die Regelung einer Abfolge von Verfahrensschritten nachgezeichnet werden. Bewährt hat sich die Aufteilung in zwei Prozessphasen (1) Situationsanalyse und (2) Maßnahmephase, in denen mindestens jeweils ein Eingliederungsgespräch mit der betroffenen Person geführt wird (Erstgespräch und Maßnahmegespräch); vgl. dazu auch Feldes/Niehaus/Faber/Faber/Kiesche, Werkbuch, S. 255.

[789] Die gesetzliche Regelung macht die Durchführung eines BEM-Verfahrens von der Zustimmung der betroffenen Person abhängig, so dass der Suchprozess erst nach Zustimmung und der datenschutzrechtlichen Einwilligung aufgenommen wird. Er ist unverzüglich abzubrechen, wenn die Zustimmung widerrufen wird: Feldes/Niehaus/Faber/Faber/Kiesche, Werkbuch, S. 254.

(2) Daran anschließend werden vom BEM-Team unverzüglich – unter Beteiligung der Mitarbeiterin bzw. des Mitarbeiters – die weiteren BEM-Maßnahmen geprüft und geklärt.[790] Dazu gehören insbesondere,

- die Prüfung, ob ein kausaler Zusammenhang zwischen der gesundheitsbedingten Einschränkung der Mitarbeiterin bzw. des Mitarbeiters und ihrem/seinem Arbeitsumfeld besteht bzw. die bisherige Tätigkeit zu gesundheitlichen Beschwerden führt,
- die Prüfung, ob und inwieweit Arbeitsinhalt, Arbeitsumgebung, Zusammenarbeit mit Vorgesetzten und Mitarbeiterinnen bzw. Mitarbeitern oder sonstige betrieblichen Probleme die Leistungsfähigkeit und Arbeitszufriedenheit der Mitarbeiterin bzw. des Mitarbeiters beinträchtigen,
- die Prüfung, ob mit Zustimmung der Mitarbeiterin bzw. des Mitarbeiters unter Konsultation der beteiligten betrieblichen Stellen Schwierigkeiten durch Maßnahmen innerhalb des Betriebes überwunden werden können; dabei soll insbesondere geklärt werden, inwieweit Veränderungen am Arbeitsplatz, insbesondere auch technischer Ausstattung des Arbeitsplatzes, im Arbeitsumfeld, in der Arbeitsorganisation oder der Arbeitszeit möglich sind,
- die Prüfung, ob und inwieweit mit Zustimmung der Mitarbeiterin bzw. des Mitarbeiters Schwierigkeiten durch externe Hilfen, insbesondere Leistungen zur Teilhabe am Arbeitsleben, überwunden werden können,
- die Prüfung, ob in Absprache mit der Mitarbeiterin bzw. dem Mitarbeiter eine Kontaktaufnahme mit dem Betriebs-, dem Hausarzt oder anderen behandelnden Ärzten sinnvoll ist,
- die Prüfung, ob in Absprache mit dem Mitarbeiter gesundheitliche Maßnahmen – insbesondere medizinische Leistungen zur Rehabilitation – angebracht sind,
- die Prüfung, ob eine stufenweise Wiedereingliederung gemäß § 44 SGB IX, § 74 SGB V in Frage kommt,
- die Prüfung, ob die Beschäftigung auf einem anderen Arbeitsplatz im Betrieb, ggf. nach entsprechender Qualifikation, in Betracht zu ziehen ist.[791]

---

[790] Bereits die Bezeichnung „Betriebliches Eingliederungsmanagement" weist darauf hin, dass ein systematisches Vorgehen zur Umsetzung des gesetzlichen Auftrags nach § 167 Abs. 2 SGB IX geboten ist. Es ist vor diesem Hintergrund nach dem Erstgespräch mit der betroffenen Person insbesondere eine Analyse der Situation vorzunehmen und auf der Grundlage des Ergebnisses der Analyse sind Maßnahmen bzw. ein Konzept zu entwickeln, wie die Arbeitsunfähigkeit überwunden, erneuter Arbeitsunfähigkeit vorgebeugt und der Arbeitsplatz erhalten werden kann: Feldes/Niehaus/Faber/Faber/Kiesche, Werkbuch, S. 255.

[791] Um die ganze Bandbreite denkbarer Wiedereingliederungsmaßnahmen zu verdeutlichen, werden in vielen Betriebs- bzw. Dienstvereinbarungen beispielhaft Maßnahmen genannt, die den Handlungsrahmen für die Akteure des BEM verdeutlichen; dabei ist das Maßnahmespektrum nicht nur auf die genannten Maßnahmen beschränkt: Feldes/Niehaus/Faber/Faber/Kiesche, Werkbuch, S. 256.

Hierfür findet mindestens ein **Maßnahmegespräch** mit der Mitarbeiterin bzw. dem Mitarbeiter statt.[792] Dabei sind die Möglichkeiten zu erörtern, wie die Ziele des BEM am besten erreicht werden können. Das weitere Vorgehen ist einvernehmlich festzulegen **(Konsensprinzip).**

(3) Über die Vereinbarung betreffend die weiteren Maßnahmen im Rahmen des BEM ist ein gemeinsames Protokoll anzufertigen, aus dem sich ergibt, ob und ggf. welche konkreten Maßnahmen im Einzelnen als erforderlich angesehen werden, um die Arbeitsunfähigkeit möglichst zu überwinden. Die mit der Mitarbeiterin bzw. dem Mitarbeiter durch das BEM-Team festgelegten BEM-Maßnahmen werden ausschließlich auf dem **Maßnahmen-Blatt und Verlaufsdokumentation BEM** (Anlage 9) dokumentiert und gemeinsam unterschrieben. Auch über alle weiteren Gespräche mit der Mitarbeiterin bzw. dem Mitarbeiter ist jeweils ein gemeinsames schriftliches Protokoll anzufertigen und durch alle Beteiligten zu unterschreiben. Das BEM-Verfahren ist ein ergebnisoffener Prozess, so dass die Mitarbeiterin bzw. der Mitarbeiter jederzeit ihr/ihm sinnvoll erscheinende Vorschläge und Lösungsmöglichkeiten in das BEM-Verfahren einbringen kann, die durch das BEM-Team mitberücksichtigt werden.

Beim Ausscheiden oder längerfristiger Verhinderung einer/eines von der Mitarbeiterin bzw. dem Mitarbeiter ausgewählten persönlichen Ansprechpartners im BEM-Team, klärt das BEM-Team mit der Mitarbeiterin bzw. dem Mitarbeiter, ob ihr/sein Fall an den/die weiteren zur Verfügung stehenden persönliche/n Ansprechpartner/in übertragen oder ob das BEM-Verfahren beendet werden soll. Ihre/seine Entscheidung ist vom BEM-Team schriftlich zu dokumentieren.

(4) Hat die Prüfung der in Betracht kommenden Maßnahmen ergeben, dass Leistungen zur Teilhabe am oder begleitende Hilfen im Arbeitsleben in Betracht kommen, und ist die Mitarbeiterin bzw. der Mitarbeiter damit einverstanden, so zieht das BEM-Team, mit schriftlicher Zustimmung der Mitarbeiterin bzw. des Mitarbeiters, unverzüglich gemäß § 167 Abs. 2 S. 5 SGB IX die zuständigen Rehabilitationsträger, bei Schwerbehinderten auch das zuständige Integrationsamt, zum betrieblichen Eingliederungsmanagement hinzu.

Hält das BEM-Team die Hinzuziehung des Betriebsarztes oder weiterer externer/interner Fachleute für erforderlich, um die Ziele des BEM zu erreichen, so können diese nach Zustimmung der Mitarbeiterin bzw. des Mitarbeiters zu den Beratungen hinzugezogen werden.

(5) Müssen personenbezogene Daten im Rahmen des BEM-Verfahrens an Dritte (Nichtmitglieder des BEM-Teams) weitergegeben werden, ist die

[792] Die Betriebs- bzw. Dienstvereinbarung sollte für diese Phase des BEM mindestens ein Maßnahmegespräch vorsehen, um die Möglichkeiten zur Wiedereingliederung im Dialog mit der betroffenen Person ausloten zu können; vgl. dazu Feldes/Niehaus/Faber/Faber/Kiesche, Werkbuch, S. 256.

Mitarbeiterin bzw. der Mitarbeiter darüber aufzuklären und ihre/seine schriftliche Einwilligung sowie eine Entbindung von der Schweigepflicht gemäß der Anlage 11 einzuholen. Soweit behandelnde Ärzte der Mitarbeiterin bzw. des Mitarbeiters hinzugezogen werden, können diese nur mit Zustimmung der Mitarbeiterin bzw. des Mitarbeiters und nach einer Entbindung von der ärztlichen Schweigepflicht gegenüber dem Betriebsarzt entsprechend der Anlage 12 zum BEM-Verfahren hinzugezogen werden.

(6) Steht fest, welche BEM-Maßnahmen in Betracht kommen, hat das BEM-Team mit Zustimmung der Mitarbeiterin bzw. des Mitarbeiters unverzüglich den Arbeitgeber hierüber zu informieren und diesen zur Umsetzung aufzufordern.[793]

(7) Das BEM-Team überwacht die Umsetzung und die Effektivität der vereinbarten Maßnahmen und wird vom Arbeitgeber über die Umsetzung der in Betracht kommenden Maßnahmen unverzüglich und umfassend informiert. Es kann in diesem Zusammenhang jederzeit Einblick in die Verlaufsdokumentation (Anlage 9) nehmen und gegebenenfalls weitere notwendige Folgemaßnahmen initiieren.

(8) Im Rahmen eines **Abschlussgespräches** wird durch das BEM-Team zusammen mit der Mitarbeiterin bzw. dem Mitarbeiter überprüft und dokumentiert, ob die BEM-Maßnahmen erfolgreich waren oder nicht.[794] Dabei soll das BEM-Team mit der Mitarbeiterin bzw. dem Mitar-

---

[793] Der Arbeitgeber ist für die Umsetzung betrieblicher Maßnahmen in dem von ihm geleiteten Betrieb zuständig. Es liegt daher letztlich in seiner Verantwortung, die im BEM-Verfahren gefundenen Maßnahmen umzusetzen. Damit einher geht allerdings das Risiko des Arbeitgebers, in einer arbeitsrechtlichen Auseinandersetzung beweisrechtliche Nachteile zu erleiden, wenn nicht alle vernünftigerweise in Betracht kommenden Möglichkeiten zur Wiedereingliederung ernsthaft im Rahmen des BEM geprüft und umgesetzt worden sind; dazu ausführlich → Rn. 118 ff. und auch Feldes/Niehaus/Faber/Faber/Kiesche, Werkbuch, S. 257.

[794] Ein BEM ist nicht bereits dann erfolgreich abgeschlossen, wenn Maßnahmen zur Wiedereingliederung, zB Anpassung der Arbeitsbedingungen, stufenweise Wiedereingliederung, ermittelt, festgelegt und umgesetzt sind. Es bedarf vielmehr auch der Feststellung der Wirksamkeit der getroffenen bzw. vereinbarten Eingliederungsmaßnahmen. Das BEM ist abgeschlossen, wenn sich Arbeitgeber und Arbeitnehmer einig sind, dass der Suchprozess durchgeführt ist oder nicht weiter durchgeführt werden soll. Dagegen kann der Arbeitgeber den Suchprozess nicht einseitig beenden. Der Klärungsprozess ist erst dann als abgeschlossen zu betrachten, wenn auch vom Arbeitnehmer und den übrigen Stellen keine ernsthaft weiterzuverfolgenden Ansätze für zielführende Präventionsmaßnahmen aufgezeigt wurden; ggf. ist ihnen hierzu Gelegenheit binnen bestimmter Fristen zu geben. Hierfür hat sich ein Abschlussgespräch bewährt, das als Ergebnisprotokoll und Instrument zur Prozessbegleitung und -steuerung von den BEM-Beteiligten genutzt werden kann. In der Betriebs- bzw. Dienstvereinbarung und in einer Anlage können die konkreten Anforderungen an die Dokumentation an die spezifischen betrieblichen Bedingungen festgelegt werden. Dabei sollten die Prinzipien der Datenvermeidung und Datensparsamkeit beachtet werden; vgl. dazu auch Feldes/Niehaus/Faber/Faber/Kiesche, Werkbuch, S. 257 und zum Abschluss des BEM-Verfahrens → Rn. 26 ff.

beiter im Abschlussgespräch klären, ob alle in Betracht kommenden Lösungsmöglichkeiten und BEM-Maßnahmen im BEM-Verfahren berücksichtigt worden sind. Sollte eine abschließende Klärung im Gespräch nicht möglich sein, ist der Mitarbeiterin/dem Mitarbeiter Gelegenheit zur Stellungnahme innerhalb einer Frist von drei Wochen zu geben, aus ihrer/seiner Sicht weiterzuverfolgende Ansätze für zielführende Maßnahmen mitzuteilen, mit denen die Arbeitsunfähigkeit möglichst überwunden und weiterer Arbeitsunfähigkeit vorgebeugt werden kann. Über den Abschluss des BEM-Verfahrens wird eine gemeinsame **Abschlussdokumentation** (Anlage 10) erstellt, die durch alle Beteiligten unterschrieben und dem Arbeitgeber durch das BEM-Team zugeleitet wird.

Das BEM-Verfahren wird wieder aufgenommen, wenn die Mitarbeiterin bzw. der Mitarbeiter oder der Arbeitgeber die Wiederaufnahme des BEM beantragt und hierfür neue Sachverhalte vorträgt, die ihre/seine Einsatz- und Arbeitsfähigkeit betreffen. Des Weiteren wird das BEM-Verfahren wieder aufgenommen, wenn weitere mehr als sechs Wochen (42 Tage) ununterbrochene oder wiederholte Arbeitsunfähigkeitszeiten eintreten und die Mitarbeiterin/der Mitarbeiter ihre/seine Zustimmung zur Wiederaufnahme des BEM-Verfahrens erteilt.

(9) Mitarbeiterinnen und Mitarbeitern, die das BEM abgebrochen haben, ist bei andauernder oder wiederholter Arbeitsunfähigkeit nach weiteren sechs Wochen Arbeitsunfähigkeit durch den Arbeitgeber in geeigneter Weise ein erneutes Angebot für die Durchführung eines BEM-Verfahrens zu unterbreiten. Die Mitarbeiterin bzw. der Mitarbeiter kann jederzeit die erneute Einleitung oder Fortführung des BEM verlangen.

§ 7 Dokumentation/BEM-Akte

(1) BEM-Dokumente dürfen nicht in die Personalakte aufgenommen werden, weder in Papierform noch elektronisch. Die Einhaltung der Schweigepflicht und Beachtung des Datenschutzes gehören zu den besonderen Verpflichtungen der Mitglieder des BEM-Teams.

(2) In der Personalakte dürfen lediglich folgende Informationen festgehalten werden:

- Einladungsschreiben (Anlage 1)
- Mitarbeiterinformation zum BEM (Anlage 2)
- Vereinbarung zum Datenschutz (Anlage 3)
- Entscheidung der Mitarbeiterin bzw. des Mitarbeiters über die Einleitung des BEM oder deren/dessen Nichtzustimmung (Anlage 4)
- ggf. Erinnerungsschreiben an Mitarbeiter (Anlage 5)
- ggf. Formblatt des BEM-Teams bei Schweigen des Mitarbeiters (Anlage 6)
- ggf. Formblatt Nichtweiterführung des BEM-Verfahrens (Anlage 7)
- Antrag einer Mitarbeiterin bzw. eines Mitarbeiters auf Teilnahme am BEM

- Maßnahmen, bei denen die Mitwirkung des Arbeitgebers erforderlich ist
- Ergebnis eines Arbeitsversuchs
- Ergebnis einer stufenweisen Wiedereingliederung
- Ergebnis eines Abschlussgespräches/Abschlussdokumentation (Anlage 10)
- Beendigung des BEM-Verfahrens (Anlage 10)

(3) Die Dokumentation der Gesprächsergebnisse des Erstgespräches (Anlage 8), der Folgegespräche sowie der BEM-Maßnahmebogen (Anlage 9) haben das Ziel der Umsetzung und der Evaluation der vereinbarten Maßnahmen im Rahmen des BEM und dürfen nicht zur Personalakte genommen werden. Sie werden ausschließlich in der von der Personalakte strikt getrennten BEM-Akte geführt.

(4) Die Mitarbeiterin bzw. der Mitarbeiter erhält eine Kopie der Dokumentation des Erstgespräches (Anlage 8), des gemeinsam ausgefüllten BEM-Maßnahmen-Blattes (Anlage 9) bzw. der jeweiligen Protokolle der im BEM-Verfahren erfolgten Gespräche sowie der Abschlussdokumentation (Anlage 10). Des Weiteren erhält die Mitarbeiterin/der Mitarbeiter auf Wunsch auch Kopien der von ihr/ihm unterschriebenen Formblätter (Anlage 7 – Formblatt – Nichtweiterführung BEM; Anlage 11 – Zustimmungserklärung zur Hinzuziehung weiterer Personen zum BEM; Anlage 12 – Entbindung von der ärztlichen Schweigepflicht) sowie dem Protokoll eines Arbeitsversuches (Anlage 13).[795] Das BEM-Maßnahmen-Blatt (Anlage 9) sowie die schriftlichen Protokolle werden ausschließlich in der von der Personalakte strikt getrennten BEM-Akte abgelegt. Diese Unterlagen dürfen Dritten durch das BEM-Team nur mit schriftlicher Einwilligung der Mitarbeiterin bzw. des Mitarbeiters unter Entbindung von der Schweigepflicht bekannt gemacht oder an Dritte weitergeleitet werden.

(5) Die BEM-Akte wird durch das BEM-Team in einem nur für Mitglieder des BEM-Teams zugänglichen abschließbaren Schrank aufbewahrt.

Soweit die Schwerbehindertenvertretung am BEM-Verfahren beteiligt ist, wird eine weitere BEM-Akte geführt und durch die Schwerbehindertenvertretung in einem abschließbaren Schrank aufbewahrt. Zugriffe auf die BEM-Akte durch das BEM-Team bzw. die Schwerbehindertenvertretung sind zu dokumentieren.

(6) Medizinische Dokumente, insbesondere Berichte medizinischer Rehaverfahren, müssen durch die Mitarbeiterin bzw. den Mitarbeiter im BEM-Verfahren nicht im vollen Wortlaut vorgelegt werden. Sie werden insbesondere nicht Bestandteil der BEM-Akte, sondern nach Kenntnis-

---

[795] Für die betroffene Person ist es wichtig, eine Kopie der im BEM-Verfahren erfolgten Dokumentation zu erhalten, um ggf. einen Rechtsanwalt oder den Integrationsfachdienst informieren zu können, oder aber auch um in einer arbeitsgerichtlichen Auseinandersetzung substantiiert vortragen zu können; vgl. dazu auch Feldes/Niehaus/Faber/Faber/Kiesche, Werkbuch, S. 257.

nahme der Leistungsfähigkeit bzw. etwaiger Leistungseinschränkungen durch das BEM-Team an die Mitarbeiterin bzw. den Mitarbeiter zurückgegeben. Mit Zustimmung der Mitarbeiterin bzw. des Mitarbeiters können für die Dauer des BEM-Verfahren Auszüge aus medizinischen Dokumenten, die die Leistungsfähigkeit und ggf. vorhandene Leistungseinschränkungen betreffen, in einer Patientenakte beim Betriebsarzt verwahrt werden.

(7) Die in der BEM-Akte befindlichen Gesundheitsdaten (einschließlich Daten zu Fehlzeiten und sonstige Daten, aus denen sich ein Rückschluss auf die Gesundheit der Mitarbeiterin/des Mitarbeiters ziehen lässt) werden nach Abschluss des BEM-Verfahrens nach Wahl der Mitarbeiterin/des Mitarbeiters der/dem betroffenen Mitarbeiter/in ausgehändigt oder unter Beachtung der gesetzlichen datenschutzrechtlichen Bestimmungen datenschutzkonform vernichtet. Die übrigen in der BEM-Akte befindlichen Daten werden in die Personalakte transferiert und auf den zu dokumentierenden Wunsch der Mitarbeiterin/des Mitarbeiters hin entweder nach Ablauf des dritten Jahres, in dem das BEM-Verfahren abgeschlossen wurde, an die Mitarbeiterin/den Mitarbeiter ausgehändigt oder unter Beachtung der gesetzlichen Bestimmungen zum Datenschutz datenschutzkonform vernichtet.

(8) Die im BEM erhobenen und verwendeten Daten und der Inhalt der BEM-Akte sowie der Patientenakte beim Betriebsarzt dürfen ausschließlich für die Zwecke des BEM und für keine anderen Zwecke verwendet werden. Ergebnisse von BEM-Verfahren dürfen nicht Gegenstand von Zielvereinbarungen sein oder für eine Kündigung des Arbeitsverhältnisses verwandt werden. Auch Leistungsbeurteilungen werden so erstellt, dass das BEM und die mit ihm im Zusammenhang stehenden Maßnahmen unberücksichtigt bleiben.[796]

§ 8 Datenschutz und Schweigepflicht[797]

(1) Beim BEM werden besonders schutzwürdige Daten der Mitarbeiterinnen und Mitarbeiter erhoben und dokumentiert. Diese unterliegen den Bestimmungen des allgemeinen Datenschutzes sowie bereichsspezifischen und berufsgruppenspezifischen Datenschutzbestimmungen. Verstöße gegen die Einhaltung dieser Datenschutznormen werden geahndet.

(2) Im Rahmen des BEM werden nur solche Daten erhoben und verwendet, deren Kenntnis erforderlich ist, um ein zielführendes, der Gesun-

---

[796] Die Erhebung, Nutzung und Verarbeitung der BEM-Daten für andere Zwecke, insbesondere für Leistungs- und Verhaltenskontrollen oder für den Ausspruch einer Kündigung, ist zu untersagen; vgl. dazu Feldes/Niehaus/Faber/Faber/Kiesche, Werkbuch, S. 260.

[797] Neben der datenschutzrechtlichen Regelung der Verschwiegenheit der Mitglieder des BEM-Teams, bildet die Aktenführung einen weiteren wichtigen Punkt der datenschutzrechtlichen Elemente von Betriebs- und Dienstvereinbarungen; Feldes/Niehaus/Faber/Faber/Kiesche, Werkbuch, S. 259.

dung und Gesunderhaltung der Mitarbeiterin bzw. des Mitarbeiters dienendes BEM durchführen zu können. Hierzu zählen die nachfolgend angeführten Daten bzw. Datenkategorien, die dem Arbeitgeber teilweise schon vorliegen bzw. die im Rahmen der Durchführung des BEM ausschließlich zu Zwecken der Durchführung eines BEM-Verfahrens erhoben und verwendet werden können:

Personal- und Sozialdaten wie Name, Geburtsdatum, Beschäftigungsdauer, Schwerbehinderung/Gleichstellung;
Daten zu Fehlzeiten wie Anzahl und Verteilung Ihrer Arbeitsunfähigkeitszeiten in den letzten zwölf Monaten, Arbeitsunfälle und vergleichbare Informationen;
Gesundheitsdaten wie Leistungs- und Fähigkeitsprofil bezogen auf das Anforderungsprofil des Arbeitsplatzes und ggf. auch anderer in Betracht kommender Arbeitsplätze, gesundheitsbedingte Leistungseinschränkungen, Ergebnisse von Rehamaßnahmen oder Heilbehandlungen, ärztliche Atteste und Bescheinigungen betreffend das Leistungs- und Fähigkeitsprofil und vergleichbare Informationen;
Tätigkeitsdaten wie ausgeübte Tätigkeiten, Anforderungsprofil des Arbeitsplatzes bzw. der Arbeitsumgebung, Arbeitsplatz- und Tätigkeitsanalysen, Gefährdungsanalysen, berufliche Qualifizierung und vergleichbare Informationen;
Ablaufdaten zum BEM-Verfahren wie Verläufe und Ergebnisse von BEM-Verfahren, von Arbeitsversuchen und von Maßnahmen zur stufenweisen Wiedereingliederung sowie sonstiger arbeitsplatzbezogener Maßnahmen, innerbetriebliche Versetzung, Anpassung des Arbeitsplatzes oder der Arbeitsbedingungen sowie des Arbeitsumfeldes und vergleichbare Informationen;
Arbeitsversuch: Protokoll über Verlauf und Ergebnis der Maßnahme;
Stufenweise Wiedereingliederung: Protokoll über Verlauf und Ergebnis der Maßnahme.

(3) Alle Mitglieder des BEM-Teams sind auf ihre besondere Schweigepflicht gegenüber allen anderen Personen zu verpflichten. Die Verpflichtung erfolgt schriftlich und wird in der Personalakte des Verpflichteten abgelegt.

(4) Die Weitergabe personenbezogener Daten oder gesundheitlicher Informationen sowie die Erörterung mit Personen, die nicht zum BEM-Team gehören, darf nicht erfolgen. Im Rahmen des BEM kann dies nur nach entsprechender Information und ausschließlich mit schriftlicher Zustimmung des betroffenen Arbeitnehmers und nach einer eventuell erforderlichen Entbindung von der Schweigepflicht geschehen. Die im BEM erhobenen und verwendeten Daten und der Inhalt der BEM-Akte sowie der Patientenakte beim Betriebsarzt dürfen ausschließlich für die Zwecke des BEM und für keine anderen Zwecke verwendet werden.

(5) Die im Rahmen des BEM erhaltenen und von Mitgliedern des BEM-Teams entsprechend den Anlagen zu dieser Betriebsvereinbarung erhobenen Gesundheitsdaten sind von den persönlichen Ansprechpartnern und – bei Schwerbehinderung und Gleichstellung auch von der Schwerbehindertenvertretung – räumlich und sachlich getrennt von der sonstigen Personalaktenführung in einer gesonderten BEM-Akte sachgerecht aufzubewahren. Die BEM-Akte ist verschlossen zu verwahren. Zugriff haben nur die Aktenführenden, wobei Zugriffe in geeigneter Form zu dokumentieren sind.

§ 9 Schlussbestimmungen

(1) Diese Betriebsvereinbarung tritt am …… in Kraft. Sie kann jederzeit einvernehmlich von den Betriebsparteien aufgrund der gemachten Erfahrungen und besserer Erkenntnisse geändert oder ergänzt werden.

(2) Diese Betriebsvereinbarung ist mit einer Frist von drei Monaten kündbar; erstmals zum …… Im Falle ihrer Kündigung wirkt sie solange nach, bis sie durch eine neue Betriebsvereinbarung oder den Spruch der Einigungsstelle ersetzt worden ist.

(3) Alle Mitarbeiterinnen und Mitarbeiter werden nach Inkrafttreten der Vereinbarung von den Betriebsparteien umgehend über den Inhalt und die Ziele dieser Betriebsvereinbarung im Rahmen einer Informationsveranstaltung, an geeigneter Stelle im Betrieb und im Intranet auf der Seite des Betriebsrates informiert. Gleiches gilt für die Führungskräfte. Alle Führungskräfte sind zu dem Zeitpunkt der Übernahme dieser Funktion noch einmal gesondert über die Ziele und den Inhalt dieser Betriebsvereinbarung zu informieren.

Ort/Datum

Geschäftsführung	Betriebsratsvorsitzende/r
……	……

II. Anhang 2: Anlagen zur Betriebs-/Dienstvereinbarung

1. Anhang 2, Anlage 1: Einladung zur Teilnahme am betrieblichen Eingliederungsmanagement durch BEM-Team 272

Sehr geehrte/r Frau/Herr ……,

aufgrund Ihrer länger andauernden Erkrankung/Ihrer wiederholten Kurzerkrankungen in der Vergangenheit wenden wir uns heute als „BEM-Team“[798] an Sie und möchten zusammen mit Ihnen klären, wie Ihre länger als sechs Wochen dauernde Arbeitsunfähigkeit/Ihre wiederholten Arbeitsunfähigkeitszeiten möglichst überwunden werden kann/können und mit welchen Leistungen oder Hilfen erneuter Arbeitsunfähigkeit vorgebeugt und Ihr Arbeitsplatz erhalten werden kann.

Hierfür hat der Gesetzgeber mit der Vorschrift des § 167 Abs. 2 SGB IX das „betriebliche Eingliederungsmanagement“ (BEM) vorgesehen. Mit dem „betrieblichen Eingliederungsmanagement“ überträgt der Gesetzgeber einen Teil der Verantwortung für die Gesundheit der Beschäftigten auf den Betrieb.

Das betriebliche Eingliederungsmanagement wird in unserem Betrieb von einem BEM-Team durchgeführt, dem folgende Mitarbeiter angehören:[799]

- N.N. – BEM-Beauftragte des Arbeitgebers
- N.N. – BEM-Beauftragter des Arbeitgebers
- N.N. – BEM-Beauftragte des Betriebsrates
- N.N. – BEM-Beauftragter des Betriebsrates

Ziel des BEM ist es, den Ursachen von Arbeitsunfähigkeitszeiten eines Beschäftigten gemeinsam nachzugehen und nach Möglichkeiten zu suchen, künftige Arbeitsunfähigkeitszeiten zu vermeiden oder zumindest zu verringern sowie einen Rehabilitationsbedarf zur Sicherung der Erwerbsfähigkeit der Beschäftigten frühzeitig zu erkennen und entsprechende Rehabilitationsmaßnahmen einzuleiten.

Wir möchten also Ihre Krankheitszeit aktiv dafür nutzen, frühzeitig gesundheitlichen Beeinträchtigungen am Arbeitsplatz entgegenzuwirken

---

[798] Dieses Erstanschreiben wird entsprechend der Betriebsvereinbarung vom BEM-Team verfasst und unterschrieben; möglich ist auch, dass der Arbeitgeber dieses Einladungsschreiben übersendet.

[799] Die Zusammensetzung des BEM-Teams entspricht der Betriebsvereinbarung in → Rn. 271. Das BEM-Team kann sich auch aus einem BEM-Koordinator/Fallmanager, dem Betriebsarzt, einem Vertreter des Betriebsrates und/oder der Schwerbehindertenvertretung zusammensetzen.

und Sie darin zu unterstützen, möglichst schnell gesund zu werden. Dabei ist es uns wichtig, dass Sie sowohl über die Ziele und den Ablauf des BEM-Verfahrens informiert sind, als auch über Art und Umfang der hierfür erhobenen und verwendeten Daten. Daher beantworten wir Ihnen die wichtigsten Fragen zum BEM-Verfahren und zum Datenschutz in der diesem Einladungsschreiben beigefügten BEM-Mitarbeiterinformation.

Die Durchführung des BEM-Verfahrens ist ohne Ihre Zustimmung und ohne Ihre Mithilfe nicht möglich. Sie sollten wissen, dass Ihre Teilnahme am BEM freiwillig ist und Sie ein BEM-Verfahren ohne Angabe von Gründen ablehnen können. Auch können Sie eine erteilte Zustimmung jederzeit mit Wirkung für die Zukunft widerrufen. Sie haben auch die Möglichkeit, über den Teilnehmerkreis im BEM mitzubestimmen und dürfen entsprechend der gesetzlichen Regelung in § 167 Abs. 2 S. 2 SGB IX auch nach eigener Wahl eine Vertrauensperson zum BEM hinzuziehen. Wir sind der Überzeugung, dass das BEM zur Ihrer Wiedergenesung wesentlich beitragen kann. Daher bitten wir Sie zunächst um Ihre grundsätzliche Zustimmung zur Einleitung des BEM-Verfahrens. Wir werden Sie im BEM-Verfahren darüber hinaus über jeden weiteren Schritt und jede weitere Maßnahme im BEM-Verfahren gesondert informieren und Sie um Ihre weitere Zustimmung bitten.

Diesem Schreiben fügen wir eine Rückantwort bei und bitten Sie, diese auszufüllen und innerhalb von zwei Wochen unterschrieben zurückzusenden. Äußern Sie sich nicht, gehen wir davon aus, dass Sie kein BEM durchführen möchten. Uns ist wichtig, dass das BEM im gegenseitigen Vertrauen durchgeführt wird. Sie sind im gesamten BEM-Verfahren auch nicht verpflichtet, die Diagnosen Ihrer Erkrankung mitzuteilen.

Sollten Sie mit der Durchführung eines betrieblichen Eingliederungsmanagements nicht einverstanden sein, teilen Sie uns dies bitte ebenfalls auf dem Rückantwortbogen schriftlich mit.

Bitte bedenken Sie bei Ihrer Entscheidung, dass ohne die Durchführung eines BEM-Verfahrens bei weiteren Arbeitsunfähigkeitszeiten auch eine krankheitsbedingte Kündigung nicht ausgeschlossen werden kann. Eine solche Kündigung möchten wir gerne vermeiden.

Bei einem grundsätzlichen Einverständnis Ihrerseits mit der Durchführung eines BEM-Verfahrens möchten wir als nächsten Schritt gerne mit Ihnen ein Erstgespräch führen. Sie haben entsprechend der Regelung in der in unserem Betrieb bestehenden Betriebsvereinbarung die Möglichkeit, im Falle einer zustimmenden Entscheidung sich für alle Gespräche, auch bereits für ein gewünschtes Informationsgespräch vor dem Beginn des BEM, und die weitere Durchführung des BEM zwei Mitglieder des BEM-Teams, und zwar jeweils eine oder einen BEM-Beauftragte/n des Arbeitgebers und eine oder einen BEM-Beauftragte/n des Betriebsrates, deren Namen wir Ihnen zu Beginn dieses Schreibens mitgeteilt haben, als Ihre persönlichen Ansprechpartner auszuwählen und namentlich zu benennen. Bezüglich der weiteren Einzelheiten verweisen wir auf die beigefügte BEM-Mitarbeiterinformation. Bitte teilen Sie uns mit der Rückantwort also auch die Namen der von Ihnen ausgewählten Ansprechpartner mit, die dann mit Ihnen das weitere BEM-Verfahren koordinieren. Sie haben auch die Möglichkeit, das BEM-Verfahren ohne Beteiligung des Betriebsrates und des BEM-Beauftragten des Betriebsrates durchzuführen. Ihre Zustimmung kann daher auch mit der Maßgabe erteilt werden, dass das BEM ohne Beteiligung des Betriebsrates durchgeführt wird.

[*Zusatz bei Schwerbehinderung des Mitarbeiters:* Da Sie als schwerbehinderter Mensch anerkannt bzw. einem schwerbehinderten Menschen gleichgestellt sind, sieht die gesetzliche Regelung in § 167 Abs. 2 SGB IX auch die Teilnahme der Schwerbehindertenvertretung am BEM-Verfahren vor. Sofern Sie von dieser Möglichkeit Gebrauch machen möchten und mit der Teilnahme der Schwerbehindertenvertretung einverstanden sind, bestätigen Sie uns bitte auch dieses. Sie haben auch die Möglichkeit, das BEM-Verfahren ohne die Beteiligung der Schwerbehindertenvertretung durchzuführen. Ihre Zustimmung kann daher auch mit der Maßgabe erteilt werden, dass das BEM ohne Beteiligung der Schwerbehindertenvertretung durchgeführt wird.]

Diesem Schreiben ist auch die Erklärung zum Datenschutz sowie Vereinbarung über den Schutz persönlicher Daten im Rahmen von Maßnahmen des BEM in zweifacher Ausfertigung und unterschrieben durch das BEM-Team beigefügt. Wir bitten Sie, ein Exemplar unterschrieben mit Ihrer Rückantwort innerhalb von zwei Wochen zurückzusenden. Das weitere Exemplar ist für Ihre Unterlagen bestimmt.

Wenn Sie dies wünschen, beantworten wir Ihnen gerne alle noch offenen Fragen zur Durchführung des BEM und zum Datenschutz in einem dem BEM-Verfahren vorgeschalteten Informationsgespräch. Wenn Sie ein solches Informationsgespräch vor Ihrer Entscheidung wünschen, ob Sie einem BEM-Verfahren zustimmen möchten oder nicht, so kreuzen Sie dies bitte in der Rückantwort an. Wir setzen uns dann bezüglich eines Termins für ein solches Informationsgespräch gerne kurzfristig mit Ihnen in Verbindung.

Wir freuen uns auf eine Rückmeldung von Ihnen und stehen gerne bereit, wenn Sie an einem betrieblichen Eingliederungsmanagement teilnehmen möchten. Bei Rückfragen wenden Sie sich bitte an …… unter der Telefonnummer ……

Wir wünschen Ihnen alles Gute und würden es sehr begrüßen, wenn wir kurzfristig einen Gesprächstermin vereinbaren könnten.

Mit freundlichen Grüßen
……

273 2. Anhang 2, Anlage 2: BEM-Mitarbeiterinformation entsprechend der Betriebs-/Dienstvereinbarung

BEM-Mitarbeiterinformation der A-GmbH

Was bedeutet BEM?

BEM steht für „Betriebliches Eingliederungsmanagement“, das in § 167 Abs. 2 SGB IX gesetzlich geregelt worden ist. Gemäß § 167 Abs. 2 SGB IX wird ein betriebliches Eingliederungsmanagement (**BEM**) in einem strukturierten Verfahren durchgeführt, um

- die Arbeitsfähigkeit zu erhalten, zu verbessern und wiederherzustellen,
- die Arbeitszufriedenheit und Arbeitsmotivation zu steigern sowie
- die betrieblich beeinflussbaren Fehlzeiten und Krankheitskosten zu reduzieren.

Was sind die Ziele des BEM?

Ziele des BEM sind,

- Arbeitsunfähigkeit vorzubeugen,
- Arbeitsunfähigkeit möglichst zu überwinden,
- chronische Krankheiten und Behinderungen bei Arbeitnehmern zu vermeiden und
- das Verbleiben am Arbeitsplatz, vorrangig am ursprünglichen, zu sichern,
- geeignete und anforderungsgerechte Arbeitsplätze für gesundheitlich beeinträchtigte Mitarbeiterinnen und Mitarbeiter zu sichern oder zu schaffen
- sowie die Gesundheit aller Mitarbeiterinnen und Mitarbeiter dauerhaft zu erhalten.

Im Rahmen der Ziele des BEM ist dabei festzustellen:

- wie Arbeitsunfähigkeit überwunden werden kann,
- mit welchen Hilfen und Leistungen erneuter Arbeitsunfähigkeit vorgebeugt werden kann,
- ob Arbeitsunfähigkeit in einem direkten oder indirekten Zusammenhang mit der Tätigkeit der Mitarbeiterin bzw. des Mitarbeiters steht,
- welche Maßnahmen für eine erfolgreiche Wiedereingliederung erforderlich sind,
- wie der Arbeitsplatz erhalten, die Fähigkeiten der Mitarbeiterin bzw. des Mitarbeiters weiter genutzt und die Einsatzfähigkeit möglichst sichergestellt werden können und

– mögliche Quellen einer Gesundheitsgefährdung beseitigt werden können.

Der vertrauensvolle und offene Umgang aller am BEM Beteiligten miteinander ist hierbei Voraussetzung. Führungskräfte haben bei der Durchführung des BEM und insbesondere bei der Einleitung präventiver Maßnahmen eine besondere Verantwortung. Ihre persönlichen Rechte werden dabei gewahrt.

Wer führt das BEM-Verfahren in unserem Betrieb durch?

Das BEM-Verfahren wird in unserem Betrieb von einem **BEM-Team** durchgeführt. Der Arbeitgeber hat jeweils einen weiblichen und männlichen **BEM-Beauftragten des Arbeitgebers** ernannt, der gleichermaßen das Vertrauen des Arbeitgebers und der betrieblichen Interessenvertretungen genießt. Der Betriebsrat hat durch Beschluss die Aufgaben aus der zum BEM geschlossenen Betriebsvereinbarung jeweils auf ein namentlich zu benennendes weibliches und männliches Betriebsratsmitglied (**BEM-Beauftragte/r des Betriebsrates**) übertragen. Die Namen dieser BEM-Beauftragten des Arbeitgebers und der BEM-Beauftragten des Betriebsrates werden Ihnen im Einladungsschreiben benannt.

Die BEM-Beauftragten des Arbeitgebers und die BEM-Beauftragten des Betriebsrates bilden gemeinsam das **BEM-Team.** Bei einer/einem schwerbehinderten oder gleichgestellten Mitarbeiterin/Mitarbeiter ist mit deren/dessen Zustimmung die **Vertrauensperson der Schwerbehinderten** bzw. dessen Vertreter/in hinzuziehen. Alle Mitglieder des BEM-Teams sind für ihre Tätigkeit im BEM-Team besonders geschult worden und unterliegen der Schweigepflicht.

Die Beschlüsse und Entscheidungen im BEM-Team werden einstimmig getroffen (**Konsensprinzip).** Das BEM-Team arbeitet im Rahmen seiner Aufgabenstellung weisungsfrei und hat insbesondere die Aufgabe,

– Vorschläge zu entwickeln, auf welche Weise weitere Krankheitszeiten vermieden werden können,
– auf welche Weise erneuter Arbeitsunfähigkeit vorgebeugt werden kann und
– welche Maßnahmen getroffen werden müssen, um Ihre Weiterbeschäftigung bei gleichzeitiger Vermeidung oder Verringerung krankheitsbedingter Fehlzeiten zu ermöglichen.

Wie wird das BEM-Verfahren eingeleitet?

Das BEM ist einzuleiten, wenn Sie in den letzten zwölf Monaten (365 Tage) insgesamt mindestens 42 Tage arbeitsunfähig erkrankt waren. Weiterhin ist das BEM einzuleiten, falls Sie dies schriftlich für sich beantragen, wobei die Dauer der Arbeitsunfähigkeit in den letzten 12 Monaten mindestens 28 Kalendertage betragen haben muss. Dabei können Sie auch

Personen ihres Vertrauens nach eigener Wahl, zB den behandelnden Arzt, beauftragen mit dem BEM-Team Kontakt aufzunehmen.

War ein vorangegangenes BEM zunächst abgeschlossen, dauert Ihre Arbeitsunfähigkeit aber weitere mehr als sechs Wochen an oder tritt erneute Arbeitsunfähigkeit von mehr als sechs Wochen ein, wird mit Ihrer Zustimmung ein erneutes BEM eingeleitet.

Das BEM-Team übersendet Ihnen ein Einladungsschreiben, in dem Sie schriftlich über die Ziele und den Ablauf des betrieblichen Eingliederungsmanagements informiert sowie auf Art und Umfang der hierfür erhobenen und verwendeten Daten hingewiesen (§ 167 Abs. 2 S. 4 SGB IX) werden. Des Weiteren weisen wir darauf hin, dass Sie im gesamten BEM-Verfahren nicht verpflichtet sind, Diagnosen Ihrer Erkrankung mitzuteilen. Die Durchführung des BEM ist freiwillig, so dass die Einleitung eines BEM von Ihrer Zustimmung abhängig ist. Auch in jeder weiteren Phase bedarf die Durchführung des BEM Ihrer Zustimmung, die Sie jederzeit mit Wirkung für die Zukunft widerrufen können.

Sie können im Falle einer zustimmenden Entscheidung für alle weiteren Gespräche und die weitere Durchführung des BEM zwei Mitglieder des BEM-Teams, und zwar jeweils eine/n BEM-Beauftragte/n des Arbeitgebers und eine/n BEM-Beauftragte/n des Betriebsrates als **persönliche Ansprechpartner** und als Sie betreuende Mitglieder des BEM-Teams auswählen und im Rahmen der Rückantwort namentlich benennen. Im Falle einer Schwerbehinderung oder Gleichstellung können Sie auch Ihr Einverständnis mit der Teilnahme der Schwerbehindertenvertretung am BEM-Verfahren erklären. Benennen Sie keinen persönlichen Ansprechpartner, so werden die persönlichen Ansprechpartner im Erstgespräch mit Ihrer Zustimmung festgelegt. Sie haben damit die Möglichkeit, über den Teilnehmerkreis des BEM mitzubestimmen.

Sie haben auch die Möglichkeit, Ihre Zustimmung zum BEM mit der Maßgabe zu erteilen, dass ein Einverständnis mit der Beteiligung des Betriebsrates und der/des BEM-Beauftragten des Betriebsrates nicht besteht. Das BEM-Verfahren wird in diesem Fall ohne Beteiligung des Betriebsrates und der Schwerbehindertenvertretung und ohne Beteiligung des vom Betriebsrat benannten BEM-Beauftragten durchgeführt.

Auf Ihren Wunsch können Sie eine weitere Person Ihres Vertrauens nach eigener Wahl (§ 167 Abs. 2 S. 2 SGB IX), zB ein Betriebsratsmitglied, Schwerbehindertenvertretung, ein/e Rechtsanwältin/Rechtsanwalt oder ein Vertreter des Integrationsfachdienstes bzw. Integrationsamtes, zum BEM-Verfahren hinzuziehen, die berechtigt ist, sowohl am Informationsgespräch, am Erstgespräch und auch an allen weiteren Gesprächen im Rahmen des BEM-Verfahrens teilzunehmen.

Falls Sie dies wünschen, können Sie auch zunächst um ein Informationsgespräch zum BEM bitten, das der Klärung offener Fragen dient und mit den durch Sie ausgewählten persönlichen Ansprechpartnern geführt wird.

Wir bitten Sie, sich innerhalb von zwei Wochen bezüglich der weiteren Vorgehensweise zu entscheiden und die Rückantwort ausgefüllt zurückzusenden.

Was geschieht, wenn ich mit dem BEM-Verfahren nicht einverstanden bin oder die Rückantwort nicht zurücksende?

Lehnen Sie im Rahmen der Rückantwort eine Teilnahme am BEM ab, wird ein BEM-Verfahren zunächst nicht durchgeführt. Das BEM-Team übersendet in diesem Fall dem Arbeitgeber unverzüglich Ihre Rückantwort mit Ihrer Ablehnung des angebotenen BEM-Verfahrens, die dann durch den Arbeitgeber in die Personalakte aufgenommen werden darf. Sie können aber jederzeit um Durchführung bzw. Aufnahme eines BEM-Verfahrens bitten, auch wenn Sie dies zuvor abgelehnt haben. In diesem Fall ist die Ablehnung bei Durchführung eines BEM aus der Personalakte zu entfernen.

Äußern Sie sich nicht auf das Ihnen übersandte Einladungsschreiben innerhalb von zwei Wochen nach Übersendung des Einladungsschreibens, werden Sie frühestens nach weiteren zwei Wochen, aber spätestens nach weiteren drei Wochen erneut angeschrieben und an die Beantwortung des Einladungsschreibens erinnert. Äußern Sie sich innerhalb weiterer zwei Wochen nicht, wird das BEM-Verfahren nicht eingeleitet. Das BEM-Team informiert den Arbeitgeber unaufgefordert über Ihr Schweigen mit einem Formblatt, das in die Personalakte aufgenommen werden darf.

Sind Sie zu irgendeinem Zeitpunkt nicht mit der weiteren Durchführung des BEM oder mit weiteren Maßnahmen oder Schritten im Rahmen des BEM einverstanden, so ist dies mit einem Formblatt zu dokumentieren. Diese Dokumentation ist vom BEM-Team unaufgefordert an den Arbeitgeber weiterzuleiten, der berechtigt ist, das Formblatt in die Personalakte aufzunehmen. Das gleiche gilt, wenn Sie eine erteilte Zustimmung während eines laufenden BEM-Verfahrens mit Wirkung für die Zukunft widerrufen, was jederzeit ohne Angabe von Gründen möglich ist.

Da ein BEM auf dem Prinzip der Freiwilligkeit beruht, sind Sie zur Teilnahme am BEM nicht verpflichtet. Wenn Sie allerdings nicht oder nicht weiter am BEM-Verfahren teilnehmen oder sich auf Einladungsschreiben nicht äußern, kann dies für Sie nachteilige arbeitsrechtliche Folgen haben. Ihre gesundheitliche Situation kann bei weiterer Arbeitsunfähigkeit auch zur Kündigung des Arbeitsverhältnisses führen. Wir beabsichtigen mit dem Angebot des BEM diejenigen Maßnahmen zu ergreifen, mit denen eine solche Beendigung des Arbeitsverhältnisses möglichst vermieden werden kann. Da ohne Ihre Teilnahme ein BEM nicht durchgeführt werden kann, sollten Sie die Frage, ob Sie am BEM teilnehmen möchten oder nicht, sorgfältig bedenken.

Was geschieht, wenn ich mich mit dem BEM-Verfahren einverstanden erkläre?

Nach Vorliegen Ihres Einverständnisses durch Rücksendung der ausgefüllten Rückantwort wird ein erstes Gespräch mit Ihnen durch die von Ihnen ausgewählten Mitglieder des BEM-Teams geführt. In diesem **Erstgespräch** geht es um die Abklärung der Ursachen Ihrer Arbeitsunfähigkeit und auch darum zu klären, welche Voraussetzungen erfüllt sein müssen, um Ihre Arbeitsunfähigkeit zu beenden und weitere Arbeitsunfähigkeitszeiten in Zukunft zu vermeiden oder zu reduzieren.

Das **Erstgespräch** wird anhand einer Checkliste geführt und ausschließlich auf dem Dokumentationsblatt für das Erstgespräch dokumentiert, von dem Sie eine Kopie erhalten. Im Erstgespräch soll zunächst geklärt werden, ob Sie die Zwecke und den Ablauf des BEM verstanden haben und ob es noch offene Fragen gibt. Etwaige Bedenken und Befürchtungen können offen besprochen werden. Darüber hinaus kann bereits in diesem Erstgespräch angesprochen werden, ob und ggf. welche betrieblichen Ursachen es für Ihre Arbeitsunfähigkeit geben könnte. Es kann auch eine erste Beratung über die zur Verfügung stehenden Hilfen zur Überwindung Ihrer Arbeitsunfähigkeit, also zB über Reha-Maßnahmen oder eine stufenweise Wiedereingliederung, erfolgen sowie eine Abstimmung über die Hinzuziehung weiterer Personen und Institutionen zum BEM.

Uns ist wichtig, dass Sie wissen, dass im BEM nichts ohne Ihr Wissen und Ihre Einwilligung geschieht. Ihre Zustimmung ist Voraussetzung sowohl für die Einleitung als auch für die Durchführung des BEM in jeder Phase des BEM-Verfahrens.

Nach Bedarf und mit Ihrer Zustimmung kann insbesondere der **Betriebsarzt** für alle arbeitsmedizinischen Fragestellungen hinzugezogen werden. Dabei ist es nicht Aufgabe des Betriebsarztes, Ihre Arbeitsunfähigkeit zu überprüfen oder Diagnosen zu erheben.

Soweit es um die Beurteilung arbeitssicherheitstechnischer Fragestellungen geht, kann mit Ihrer Zustimmung die **Fachkraft für Arbeitssicherheit** beteiligt werden.

Kommen Leistungen zur Teilhabe oder begleitende Hilfen im Arbeitsleben in Betracht, werden der **zuständige Rehabilitationsträger** oder bei schwerbehinderten Mitarbeiterinnen oder Mitarbeitern auch das **Integrationsamt** hinzugezogen.

Zum BEM-Verfahren können jederzeit weitere Personen hinzugezogen werden, sofern sich die Beteiligten hierauf verständigen, zB

- die Führungskraft
- die betriebliche Sucht- und Sozialberatung

- der behandelnde Haus- und/oder Facharzt
- ein Vertreter der Berufsgenossenschaft
- ein Vertreter des Integrationsamtes und/oder Integrationsfachdienstes
- ein Vertreter von Arbeitsagentur und/oder Sozialversicherungsträgern und/oder Rehabilitationseinrichtungen und Rehabilitationsträgern.

Ist es erforderlich, hierfür personenbezogene Daten an Dritte weiterzugeben, werden Sie darüber aufgeklärt und Ihre schriftliche Einwilligung sowie eine Entbindung von der Schweigepflicht des BEM-Teams von Ihnen eingeholt.

Daran anschließend werden vom BEM-Team unverzüglich – gemeinsam mit Ihnen – die weiteren BEM-Maßnahmen geklärt. Hierfür können weitere Gespräche stattfinden. Unter Berücksichtigung der gesundheitlichen Anforderungen Ihres Arbeitsplatzes und Ihrer aktuellen Leistungsfähigkeit soll geklärt werden, ob eine Anpassung und/oder Änderung der betrieblichen Bedingungen zu Ihrer Gesundung bzw. Gesunderhaltung beitragen können und welche Schritte und Maßnahmen unternommen werden können, um einer erneuten Arbeitsunfähigkeit vorzubeugen. Dazu gehört insbesondere,

- die Prüfung, ob ein kausaler Zusammenhang zwischen Ihren gesundheitsbedingten Einschränkungen und Ihrem Arbeitsumfeld besteht bzw. Ihre bisherige Tätigkeit zu gesundheitlichen Beschwerden führt,
- die Prüfung, ob und inwieweit Arbeitsinhalt, Arbeitsumgebung, Zusammenarbeit mit Vorgesetzten und anderen Mitarbeiterinnen bzw. Mitarbeitern oder sonstige Fragen Ihre Leistungsfähigkeit und Arbeitszufriedenheit beinträchtigen,
- die Prüfung, ob mit Ihrer Zustimmung unter Konsultation der beteiligten betrieblichen Stellen Schwierigkeiten durch Maßnahmen innerhalb des Betriebes überwunden werden können; dabei soll insbesondere geklärt werden, inwieweit Veränderungen am Arbeitsplatz, insbesondere auch die technische Ausstattung des Arbeitsplatzes, im Arbeitsumfeld, in der Arbeitsorganisation oder der Arbeitszeit zur Überwindung der Arbeitsunfähigkeit möglich sind,
- die Prüfung, ob und inwieweit mit Ihrer Zustimmung Schwierigkeiten durch externe Hilfen, insbesondere Leistungen zur Teilhabe am Arbeitsleben, überwunden werden können,
- die Prüfung, ob in Absprache mit Ihnen eine Kontaktaufnahme mit dem Betriebs-, Ihrem Hausarzt oder anderen behandelnden Ärzten sinnvoll ist,
- die Prüfung, ob in Absprache mit Ihnen gesundheitliche Maßnahmen – insbesondere medizinische Leistungen zur Rehabilitation – angebracht sind,
- die Prüfung, ob eine stufenweise Wiedereingliederung gemäß § 44 SGB IX, § 74 SGB V in Frage kommt,

- die Prüfung, ob die Beschäftigung auf einem anderen Arbeitsplatz im Betrieb, ggf. nach entsprechender Qualifikation, in Betracht zu ziehen ist.

Das weitere Vorgehen im BEM wird einvernehmlich mit Ihnen festgelegt, dh Sie müssen mit allen weiteren Maßnahmen einverstanden sein (**Konsensprinzip**). In weiteren Maßnahme- bzw. Fallgesprächen können mit Ihrem Einverständnis konkrete Maßnahmen zur Wiedereingliederung sowie zur künftiger Vermeidung weiterer Arbeitsunfähigkeit getroffen werden.

Über die Vereinbarung betreffend die weiteren Maßnahmen im Rahmen des BEM wird mit Ihnen ein gemeinsames Protokoll angefertigt, aus dem sich ergibt, ob und ggf. welche konkreten Maßnahmen im Einzelnen sinnvoll und erforderlich sind, um Ihre Arbeitsfähigkeit wieder herzustellen. Die mit Ihnen durch das BEM-Team festgelegten BEM-Maßnahmen werden ausschließlich auf dem Maßnahmen-Blatt/Verlaufsdokumentation BEM dokumentiert und gemeinsam unterschrieben. Auch über alle weiteren Gespräche mit Ihnen wird jeweils ein schriftliches Protokoll erstellt und durch alle Beteiligten unterschrieben. Sie erhalten von allen Protokollen und Dokumentationen jeweils eine Kopie.

Das BEM-Verfahren ist ein ergebnisoffener Prozess, so dass Sie jederzeit alle Ihnen sinnvoll erscheinenden Vorschläge und Lösungsmöglichkeiten in das BEM-Verfahren einbringen können, die durch das BEM-Team im BEM-Verfahren mitberücksichtigt werden.

Wie werden die beschlossenen BEM-Maßnahmen umgesetzt?

Hat die Prüfung der in Betracht kommenden Maßnahmen ergeben, dass Leistungen zur Teilhabe am oder begleitende Hilfen im Arbeitsleben in Betracht kommen, und sind Sie damit einverstanden, so zieht das BEM-Team, mit Ihrer schriftlicher Zustimmung, unverzüglich gemäß § 167 Abs. 2 S. 5 SGB IX die zuständigen Rehabilitationsträger, bei Schwerbehinderten auch das zuständige Integrationsamt, zum BEM hinzu.

Steht fest, welche weiteren BEM-Maßnahmen, vor allem im Betrieb, in Betracht kommen, hat das BEM-Team mit Ihrer Zustimmung den Arbeitgeber hierüber zu informieren und diesen zur Umsetzung aufzufordern. Die Verantwortung für die vom BEM-Team mit Ihrer Zustimmung befürworteten Maßnahmen trägt der Arbeitgeber.

Das BEM-Team überwacht die Umsetzung und die Effektivität der vereinbarten Maßnahmen und wird vom Arbeitgeber über die Umsetzung der in Betracht kommenden Maßnahmen unverzüglich und umfassend informiert. Das BEM-Team kann in diesem Zusammenhang jederzeit Einblick in die Verlaufs-Dokumentation im BEM nehmen und gegebenenfalls mit Ihrer Zustimmung weitere notwendige Folgemaßnahmen initiieren.

Wie wird das BEM-Verfahren abgeschlossen?

Im Rahmen eines **Abschlussgespräches** wird das BEM-Team zusammen mit Ihnen überprüfen und dokumentieren, ob die BEM-Maßnahmen erfolgreich waren oder nicht. Dabei wird das BEM-Team mit Ihnen abschließend klären, ob alle in Betracht kommenden Lösungsmöglichkeiten und BEM-Maßnahmen im BEM-Verfahren berücksichtigt worden sind. Sollte eine abschließende Klärung im Gespräch nicht möglich sein, wird Ihnen Gelegenheit zur Stellungnahme innerhalb einer Frist von drei Wochen gegeben, aus Ihrer Sicht weiterzuverfolgende Ansätze für zielführende Maßnahmen mitzuteilen, mit denen Ihre Arbeitsunfähigkeit möglichst überwunden und weiterer Arbeitsunfähigkeit vorgebeugt werden kann. Über den Abschluss des BEM-Verfahrens wird eine gemeinsame **Abschlussdokumentation** erstellt, die durch alle Beteiligten unterschrieben und dem Arbeitgeber durch das BEM-Team zugeleitet wird.

Das BEM-Verfahren wird wieder aufgenommen, wenn Sie oder der Arbeitgeber die Wiederaufnahme beantragen und hierfür neue Sachverhalte vortragen, die Ihre Einsatz- und Arbeitsfähigkeit betreffen. Des Weiteren wird mit Ihrer Zustimmung das BEM-Verfahren wieder aufgenommen, wenn weitere mehr als sechs Wochen (42 Tage) ununterbrochene oder wiederholte Arbeitsunfähigkeitszeiten eintreten.

Wenn Sie das BEM zunächst abgelehnt oder abgebrochen haben, wird Ihnen bei andauernder Arbeitsunfähigkeit nach weiteren sechs Wochen in geeigneter Weise ein erneutes Angebot zur Einleitung eines BEM unterbreitet. Sie können auch jederzeit die erneute Einleitung oder die Wiederaufnahme oder Fortführung des BEM-Verfahrens verlangen.

Wie wird der Datenschutz sichergestellt?

Im Rahmen des BEM werden nur solche Daten erhoben und verwendet, deren Kenntnis erforderlich ist, um ein zielführendes, Ihrer Gesundung und Gesunderhaltung dienendes BEM durchführen zu können. Hierzu zählen die nachfolgend angeführten Daten bzw. Datenkategorien, die dem Arbeitgeber teilweise schon vorliegen bzw. die im Rahmen der Durchführung des BEM ausschließlich zu Zwecken der Durchführung eines BEM-Verfahrens erhoben und verwendet werden können:

Personal- und Sozialdaten wie Name, Geburtsdatum, Beschäftigungsdauer, Schwerbehinderung/Gleichstellung;

Daten zu Fehlzeiten wie Anzahl und Verteilung Ihrer Arbeitsunfähigkeitszeiten in den letzten zwölf Monaten, Arbeitsunfälle und vergleichbare Informationen;

Gesundheitsdaten wie Leistungs- und Fähigkeitsprofil bezogen auf das Anforderungsprofil Ihres Arbeitsplatzes und anderer für Sie in Betracht kommender Arbeitsplätze, gesundheitsbedingte Leistungseinschränkungen, Ergebnisse von Rehamaßnahmen oder Heilbehandlungen, ärztliche Atteste und Bescheinigungen betreffend Ihr Leistungs- und Fähigkeitsprofil und vergleichbare Informationen;

Tätigkeitsdaten wie ausgeübte Tätigkeiten, Anforderungsprofil des Arbeitsplatzes bzw. der Arbeitsumgebung, Arbeitsplatz- und Tätigkeitsanalysen, Gefährdungsanalysen, berufliche Qualifizierung und vergleichbare Informationen;

Ablaufdaten zum BEM-Verfahren wie Verläufe und Ergebnisse von BEM-Verfahren, von Arbeitsversuchen und von Maßnahmen zur stufenweisen Wiedereingliederung sowie sonstiger arbeitsplatzbezogener Maßnahmen, innerbetriebliche Versetzung, Anpassung des Arbeitsplatzes oder der Arbeitsbedingungen sowie des Arbeitsumfeldes und vergleichbare Informationen;

Arbeitsversuch: Protokoll über Verlauf und Ergebnis der Maßnahme;

Stufenweise Wiedereingliederung: Protokoll über Verlauf und Ergebnis der Maßnahme.

Die Einhaltung der **Schweigepflicht und Beachtung des Datenschutzes** gehören zu den besonderen Verpflichtungen der Mitglieder des BEM-Teams. Ihre persönlichen Daten werden vertraulich behandelt. Diagnosen müssen im BEM-Verfahren nicht mitgeteilt werden.

Alle Mitglieder des BEM-Teams, die Schwerbehindertenvertretung und auch alle hinzugezogenen weiteren Personen bzw. Institutionen sind verpflichtet, über die ihnen wegen ihrer Teilnahme am BEM-Verfahren und ihrer Tätigkeit im BEM-Team bekannt gewordenen persönlichen Verhältnisse und Angelegenheiten, insbesondere derjenigen der betroffenen Mitarbeiterinnen und Mitarbeiter, die ihrer Bedeutung oder ihrem Inhalt nach einer vertraulichen Behandlung bedürfen, Stillschweigen zu bewahren. Diese Pflicht gilt auch nach Beendigung der Tätigkeit. Sie gilt nicht gegenüber der Bundesagentur für Arbeit, den Integrationsämtern oder anderen Sozialversicherungs- oder Rehabilitationsträgern, soweit deren Aufgaben es erfordern und Sie einer Entbindung von der Schweigepflicht zugestimmt haben. Alle Mitglieder des BEM-Teams sind auf ihre besondere Schweigepflicht gegenüber allen anderen Personen schriftlich verpflichtet worden.

Ein BEM-Verfahren kann ohne Ihre Einwilligungserklärung zum Datenschutz nicht durchgeführt werden, so dass wir Sie bitten, spätestens vor Beginn des Erstgespräches im BEM, die Erklärung zum Datenschutz sowie Vereinbarung über den Schutz persönlicher Daten zu unterschreiben, mit der Sie Ihr Einverständnis mit der Durchführung des BEM sowie der Erhebung und Verwendung der erforderlichen Daten erklären.

Die **Weitergabe personenbezogener Daten** oder gesundheitlicher Informationen sowie die Erörterung mit Personen, die nicht zum BEM-Team gehören, darf nicht erfolgen. Im Rahmen des BEM kann dies nur nach entsprechender Information und ausschließlich mit Ihrer schriftlichen Zustimmung und nach einer eventuell erforderlichen Entbindung von der Schweigepflicht geschehen.

Darüber hinaus dürfen BEM-Dokumente nicht in die **Personalakte** aufgenommen werden, weder in Papierform noch elektronisch. In der Personalakte dürfen lediglich folgende Informationen festgehalten werden:
- Einladungsschreiben (Anlage 1)
- Mitarbeiterinformation BEM (Anlage 2)
- Vereinbarung zum Datenschutz (Anlage 3)
- Entscheidung der Mitarbeiterin bzw. des Mitarbeiters über die Einleitung des BEM oder deren/dessen Nichtzustimmung (Anlage 4)
- ggf. Erinnerungsschreiben an Mitarbeiter (Anlage 5)
- ggf. Formblatt des BEM-Teams bei Schweigen des Mitarbeiters (Anlage 6)
- ggf. Formblatt Nichtweiterführung des BEM-Verfahrens (Anlage 7)
- Antrag einer Mitarbeiterin bzw. eines Mitarbeiters auf Teilnahme am BEM
- Maßnahmen, bei denen die Mitwirkung des Arbeitgebers erforderlich ist
- Ergebnis eines Arbeitsversuchs
- Ergebnis einer stufenweisen Wiedereingliederung
- Ergebnis eines Abschlussgespräches/Abschlussdokumentation (Anlage 10)
- Beendigung des BEM-Verfahrens (Anlage 10)

Unterlagen, die nur in der BEM-Akte abgelegt werden und nicht in die Personalakte übernommen werden, dürfen durch das BEM-Team nur mit Ihrer schriftlicher Einwilligung unter Entbindung von der Schweigepflicht Dritten bekannt gemacht oder an Dritte weitergeleitet werden. Die BEM-Akte wird durch die jeweiligen persönlichen Ansprechpartner im BEM-Team in einem nur durch ihn zugänglichen abschließbaren Schrank aufbewahrt. Zugriff und Schlüssel zu diesem Schrank haben nur die auf die Schweigepflicht besonders verpflichteten Mitglieder des BEM-Teams. Soweit die Schwerbehindertenvertretung am BEM-Verfahren beteiligt ist, wird eine weitere BEM-Akte geführt und durch die Schwerbehindertenvertretung in einem abschließbaren Schrank aufbewahrt. Zugriffe auf die BEM-Akte durch das BEM-Team bzw. die Schwerbehindertenvertretung sind in geeigneter Form zu dokumentieren.

Sie erhalten eine Kopie der Dokumentation des Erstgespräches (Anlage 8), des gemeinsam ausgefüllten BEM-Maßnahmen-Blattes (Anlage 9) bzw. der jeweiligen Protokolle der im BEM-Verfahren erfolgten Gespräche sowie der Abschlussdokumentation (Anlage 10). Des weiteren erhalten Sie auf Wunsch auch Kopien der von Ihnen unterschriebenen Formblätter (Anlage 7 – Formblatt – Nichtweiterführung BEM; Anlage 11 – Zustimmungserklärung zur Hinzuziehung weiterer Personen zum BEM; Anlage 12 – Entbindung von der ärztlichen Schweigepflicht) sowie dem Protokoll eines Arbeitsversuches (Anlage 13).

Medizinische Dokumente, insbesondere Berichte medizinischer Rehaverfahren, müssen durch Sie im BEM-Verfahren nicht im vollen Wortlaut vorgelegt werden. Sie werden insbesondere nicht Bestandteil der BEM-Akte, sondern nach Kenntnisnahme der Leistungsfähigkeit bzw. etwaiger Leistungseinschränkungen durch das BEM-Team an Sie zurückgegeben. Mit Ihrer Zustimmung können für die Dauer des BEM-Verfahrens Auszüge aus medizinischen Dokumenten, die Ihre Leistungsfähigkeit betreffen, in einer Patientenakte beim Betriebsarzt verwahrt werden.

Die in der BEM-Akte befindlichen Gesundheitsdaten (einschließlich Daten zu Fehlzeiten und sonstige Daten, aus denen sich ein Rückschluss auf die Gesundheit der Mitarbeiterin/des Mitarbeiters ziehen lässt) werden nach Abschluss des BEM-Verfahrens nach Ihrer Wahl Ihnen ausgehändigt oder unter Beachtung der gesetzlichen datenschutzrechtlichen Bestimmungen datenschutzkonform vernichtet. Die übrigen in der BEM-Akte befindlichen Daten werden in die Personalakte transferiert und auf Ihren zu dokumentierenden Wunsch hin entweder nach Ablauf des dritten Jahres, in dem das BEM-Verfahren abgeschlossen wurde, Ihnen ausgehändigt oder unter Beachtung der gesetzlichen Bestimmungen zum Datenschutz datenschutzkonform vernichtet.

Die im BEM erhobenen und verwendeten Daten und der Inhalt der BEM-Akte sowie der Patientenakte beim Betriebsarzt dürfen ausschließlich für die Zwecke des BEM und für keine anderen Zwecke verwandt werden. Es wird gewährleistet, dass Ihnen aus der Durchführung eines BEM und den im Rahmen des BEM bekannt gewordenen Daten kein Nachteil entsteht.[800]

Ergebnisse von BEM-Verfahren dürfen auch nicht Gegenstand von Zielvereinbarungen sein. Auch Leistungsbeurteilungen werden so erstellt, dass das BEM und die mit ihm im Zusammenhang stehenden Maßnahmen unberücksichtigt bleiben.

Darüber hinaus können Sie jederzeit die Vorlage der zum BEM-Verfahren geschlossenen Betriebsvereinbarung verlangen.

Weitere Fragen beantwortet Ihnen gerne jederzeit Ihr BEM-Team. Zögern Sie nicht, uns anzusprechen.

---

[800] Diesbezüglich gilt für den Arbeitgeber das allgemeine Benachteiligungsverbot nach § 612a BGB. Der Arbeitgeber kann zwar auch nach Durchführung eines BEM eine personenbedingte Kündigung aussprechen. Zur Begründung der Negativprognose darf er aber die vertraulich im Rahmen eines BEM mitgeteilten Krankheitsdaten nicht verwenden, vgl. dazu auch Osnabrügge jurisF-ArbR-0157 unter VI. Nachteilsverbot.

3. Anhang 2, Anlage 3: Datenschutzerklärung und Vereinbarung über den Schutz persönlicher Daten bei Vorliegen einer Betriebsvereinbarung 274

Erklärung zum Datenschutz
sowie Vereinbarung über den Schutz persönlicher Daten
im Rahmen von Maßnahmen des BEM

Name: ....

Vorname: ....

Personal-Nr.: ....

Vorgesetzter: ....

Das Unternehmen/der Arbeitgeber ......,[801]

vertreten durch ......,

und ...... (Name des/der Mitarbeiters/in)

erklären und vereinbaren Folgendes zum Schutz personenbezogener und gesundheitsbezogener Daten bei der Durchführung eines betrieblichen Eingliederungsmanagements (BEM) nach § 167 Abs. 2 SGB IX:

Die Mitarbeiterin/der Mitarbeiter erklärt, dass sie/er über die Ziele und das Verfahren des BEM sowie Art und Umfang der im BEM-Verfahren erhobenen und verwendeten Daten entsprechend der BEM-Mitarbeiterinformation umfassend informiert worden ist. Die Mitarbeiterin/der Mitarbeiter willigt ein, dass ausschließlich die unten genannten Daten und Informationen, deren Erhebung zur Durchführung des BEM erforderlich ist, und die auf dafür [in der Betriebsvereinbarung] vorgesehenen Daten- und Formblättern dokumentiert werden, den Mitgliedern des BEM-Teams zum Zwecke ihrer/seiner Eingliederung bekannt gemacht werden. [Auf Wunsch wird die BEM-Betriebsvereinbarung in vollem Wortlaut zur Verfügung gestellt].

Die Mitarbeiterin/der Mitarbeiter ist über die Freiwilligkeit, persönliche Angaben mitzuteilen unterrichtet worden und hat selbst die Möglichkeit, darüber zu entscheiden, wem diese Angaben zugänglich gemacht werden. Der Mitarbeiterin/dem Mitarbeiter ist bekannt, dass die Teilnahme an dem betrieblichen Eingliederungsmanagement freiwillig ist und sie/er die Einwilligung und Zustimmung zur Durchführung des

---

[801] Oder die Dienststelle im öffentlichen Dienst.

BEM jederzeit mit Wirkung für die Zukunft widerrufen kann. Die Rechtmäßigkeit bereits durchgeführter Verarbeitungen bleibt von dem Widerruf unberührt.

Sofern die Mitarbeiterin/der Mitarbeiter der Verarbeitung ihrer/seiner Daten nicht zustimmt, entstehen ihr/ihm hierdurch keine arbeitsrechtlichen Nachteile. Es wird auch gewährleistet, dass ihr/ihm aus der Durchführung eines BEM und den im Rahmen des BEM erhobenen und verwendeten Daten kein Nachteil entsteht.

Es werden im Rahmen des betrieblichen Eingliederungsmanagements ggf. folgende Informationen und Daten im BEM-Verfahren erhoben:

Personal- und Sozialdaten wie Name, Geburtsdatum, Beschäftigungsdauer, Schwerbehinderung/Gleichstellung;

Daten zu Fehlzeiten wie Anzahl und Verteilung meiner Arbeitsunfähigkeitszeiten in den letzten zwölf Monaten, Arbeitsunfälle und vergleichbare Informationen;

Gesundheitsdaten wie Leistungs- und Fähigkeitsprofil bezogen auf das Anforderungsprofil des Arbeitsplatzes bzw. ggf. auch anderer in Betracht kommender Arbeitsplätze, gesundheitsbedingte Leistungseinschränkungen, Ergebnisse von Rehamaßnahmen oder Heilbehandlungen, ärztliche Atteste und Bescheinigungen betreffend das Leistungs- und Fähigkeitsprofil und vergleichbare Informationen;

Tätigkeitsdaten wie ausgeübte Tätigkeiten, Anforderungsprofil des Arbeitsplatzes bzw. der Arbeitsumgebung, Arbeitsplatz- und Tätigkeitsanalysen, Gefährdungsanalysen, berufliche Qualifizierung und vergleichbare Informationen;

Ablaufdaten zum BEM-Verfahren wie Verläufe und Ergebnisse von BEM-Verfahren, von Arbeitsversuchen und von Maßnahmen zur stufenweisen Wiedereingliederung sowie sonstiger arbeitsplatzbezogener Maßnahmen, innerbetriebliche Versetzung, Anpassung des Arbeitsplatzes oder der Arbeitsbedingungen sowie des Arbeitsumfeldes und vergleichbare Informationen;

Arbeitsversuch: Protokoll über Verlauf und Ergebnis der Maßnahme;

Stufenweise Wiedereingliederung: Protokoll über Verlauf und Ergebnis der Maßnahme.

Hiermit willige ich …… (Vorname Nachname)
in die Erhebung und sonstige Verarbeitung der vorgenannten personenbezogenen Daten zum Zweck des betrieblichen Eingliederungsmanagements (BEM) ein.

Ich willige ebenfalls ein, dass Angaben, die im Rahmen des BEM erhoben und ausschließlich auf den dafür [in der Betriebsvereinbarung] vorgesehenen Daten- und Formblättern, von denen ich jeweils eine Kopie erhalte, dokumentiert und den Mitgliedern des BEM-Teams, mit deren Beteiligung ich einverstanden bin, zum Zwecke meiner Eingliederung bekannt gemacht werden. Ärztliche Angaben zu Krankheitsdiagnosen werden nicht erfasst und auch nicht zur Personalakte genommen.

Die erhobenen Daten werden in Papierform in meiner BEM-Akte bei Frau/Herrn …… unter Verschluss aufbewahrt. Eine Verarbeitung der Daten in elektronischer Form erfolgt nicht. Die Nutzung der Daten erfolgt ausschließlich zum Zweck des betrieblichen Eingliederungsmanagements.

Die **Weitergabe personenbezogener Daten** oder gesundheitlicher Informationen, sowie die Erörterung mit Personen, die nicht zum BEM-Team gehören, dürfen nicht erfolgen. Im Rahmen des BEM kann dies nur nach entsprechender Information und ausschließlich mit meiner schriftlichen Zustimmung und nach einer eventuell erforderlichen Entbindung von der Schweigepflicht geschehen.

Darüber hinaus dürfen BEM-Dokumente nicht in die **Personalakte** aufgenommen werden, weder in Papierform noch elektronisch. In der Personalakte dürfen lediglich folgende Informationen festgehalten werden:

- Einladungsschreiben
- Mitarbeiterinformation zum BEM
- Vereinbarung zum Datenschutz
- meine Entscheidung über die Einleitung des BEM oder meine Nichtzustimmung
- ggf. erforderliches Erinnerungsschreiben an mich
- ggf. Formblatt bei Schweigen der Mitarbeiterin/des Mitarbeiters
- ggf. Formblatt Nichtweiterführung des BEM-Verfahrens
- mein Antrag auf Teilnahme am BEM
- Maßnahmen, bei denen die Mitwirkung des Arbeitgebers erforderlich ist
- Ergebnis eines Arbeitsversuchs
- Ergebnis einer stufenweisen Wiedereingliederung
- Ergebnis eines Abschlussgespräches/Abschlussdokumentation
- Beendigung des BEM-Verfahrens

Ich bin darüber informiert worden, dass ich eine Kopie der Dokumentation des Erstgespräches (Anlage 8), des gemeinsam ausgefüllten BEM-Maßnahmen-Blattes (Anlage 9) bzw. der jeweiligen Protokolle der im BEM-Verfahren erfolgten Gespräche sowie der Abschlussdokumentation (Anlage 10) erhalte. Des Weiteren erhalte ich auf Wunsch auch Kopien der von mir unterschriebenen Formblätter (Anlage 7 – Formblatt – Nichtweiterführung BEM; Anlage 11 – Zustimmungserklärung zur Hinzuziehung weiterer Personen zum BEM; Anlage 12 – Entbindung von der ärztlichen Schweigepflicht) sowie dem Protokoll eines Arbeitsversuches (Anlage 13).[802]

Das BEM-Maßnahmen-Blatt (Anlage 9) sowie die schriftlichen Protokolle werden ausschließlich in der von der Personalakte strikt getrennten BEM-Akte abgelegt. Diese Unterlagen dürfen durch das BEM-Team nur mit schriftlicher Einwilligung der Mitarbeiterin bzw. des Mitarbeiters unter Entbindung von der Schweigepflicht Dritten bekannt gemacht oder an Dritte weitergeleitet werden. Das BEM-Maßnahmeblatt sowie die schriftlichen Protokolle werden ausschließlich in der von der Personalakte strikt getrennten BEM-Akte geführt. Die in der BEM-Akte befindlichen Gesundheitsdaten (einschließlich Daten zu Fehlzeiten und sonstige Daten, aus denen sich ein Rückschluss auf meine Gesundheit ergeben) werden nach Abschluss des BEM-Verfahrens vernichtet. Die übrigen in der BEM-Akte befindlichen Daten werden in die Personalakte transferiert und auf meinen zu dokumentierenden Wunsch hin entweder nach Ablauf des dritten Jahres, in dem das BEM-Verfahren abgeschlossen wurde, an mich ausgehändigt oder unter Beachtung der gesetzlichen Bestimmungen zum Datenschutz datenschutzkonform vernichtet.

Sämtliche Unterlagen dürfen nur mit meiner schriftlichen Einwilligung unter Entbindung von der Schweigepflicht Dritten bekannt gemacht oder an Dritte weitergeleitet werden, wenn diese am BEM-Verfahren nicht beteiligt sind.

Ich bin darüber unterrichtet, dass ich Einsicht in alle Unterlagen und Dokumente aus dem BEM-Verfahren nehmen kann.

Für den Arbeitgeber bzw. das BEM-Team/den Fallmanager wird erklärt, dass sowohl alle datenschutzrechtlichen Bestimmungen als auch alle sonstigen Schweigepflichten (zB § 203 StGB – ärztliche Schweigepflicht) bei der Durchführung des BEM zu jeder Zeit beachtet und sichergestellt werden. Bei Verstößen können entsprechende arbeits- und strafrechtliche Konsequenzen gezogen werden. Alle Mitglieder des BEM-Teams/der BEM-Fallmanager verpflichten/verpflichtet sich zum Datenschutz entsprechend dieser Vereinbarung.

---

[802] Für die betroffene Person ist es wichtig, eine Kopie der im BEM-Verfahren erfolgten Dokumentation zu erhalten, um ggf. einen Rechtsanwalt oder den Integrationsfachdienst informieren zu können, oder aber auch um in einer arbeitsgerichtlichen Auseinandersetzung substantiiert vortragen zu können; vgl. dazu auch Feldes/Niehaus/Faber/Faber/Kiesche, Werkbuch, S. 257.

Ich bestätige mit meiner Unterschrift gleichzeitig den Empfang einer Ausfertigung der Vereinbarung.

……	……
Ort, Datum	Mitarbeiter/in
……	……
Ort, Datum	BEM-Team/BEM-Fallmanager/in
……	……
Ort, Datum	Arbeitgebervertreter

275 4. Anhang 2, Anlage 4: Rückantwort auf BEM-Einladung bei Vorliegen einer Betriebs-/Dienstvereinbarung mit BEM-Team

Betriebliches Eingliederungsmanagement für Frau/Herrn ……

An
BEM-Team der A-GmbH

Teilnahme am Erstgespräch

Sehr geehrte Damen und Herren,

ich bin an der Durchführung des angebotenen betrieblichen Eingliederungsmanagements und einem Erstgespräch zum Thema betriebliches Eingliederungsmanagement

interessiert ☐ nicht interessiert ☐

Ich bin an der Durchführung des angebotenen betrieblichen Eingliederungsmanagements und einem Erstgespräch zum Thema betriebliches Eingliederungsmanagement interessiert, möchte aber keine Beteiligung des Betriebsrates und auch keine Beteiligung des/der BEM-Beauftragten des Betriebsrates ☐

Ich möchte mich erst nach dem angebotenen Informationsgespräch entscheiden und möchte für dieses Informationsgespräch einen Termin angeboten erhalten ☐

Meine **persönlichen Ansprechpartner** sollen die folgenden Personen sein:

1. BEM-Beauftragte/r des Arbeitgebers: N.N. ☐
2. BEM-Beauftragte/r des Arbeitgebers: N.N. ☐
3. BEM-Beauftragte/r des Betriebsrates: N.N. ☐
4. BEM-Beauftragte/r des Betriebsrates: N.N. ☐

Ich bin schwerbehindert oder gleichgestellt und möchte auch die Beteiligung der Schwerbehindertenvertretung: N.N. an dem BEM-Verfahren ☐

Ich bin schwerbehindert oder gleichgestellt und möchte keine Beteiligung der Schwerbehindertenvertretung an dem BEM-Verfahren ☐

Ich bin nicht schwerbehindert oder gleichgestellt ☐

Ich bitte Sie, dass sich meine gewählten persönlichen Ansprechpartner zwecks Terminabsprache

☐ für ein Informationsgespräch
☐ für ein Erstgespräch im BEM-Verfahren

mit mir in Verbindung setzen. Telefonisch bin ich erreichbar unter der Telefonnummer: ……

Die Erklärung zum Datenschutz sowie die Vereinbarung über den Schutz persönlicher Daten im Rahmen von Maßnahmen des BEM

füge ich bei ☐
möchte ich im Informationsgespräch noch einmal besprechen ☐
möchte ich im Erstgespräch noch einmal besprechen ☐

Ort/Datum ……

Mit freundlichen Grüßen

……
(Mitarbeiter/Mitarbeiterin)

……
Name in Druckbuchstaben

276 5. Anhang 2, Anlage 5: Erinnerungsschreiben entsprechend § 5 Abs. 8 der Betriebs-/Dienstvereinbarung

Sehr geehrte/r Frau/Herr ……

wir wenden uns als BEM-Team heute noch einmal an Sie. Mit dem Einladungsschreiben vom ……, das in der Anlage mit der Rückantwort nochmals beigefügt ist, hatten wir Ihnen die Teilnahme an einem betrieblichen Eingliederungsmanagement (BEM) angeboten, um Ihnen den Wiedereinstieg in das Unternehmen zu erleichtern.

Leider haben wir bis heute nichts von Ihnen gehört und möchten Sie nochmals um Rückantwort bitten. Gerne sind wir auch bereit, Sie anzurufen oder zu besuchen, falls Sie dies wünschen, um Ihnen die Entscheidung zur Teilnahme am BEM zu erleichtern oder Fragen zu beantworten. Gerne können Sie auch Herrn/Frau …… als Mitglied unseres BEM-Teams unter der Telefonnummer …… anrufen.

Sollten wir innerhalb von zwei Wochen nach Zugang dieses Schreibens keine Antwort von Ihnen erhalten, wird Ihr Schweigen als Ablehnung eines betrieblichen Eingliederungsmanagements betrachtet. In diesem Fall informieren wir auch den Arbeitgeber über Ihr Schweigen mit einem Formblatt, das gemäß der Betriebsvereinbarung zum BEM in die Personalakte aufgenommen werden darf. Sie sind zur Teilnahme am BEM nicht verpflichtet. Wenn Sie allerdings nicht teilnehmen, kann dies für Sie nachteilige arbeitsrechtliche Folgen haben. Ihre gesundheitliche Situation kann bei weiterer Arbeitsunfähigkeit auch zur Kündigung des Arbeitsverhältnisses führen. Wir beabsichtigen mit dem Angebot des BEM diejenigen Maßnahmen zu ergreifen, mit denen eine solche Beendigung des Arbeitsverhältnisses unter Umständen vermieden werden kann. Da ohne Ihre Teilnahme ein BEM nicht durchgeführt werden kann, sollten Sie die Frage, ob Sie teilnehmen oder nicht, sorgfältig bedenken.

Wir hoffen aber, dass Sie sich doch noch für die Durchführung des BEM entscheiden und würden uns freuen, alsbald von Ihnen zu hören. Falls Sie dies wünschen, führen wir gerne vor der Zustimmung zu einem BEM zunächst ein Informationsgespräch mit Ihnen, um alle noch offenen Fragen zu besprechen. Gern können Sie die beigefügte Rückantwort in diesem Sinne ausgefüllt zurück senden.

Mit freundlichen Grüßen

……
Ihr BEM-Team

6. Anhang 2, Anlage 6: BEM-Formblatt bei Schweigen des Mitarbeiters 277

An
Die Personalabteilung
A-GmbH

Betriebliches Eingliederungsmanagement (BEM) betreffend Frau/Herrn ……

Die Mitarbeiterin/der Mitarbeiter Frau/Herr …… wurde mit Schreiben vom …… zur Teilnahme am BEM-Verfahren eingeladen (Einladungsschreiben gemäß Anlage 1 zur Betriebsvereinbarung vom ……).

Nachdem sich Frau/Herr …… auf dieses Einladungsschreiben nicht gemeldet hat, erfolgte mit Schreiben vom …… eine Erinnerung (Erinnerungsschreiben gemäß Anlage 5 zur Betriebsvereinbarung vom ……).

Auch auf dieses weitere Erinnerungsschreiben erfolgte keine Rückmeldung bis zum ……

Eine Kontaktaufnahme ist bis heute nicht gelungen, so dass das BEM-Verfahren gemäß § 5 Abs. 8 der Betriebsvereinbarung vom …… nicht aufgenommen wird.

……
Ort/Datum

……
Unterschriften BEM-Team

278 7. Anhang 2, Anlage 7: Nichtweiterführung BEM-Verfahren, Formblatt zur Bestätigung

Betriebliches Eingliederungsmanagement für Frau/Herrn ……

Hiermit erkläre ich, Frau/Herr ……,

dass ich das BEM-Verfahren nicht durchführen bzw. nicht weiterführen möchte.

Ort, Datum ……

……
Unterschrift Mitarbeiter/in

Hiermit wird durch das BEM-Team bestätigt, dass Frau/Herr ……

☐ durch Schreiben/schriftliche Erklärung vom ……
☐ im Erstgespräch am ……
☐ im weiteren Gespräch am ……

bekundet hat, dass ihrerseits/seinerseits kein Interesse an der Durchführung bzw. Weiterführung eines BEM-Verfahrens besteht.

Ort, Datum ……

……
Unterschriften BEM-Team-Mitglieder

8. Anhang 2, Anlage 8: Dokumentation Erstgespräch 279

Betriebliches Eingliederungsmanagement für Frau/Herrn ......

Dokumentation Erstgespräch (Anlage 8)

Datum:

Persönliche Ansprechpartner:
1. Frau/Herr ....
2. Frau/Herr ....

Name des/der Mitarbeiters/in:
Frau/Herr ....
Personal-Nr. ....

Geburtsdatum: ....

Abteilung/Bereich/Kostenstelle: ....

Gegenwärtige Tätigkeit: ....

Anzahl der AU-Tage in den letzten zwölf Monaten: ....

Verteilung der AU-Zeiten in den letzten zwölf Monaten:
....
....
....

Derzeitiger Status	☐ arbeitsfähig	☐ arbeitsunfähig
Schwerbehinderung	☐ ja	☐ nein
Arbeitszeit	☐ Vollzeit	☐ Teilzeit Wochenstunden ...

I. Einführung und Informationen zum BEM-Verfahren

(Begrüßung, nochmals kurze Zusammenfassung des BEM-Verfahrens, ggf. noch offene Fragen klären)[803]

Haben Sie alle Informationen zum BEM erhalten, die für Sie relevant sind?
☐ ja ☐ nein

Haben Sie die Zwecke und den Ablauf des BEM-Verfahrens verstanden?
☐ ja ☐ nein

Gibt es noch Bedenken oder Befürchtungen, die wir noch besprechen können?
☐ ja ☐ nein

Haben Sie noch Fragen?
☐ ja ☐ nein

Stimmen Sie der Einleitung eines BEM-Verfahrens und diesem Erstgespräch zu?
☐ ja ☐ nein

(entsprechende Zustimmungserklärung muss ausgefüllt vorliegen, sonst darf das BEM-Verfahren nicht durchgeführt werden)

Liegt die von allen Beteiligten unterschriebene Erklärung zum Datenschutz vor?
☐ ja ☐ nein

(entsprechende Einwilligungserklärung zum Datenschutz muss ebenfalls ausgefüllt vorliegen, sonst darf das BEM-Verfahren nicht durchgeführt werden)

---

[803] Zu einem erfolgreichen Erstgespräch im BEM-Verfahren gehört eine gute Gesprächsvorbereitung durch die Gesprächsverantwortliche, zB den BEM-Koordinator oder das BEM-Team bzw. die ausgewählten Ansprechpartner im BEM-Team. Idealerweise sollten die Gesprächsverantwortlichen vor ihrer Tätigkeit im BEM-Team in einer Gesprächsführung mit erkrankten Menschen geschult werden. Darüber hinaus kann zum besseren Verständnis bei psychischen Erkrankungen die Broschüre „Psychisch krank im Job" empfohlen werden, kostenloses Download: gesundheit.net.kit.edu/downloads/Psychisch_krank_im_Job_.pdf. Ein guter Gesprächsleitfaden für das Erstgespräch und gute Hinweise zur Vorbereitung des Erstgespräches findet sich in den „Handlungsempfehlungen zum Betrieblichen Eingliederungsmanagement", kostenlos zu bestellen über: www.lvr.de.

II. Situationsanalyse

Liegt ein Anforderungsprofil Ihres bisherigen Arbeitsplatzes vor?
☐ ja ☐ nein

Liegt ein Leistungsprofil vor bzw. bestehen Leistungseinschränkungen laut einer ärztlicher Stellungnahme und/oder einem Rehabericht:
☐ ja ☐ nein

Wenn ja, welches Leistungsprofil ist gegeben bzw. welche Leistungseinschränkungen bestehen?

....

....

....

....

Sehen Sie einen Zusammenhang zwischen Ihren gesundheitlichen Beschwerden/Arbeitsunfähigkeit und Ihrer Arbeitssituation?
☐ ja ☐ nein

Hat die Arbeitssituation eine gesundheitliche Verschlechterung bedingt? Macht die Arbeit krank?
☐ ja ☐ nein
Wenn ja, in welcher Art und Weise: ....

....

....

Hat sich über die Krankheitszeit Ihr Leistungsvermögen verändert? Gibt es Tätigkeiten, die Sie nicht mehr ausüben können oder bei denen Sie Unterstützung benötigen?

....

....

Beschreiben Sie bitte Ihre Tätigkeiten, bei denen Probleme aufgetreten sind bzw. bei denen Sie Probleme haben.

....

....

....

Worin bestehen die hauptsächlichen Belastungen bei der Ausübung Ihrer Tätigkeit? (zB Lärm, Zeitdruck, Arbeitsdichte, Unter-/Überforderung, Heben und Tragen von Lasten oder ......)

....

....

....

Können aus Ihrer Sicht, soweit erforderlich, Arbeitsbelastungen verringert werden? (zB durch organisatorische Veränderungen, Hilfsmittel, bestimmte technische Ausstattung des Arbeitsplatzes, Arbeitszeitänderung, Änderung der Arbeitsorganisation oder des Arbeitsumfeldes, u.a.)

....

....

....

Können Sie an Ihren bisherigen Arbeitsplatz zurückkehren? Können Sie bereits jetzt etwas darüber sagen, ob Sie dafür Hilfsmittel oder eine behinderungsgerechte Ausstattung des Arbeitsplatzes, ggf. welcher Art, benötigen?

....

....

....

Gibt es aus Ihrer Sicht bereits zum jetzigen Zeitpunkt zu klärende andere geeignete Einsatzmöglichkeiten?
Wenn ja, welche: ....

....

....

Gibt es aus Ihrer Sicht bereits zum jetzigen Zeitpunkt Qualifizierungsbedarf?

....

....

Sonstiges:

....

....

....

III. Rehabilitationsbedarf

Sind Sie medizinisch gut betreut? Sind Sie in die Behandlung Ihrer Ärzte gut eingebunden? Fehlen noch Reha-Maßnahmen, damit es Ihnen gesundheitlich besser gehen könnte?

....

....

Haben Sie bereits medizinische Maßnahmen/Behandlungen (zB medizinische Reha) in Anspruch genommen?
☐ ja ☐ nein

Wenn ja, haben diese geholfen oder benötigen Sie weitere Maßnahmen?

....

....

Wenn nein, sind medizinische Reha-Maßnahmen bereits mit Ihren behandelnden Ärzten bzw. besprochen oder geplant worden?
☐ ja ☐ nein

Wenn nein, wären externe Maßnahmen der medizinischen Rehabilitation oder sonstige Leistungen zur Teilhabe sinnvoll?

. . . .

. . . .

Wenn ja, kommt eine anschließende stufenweise Wiedereingliederung in Betracht?

☐ ja ☐ nein ☐ sollte während der Reha geklärt werden

Welche weiteren Maßnahmen könnten helfen, Ihre Arbeitsunfähigkeit zu überwinden?

. . . .

. . . .

Sonstiges:

. . . .

. . . .

IV. Umsetzung und Vereinbarung

Konkretisierung der weiteren Maßnahmen: Welche nächsten Schritte können unternommen und schon heute vereinbart werden?

. . . .

. . . .

. . . .

Sind Sie bereit, das BEM weiterzuführen?

☐ ja ☐ nein

☐ noch unklar, Rückmeldung bis zum ……

Wenn nein, gibt es Bedenken? Welche?

. . . .

. . . .

. . . .

V. Sonstiges

. . . .

. . . .

. . . .

…… ……

Unterschrift Mitarbeiter/in BEM-Team/persönliche Ansprechpartner

Ich bestätige, eine Kopie dieses Protokolls erhalten zu haben.

……

Unterschrift Mitarbeiter/in

280 9. Anhang 2, Anlage 9: Maßnahmen-Blatt und Verlaufsdokumentation

Betriebliches Eingliederungsmanagement für Frau/Herrn ……

Persönliche Ansprechpartner:
1. Frau/Herr ……………………………………
2. Frau/Herr ……………………………………

Maßnahmen-Blatt und Verlaufsdokumentation BEM

BEM-Erstgespräch am ……

weitere BEM-Gespräche/Maßnahmegespräche am

Einverständniserklärung für BEM liegt (weiterhin) vor:
☐ ja ☐ nein ☐ widerrufen am ……

Stimmen Sie diesem Maßnahmegespräch zu?
☐ ja ☐ nein

Sonstiges:

……………………………………………
……………………………………………
……………………………………………
……………………………………………

Welche Maßnahmen wurden besprochen und beschlossen:

1. ……………………………………………
2. ……………………………………………
3. ……………………………………………
4. ……………………………………………
5. ……………………………………………

Welche Personen oder Institutionen/Sozialversicherungsträger sind zur weiteren Klärung notwendig?

Zu 1. …………………………… (Name, Funktion)

Zu 2. …………………………… (Name, Funktion)

Zu 3. …………………………… (Name, Funktion)

Zu 4. …………………………… (Name, Funktion)

Zu 5. …………………………… (Name, Funktion)

Umsetzung durch wen? ..... **Bis wann?**........................

Zu 1. .... (Name, Funktion) ....

Zu 2. .... (Name, Funktion) ....

Zu 3. .... (Name, Funktion) ....

Zu 4. .... (Name, Funktion) ....

Zu 5. .... (Name, Funktion) ....

Ergebnis der Maßnahmen:

1. ....
2. ....
3. ....
4. ....
5. ....

Weitere gegenseitige Vereinbarungen:

....
....
....

Anmerkungen:

....
....

Maßnahme beendet am:

1. ....
2. ....
3. ....
4. ....
5. ....

Unterschriften

......	......
Mitarbeiter/in	BEM-Team

281 10. Anhang 2, Anlage 10: Abschlussdokumentation BEM-Verfahren

Betriebliches Eingliederungsmanagement für Frau/Herrn ......

Abschlussdokumentation

Datum: ....

Persönliche Ansprechpartner:
1. Frau/Herr ....
2. Frau/Herr ....

Name des Mitarbeiters/der Mitarbeiterin ....

Geburtsdatum: ....

Abteilung/Bereich: ....

Gegenwärtige Tätigkeit: ....

Ggf. geänderte Tätigkeit: ....

Anzahl der AU-Tage in den letzten zwölf Monaten ....

Verteilung der AU-Zeiten in den letzten zwölf Monaten: ....

Derzeitiger Status ☐ arbeitsfähig ☐ arbeitsunfähig

Schwerbehinderung ☐ ja ☐ nein

Arbeitszeit ☐ Vollzeit ☐ Teilzeit Wochenstunden ...

I. Welche Maßnahmen sind bisher durchgeführt worden?

1. ....
2. ....
3. ....
4. ....
5. ....

II. Umsetzung der BEM-Maßnahmen

Sind alle möglichen Maßnahmen umgesetzt worden?
☐ ja ☐ nein

Falls ja: Kann das BEM-Verfahren heute beendet werden?
☐ ja ☐ nein

Falls nein: Welche weiteren BEM-Maßnahmen werden vorgeschlagen?

....

....

....

....

☐ Es erfolgt noch eine schriftliche Stellungnahme der Mitarbeiterin/des Mitarbeiters bis zum …… In dieser Stellungnahme können weitere Maßnahmen im BEM-Verfahren vorgeschlagen werden.

☐ Der Mitarbeiterin/dem Mitarbeiter wurde eine Frist von drei Wochen bis zum …… gesetzt, innerhalb derer noch eine schriftliche Stellungnahme der Mitarbeiterin/des Mitarbeiters erfolgt. In dieser Stellungnahme können weitere Maßnahmen im BEM-Verfahren vorgeschlagen werden.

Nach Ablauf der Frist am ……

Sind alle möglichen Maßnahmen umgesetzt worden?
☐ ja ☐ nein

Falls ja: Kann das BEM-Verfahren heute beendet werden?
☐ ja ☐ nein

Ort/Datum ……

Unterschriften

……	……
Mitarbeiter/in	BEM-Team

282 11. Anhang 2, Anlage 11: Zustimmungserklärung zur Hinzuziehung von weiteren Personen/Institutionen zum BEM sowie zur Weitergabe von Informationen

Betriebliches Eingliederungsmanagement für Frau/Herrn ......

Zustimmungserklärung zur Hinzuziehung
von weiteren Personen zum BEM
sowie zur Weitergabe von Informationen an diese Personen

Hiermit erkläre ich, ... (Vorname Nachname),

dass ich mit der Hinzuziehung der nachstehend genannten Personen/Institutionen/Sozialversicherungsträger zu meinem BEM-Verfahren einverstanden bin.

....

....

Im Rahmen der Hinzuziehung der vorstehend genannten Personen/Institutionen/Sozialversicherungsträger zu meinem BEM-Verfahren willige ich in die Weitergabe der für das betriebliche Eingliederungsmanagement erforderlichen Informationen/Daten über

....

....

An folgende Personen/Funktionsträger/Rehabilitationsträger/Beratungsstellen/Betriebsrat/Personalrat

....

....

ein. Der Zweck der Datenübermittlung ist gerichtet auf die Wiedereingliederung an einem Arbeitsplatz und erfolgt ausschließlich im Rahmen des betrieblichen Eingliederungsmanagements. Ich entbinde insoweit die Mitglieder des BEM-Teams von ihrer Schweigepflicht und bin mit der Weitergabe der genannten Informationen und Daten einverstanden.

Mir ist bekannt, dass die Teilnahme an dem betrieblichen Eingliederungsmanagement freiwillig ist und dass ich jederzeit die Teilnahme am BEM und auch meine Einwilligung in die Weitergabe meiner persönlichen Daten mit Wirkung für die Zukunft widerrufen kann. Mir ist bekannt, dass mir aus der Nichterteilung der Einwilligung keine Nachteile erwachsen.

Ort, Datum ......

......
Unterschrift Mitarbeiter/in

12. Anhang 2, Anlage 12: Erklärung über die Entbindung von der Schweigepflicht 283

a) Entbindung des behandelnden Arztes von seiner ärztlichen Schweigepflicht gegenüber dem Betriebsarzt bzw. dem BEM-Team

Betriebliches Eingliederungsmanagement für Frau/Herrn ……

Schweigepflichtentbindung

(Vorname Nachname des/der Mitarbeiters/in) ....
(Straße, Hausnummer) ....
(PLZ Wohnort) ....

Anlass:
Betriebliches Eingliederungsmanagement

Medizinische Fragestellung in Bezug auf meine Leistungseinschränkung:
....
....
....
....

Hiermit entbinde ich meine/n behandelnde/n Arzt/Ärzte:

1. Frau/Herrn ....
Medizinische Fachrichtung: ....
Straße: ....
PLZ Wohnort: ....
Tel. Nr.: ....

2. Frau/Herrn ....
Medizinische Fachrichtung: ....
Straße: ....
PLZ Wohnort: ....
Tel. Nr.: ....

gegenüber

1. Frau/Herrn ……
Betriebsärztin/Betriebsarzt

2. Frau/Herrn ……
als Mitglied des BEM-Teams

3. Frau/Herrn ……
als Mitglied des BEM-Teams

4. Rehabilitations-/Sozialversicherungsträger ……

bezogen auf den oben genannten Anlass sowie die oben genannte Fragestellung von der gesetzlichen Schweigepflicht gem. § 9 der Ärztlichen Berufsordnung sowie der Verletzung von Privatgeheimnissen gem. § 203 StGB.

……	……
Ort, Datum	Unterschrift Mitarbeiter/in

284 **b) Entbindung des Betriebsarztes von der ärztlichen Schweigepflicht**

Betriebliches Eingliederungsmanagement für Frau/Herrn ……

Schweigepflichtentbindung

(Vorname Nachname des/der Mitarbeiters/in) ……………………
(Straße, Hausnummer) ……………………………………
(PLZ Wohnort) ………………………………………

Anlass:
Betriebliches Eingliederungsmanagement

Medizinische Fragestellung in Bezug auf die Leistungseinschränkung und die Anforderungen des Arbeitsplatzes: ……………………………
……………………………………………………
……………………………………………………

Hiermit entbinde ich

Frau/Herrn ……
Betriebsärztin/Betriebsarzt

bezogen auf den oben genannten Anlass sowie die oben genannte Fragestellung von der gesetzlichen Schweigepflicht gem. § 9 der Ärztlichen Berufsordnung, § 8 Abs. 1 S. 3 ASiG sowie der Verletzung von Privatgeheimnissen gem. § 203 StGB gegenüber dem BEM-Team und ……

……	……
Ort, Datum	Unterschrift Mitarbeiter/in

13. Anhang 2, Anlage 13: Protokoll Arbeitsversuch 285

Betriebliches Eingliederungsmanagement für Frau/Herrn ......

Arbeitsversuch – Protokoll/Dokumentation

Name der/des Mitarbeiter/in: ....

Geburtsdatum: ....

Persönliche Ansprechpartner:
1. Frau/Herr ....
2. Frau/Herr ....

Abteilung/Bereich: ....

Vorgesetzter: ....

Gegenwärtige Tätigkeit: ....

Arbeitsversuch

auf Arbeitsplatz/Kostenstelle: ....
zuständiger Vorgesetzter: ....

Beginn Arbeitsversuch: ....
Ende Arbeitsversuch: ....

Ergebnis:
☐ Arbeitsplatz geeignet
☐ Arbeitsplatz nicht geeignet
☐ Abbruch
am: ....
durch: ....

Gründe: ....
....

betriebsärztliche Stellungnahme eingeholt: ☐ ja ☐ nein

Ergebnis: ....

Datum	Datum ......
......	......
Unterschrift Mitarbeiter/in	Unterschriften Verantwortliche/r für den Arbeitsversuch/BEM-Team/ Fallmanager/in/BEM-Koordinator/in

III. Anhang 3: Mustertexte ohne Betriebs-/Dienstvereinbarung

1. Einladungsschreiben

286 **a) Einladungsschreiben durch BEM-Team/Fallmanager[804] mit Betriebsrat**

Sehr geehrte/r Frau/Herr ……,

aufgrund Ihrer länger andauernden Erkrankung/Ihrer wiederholten Kurzerkrankungen in der Vergangenheit wenden wir uns heute als „BEM-Team" an Sie und möchten zusammen mit Ihnen klären, wie Ihre länger als sechs Wochen dauernde Arbeitsunfähigkeit/Ihre wiederholten Arbeitsunfähigkeitszeiten möglichst überwunden werden kann/können und mit welchen Leistungen oder Hilfen erneuter Arbeitsunfähigkeit vorgebeugt und Ihr Arbeitsplatz erhalten werden kann.

Hierfür hat der Gesetzgeber mit der Vorschrift des § 167 Abs. 2 SGB IX das „betriebliche Eingliederungsmanagement" (BEM) vorgesehen. Mit dem „betrieblichen Eingliederungsmanagement" überträgt der Gesetzgeber einen Teil der Verantwortung für die Gesundheit der Beschäftigten auf den Betrieb.

Das betriebliche Eingliederungsmanagement wird in unserem Betrieb von einem BEM-Team durchgeführt, dem folgende Mitarbeiter angehören:

- N.N. – BEM-Beauftragte des Arbeitgebers
- N.N. – BEM-Beauftragter des Arbeitgebers
- N.N. – BEM-Beauftragte des Betriebsrates
- N.N. – BEM-Beauftragter des Betriebsrates
- [*alternativ:* vom N.N. als externem/internem Fallmanager]

[804] Eine weitere in der betrieblichen Praxis vorzufindende Variante besteht darin, das Einzelfallmanagement „federführend" in die Hände eines externen oder internen Fallmanagers zu legen. Eine solche Ausgestaltung kommt vor allem in Betracht, wenn die Fallmanager über besondere Expertise etwa in Fragen der Rehabilitation oder sozialrechtlicher Gestaltungsmöglichkeiten verfügen und so besondere Impulse setzen können. Besondere Expertise kann zB durch die Qualifikation zu einem „Disability Manager" nachgewiesen werden; vgl. dazu auch Feldes/Niehaus/Faber/Faber/Kiesche, Werkbuch, S. 250, 251; die Delegation des BEM an einen externen Fallmanager ist insbesondere auch dann in Betracht zu ziehen, wenn im Betrieb keine personellen Ressourcen (mehr) für die Durchführung/Koordination eines BEM vorhanden sind; Versuche, in der Praxis bereits voll ausgelasteten Mitarbeitern diese Aufgaben „obendrauf" zu geben, scheitern regelmäßig und führen dazu, dass ein BEM-Verfahren nicht ordnungsgemäß umgesetzt wird.

Ziel des BEM ist es, den Ursachen von Arbeitsunfähigkeitszeiten eines Beschäftigten gemeinsam nachzugehen und nach Möglichkeiten zu suchen, künftige Arbeitsunfähigkeitszeiten zu vermeiden oder zumindest zu verringern sowie einen Rehabilitationsbedarf zur Sicherung der Erwerbsfähigkeit der Beschäftigten frühzeitig zu erkennen und entsprechende Rehabilitationsmaßnahmen einzuleiten.

Wir möchten also Ihre Krankheitszeit aktiv dafür nutzen, frühzeitig gesundheitlichen Beeinträchtigungen am Arbeitsplatz entgegenzuwirken und Sie darin zu unterstützen, möglichst schnell gesund zu werden. Dabei ist es uns wichtig, dass Sie sowohl über die Ziele und den Ablauf des BEM-Verfahrens informiert sind als auch über Art und Umfang der hierfür erhobenen und verwendeten Daten. Daher beantworten wir Ihnen die wichtigsten Fragen zum BEM-Verfahren und zum Datenschutz in der diesem Einladungsschreiben beigefügten BEM-Mitarbeiterinformation.

Die Durchführung des BEM-Verfahrens ist ohne Ihre Zustimmung und ohne Ihre Mithilfe nicht möglich. Sie sollten wissen, dass Ihre Teilnahme am BEM freiwillig ist und Sie ein BEM-Verfahren ohne Angabe von Gründen ablehnen können. Auch können Sie eine erteilte Zustimmung jederzeit mit Wirkung für die Zukunft widerrufen. Sie haben auch die Möglichkeit, über den Teilnehmerkreis im BEM mitzubestimmen und dürfen entsprechend der gesetzlichen Regelung in § 167 Abs. 2 S. 2 SGB IX auch nach eigener Wahl eine Vertrauensperson zum BEM hinzuziehen. Wir sind der Überzeugung, dass das BEM zur Ihrer Wiedergenesung wesentlich beitragen kann. Daher bitten wir Sie zunächst um Ihre grundsätzliche Zustimmung zur Einleitung des BEM-Verfahrens. Wir werden Sie im BEM-Verfahren darüber hinaus über jeden weiteren Schritt und jede weitere Maßnahme im BEM-Verfahren gesondert informieren und Sie um Ihre weitere Zustimmung bitten.

Diesem Schreiben fügen wir eine Rückantwort bei und bitten Sie, diese auszufüllen und innerhalb von zwei Wochen unterschrieben zurückzusenden. Äußern Sie sich nicht, gehen wir davon aus, dass Sie kein BEM durchführen möchten. Uns ist wichtig, dass das BEM im gegenseitigen Vertrauen durchgeführt wird. Sie sind im gesamten BEM-Verfahren auch nicht verpflichtet, die Diagnosen Ihrer Erkrankung mitzuteilen.

Sollten Sie mit der Durchführung eines betrieblichen Eingliederungsmanagements nicht einverstanden sein, teilen Sie uns dies bitte ebenfalls auf dem Rückantwortbogen schriftlich mit.

Bitte bedenken Sie bei Ihrer Entscheidung, dass ohne die Durchführung eines BEM-Verfahrens bei weiteren Arbeitsunfähigkeitszeiten auch eine krankheitsbedingte Kündigung nicht ausgeschlossen werden kann. Eine solche Kündigung möchten wir gerne vermeiden.

Bei einem grundsätzlichen Einverständnis Ihrerseits mit der Durchführung eines BEM-Verfahrens möchten wir als nächsten Schritt gerne mit Ihnen ein Erstgespräch führen. Sie haben die Möglichkeit, im Falle einer zustimmenden Entscheidung sich für alle Gespräche, auch bereits für ein gewünschtes Informationsgespräch vor dem Beginn des BEM, und die weitere Durchführung des BEM zwei Mitglieder des BEM-Teams, und zwar jeweils eine oder einen BEM-Beauftragte/n des Arbeitgebers und eine oder einen BEM-Beauftragte/n des Betriebsrates, deren Namen wir Ihnen zu Beginn dieses Schreibens mitgeteilt haben, als Ihre persönlichen Ansprechpartner auszuwählen und namentlich zu benennen. Bezüglich der weiteren Einzelheiten verweisen wir auf die beigefügte BEM-Mitarbeiterinformation. Bitte teilen Sie uns mit der Rückantwort also auch die Namen der von Ihnen ausgewählten Ansprechpartner mit, die dann mit Ihnen das weitere BEM-Verfahren koordinieren. Sie haben auch die Möglichkeit, das BEM-Verfahren ohne Beteiligung des Betriebsrates und des BEM-Beauftragten des Betriebsrates durchzuführen. Ihre Zustimmung kann daher auch mit der Maßgabe erteilt werden, dass das BEM ohne Beteiligung des Betriebsrates durchgeführt wird.

[*Zusatz bei Schwerbehinderung des Mitarbeiters:* Da Sie als schwerbehinderter Mensch anerkannt bzw. einem schwerbehinderten Menschen gleichgestellt sind, sieht die gesetzliche Regelung in § 167 Abs. 2 SGB IX auch die Teilnahme der Schwerbehindertenvertretung am BEM-Verfahren vor. Sofern Sie von dieser Möglichkeit Gebrauch machen möchten und mit der Teilnahme der Schwerbehindertenvertretung einverstanden sind, bestätigen Sie uns bitte auch dieses. Sie können, wenn Sie dies wünschen, das BEM auch ohne die Beteiligung der Schwerbehindertenvertretung führen.]

Diesem Schreiben ist auch die Erklärung zum Datenschutz sowie Vereinbarung über den Schutz persönlicher Daten im Rahmen von Maßnahmen des BEM in zweifacher Ausfertigung und unterschrieben durch das BEM-Team beigefügt. Wir bitten Sie, ein Exemplar unterschrieben mit Ihrer Rückantwort innerhalb von zwei Wochen zurückzusenden. Das weitere Exemplar ist für Ihre Unterlagen bestimmt.

Wenn Sie dies wünschen, beantworten wir Ihnen gerne alle noch offenen Fragen zur Durchführung des BEM und zum Datenschutz in einem dem BEM-Verfahren vorgeschalteten Informationsgespräch. Wenn Sie ein solches Informationsgespräch vor Ihrer Entscheidung wünschen, ob Sie einem BEM-Verfahren zustimmen möchten oder nicht, so kreuzen Sie dies bitte in der Rückantwort an. Wir setzen uns dann bezüglich eines Termins für ein solches Informationsgespräch gerne kurzfristig mit Ihnen in Verbindung.

Wir freuen uns auf eine Rückmeldung von Ihnen und stehen gerne bereit, wenn Sie an einem betrieblichen Eingliederungsmanagement teilnehmen möchten. Bei Rückfragen wenden Sie sich bitte an …… unter der Telefonnummer ……

Wir wünschen Ihnen alles Gute und würden es sehr begrüßen, wenn wir kurzfristig einen Gesprächstermin vereinbaren könnten.

Mit freundlichen Grüßen

……

b) Einladungsschreiben durch BEM-Team/Fallmanager[805] ohne Betriebsrat und Schwerbehindertenvertretung **287**

Sehr geehrte/r Frau/Herr ……,

aufgrund Ihrer länger andauernden Erkrankung/Ihrer wiederholten Kurzerkrankungen in der Vergangenheit wenden wir uns heute als „BEM-Team" an Sie und möchten zusammen mit Ihnen klären, wie Ihre länger als sechs Wochen dauernde Arbeitsunfähigkeit/Ihre wiederholten Arbeitsunfähigkeitszeiten möglichst überwunden werden kann/können und mit welchen Leistungen oder Hilfen erneuter Arbeitsunfähigkeit vorgebeugt und Ihr Arbeitsplatz erhalten werden kann.

Hierfür hat der Gesetzgeber mit der Vorschrift des § 167 Abs. 2 SGB IX das „betriebliche Eingliederungsmanagement" (BEM) vorgesehen. Mit dem „betrieblichen Eingliederungsmanagement" überträgt der Gesetzgeber einen Teil der Verantwortung für die Gesundheit der Beschäftigten auf den Betrieb.

Das betriebliche Eingliederungsmanagement wird in unserem Betrieb von einem BEM-Team durchgeführt, dem folgende Mitarbeiter angehören:

- N.N. – BEM-Beauftragte des Arbeitgebers
- N.N. – Betriebsarzt
- N.N. – ……
- [*alternativ:* vom N.N. als externem/internem Fallmanager]

Ziel des BEM ist es, den Ursachen von Arbeitsunfähigkeitszeiten eines Beschäftigten gemeinsam nachzugehen und nach Möglichkeiten zu suchen, künftige Arbeitsunfähigkeitszeiten zu vermeiden oder zumindest zu

[805] Eine weitere in der betrieblichen Praxis vorzufindende Variante besteht darin, das Einzelfallmanagement „federführend" in die Hände eines externen oder internen Fallmanagers zu legen. Eine solche Ausgestaltung kommt vor allem in Betracht, wenn die Fallmanager über besondere Expertise etwa in Fragen der Rehabilitation oder sozialrechtlicher Gestaltungsmöglichkeiten verfügen und so besondere Impulse setzen können. Besondere Expertise kann zB durch die Qualifikation zu einem „Disability Manager" nachgewiesen werden; vgl. dazu auch Feldes/Niehaus/Faber/Faber/Kiesche, Werkbuch, S. 250, 251.

verringern sowie einen Rehabilitationsbedarf zur Sicherung der Erwerbsfähigkeit der Beschäftigten frühzeitig zu erkennen und entsprechende Rehabilitationsmaßnahmen einzuleiten.

Wir möchten also Ihre Krankheitszeit aktiv dafür nutzen, frühzeitig gesundheitlichen Beeinträchtigungen am Arbeitsplatz entgegenzuwirken und Sie darin zu unterstützen, möglichst schnell gesund zu werden. Dabei ist es uns wichtig, dass Sie sowohl über die Ziele und den Ablauf des BEM-Verfahrens informiert sind als auch über Art und Umfang der hierfür erhobenen und verwendeten Daten. Daher beantworten wir Ihnen die wichtigsten Fragen zum BEM-Verfahren und zum Datenschutz in der diesem Einladungsschreiben beigefügten BEM-Mitarbeiterinformation.

Die Durchführung des BEM-Verfahrens ist ohne Ihre Zustimmung und ohne Ihre Mithilfe nicht möglich. Sie sollten wissen, dass Ihre Teilnahme am BEM freiwillig ist und Sie ein BEM-Verfahren ohne Angabe von Gründen ablehnen können. Auch können Sie eine erteilte Zustimmung jederzeit mit Wirkung für die Zukunft widerrufen. Sie haben auch die Möglichkeit, über den Teilnehmerkreis im BEM mitzubestimmen und dürfen entsprechend der gesetzlichen Regelung in § 167 Abs. 2 S. 2 SGB IX auch nach eigener Wahl eine Vertrauensperson zum BEM hinzuziehen. Wir sind der Überzeugung, dass das BEM zur Ihrer Wiedergenesung wesentlich beitragen kann. Daher bitten wir Sie zunächst um Ihre grundsätzliche Zustimmung zur Einleitung des BEM-Verfahrens. Wir werden Sie im BEM-Verfahren darüber hinaus über jeden weiteren Schritt und jede weitere Maßnahme im BEM-Verfahren gesondert informieren und Sie um Ihre weitere Zustimmung bitten.

Diesem Schreiben fügen wir eine Rückantwort bei und bitten Sie, diese auszufüllen und innerhalb von zwei Wochen unterschrieben zurückzusenden. Äußern Sie sich nicht, gehen wir davon aus, dass Sie kein BEM durchführen möchten. Uns ist wichtig, dass das BEM im gegenseitigen Vertrauen durchgeführt wird. Sie sind im gesamten BEM-Verfahren auch nicht verpflichtet, die Diagnosen Ihrer Erkrankung mitzuteilen.

Sollten Sie mit der Durchführung eines betrieblichen Eingliederungsmanagements nicht einverstanden sein, teilen Sie uns dies bitte ebenfalls auf dem Rückantwortbogen schriftlich mit.

Bitte bedenken Sie bei Ihrer Entscheidung, dass ohne die Durchführung eines BEM-Verfahrens bei weiteren Arbeitsunfähigkeitszeiten auch eine krankheitsbedingte Kündigung nicht ausgeschlossen werden kann. Eine solche Kündigung möchten wir gerne vermeiden.

Bei einem grundsätzlichen Einverständnis Ihrerseits mit der Durchführung eines BEM-Verfahrens möchten wir als nächsten Schritt gerne mit Ihnen ein Erstgespräch führen. Sie haben die Möglichkeit, im Falle einer zustimmenden Entscheidung sich für alle Gespräche, auch bereits für ein gewünschtes Informationsgespräch vor dem Beginn des BEM, und die weitere Durchführung des BEM zwei Mitglieder des BEM-Teams, deren

Namen wir Ihnen zu Beginn dieses Schreibens mitgeteilt haben, als Ihre persönlichen Ansprechpartner auszuwählen und namentlich zu benennen. Bezüglich der weiteren Einzelheiten verweisen wir auf die beigefügte BEM-Mitarbeiterinformation. Bitte teilen Sie uns mit der Rückantwort also auch die Namen der von Ihnen ausgewählten Ansprechpartner mit, die dann mit Ihnen das weitere BEM-Verfahren koordinieren.

Diesem Schreiben ist auch die Erklärung zum Datenschutz sowie Vereinbarung über den Schutz persönlicher Daten im Rahmen von Maßnahmen des BEM in zweifacher Ausfertigung und unterschrieben durch das BEM-Team beigefügt. Wir bitten Sie, ein Exemplar unterschrieben mit Ihrer Rückantwort innerhalb von zwei Wochen zurückzusenden. Das weitere Exemplar ist für Ihre Unterlagen bestimmt.

Wenn Sie dies wünschen, beantworten wir Ihnen gerne alle noch offenen Fragen zur Durchführung des BEM und zum Datenschutz in einem dem BEM-Verfahren vorgeschalteten Informationsgespräch. Wenn Sie ein solches Informationsgespräch vor Ihrer Entscheidung wünschen, ob Sie einem BEM-Verfahren zustimmen möchten oder nicht, so kreuzen Sie dies bitte in der Rückantwort an. Wir setzen uns dann bezüglich eines Termins für ein solches Informationsgespräch gerne kurzfristig mit Ihnen in Verbindung.

Wir freuen uns auf eine Rückmeldung von Ihnen und stehen gerne bereit, wenn Sie an einem betrieblichen Eingliederungsmanagement teilnehmen möchten. Bei Rückfragen wenden Sie sich bitte an …… unter der Telefonnummer ……

Wir wünschen Ihnen alles Gute und würden es sehr begrüßen, wenn wir kurzfristig einen Gesprächstermin vereinbaren könnten.

Mit freundlichen Grüßen

……

c) Einladungsschreiben durch Arbeitgeber[806] ohne Betriebsrat und Schwerbehindertenvertretung 288

Sehr geehrte/r Frau/Herr ……,

aufgrund Ihrer länger andauernden Erkrankung/Ihrer wiederholten Kurzerkrankungen in der Vergangenheit wenden wir uns heute als „BEM-Team“ an Sie und möchten zusammen mit Ihnen klären, wie Ihre länger als sechs Wochen dauernde Arbeitsunfähigkeit/Ihre wiederholten Arbeits-

[806] Dieses Einladungsschreiben bietet sich an, wenn im Betrieb kein BEM-Team besteht und keine Betriebsvereinbarung. Auch wenn keine Betriebsvereinbarung besteht, sollte der Mitarbeiter über die Ziele des BEM und Art und Umfang der erhobenen Daten gemäß § 167 Abs. 2 SGB IX bereits mit dem Erstanschreiben informiert werden. Ergänzend bietet es sich an, auch eine Information über den Ablauf des BEM-Verfahrens im Betrieb beizufügen und die wichtigsten Fragen zu beantworten.

unfähigkeitszeiten möglichst überwunden werden kann/können und mit welchen Leistungen oder Hilfen erneuter Arbeitsunfähigkeit vorgebeugt und Ihr Arbeitsplatz erhalten werden kann.

Hierfür hat der Gesetzgeber mit der Vorschrift des § 167 Abs. 2 SGB IX das „betriebliche Eingliederungsmanagement" (BEM) vorgesehen. Mit dem „betrieblichen Eingliederungsmanagement" überträgt der Gesetzgeber einen Teil der Verantwortung für die Gesundheit der Beschäftigten auf den Betrieb.

Ziel des BEM ist es, den Ursachen von Arbeitsunfähigkeitszeiten eines Beschäftigten gemeinsam nachzugehen und nach Möglichkeiten zu suchen, künftige Arbeitsunfähigkeitszeiten zu vermeiden oder zumindest zu verringern sowie einen Rehabilitationsbedarf zur Sicherung der Erwerbsfähigkeit der Beschäftigten frühzeitig zu erkennen und entsprechende Rehabilitationsmaßnahmen einzuleiten.

Wir möchten also Ihre Krankheitszeit aktiv dafür nutzen, frühzeitig gesundheitlichen Beeinträchtigungen am Arbeitsplatz entgegenzuwirken und Sie darin zu unterstützen, möglichst schnell gesund zu werden. Dabei ist es uns wichtig, dass Sie sowohl über die Ziele und den Ablauf des BEM-Verfahrens informiert sind als auch über Art und Umfang der hierfür erhobenen und verwendeten Daten. Daher beantworten wir Ihnen die wichtigsten Fragen zum BEM-Verfahren und zum Datenschutz in der diesem Einladungsschreiben beigefügten BEM-Mitarbeiterinformation.

Die Durchführung des BEM-Verfahrens ist ohne Ihre Zustimmung und ohne Ihre Mithilfe nicht möglich. Sie sollten wissen, dass Ihre Teilnahme am BEM freiwillig ist und Sie ein BEM-Verfahren ohne Angabe von Gründen ablehnen können. Auch können Sie eine erteilte Zustimmung jederzeit mit Wirkung für die Zukunft widerrufen. Sie haben auch die Möglichkeit, über den Teilnehmerkreis im BEM mitzubestimmen und dürfen entsprechend der gesetzlichen Regelung in § 167 Abs. 2 S. 2 SGB IX auch nach eigener Wahl eine Vertrauensperson zum BEM hinzuziehen. Wir sind der Überzeugung, dass das BEM zur Ihrer Wiedergenesung wesentlich beitragen kann. Daher bitten wir Sie zunächst um Ihre grundsätzliche Zustimmung zur Einleitung des BEM-Verfahrens. Wir werden Sie im BEM-Verfahren darüber hinaus über jeden weiteren Schritt und jede weitere Maßnahme im BEM-Verfahren gesondert informieren und Sie um Ihre weitere Zustimmung bitten.

Diesem Schreiben fügen wir eine Rückantwort bei und bitten Sie, diese auszufüllen und innerhalb von zwei Wochen unterschrieben zurückzusenden. Äußern Sie sich nicht, gehen wir davon aus, dass Sie kein BEM durchführen möchten. Uns ist wichtig, dass das BEM im gegenseitigen Vertrauen durchgeführt wird. Sie sind im gesamten BEM-Verfahren auch nicht verpflichtet, die Diagnosen Ihrer Erkrankung mitzuteilen.

Sollten Sie mit der Durchführung eines betrieblichen Eingliederungsmanagements nicht einverstanden sein, teilen Sie uns dies bitte ebenfalls auf dem Rückantwortbogen schriftlich mit.

Bitte bedenken Sie bei Ihrer Entscheidung, dass ohne die Durchführung eines BEM-Verfahrens bei weiteren Arbeitsunfähigkeitszeiten auch eine krankheitsbedingte Kündigung nicht ausgeschlossen werden kann. Eine solche Kündigung möchten wir gerne vermeiden.

Bei einem grundsätzlichen Einverständnis Ihrerseits mit der Durchführung eines BEM-Verfahrens möchten wir als nächsten Schritt gerne mit Ihnen ein Erstgespräch führen. Sie haben die Möglichkeit, im Falle einer zustimmenden Entscheidung für alle Gespräche, auch bereits für ein gewünschtes Informationsgespräch vor dem Beginn des BEM, und die weitere Durchführung des BEM eine persönliche Vertrauensperson auszuwählen und namentlich zu benennen. Bezüglich der weiteren Einzelheiten verweisen wir auf die beigefügte BEM-Mitarbeiterinformation.

Diesem Schreiben ist auch die Erklärung zum Datenschutz sowie Vereinbarung über den Schutz persönlicher Daten im Rahmen von Maßnahmen des BEM in zweifacher Ausfertigung beigefügt. Wir bitten Sie, ein Exemplar unterschrieben mit Ihrer Rückantwort innerhalb von zwei Wochen zurückzusenden. Das weitere Exemplar ist für Ihre Unterlagen bestimmt.

Wenn Sie dies wünschen, beantworten wir Ihnen gerne alle noch offenen Fragen zur Durchführung des BEM und zum Datenschutz in einem dem BEM-Verfahren vorgeschalteten Informationsgespräch. Wenn Sie ein solches Informationsgespräch vor Ihrer Entscheidung wünschen, ob Sie einem BEM-Verfahren zustimmen möchten oder nicht, so kreuzen Sie dies bitte in der Rückantwort an. Wir setzen uns dann bezüglich eines Termins für ein solches Informationsgespräch gerne kurzfristig mit Ihnen in Verbindung.

Wir freuen uns auf eine Rückmeldung von Ihnen und stehen gerne bereit, wenn Sie an einem betrieblichen Eingliederungsmanagement teilnehmen möchten. Bei Rückfragen wenden Sie sich bitte an …… unter der Telefonnummer ……

Wir wünschen Ihnen alles Gute und würden es sehr begrüßen, wenn wir kurzfristig einen Gesprächstermin vereinbaren könnten.

Mit freundlichen Grüßen
……

d) Erinnerungsschreiben **289**

Sehr geehrte/r Frau/Herr ……

wir wenden uns heute noch einmal an Sie. Mit dem Einladungsschreiben vom ……, das in der Anlage mit der Rückantwort nochmals beigefügt ist, hatten wir Ihnen die Teilnahme an einem betrieblichen Eingliederungsmanagement (BEM) angeboten, um Ihnen den Wiedereinstieg in das Unternehmen zu erleichtern.

Leider haben wir bis heute nichts von Ihnen gehört und möchten Sie nochmals um eine Rückantwort bitten. Sollten wir innerhalb von vier Wochen nach Zugang dieses Schreibens keine Antwort von Ihnen erhalten, wird Ihr Schweigen als Ablehnung eines betrieblichen Eingliederungsmanagements betrachtet. Sie sind zur Teilnahme am BEM nicht verpflichtet. Wenn Sie allerdings nicht teilnehmen, kann dies für Sie nachteilige arbeitsrechtliche Folgen haben. Ihre gesundheitliche Situation kann bei weiterer Arbeitsunfähigkeit auch zur Kündigung des Arbeitsverhältnisses führen. Wir beabsichtigen mit dem Angebot des BEM diejenigen Maßnahmen zu ergreifen, mit denen eine solche Beendigung des Arbeitsverhältnisses möglichst vermieden werden kann. Da ohne Ihre Teilnahme ein BEM nicht durchgeführt werden kann, sollten Sie die Frage, ob Sie teilnehmen oder nicht, sorgfältig bedenken.

Wir hoffen aber, dass Sie sich doch noch für die Durchführung des BEM entscheiden und würden uns freuen, alsbald von Ihnen zu hören. Falls Sie dies wünschen, führen wir gerne vor der Zustimmung zu einem BEM zunächst ein Informationsgespräch mit Ihnen, um alle noch offenen Fragen zu besprechen. Gern können Sie die beigefügte Rückantwort in diesem Sinne ausgefüllt zurück senden.

Mit freundlichen Grüßen

……

2. BEM-Mitarbeiterinformation ohne Betriebsrat 290

BEM-Mitarbeiterinformation der B-GmbH

Was bedeutet BEM?

BEM steht für „Betriebliches Eingliederungsmanagement“, das in § 167 Abs. 2 SGB IX gesetzlich geregelt worden ist. Gemäß § 167 Abs. 2 SGB IX wird ein betriebliches Eingliederungsmanagement (**BEM**) in einem strukturierten Verfahren durchgeführt, um

- die Arbeitsfähigkeit zu erhalten, zu verbessern und wiederherzustellen,
- die Arbeitszufriedenheit und Arbeitsmotivation zu steigern sowie
- die betrieblich beeinflussbaren Fehlzeiten und Krankheitskosten zu reduzieren.

Was sind die Ziele des BEM?

Ziele des BEM sind,

- Arbeitsunfähigkeit vorzubeugen,
- Arbeitsunfähigkeit möglichst zu überwinden,
- chronische Krankheiten und Behinderungen bei Arbeitnehmern zu vermeiden und
- das Verbleiben am Arbeitsplatz, vorrangig am ursprünglichen, zu sichern,
- geeignete und anforderungsgerechte Arbeitsplätze für gesundheitlich beeinträchtigte Mitarbeiterinnen und Mitarbeiter zu sichern oder zu schaffen
- sowie die Gesundheit aller Mitarbeiterinnen und Mitarbeiter dauerhaft zu erhalten.

Im Rahmen der Ziele des BEM ist dabei festzustellen:

- wie Arbeitsunfähigkeit überwunden werden kann,
- mit welchen Hilfen und Leistungen erneuter Arbeitsunfähigkeit vorgebeugt werden kann,
- ob Arbeitsunfähigkeit in einem direkten oder indirekten Zusammenhang mit der Tätigkeit der Mitarbeiterin bzw. des Mitarbeiters steht,
- welche Maßnahmen für eine erfolgreiche Wiedereingliederung erforderlich sind,
- wie der Arbeitsplatz erhalten, die Fähigkeiten der Mitarbeiterin bzw. des Mitarbeiters weiter genutzt und die Einsatzfähigkeit möglichst sichergestellt werden können und
- mögliche Quellen einer Gesundheitsgefährdung beseitigt werden können.

Der vertrauensvolle und offene Umgang aller am BEM Beteiligten miteinander ist hierbei Voraussetzung. Führungskräfte haben bei der Durchführung des BEM und insbesondere bei der Einleitung präventiver Maßnahmen eine besondere Verantwortung. Ihre persönlichen Rechte werden dabei gewahrt.

Wer führt das BEM-Verfahren in unserem Betrieb durch?

Das BEM-Verfahren wird in unserem Betrieb von einem BEM-Team durchgeführt, das aus einer/einem BEM-Koordinator/in und der/dem Betriebsarzt/Betriebsärztin besteht. Die/der BEM-Koordinator/in ist Ihr/e persönliche/r Ansprechpartner/in und koordiniert alle mit Ihnen gemeinsam vereinbarten BEM-Maßnahmen. Bei einer/einem schwerbehinderten oder gleichgestellten Mitarbeiterin/Mitarbeiter ist mit deren/dessen Zustimmung die **Vertrauensperson der Schwerbehinderten** bzw. dessen Vertreter/in hinzuziehen. Alle Mitglieder des BEM-Teams sind für ihre Tätigkeit im BEM-Team besonders geschult worden und unterliegen der Schweigepflicht.

[*alternativ bei einem externen/internen Fallmanager:* Das BEM-Verfahren wird in unserem Betrieb von einer/einem externen/internen BEM-Fallmanager/in durchgeführt, die/der auch Ihr/e persönliche/r Ansprechpartner/in ist und alle gemeinsam mit Ihnen vereinbarten BEM-Maßnahmen koordiniert.]

Die Beschlüsse und Entscheidungen im BEM-Team werden einstimmig getroffen **(Konsensprinzip).** Das BEM-Team arbeitet im Rahmen seiner Aufgabenstellung weisungsfrei und hat insbesondere die Aufgabe,

- Vorschläge zu entwickeln, auf welche Weise weitere Krankheitszeiten vermieden werden können,
- auf welche Weise erneuter Arbeitsunfähigkeit vorgebeugt werden kann

  und

- welche Maßnahmen getroffen werden müssen, um Ihre Weiterbeschäftigung bei gleichzeitiger Vermeidung oder Verringerung krankheitsbedingter Fehlzeiten zu ermöglichen.

Wie wird das BEM-Verfahren eingeleitet?

Das BEM ist einzuleiten, wenn eine Mitarbeiterin oder ein Mitarbeiter in den letzten 12 Monaten (nicht Kalenderjahr – 365 Tage) insgesamt mindestens sechs Wochen (42 Tage) arbeitsunfähig erkrankt war. Weiterhin ist das BEM einzuleiten, falls Sie dies schriftlich für sich beantragen, wobei die Dauer der Arbeitsunfähigkeit in den letzten 12 Monaten mindestens 28 Kalendertage betragen haben muss. Dabei können Sie auch Personen Ihres Vertrauens nach eigener Wahl, zB den behandelnden Arzt, beauftragen, mit dem BEM-Team Kontakt aufzunehmen.

War ein vorangegangenes BEM zunächst abgeschlossen, dauert Ihre Arbeitsunfähigkeit aber weitere mehr als sechs Wochen an oder tritt erneute Arbeitsunfähigkeit von mehr als sechs Wochen ein, wird mit Ihrer Zustimmung ein erneutes BEM eingeleitet.

Das BEM-Team übersendet Ihnen ein Einladungsschreiben, in dem Sie schriftlich über die Ziele und den Ablauf des betrieblichen Eingliederungsmanagements informiert sowie auf Art und Umfang der hierfür erhobenen und verwendeten Daten hingewiesen (§ 167 Abs. 2 S. 4 SGB IX) werden. Des Weiteren weisen wir darauf hin, dass Sie im gesamten BEM-Verfahren nicht verpflichtet sind, Diagnosen Ihrer Erkrankung mitzuteilen. Die Durchführung des BEM ist freiwillig, so dass die Einleitung eines BEM von Ihrer Zustimmung abhängig ist. Auch in jeder weiteren Phase bedarf die Durchführung des BEM Ihrer Zustimmung, die Sie jederzeit mit Wirkung für die Zukunft widerrufen können.

Sie können im Falle einer zustimmenden Entscheidung für alle weiteren Gespräche und die weitere Durchführung des BEM zwei Mitglieder des BEM-Teams als **persönliche Ansprechpartner** und als Sie betreuende Mitglieder des BEM-Teams auswählen und im Rahmen der Rückantwort namentlich benennen. Im Falle einer Schwerbehinderung oder Gleichstellung können Sie auch Ihr Einverständnis mit der Teilnahme der Schwerbehindertenvertretung am BEM-Verfahren erklären. Benennen Sie keinen persönlichen Ansprechpartner, so werden die persönlichen Ansprechpartner im Erstgespräch mit Ihrer Zustimmung festgelegt. Sie haben damit die Möglichkeit, über den Teilnehmerkreis des BEM mitzubestimmen.

Auf Ihren Wunsch können Sie eine weitere Person Ihres Vertrauens nach eigener Wahl (§ 167 Abs. 2 S. 2 SGB IX), zB die Schwerbehindertenvertretung, ein/e Rechtsanwältin/Rechtsanwalt oder ein Vertreter des Integrationsfachdienstes bzw. Integrationsamtes, zum BEM-Verfahren hinzuziehen, die berechtigt ist, sowohl am Informationsgespräch, am Erstgespräch und auch an allen weiteren Gesprächen im Rahmen des BEM-Verfahrens teilzunehmen.

Falls Sie dies wünschen, können Sie auch zunächst um ein Informationsgespräch zum BEM bitten, das der Klärung offener Fragen dient und mit den durch Sie ausgewählten persönlichen Ansprechpartnern geführt wird.

Wir bitten Sie, sich innerhalb von zwei Wochen bezüglich der weiteren Vorgehensweise zu entscheiden und die Rückantwort ausgefüllt zurückzusenden.

Was geschieht, wenn ich mit dem BEM-Verfahren nicht einverstanden bin oder die Rückantwort nicht zurücksende?

Lehnen Sie im Rahmen der Rückantwort eine Teilnahme am BEM ab, wird ein BEM-Verfahren zunächst nicht durchgeführt. Das BEM-Team übersendet in diesem Fall dem Arbeitgeber unverzüglich Ihre Rückantwort mit Ihrer Ablehnung des angebotenen BEM-Verfahrens, die dann durch den Arbeitgeber in die Personalakte aufgenommen werden darf. Sie können aber jederzeit um Durchführung bzw. Aufnahme eines BEM-Verfahrens bitten, auch wenn Sie dies zuvor abgelehnt haben.

Äußern Sie sich nicht auf das Ihnen übersandte Einladungsschreiben innerhalb von zwei Wochen nach Übersendung des Einladungsschreibens, werden Sie frühestens nach weiteren zwei Wochen, aber spätestens nach weiteren drei Wochen erneut angeschrieben und an die Beantwortung des Einladungsschreibens erinnert. Äußern Sie sich innerhalb weiterer zwei Wochen nicht, wird das BEM-Verfahren nicht eingeleitet. Das BEM-Team informiert den Arbeitgeber unaufgefordert über Ihr Schweigen mit einem Formblatt, das in die Personalakte aufgenommen werden darf.

Sind Sie zu irgendeinem Zeitpunkt nicht mit der weiteren Durchführung des BEM oder mit weiteren Maßnahmen oder Schritten im Rahmen des BEM einverstanden, so ist dies mit einem Formblatt zu dokumentieren. Diese Dokumentation ist vom BEM-Team unaufgefordert an den Arbeitgeber weiterzuleiten, der berechtigt ist, das Formblatt in die Personalakte aufzunehmen. Das gleiche gilt, wenn Sie eine erteilte Zustimmung während eines laufenden BEM-Verfahrens mit Wirkung für die Zukunft widerrufen, was jederzeit ohne Angabe von Gründen möglich ist.

Da ein BEM auf dem Prinzip der Freiwilligkeit beruht, sind Sie zur Teilnahme am BEM nicht verpflichtet. Wenn Sie allerdings nicht oder nicht weiter am BEM-Verfahren teilnehmen oder sich auf Einladungsschreiben nicht äußern, kann dies für Sie nachteilige arbeitsrechtliche Folgen haben. Ihre gesundheitliche Situation kann bei weiterer Arbeitsunfähigkeit auch zur Kündigung des Arbeitsverhältnisses führen. Wir beabsichtigen mit dem Angebot des BEM diejenigen Maßnahmen zu ergreifen, mit denen eine solche Beendigung des Arbeitsverhältnisses möglichst vermieden werden kann. Da ohne Ihre Teilnahme ein BEM nicht durchgeführt werden kann, sollten Sie die Frage, ob Sie am BEM teilnehmen möchten oder nicht, sorgfältig bedenken.

Was geschieht, wenn ich mich mit dem BEM-Verfahren einverstanden erkläre?

Nach Vorliegen Ihres Einverständnisses durch Rücksendung der ausgefüllten Rückantwort wird ein erstes Gespräch mit Ihnen durch die von Ihnen ausgewählten Mitglieder des BEM-Teams geführt. In diesem **Erstge-**

spräch geht es um die Abklärung der Ursachen Ihrer Arbeitsunfähigkeit und auch darum zu klären, welche Voraussetzungen erfüllt sein müssen, um Ihre Arbeitsunfähigkeit zu beenden und weitere Arbeitsunfähigkeitszeiten in Zukunft zu vermeiden oder zu reduzieren.

Das **Erstgespräch** wird anhand einer Checkliste geführt und ausschließlich auf dem Dokumentationsblatt für das Erstgespräch dokumentiert,[807] von dem Sie eine Kopie erhalten. Im Erstgespräch soll zunächst geklärt werden, ob Sie die Zwecke und den Ablauf des BEM verstanden haben und ob es noch offene Fragen gibt. Etwaige Bedenken und Befürchtungen können offen besprochen werden. Darüber hinaus kann bereits in diesem Erstgespräch angesprochen werden, ob und ggf. welche betrieblichen Ursachen es für Ihre Arbeitsunfähigkeit geben könnte. Es kann auch eine erste Beratung über die zur Verfügung stehenden Hilfen zur Überwindung Ihrer Arbeitsunfähigkeit, also zB über Reha-Maßnahmen oder eine stufenweise Wiedereingliederung, erfolgen sowie eine Abstimmung über die Hinzuziehung weiterer Personen und Institutionen zum BEM.

Uns ist wichtig, dass Sie wissen, dass im BEM nichts ohne Ihr Wissen und Ihre Einwilligung geschieht. Ihre Zustimmung ist Voraussetzung sowohl für die Einleitung als auch für die Durchführung des BEM in jeder Phase des BEM-Verfahrens.

Nach Bedarf und mit Ihrer Zustimmung kann insbesondere der **Betriebsarzt** für alle arbeitsmedizinischen Fragestellungen hinzugezogen werden. Dabei ist es nicht Aufgabe des Betriebsarztes, Ihre Arbeitsunfähigkeit zu überprüfen oder Diagnosen zu erheben.

Soweit es um die Beurteilung arbeitssicherheitstechnischer Fragestellungen geht, kann mit Ihrer Zustimmung die **Fachkraft für Arbeitssicherheit** beteiligt werden.

Kommen Leistungen zur Teilhabe oder begleitende Hilfen im Arbeitsleben in Betracht, werden der **zuständige Rehabilitationsträger** oder bei schwerbehinderten Mitarbeiterinnen oder Mitarbeitern auch das **Integrationsamt** hinzugezogen.

Zum BEM-Verfahren können jederzeit weitere Personen hinzugezogen werden, sofern sich die Beteiligten hierauf verständigen, zB

- die Führungskraft
- die betriebliche Sucht- und Sozialberatung
- der behandelnde Haus- und/oder Facharzt
- ein Vertreter der Berufsgenossenschaft

---

[807] Hierfür kann die Anlage 8 zur Betriebs-/Dienstvereinbarung (→ Rn. 279) verwandt werden und sollte der Mitarbeiterinformation beigefügt werden; in einem BEM-Prozess können aussagefähige und selbsterklärungsfähige Anlagen helfen, die betroffenen Personen zu informieren und Bedenken und Befürchtungen in Bezug auf den Ablauf des BEM-Verfahrens bereits frühzeitig zu entkräften; vgl. dazu auch Feldes/Niehaus/Faber/Faber/Kiesche, Werkbuch, S. 260.

- ein Vertreter des Integrationsamtes und/oder Integrationsfachdienstes
- ein Vertreter von Arbeitsagentur und/oder Sozialversicherungsträgern und/oder Rehabilitationseinrichtungen und/oder Rehabilitationsträgern.

Ist es erforderlich, hierfür personenbezogene Daten an Dritte weiterzugeben, werden Sie darüber aufgeklärt und Ihre schriftliche Einwilligung sowie eine Entbindung von der Schweigepflicht des BEM-Teams von Ihnen eingeholt.[808]

Daran anschließend werden vom BEM-Team unverzüglich – gemeinsam mit Ihnen – die weiteren BEM-Maßnahmen geklärt. Hierfür können weitere Gespräche stattfinden. Unter Berücksichtigung der gesundheitlichen Anforderungen Ihres Arbeitsplatzes und Ihrer aktuellen Leistungsfähigkeit soll geklärt werden, ob eine Anpassung und/oder Änderung der betrieblichen Bedingungen zu Ihrer Gesundung bzw. Gesunderhaltung beitragen können und welche Schritte und Maßnahmen unternommen werden können, um einer erneuten Arbeitsunfähigkeit vorzubeugen. Dazu gehört insbesondere,

- die Prüfung, ob ein kausaler Zusammenhang zwischen Ihren gesundheitsbedingten Einschränkungen und Ihrem Arbeitsumfeld besteht bzw. die Tätigkeit zu gesundheitlichen Beschwerden führt,
- die Prüfung, ob und inwieweit Arbeitsinhalt, Arbeitsumgebung, Zusammenarbeit mit Vorgesetzten und anderen Mitarbeiterinnen bzw. Mitarbeitern oder sonstige Fragen Ihre Leistungsfähigkeit und Ihre Arbeitszufriedenheit beinträchtigen,
- die Prüfung, ob mit Ihrer Zustimmung unter Konsultation der beteiligten betrieblichen Stellen Schwierigkeiten durch Maßnahmen innerhalb des Betriebes überwunden werden können; dabei soll insbesondere geklärt werden, inwieweit Veränderungen am Arbeitsplatz, insbesondere auch technischer Ausstattung des Arbeitsplatzes, im Arbeitsumfeld, in der Arbeitsorganisation oder der Arbeitszeit zur Überwindung der Arbeitsunfähigkeit möglich sind,
- die Prüfung, ob und inwieweit mit Ihrer Zustimmung Schwierigkeiten durch externe Hilfen, insbesondere Leistungen zur Teilhabe am Arbeitsleben, überwunden werden können,
- die Prüfung, ob in Absprache mit Ihnen eine Kontaktaufnahme mit dem Betriebs-, Ihrem Hausarzt oder anderen Sie behandelnden Ärzten sinnvoll ist,
- die Prüfung, ob in Absprache mit Ihnen gesundheitliche Maßnahmen – insbesondere medizinische Leistungen zur Rehabilitation – angebracht sind,
- die Prüfung, ob eine stufenweise Wiedereingliederung gemäß § 44 SGB IX, § 74 SGB V für Sie in Frage kommt,

[808] Hierfür können die Anlagen zur Betriebsvereinbarung ab der → Rn. 282 ff. verwandt werden.

– die Prüfung, ob Sie ggf. nach entsprechender Qualifizierung auf einem anderen Arbeitsplatz weiterbeschäftigt werden können.

Das weitere Vorgehen im BEM wird einvernehmlich mit Ihnen festgelegt, dh Sie müssen mit allen weiteren Maßnahmen einverstanden sein **(Konsensprinzip).** In weiteren Maßnahme- bzw. Fallgesprächen können mit Ihrem Einverständnis konkrete Maßnahmen zur Wiedereingliederung sowie zur künftiger Vermeidung weiterer Arbeitsunfähigkeit getroffen werden.

Über die Vereinbarung betreffend die weiteren Maßnahmen im Rahmen des BEM wird mit Ihnen ein gemeinsames Protokoll angefertigt, aus dem sich ergibt, ob und ggf. welche konkreten Maßnahmen im Einzelnen sinnvoll und erforderlich sind, um Ihre Arbeitsfähigkeit wieder herzustellen. Die mit Ihnen durch das BEM-Team festgelegten BEM-Maßnahmen werden ausschließlich auf dem Maßnahmen-Blatt/Verlaufsdokumentation BEM dokumentiert und gemeinsam unterschrieben. Auch über alle weiteren Gespräche mit Ihnen wird jeweils ein schriftliches Protokoll erstellt und durch alle Beteiligten unterschrieben. Sie erhalten von allen Protokollen und Dokumentationen jeweils eine Kopie.

Das BEM-Verfahren ist ein ergebnisoffener Prozess, so dass Sie jederzeit alle Ihnen sinnvoll erscheinenden Vorschläge und Lösungsmöglichkeiten in das BEM-Verfahren einbringen können, die durch das BEM-Team im BEM-Verfahren mitberücksichtigt werden.

Wie werden die beschlossenen BEM-Maßnahmen umgesetzt?

Hat die Prüfung der in Betracht kommenden Maßnahmen ergeben, dass Leistungen zur Teilhabe am oder begleitende Hilfen im Arbeitsleben in Betracht kommen, und sind Sie damit einverstanden, so ziehen wir mit Ihrer schriftlichen Zustimmung unverzüglich gemäß § 167 Abs. 2 S. 5 SGB IX zuständigen Rehabilitationsträger, bei einer Schwerbehinderung oder Gleichstellung auch das zuständige Integrationsamt, zum betrieblichen Eingliederungsmanagement hinzu.

Steht fest, welche weiteren BEM-Maßnahmen, vor allem im Betrieb, in Betracht kommen, hat das BEM-Team mit Ihrer Zustimmung den Arbeitgeber hierüber zu informieren und diesen zur Umsetzung aufzufordern. Die Verantwortung für die vom BEM-Team mit Ihrer Zustimmung befürworteten Maßnahmen trägt der Arbeitgeber.

Die mit Ihnen vereinbarten innerbetrieblichen BEM-Maßnahmen werden wir, soweit dies im Rahmen unserer betrieblichen Rahmenbedingungen zumutbar möglich ist, umsetzen.[809]

---

[809] Für die Dokumentation bzw. die weiteren Verfahrensschritte einschließlich der Dokumentation eines Arbeitsversuches können die Anlagen zur Betriebs-/Dienstvereinbarung (→ Rn. 279 ff.) verwandt werden.

Das BEM-Team überwacht die Umsetzung und die Effektivität der vereinbarten Maßnahmen und wird vom Arbeitgeber über die Umsetzung der in Betracht kommenden Maßnahmen unverzüglich und umfassend informiert. Das BEM-Team kann in diesem Zusammenhang jederzeit Einblick in die Verlaufs-Dokumentation im BEM nehmen und gegebenenfalls mit Ihrer Zustimmung weitere notwendige Folgemaßnahmen initiieren.

Wie wird das BEM-Verfahren abgeschlossen?

Im Rahmen eines **Abschlussgespräches** werden wir gemeinsam mit Ihnen überprüfen und dokumentieren, ob die BEM-Maßnahmen zur Überwindung Ihrer Arbeitsunfähigkeit erfolgreich waren oder nicht. Dabei klären wir abschließend mit Ihnen, ob alle in Betracht kommenden Lösungsmöglichkeiten und BEM-Maßnahmen im BEM-Verfahren berücksichtigt worden sind. Sollte eine abschließende Klärung im Gespräch nicht möglich sein, wird Ihnen Gelegenheit zur Stellungnahme innerhalb einer Frist von drei Wochen gegeben, aus Ihrer Sicht weiterzuverfolgende Ansätze für zielführende Maßnahmen mitzuteilen, mit denen Ihre Arbeitsunfähigkeit möglichst überwunden und weiterer Arbeitsunfähigkeit vorgebeugt werden kann. Über den Abschluss des BEM-Verfahrens wird eine gemeinsame **Abschlussdokumentation** erstellt, die durch alle Beteiligten unterschrieben und dem Arbeitgeber durch das BEM-Team zugeleitet wird.

Das BEM-Verfahren wird wieder aufgenommen, wenn Sie oder der Arbeitgeber die Wiederaufnahme beantragen und hierfür neue Sachverhalte vortragen, die Ihre Einsatz- und Arbeitsfähigkeit betreffen. Des Weiteren wird mit Ihrer Zustimmung das BEM-Verfahren wieder aufgenommen, wenn weitere mehr als sechs Wochen (42 Tage) ununterbrochene oder wiederholte Arbeitsunfähigkeitszeiten eintreten.

Wenn Sie das BEM zunächst abgelehnt oder abgebrochen haben, wird Ihnen bei andauernder Arbeitsunfähigkeit nach weiteren sechs Wochen in geeigneter Weise ein erneutes Angebot zur Einleitung eines BEM unterbreitet. Sie können auch jederzeit die erneute Einleitung oder die Wiederaufnahme oder Fortführung des BEM-Verfahrens verlangen.

Wie wird der Datenschutz sichergestellt?

Die Einhaltung der **Schweigepflicht und Beachtung des Datenschutzes** gehören zu den besonderen Verpflichtungen der Mitglieder des BEM-Teams. Ihre persönlichen Daten werden vertraulich behandelt.

Im Rahmen des BEM werden nur solche Daten erhoben und verwendet, deren Kenntnis erforderlich ist, um ein zielführendes, Ihrer Gesundung und Gesunderhaltung dienendes BEM durchführen zu können. Hierzu zählen die nachfolgend angeführten Daten bzw. Datenkategorien, die dem

Arbeitgeber teilweise schon vorliegen bzw. die im Rahmen der Durchführung des BEM ausschließlich zu Zwecken der Durchführung eines BEM-Verfahrens erhoben und verwendet werden können:

Personal- und Sozialdaten wie Name, Geburtsdatum, Beschäftigungsdauer, Schwerbehinderung/Gleichstellung;

Daten zu Fehlzeiten wie Anzahl und Verteilung Ihrer Arbeitsunfähigkeitszeiten in den letzten zwölf Monaten, Arbeitsunfälle und vergleichbare Informationen;

Gesundheitsdaten wie Leistungs- und Fähigkeitsprofil bezogen auf das Anforderungsprofil Ihres Arbeitsplatzes und anderer für Sie in Betracht kommender Arbeitsplätze, gesundheitsbedingte Leistungseinschränkungen, Ergebnisse von Rehamaßnahmen oder Heilbehandlungen, ärztliche Atteste und Bescheinigungen betreffend Ihr Leistungs- und Fähigkeitsprofil und vergleichbare Informationen;

Tätigkeitsdaten wie ausgeübte Tätigkeiten, Anforderungsprofil des Arbeitsplatzes bzw. der Arbeitsumgebung, Arbeitsplatz- und Tätigkeitsanalysen, Gefährdungsanalysen, berufliche Qualifizierung und vergleichbare Informationen;

Ablaufdaten zum BEM-Verfahren wie Verläufe und Ergebnisse von BEM-Verfahren, von Arbeitsversuchen und von Maßnahmen zur stufenweisen Wiedereingliederung sowie sonstiger arbeitsplatzbezogener Maßnahmen, innerbetriebliche Versetzung, Anpassung des Arbeitsplatzes oder der Arbeitsbedingungen sowie des Arbeitsumfeldes und vergleichbare Informationen;

Arbeitsversuch: Protokoll über Verlauf und Ergebnis der Maßnahme;

Stufenweise Wiedereingliederung: Protokoll über Verlauf und Ergebnis der Maßnahme.

Alle Mitglieder des BEM-Teams [*alternativ:* die/der BEM-Fallmanager/in] und auch alle weiteren zum BEM-Verfahren mit Ihrem Einverständnis hinzugezogenen weiteren Personen sind verpflichtet, über die ihnen wegen ihrer Teilnahme am BEM-Verfahren und ihrer Tätigkeit im BEM-Team/als BEM-Fallmanager bekannt gewordenen persönlichen Verhältnisse und Angelegenheiten, die ihrer Bedeutung oder ihrem Inhalt nach einer vertraulichen Behandlung bedürfen, Stillschweigen zu bewahren. Diese Pflicht gilt auch nach Beendigung der Tätigkeit. Sie gilt nicht gegenüber der Bundesagentur für Arbeit, den Integrationsämtern oder anderen Sozialversicherungs- oder Rehaträgern, soweit deren Aufgaben es erfordern und Sie einer Weitergabe von Daten und Informationen zugestimmt bzw. ggf. von der ärztlichen Schweigepflicht entbunden haben. Alle Mitglieder des BEM-Teams sind auf ihre besondere Schweigepflicht gegenüber allen anderen Personen schriftlich verpflichtet worden. Die/der Betriebsärztin/Betriebsarzt unterliegt der ärztlichen Schweigepflicht.

Ein BEM-Verfahren kann ohne Ihre Einwilligungserklärung zum Datenschutz nicht durchgeführt werden, so dass wir Sie bitten, spätestens vor Beginn des Erstgespräches im BEM, die Erklärung zum Datenschutz sowie Vereinbarung über den Schutz persönlicher Daten zu unterschreiben, mit der Sie Ihr Einverständnis mit der Durchführung des BEM sowie der Erhebung und Verwendung der erforderlichen Daten erklären.

Die **Weitergabe personenbezogener Daten** oder gesundheitlicher Informationen sowie die Erörterung mit Personen, die nicht zum BEM-Team gehören, darf nicht erfolgen. Im Rahmen des BEM kann dies nur nach entsprechender Information und ausschließlich mit Ihrer schriftlichen Zustimmung[810] und nach einer eventuell erforderlichen Entbindung von der Schweigepflicht[811] geschehen.

Darüber hinaus dürfen BEM-Dokumente nicht in die **Personalakte** aufgenommen werden, weder in Papierform noch elektronisch. In der Personalakte dürfen lediglich folgende Informationen festgehalten werden:

- Einladungsschreiben
- Mitarbeiterinformation BEM
- Vereinbarung zum Datenschutz
- Ihre Entscheidung über die Einleitung des BEM oder Ihre Nichtzustimmung
- ggf. ein Erinnerungsschreiben an Sie
- ggf. Erinnerungsschreiben an Mitarbeiter
- ggf. Formblatt des BEM-Teams bei Schweigen des Mitarbeiters
- ggf. Formblatt Nichtweiterführung des BEM-Verfahrens
- Ihr Antrag auf Teilnahme am BEM
- Maßnahmen, bei denen die Mitwirkung des Arbeitgebers erforderlich ist
- Abschlussdokumentation über die Beendigung des BEM-Verfahrens
- Ergebnis eines Arbeitsversuchs
- Ergebnis einer stufenweisen Wiedereingliederung

Die **Dokumentation der Gesprächsergebnisse** des Erstgespräches,[812] der Folgegespräche sowie der BEM-Maßnahmebogen[813] haben das Ziel der Umsetzung und der Evaluation der vereinbarten Maßnahmen im Rahmen des BEM und dürfen nicht zur Personalakte genommen oder für andere Zwecke als das BEM-Verfahren verwandt werden. Es wird gewährleistet, dass Ihnen aus der Durchführung eines BEM und den im Rahmen

[810] Hier kann die Anlage 11 zur Betriebsvereinbarung verwandt werden (→ Rn. 282).

[811] Hier kann die Anlage 12 zur Betriebsvereinbarung verwandt werden (→ Rn. 283).

[812] Hier kann die Anlage 8 zur Betriebsvereinbarung verwandt werden (→ Rn. 279).

[813] Hier kann die Anlage 9 zur Betriebsvereinbarung verwandt werden (→ Rn. 280).

des BEM erhobenen und verwendeten Daten kein Nachteil entsteht. Gleiches gilt, sofern Sie der Weitergabe Ihrer Daten nicht zustimmen.

Unterlagen, die nur in der BEM-Akte abgelegt werden und nicht in die Personalakte übernommen werden, dürfen durch das BEM-Team nur mit Ihrer schriftlicher Einwilligung unter Entbindung von der Schweigepflicht Dritten bekannt gemacht oder an Dritte weitergeleitet werden. Die BEM-Akte wird durch die jeweiligen persönlichen Ansprechpartner im BEM-Team in einem nur durch ihn zugänglichen abschließbaren Schrank aufbewahrt. Zugriff und Schlüssel zu diesem Schrank haben nur die auf die Schweigepflicht besonders verpflichteten Mitglieder des BEM-Teams. Soweit die Schwerbehindertenvertretung am BEM-Verfahren beteiligt ist, wird eine weitere BEM-Akte geführt und durch die Schwerbehindertenvertretung in einem abschließbaren Schrank aufbewahrt. Zugriffe auf die BEM-Akte durch das BEM-Team bzw. die Schwerbehindertenvertretung sind in geeigneter Form zu dokumentieren.

Sie erhalten eine Kopie der Dokumentation des Erstgespräches, des gemeinsam ausgefüllten BEM-Maßnahmen-Blattes bzw. der jeweiligen Protokolle der Maßnahmegespräche. Des Weiteren erhalten Sie auf Wunsch auch Kopien der von Ihnen unterschriebenen Formblätter (Formblatt – Nichtweiterführung BEM; Zustimmungserklärung zur Hinzuziehung weiterer Personen zum BEM; Entbindung von der ärztlichen Schweigepflicht) sowie dem Protokoll eines Arbeitsversuches.

Medizinische Dokumente, insbesondere Berichte medizinischer Rehaverfahren, müssen durch Sie im BEM-Verfahren nicht im vollen Wortlaut vorgelegt werden. Sie werden insbesondere nicht Bestandteil der BEM-Akte, sondern nach Kenntnisnahme der Leistungsfähigkeit bzw. etwaiger Leistungseinschränkungen durch das BEM-Team an Sie zurückgegeben. Mit Ihrer Zustimmung können für die Dauer des BEM-Verfahren Auszüge aus medizinischen Dokumenten, die Ihre Leistungsfähigkeit einer Patientenakte beim Betriebsarzt verwahrt werden.

Die in der BEM-Akte befindlichen Gesundheitsdaten (einschließlich Daten zu Fehlzeiten und sonstige Daten, aus denen sich ein Rückschluss auf die Gesundheit der Mitarbeiterin/des Mitarbeiters ziehen lässt) werden nach Abschluss des BEM-Verfahrens nach Ihrer Wahl Ihnen ausgehändigt oder unter Beachtung der gesetzlichen datenschutzrechtlichen Bestimmungen datenschutzkonform vernichtet. Die übrigen in der BEM-Akte befindlichen Daten werden in die Personalakte transferiert und auf Ihren zu dokumentierenden Wunsch hin entweder nach Ablauf des dritten Jahres, in dem das BEM-Verfahren abgeschlossen wurde, Ihnen ausgehändigt oder unter Beachtung der gesetzlichen Bestimmungen zum Datenschutz datenschutzkonform vernichtet.

Die im BEM erhobenen und verwendeten Daten und der Inhalt der BEM-Akte sowie der Patientenakte beim Betriebsarzt dürfen ausschließlich für die Zwecke des BEM und für keine anderen Zwecke verwandt werden. Es wird gewährleistet, dass Ihnen aus der Durchführung eines BEM und den im Rahmen des BEM bekannt gewordenen Daten kein Nachteil entsteht.[814]

Ergebnisse von BEM-Verfahren dürfen auch nicht Gegenstand von Zielvereinbarungen sein. Auch Leistungsbeurteilungen werden so erstellt, dass das BEM und die mit ihm im Zusammenhang stehenden Maßnahmen unberücksichtigt bleiben.

Weitere Fragen beantworten wir Ihnen gerne jederzeit. Zögern Sie nicht, uns anzusprechen.

---

[814] Diesbezüglich gilt für den Arbeitgeber das allgemeine Benachteiligungsverbot nach § 612a BGB. Der Arbeitgeber kann zwar auch nach Durchführung eines BEM eine personenbedingte Kündigung aussprechen. Zur Begründung der Negativprognose darf er aber die vertraulich im Rahmen eines BEM mitgeteilten Krankheitsdaten nicht verwenden, vgl. dazu auch Osnabrügge jurisF-ArbR-0157 unter VI. Nachteilsverbot.

3. Datenschutzerklärung/Einwilligung 291

**Erklärung zum Datenschutz
sowie Vereinbarung über den Schutz persönlicher Daten
im Rahmen von Maßnahmen des BEM**

Name: ....

Vorname: ....

Personal-Nr.: ....

Vorgesetzter: ....

Das Unternehmen/der Arbeitgeber[815] ....

vertreten durch ......,

und

....

(Name des/der Mitarbeiters/in)

erklären und vereinbaren Folgendes zum Schutz personenbezogener und gesundheitsbezogener Daten bei der Durchführung eines betrieblichen Eingliederungsmanagements (BEM) nach § 167 Abs. 2 SGB IX:

Die Mitarbeiterin/der Mitarbeiter erklärt, dass sie/er über die Ziele und das Verfahren des BEM sowie Art und Umfang der im BEM-Verfahren erhobenen und verwendeten Daten entsprechend der BEM-Mitarbeiterinformation umfassend informiert worden ist. Die Mitarbeiterin/der Mitarbeiter willigt ein, dass ausschließlich die unten genannten Daten und Informationen, deren Erhebung zur Durchführung des BEM erforderlich ist, den Mitgliedern des BEM-Teams/der/dem Fallmanager/in zum Zwecke ihrer/seiner Eingliederung bekannt gemacht werden.

Die Mitarbeiterin/der Mitarbeiter ist über die Freiwilligkeit, persönliche Angaben mitzuteilen unterrichtet worden und hat selbst die Möglichkeit, darüber zu entscheiden, wem diese Angaben zugänglich gemacht werden. Der Mitarbeiterin/dem Mitarbeiter ist bekannt, dass die Teilnahme an dem betrieblichen Eingliederungsmanagement freiwillig ist und sie/er die Einwilligung und Zustimmung zur Durchführung des BEM jederzeit mit Wirkung für die Zukunft widerrufen kann. Die Rechtmäßigkeit bereits durchgeführter Verarbeitungen bleibt von dem Widerruf unberührt.

---

[815] Oder die Dienststelle im öffentlichen Dienst.

Sofern die Mitarbeiterin/der Mitarbeiter der Weitergabe ihrer/seiner Daten nicht zustimmt, entstehen ihr/ihm hierdurch keine arbeitsrechtlichen Nachteile. Es wird auch gewährleistet, dass ihr/ihm aus der Durchführung eines BEM und den im Rahmen des BEM erhobenen und verwendeten Daten kein Nachteil entsteht.

Es werden im Rahmen des betrieblichen Eingliederungsmanagements ggf. folgende Informationen und Daten im BEM-Verfahren erhoben:

Personal- und Sozialdaten wie Name, Geburtsdatum, Beschäftigungsdauer, Schwerbehinderung/Gleichstellung;

Daten zu Fehlzeiten wie Anzahl und Verteilung meiner Arbeitsunfähigkeitszeiten in den letzten zwölf Monaten, Arbeitsunfälle und vergleichbare Informationen;

Gesundheitsdaten wie Leistungs- und Fähigkeitsprofil bezogen auf das Anforderungsprofil des Arbeitsplatzes bzw. ggf. auch anderer in Betracht kommender Arbeitsplätze, gesundheitsbedingte Leistungseinschränkungen, Ergebnisse von Rehamaßnahmen oder Heilbehandlungen, ärztliche Atteste und Bescheinigungen betreffend das Leistungs- und Fähigkeitsprofil und vergleichbare Informationen;

Tätigkeitsdaten wie ausgeübte Tätigkeiten, Anforderungsprofil des Arbeitsplatzes bzw. der Arbeitsumgebung, Arbeitsplatz- und Tätigkeitsanalysen, Gefährdungsanalysen, berufliche Qualifizierung und vergleichbare Informationen;

Ablaufdaten zum BEM-Verfahren wie Verläufe und Ergebnisse von BEM-Verfahren, von Arbeitsversuchen und von Maßnahmen zur stufenweisen Wiedereingliederung sowie sonstiger arbeitsplatzbezogener Maßnahmen, innerbetriebliche Versetzung, Anpassung des Arbeitsplatzes oder der Arbeitsbedingungen sowie des Arbeitsumfeldes und vergleichbare Informationen;

Arbeitsversuch: Protokoll über Verlauf und Ergebnis der Maßnahme;

Stufenweise Wiedereingliederung: Protokoll über Verlauf und Ergebnis der Maßnahme.

Hiermit willige ich …… (Vorname Nachname)

in die Erhebung und sonstige Verarbeitung der vorgenannten personenbezogenen Daten zum Zweck des betrieblichen Eingliederungsmanagements (BEM) ein.

Ich willige ebenfalls ein, dass Angaben, die im Rahmen des BEM erhoben und ausschließlich auf den dafür vorgesehenen Daten- und Formblättern, von denen ich jeweils eine Kopie erhalte, dokumentiert und den Mitgliedern des BEM-Teams bzw. der/dem Fallmanager/in, mit deren Beteiligung ich einverstanden bin, zum Zwecke meiner Eingliederung bekannt gemacht werden. Ärztliche Angaben zu Krankheitsdiagnosen werden nicht erfasst und auch nicht zur Personalakte genommen.

Die erhobenen Daten werden in Papierform in meiner BEM-Akte bei Frau/Herrn …… unter Verschluss aufbewahrt. Eine Verarbeitung der Daten in elektronischer Form erfolgt nicht. Die Nutzung der Daten erfolgt ausschließlich zum Zweck des betrieblichen Eingliederungsmanagements.

Die **Weitergabe personenbezogener Daten** oder gesundheitlicher Informationen, sowie die Erörterung mit Personen, die nicht zum BEM-Team gehören, dürfen nicht erfolgen. Im Rahmen des BEM kann dies nur nach entsprechender Information und ausschließlich mit meiner schriftlichen Zustimmung und nach einer eventuell erforderlichen Entbindung von der Schweigepflicht geschehen.

Darüber hinaus dürfen BEM-Dokumente nicht in die **Personalakte** aufgenommen werden, weder in Papierform noch elektronisch. In der Personalakte dürfen lediglich folgende Informationen festgehalten werden:

- Einladungsschreiben
- Mitarbeiterinformation zum BEM
- Vereinbarung zum Datenschutz
- meine Entscheidung über die Einleitung des BEM oder meine Nichtzustimmung
- ggf. erforderliches Erinnerungsschreiben an mich
- ggf. Formblatt bei Schweigen der Mitarbeiterin/des Mitarbeiters
- ggf. Formblatt Nichtweiterführung des BEM-Verfahrens
- mein Antrag auf Teilnahme am BEM
- Maßnahmen, bei denen die Mitwirkung des Arbeitgebers erforderlich ist
- Ergebnis eines Arbeitsversuchs
- Ergebnis einer stufenweisen Wiedereingliederung
- Ergebnis eines Abschlussgespräches/Abschlussdokumentation
- Beendigung des BEM-Verfahrens

Ich bin darüber informiert worden, dass ich eine Kopie der Dokumentation des Erstgespräches, des gemeinsam ausgefüllten BEM-Maßnahmen-Blattes) bzw. der jeweiligen Protokolle der im BEM-Verfahren erfolgten Gespräche sowie der Abschlussdokumentation erhalte. Des Weiteren erhalte ich auf Wunsch auch Kopien der von mir unterschriebenen Formblätter (Formblatt – Nichtweiterführung BEM; Zustimmungserklärung zur Hinzuziehung weiterer Personen zum BEM; Entbindung von der ärztlichen Schweigepflicht) sowie dem Protokoll eines Arbeitsversuches.

Das BEM-Maßnahmen-Blatt sowie die schriftlichen Protokolle werden ausschließlich in der von der Personalakte strikt getrennten BEM-Akte abgelegt. Diese Unterlagen dürfen durch das BEM-Team bzw. der/dem Fallmanager/in nur mit schriftlicher Einwilligung der Mitarbeiterin bzw. des Mitarbeiters unter Entbindung von der Schweigepflicht Dritten bekannt gemacht oder an Dritte weitergeleitet werden. Das BEM-Maßnahmeblatt sowie die schriftlichen Protokolle werden ausschließlich in der von der Personalakte strikt getrennten BEM-Akte geführt. Die in der BEM-Akte befindlichen Gesundheitsdaten (einschließlich Daten zu Fehlzeiten und sonstige Daten, aus denen sich ein Rückschluss auf meine Gesundheit ergeben) werden nach Abschluss des BEM-Verfahrens vernichtet. Die übrigen in der BEM-Akte befindlichen Daten werden in die Personalakte transferiert und auf meinen zu dokumentierenden Wunsch hin entweder nach Ablauf des dritten Jahres, in dem das BEM-Verfahren abgeschlossen wurde, an mich ausgehändigt oder unter Beachtung der gesetzlichen Bestimmungen zum Datenschutz datenschutzkonform vernichtet.

Sämtliche Unterlagen dürfen nur mit meiner schriftlichen Einwilligung unter Entbindung von der Schweigepflicht Dritten bekannt gemacht oder an Dritte weitergeleitet werden, wenn diese am BEM-Verfahren nicht beteiligt sind.

Ich bin darüber unterrichtet, dass ich Einsicht in alle Unterlagen und Dokumente aus dem BEM-Verfahren nehmen kann.

Für den Arbeitgeber bzw. das BEM-Team/die/der Fallmanager/in wird erklärt, dass sowohl alle datenschutzrechtlichen Bestimmungen als auch alle sonstigen Schweigepflichten (zB § 203 StGB – ärztliche Schweigepflicht) bei der Durchführung des BEM zu jeder Zeit beachtet und sichergestellt werden. Bei Verstößen können entsprechende arbeits- und strafrechtliche Konsequenzen gezogen werden. Alle Mitglieder des BEM-Teams/die/der BEM-Fallmanager/in verpflichten/verpflichtet sich zum Datenschutz entsprechend dieser Vereinbarung.

Ich bestätige mit meiner Unterschrift gleichzeitig den Empfang einer Ausfertigung der Vereinbarung.

……	……
Ort, Datum	Mitarbeiter/in
……	……
Ort, Datum	BEM-Team/BEM-Fallmanager/in ……
……	……
Ort, Datum	Arbeitgebervertreter

4. Rückantwort ohne Betriebsvereinbarung 292

Betriebliches Eingliederungsmanagement für Frau/Herrn ……

Rückantwort zur Teilnahme am ersten Informations- und Kontaktgespräch zum BEM[816]

Sehr geehrte Damen und Herren,

ich bin an der Teilnahme an einem ersten Informations- und Kontaktgespräch

interessiert ☐ nicht interessiert ☐

Ich bin schwerbehindert oder gleichgestellt und möchte daher auch die Beteiligung der Schwerbehindertenvertretung: N.N. an dem Gespräch ☐

Ich bin schwerbehindert oder gleichgestellt und möchte keine Beteiligung der Schwerbehindertenvertretung: N.N. an dem Gespräch ☐

Ich bin nicht schwerbehindert oder gleichgestellt ☐

Ich möchte keine Beteiligung des Betriebsrates ☐

Ich bitte Sie, dass Sie zwecks Terminabsprache mit mir in Verbindung setzen. Telefonisch bin ich erreichbar unter der Telefonnummer: ……

[Die Erklärung zum Datenschutz sowie die Vereinbarung über den Schutz persönlicher Daten im Rahmen von Maßnahmen des BEM

füge ich bei ☐
möchte ich im Erstgespräch noch einmal besprechen ☐][817]

Ort/Datum ……

Mit freundlichen Grüßen

……
(Mitarbeiter/Mitarbeiterin)

……
Name in Druckbuchstaben

---

816 Bei diesem Muster dient das erste Gespräch der Information des Mitarbeiters, mit dem dann die Einzelheiten des BEM-Verfahrens im ersten Gespräch noch erläutert werden.

817 Dieser Zusatz ist fakultativ für den Fall vorgesehen, dass bereits mit dem Einladungsschreiben die Erklärung zum Schutz persönlicher Daten (Anlage 3) übersandt worden ist. Dieser Zusatz entfällt, wenn diese Erklärung entsprechend der Anlage 3 erst im ersten Informationsgespräch erläutert und unterschrieben werden soll.

293 **5. Zustimmung/Ablehnung eines BEM**

An
BEM-Team/den Fallmanager der A-GmbH

Teilnahme am Erstgespräch – Zustimmung zum BEM

Sehr geehrte Damen und Herren,

Ihrem Vorschlag für ein Erstgespräch und zur Durchführung des angebotenen betrieblichen Eingliederungsmanagements

– stimme ich zu ☐
Ich wünsche, dass folgende Personen beteiligt werden
☐ Führungskraft ……
☐ Personalabteilung …… (statt der Führungskraft)
☐ Betriebsratsmitglied …… (evtl. Name)
☐ Schwerbehindertenvertretung ……
☐ Betriebsarzt ……
☐ andere Person …… (Name, Funktion)
☐ BEM-Koordinator/in ……

Die Erklärung zum Datenschutz sowie die Vereinbarung über den Schutz persönlicher Daten im Rahmen von Maßnahmen des BEM
füge ich bei ☐
möchte ich im Erstgespräch noch einmal besprechen ☐

Zwecks Terminabsprache bin ich derzeit folgendermaßen erreichbar

Telefonnummer ……………………………………

E-Mail-Adresse ……………………………………

Fax-Nummer ……………………………………

– Ich möchte zunächst nur das Erstgespräch führen ☐
und wünsche die Beteiligung folgender Personen am Erstgespräch
☐ Führungskraft ……
☐ Personalabteilung …… (statt der Führungskraft)
☐ Betriebsratsmitglied …… (evtl. Name)
☐ Schwerbehindertenvertretung ……
☐ Betriebsarzt ……
☐ Vertrauensperson nach eigener Wahl …… (Name)
☐ BEM-Koordinator/in ……

Zwecks Terminabsprache bin ich derzeit folgendermaßen erreichbar

Telefonnummer ....

E-Mail-Adresse ....

Fax-Nummer ....

– Ich stimme nicht zu ☐

Bezugnehmend auf Ihr Schreiben vom ...... sowie die beigefügte Mitarbeiterinformation erkläre ich hiermit, dass ich die mir angebotene betriebliche Eingliederung nach § 167 Abs. 2 SGB IX nicht in Anspruch nehmen möchte.

Ort/Datum ......

Mit freundlichen Grüßen

......
(Mitarbeiter/Mitarbeiterin)

......
Name in Druckbuchstaben

294 **6. Zustimmung/Ablehnung nach Erstgespräch**

An
A-GmbH

Zustimmung/Ablehnung
eines betrieblichen Eingliederungsmanagements
nach § 167 Abs. 2 SGB IX

Sehr geehrte Damen und Herren,

Ihrem Vorschlag zur Durchführung des angebotenen betrieblichen Eingliederungsmanagements

– stimme ich zu ☐
Ich wünsche, dass folgende Personen beteiligt werden
☐ Führungskraft ……
☐ Personalabteilung …… (statt der Führungskraft)
☐ Betriebsratsmitglied …… (evtl. Name)
☐ Schwerbehindertenvertretung ……
☐ Betriebsarzt ……
☐ Vertrauensperson nach eigener Wahl …… (Name)
☐ BEM-Koordinator/in ……

Die Erklärung zum Datenschutz sowie die Vereinbarung über den Schutz persönlicher Daten im Rahmen von Maßnahmen des BEM
ist beigefügt ☐ reiche ich nach ☐

– stimme ich nicht zu ☐
Bezugnehmend auf
☐ Ihr Schreiben vom …… sowie die beigefügte Mitarbeiterinformation
☐ das am …… durchgeführte Erstgespräch

erkläre ich hiermit, dass ich die mir angebotene betriebliche Eingliederung nach § 167 Abs. 2 SGB IX nicht in Anspruch nehmen möchte.

Ort/Datum ……

Mit freundlichen Grüßen

……
(Mitarbeiter/Mitarbeiterin)

……
Name in Druckbuchstaben

Sachverzeichnis

Die Zahlen verweisen auf die jeweiligen Randnummern.

Agentur für Arbeit 8, 165, 176, 218, 247, 249
Alkoholerkrankung 132
Anforderungsprofil des Arbeitsplatzes 25, 106 f., 262, 266
Annahmeverzug 227 ff., 237
Anschlussheilbehandlung 265
Arbeitsassistenz 262, 265
Arbeitsbedingungen, Änderung 149
Arbeitshilfe im Betrieb, Zuschuss 215
Arbeitslosengeld 202, 241 ff.
Arbeitsplatzbeschreibung 146
Arbeitsschutzbestimmungen 176
Arbeitssicherheitsfachkraft 263, 271
Arbeitsstättenverordnung 265
Arbeitstraining 220
Arbeitsunfähigkeit 1, 4, 7, 13, 14 ff., 48 f., 58, 95, 117, 149, 202, 222 ff., 220
– Beurteilung 15
– Ursache 17
Arbeitsunfähigkeitsbescheinigung 17, 271
Arbeitsunfähigkeits-Richtlinie 14
Arbeitsversuch 107, 265, 285
Ausbildungszuschuss 215
Aussteuerung 241
Automatische Türen 265

Barrierefreier Zugang 155
Bauliche Veränderungen 265
Beamte 11
Bedingung, auflösende 12, 20
Behinderungsgerechte
– Arbeitsorganisation 154, 173, 221, 261 f., 265, 271
– Arbeitsplatzgestaltung 141, 154, 158, 218 f., 261 f., 271
– Arbeitsumfeldgestaltung 154, 261 f., 271
– Arbeitsverteilung 173
– Arbeitszeitgestaltung 123, 154, 157, 221, 261 f., 265, 271
– Ausstattung des Arbeitsplatzes mit technischen Hilfsmitteln 152, 167, 221, 262, 265, 271
– Beförderung 172
BEM
– Ablehnung 18, 51
– Abschluss 26 ff., 136
– Abschlussgespräch 268, 271, 273, 281, 290
– Akte 75, 271, 273, 290
– Anforderungen 30 ff.
– Anforderungsprofil 25, 106 f., 262
– Anspruch auf Durchführung 24
– Anspruchsübergang, gesetzlicher 247
– Antwortschreiben 86
– Arbeitsplatzbeschreibung 146
– Auswirkungen auf den Kündigungsschutz 118 ff.
– Beteiligte 36 ff., 271, 273, 290
– Betriebsvereinbarung 42, 99, 271
– Darlegungs- und Beweislast 36, 78, 117, 127 ff.
– Datenschutz 65 ff., 99, 135, 271, 273, 274, 290, 291
– Datenschutzerklärung/ -vereinbarung 76, 135, 271, 273, 274, 290, 291
– Dokumentation 97, 271, 273, 279, 280, 281, 290
– Durchführung 37 ff., 271, 273, 290
– Einführung 44, 271
  – finanzielle Unterstützung bei 44
– Einladungsschreiben 50, 271, 272, 273, 286, 287, 288, 290
– Einstieg 25, 258, 271
– Einwilligungserklärung 79
– Ergebnis 136
– Erinnerungsschreiben 58, 276, 289
– Erstgespräch 61, 258, 271, 272, 275, 290, 293, 294
– Fallgespräch 61
– Fähigkeitsprofil 25, 106 f., 262
– Förderungsmöglichkeiten 8, 161, 215 ff., 265 f.

– Gefährdungsbeurteilung 145 ff.
– Geltungsbereich 11 ff., 99
– Gesetzestext 2
– Gesundheitsdaten 25, 65
– Hinweispflicht des Arbeitgebers 25, 52 ff., 73, 135, 137
– Individualanspruch 24
– Information des Arbeitnehmers vor Beginn 25 ff., *58*, 271, 273, 279, 290
– Initiativlast des Arbeitgebers 23 ff.
– Kurzerkrankungen 17
– Langzeiterkrankung 17, *58*
– Maßnahmegespräch 265, 271, 280
– Maßnahmenblatt 265, 271, 280
– Maßnahmen zur Umsetzung 36, 38, 99, 265
– Mindestanforderungen 36 ff., 52, 105, 134 f.
– Mitarbeiterinformation 25 ff., 52 ff., 271, 273, 290
– Mitbestimmung 41
– Organisatorische Umsetzung durch den Arbeitgeber 23 ff., 271
– Persönlicher Anwendungsbereich 11 f.
– Prozesshandbuch 43
– Rückantwort 275, 292
– Sachlicher Anwendungsbereich 13 ff.
– Schweigen des Arbeitnehmers *58*, 277
– Sechswochenzeitraum 16, 271, 273, 290
– Situationsanalyse 145, 279
– Verfahren 31 ff.
– Verfahrensordnung 36 ff., 40, 42 f., 76, 99, 271
– Verhältnismäßigkeitsgrundsatz 118 ff., 123
– Verlaufsdokumentation 265, 268, 271, 273, 280, 290
– Vorteile für den Arbeitgeber 8
– Vorteile für den Arbeitnehmer 9
– wiederholte Durchführung 18, *58*
– Ziele 4, 25, 52 f., 99, 135, 271, 273, 290
– Zusammenfassung 138
– Zustimmung des Arbeitnehmers 45 ff., 49, 51 f., 251, 271, 273, 275, 279, 282, 290, 292, 293
– Zweck 3, 271, 273, 290

BEM-Koordinator 108 ff., 110 f., 254, 256, 259, 263, 266, 268
BEM-Team 96, 108 ff., 254, 256, 259, 263, 266
Beratung für Arbeitgeber 117, 221 f., 265
Bereitschaftsdienst 157
Berufsförderungswerk 111
Berufsgenossenschaft 111, 117, 218
Berufshelfer 111
Beschäftigung 128, 149 ff., 189, 208, 222 ff.
– Darlegungs- und Beweislast 171, 181 ff.
– Klageantrag 179 f.
– leidensgerechte 128, 136
– Umgestaltung von Arbeitsabläufen 156
– Zumutbarkeit 161 ff., 181 ff., 195 ff., 218
Beschäftigungssicherungszuschuss 220 f., 265
Beschäftigungsverhältnis, leistungsrechtliches 242 f.
Betriebsarzt 35 ff., 43, 104 ff., 108, 111, 251, 263, 265 f., 271, 273, 290
– Aufgaben 106 f.
– Entbindung von der ärztlichen Schweigepflicht 105
– Schweigepflicht *74*, 105, 266, 271, 273, 290
– Untersuchung 135, 271
Betriebsinhaber 253, 256, 259
Betriebsrat 24, 36 ff., 50, 82 f., 93, 96, 99, 108, 251, 254, 266, 271, 273, 290
– Auskunftsanspruch 86
– Beschlussverfahren 82
– Einbindung in das BEM-Verfahren 81 ff.
– Initiativrecht 82, 93
– Mitbestimmung 80 ff., 88 ff.
– Schweigepflicht 74
– Überwachungsrecht 39, 83 f.
– Unterrichtungspflicht des Arbeitgebers 83
– Widerspruch des 82
– Zustimmung des bei Versetzung 178
Betriebsvereinbarung 42, 99, 271
Bundesdatenschutzgesetz 65, 79, 271

Darlegungs- und Beweislast des Arbeitgebers 36, 78, 117, 123, 127 ff.
Daten
– Art und Umfang der erhobenen und verwendeten 25, 51 ff., 54, 135, 271, 273, 290
Datenschutz 52, 65 ff., 271, 273, 274, 290, 291
Datenschutzerklärung 69, 135, 271, 273, 274, 290, 291
Dauererkrankung 18
Demografischer Wandel 8
Dienstvereinbarung 42, 55, 99, 271
Direktionsrecht 228, 232, 238 f.
Disability-Manager 111

EDV-Schulung 265
Eingliederungszuschuss 215
Einigungsstelle 93 f.
Einigungsstellenbesetzungsverfahren 92
Einladungsschreiben 50, 271, 272, 286, 287, 288, 290
Einwilligungserklärung 79
Entwöhnungsbehandlung 265
Ergonomieschulung 265
Ergotherapeutische Maßnahmen 220, 265
Erprobung, therapeutische 206
Erstgespräch 24, 258, 271, 273, 275, 279, 290, 293, 294
Erstkontakt 24, 255, 257
Erwerbsminderungsrente 9, 21, 123, 265

Fachkraft für Arbeitssicherheit 117
Fallmanager 75, 108 ff., 111, 266, 268
Fehlzeitengespräch 38
Finanzielle Unterstützung
– für Arbeitgeber 117, 161, 176 f., 215 ff.
– für Einführung eines BEM 44
Freiwilligkeitsprinzip 204
Förderungsmöglichkeiten 8, 102, 117, 215 ff., 265
Fürsorgepflicht 149, 198
Führungskraft 266

Gefährdungsbeurteilung 145 ff.
Geheimhaltung 74 ff.
Geschäftsführer 251, 256, 259
Gesundheitsdaten 24, 41, *74 f.*, 78, 271, 273, 290
Gesundheitsprävention 34
Gleichwohlgewährung von Arbeitslosengeld 241 ff., 247
– Klageantrag 250

Hebehilfe 147, 153, 265
Heimarbeitsplatz 155
Hilfen zur Teilhabe am Arbeitsleben 102, 123
Hinweispflicht des Arbeitgebers 25 ff., 52 ff., 73, 135, 137

Information des Arbeitnehmers
– über Art und Umfang der erhobenen und verwendeten Daten 25 ff., 52 ff., 271, 273, 290
Ingenieure, beratende 111, 221, 265
Inklusionsbeauftragter 108
Inklusionsvereinbarung 42
Integrationsamt 9, 36, 44, 101, 103, 109, 126, 140, 156, 165, 176, 215 ff., 251, 265, 271, 273, 290
– Leistungen des 153
Integrationsfachdienst 109, 112 ff., 165, 265, 271
Integrationsteam 96, 108 ff., 271
Integrationsvereinbarung 42
Investitionshilfen 217

Jobrotation 265
Jobsharing 265

Kirche, katholische 49
Klärungsprozess 49, 86
Klageantrag behinderungsgerechte Beschäftigung 179 f.
Kleinbetriebe 12
Konsensprinzip 271, 273, 290
Kraftfahrzeughilfe 265
Krankengeld 9, 15, 190, 202, 222, 265
Krankenkasse 111, 117, 222, 224, 265
Krankenrückkehrgespräch 25, 47
Kündigung
– Darlegungs- und Beweislast 117
– krankheitsbedingte 8, 127, 140
– personenbedingte 123
Kündigungsschutz 118 ff.
Kündigungsschutzgesetz 12
Kurzerkrankungen, häufige 17

Langzeiterkrankung 17, *58*
Lastenhandhabungsverordnung 147, 265
Leiharbeitnehmer 170
Leistungen zur Teilhabe am Arbeitsleben 102, 116, 265

Medizinischer Dienst der Krankenkasse (MDK) 117
Mitbestimmung 41, 88 ff.

Nachtarbeit 157

Personalabteilung 253, 256, 266
Personalakte 77, 271, 273, 274, 290
Personalgespräch 47
Personalrat 24, 36, 38, 42, 50, 99, 108, 251, 254
– Einbindung in das BEM-Verfahren 81 ff.
– Initiativrecht 82
– Schweigepflicht 74
– Unterrichtungsanspruch 87
Personelle Unterstützung 219, 265
Prävention 1, 123
Präventionsmaßnahmen 144 ff.
Probebeschäftigung, befristete 215, 265
Prozesshandbuch 43
Prozessstandschaft, gewillkürte 249
Psychische Erkrankungen 148

Onkologische Rehabilitationsnachsorge 265

Qualifizierung, berufliche 265

Rehabilitation
– betriebliche 123, 207, 220, 265
– medizinische 16, 102, 106, 123, 262, 265
Rehabilitationsbedarf 123, 279
Rehabilitationsträger 101, 109, 117, 176, 218, 251, 265, 271, 273, 290
Rentenversicherung 218, 265
Richter 11
Rollstuhlfahrerrampe 155
Rücksichtnahmepflicht 198

Schadensersatz
– bei nicht behinderungs-/leidensgerechter Beschäftigung 9, 152, 178, 189 f., 193, 203, 222 ff., 236 f., 238
– Klageantrag 250
Schadensersatzklage 249
Schreibtisch, höhenverstellbarer 265
Schulung 271
Schweigen des Betroffenen 58
Schweigepflicht 74 ff., 105, 266, 271, 273, 283, 290
Schweigepflichtentbindung 283, 284
Schwerbehindertenvertretung 24, 36, 38, 99, 108, 251, 266, 271, 273, 290
– Einbindung in das BEM-Verfahren 81 ff.
– Initiativrecht 82
– Schweigepflicht 74
Sechswochenzeitraum 16
Sehhilfen 153
Servicestelle, gemeinsame 101 f.
Situationsanalyse 145, 261, 279
Sozialmedizinische Epikrise 106
Sozialversicherungsbeiträge 249
Sprachsteuerung Computer 265
Stufenweise Wiedereingliederung 9, 199 ff., 223, 240, 244, 261, 265 f., 271
Suchtberater 108
Supervision 271

Tagesklinische Behandlung 265
Technische Arbeitshilfen 106, 156, 221
Teilarbeitsunfähigkeit 200
Teilerwerbsminderungsrente 265
Teilzeit 265
Teilzeitbeschäftigte 11
Training on the job 265
Treppenhilfe 265

Übergangsgeld 202
Ultima-ratio-Grundsatz 120, 122
Umorganisation 169
Umschulung 193, 262, 265
Umsetzung 5, 169, 225, 239, 262, 265
UN-Behindertenrechtskonvention 208
Unfallverhütungsvorschriften 265
Unmöglichkeit der Arbeitsleistung 227 ff.
Unterrichtungspflicht des Arbeitgebers 83 f., 271
Untersuchung, betriebsärztliche 35

Verdienstausfall 152
Verfahrensordnung 36 ff., 76, 99, 271
– mehrstufige mit Erst- und Fallgespräch 61

Verhältnismäßigkeitsgrundsatz 118 ff., 123
Verlaufsdokumentation 268 f.
Versetzung 5, 169, 178, 191 ff., 262, 265
Vertrauensperson nach eigener Wahl 36, 38, 62 ff., 134, 271, 272, 273, 286, 287, 288, 290, 293, 294
Verzugslohn 232
Verzugslohnklage 249

Wartezeit 12
Wechselschichtbetrieb 163
Weiterbeschäftigungsmöglichkeit 193 f.
Werksarzt 35 ff., 43, 251, 263, 266, 271
– Schweigepflicht 74
Wiedereingliederungsverhältnis 203, 206
Wirbelsäulenerkrankung 147
Wirtschaftliche Lage des Betriebes 164

Zustimmung des Arbeitnehmers 45 ff., 49, 51 f., 271, 293, 294
– Verweigerung der 51, 59 f., 197, 271, 274, 276
Zustimmung des Integrationsamtes zur Kündigung 126, 139 ff.
Zustimmungsersetzungsverfahren 178, 198
Zustimmungsverfahren beim Integrationsamt 141